中国—东盟金融合作案例精选

申韬 ◎ 编著

中国财经出版传媒集团
中国财政经济出版社

图书在版编目（CIP）数据

中国-东盟金融合作案例精选／申韬编著． ——北京：中国财政经济出版社，2023.6

ISBN 978 – 7 – 5223 – 2179 – 0

Ⅰ.①中… Ⅱ.①申… Ⅲ.①国际金融－国际合作－研究－中国、东南亚国家联盟 Ⅳ.①F832.6 ②F833.306

中国国家版本馆 CIP 数据核字（2023）第 087267 号

责任编辑：马 真　　　　　责任校对：张 凡
封面设计：智点创意　　　　责任印制：党 辉

中国—东盟金融合作案例精选
ZHONGGUO – DONGMENG JINRONG HEZUO ANLI JINGXUAN

中国财政经济出版社 出版

URL：http：//www.cfeph.cn
E – mail：cfeph@ cfeph.cn

（版权所有　翻印必究）

社址：北京市海淀区阜成路甲 28 号　邮政编码：100142
营销中心电话：010 – 88191522
天猫网店：中国财政经济出版社旗舰店
网址：https：//zgczjjcbs.tmall.com
北京鑫海金澳胶印有限公司印刷　各地新华书店经销
成品尺寸：185mm × 260mm　16 开　17.5 印张　403 000 字
2023 年 6 月第 1 版　2023 年 6 月北京第 1 次印刷
定价：68.00 元
ISBN 978 – 7 – 5223 – 2179 – 0
（图书出现印装问题，本社负责调换，电话：010 – 88190548）
本社质量投诉电话：010 – 88190744
打击盗版举报热线：010 – 88191661　QQ：2242791300

成员名单

中国—东盟金融合作案例研究课题组

组　长：申　韬
组　员：卜大晟　李小依　张凯童　牟丽君
　　　　颜竹晗　钟　旦　张　泉　黄艳香
　　　　覃萧娜　彭　江　李佳洋　李尚儒

序

当今世界正处于百年未有之大变局，深化中国与东盟合作是进一步推动"一带一路"倡议和构建"双循环"发展格局的有力支点，把握住双边关系发展的主旋律，才能走上互惠共赢的康庄大道。中国与东盟的合作友谊是30年间一步一个脚印，历经时代的考验磨砺出来的。1991年，中国与东盟建立对话关系，为双方的睦邻友好写下了充满希望的开篇，成为中国与东盟合作的第一个里程碑；1997年金融危机席卷东亚，而中国采取的人民币不贬值、扩大从东盟进口等政策有力地从外部支持东盟国家维持本国币值稳定，将双边合作提升到了新层次；2010年中国—东盟自贸区全面建成成为双边合作关系攀升的又一节点，区内90%以上商品实施零关税，从实处拉动多边经济互联互通，标志着双方经贸合作来到第一个黄金十年；2020年在疫情肆虐的大背景下，东盟历史性地成为中国第一大贸易伙伴，此后连续两年保持该地位，显示了双边合作关系的强韧性，标志中国与东盟之间的合作关系再上一层楼；2022年1月1日，区域全面经济伙伴关系协定（RCEP）正式生效，全球最大的自贸区启航，为中国与东盟金融合作的锦绣未来谱写了新的篇章，双边金融交流迎来黄金时期。

本书的诞生恰逢其时，结合中国与东盟关系变化关键节点精心挑选的22个中国—东盟金融合作典型案例，从宏观到中观，从中观到微观，以数据说经验，以实例述发展，追根溯源，简明生动，整理出充实详尽的案例背景，将各参与方的重要信息逻辑分明、条理清晰地呈现给读者，帮助读者在阅读过程中把握时代发展脉搏，更好地理解合作关系的变化、理清事件发展的内在逻辑，启发对未来持续、深入合作的思考和探索，明晰中国—东盟金融合作的发展趋势。

特色一：案例选取的站位和含金量高，案例分析兼具高度、广度、深度与准度，形式丰富，思考深邃，展现方式新颖。本书中所述案例主要来源于金融业的三大板块——银行业、证券业和保险业，行业覆盖面广，选取范围涵盖东盟十国，时间和空间跨度大，但却具有叙事详尽、代表性强的特点。作为最基础的金融细分行业，银行业是中国—东盟金融合作过程中合作最为密切的行业。本书将大量笔墨投入于该领域的案例写作，勾勒出特点鲜明、优势各异的东盟十国银行业概况，结合国别典型合作项目，立足实际，深挖内涵。证券业和保险业部分则是优中选优、精益求精，重点遴选最具代表性的企业和特色合作项目，能够为读者们精准把握该领域合作的主要特征、发展特点、障碍瓶颈和展望未来趋势等。

特色二："典型与特例"并行。东盟各国经济发展水平不一，金融市场完备程度参差不齐，现阶段金融合作既具有诸多共性，也存在较大的差异性。在案例分析过程中，本书兼顾"典型与特例"，既深入研究具有代表性的重要合作项目，也力争不遗漏合作规模虽小，但定位精准、特色鲜明、成效显著的合作项目。

新加坡是东盟国家中唯一的发达国家，国内金融体系完善、底蕴丰厚，中新金融合作势必将对中国与其他东盟国家的现阶段和未来金融合作发挥着指导性作用。该书银行篇案例1选择将新加坡作为重点对象予以深入分析，从宏观到微观全面梳理了中国与新加坡货币互换的发展进程，系统地将合作国家的金融历史背景、发展特点、货币互换协议签订的各个重要节点，以及在此背景下具体项目的推进状况逐一、清晰而又系统地展现在读者们眼前。中国与新加坡的货币互换稳步推进，合作年限逐渐延长，双边政治互信不断加深，但同时也是"暗流潜伏"。案例侧重于通过横向与纵向对比方式详尽阐述分析存在的问题。该案例的文本资料详尽，数据图表均来源于国内外各大主流网站，经整理制成，再辅之以清晰明朗的时间线和发展逻辑，写出了案例新意，能令读者更为迅速地掌握中新金融合作的典型特征和发展趋势，从鲜活的案例中进一步巩固知识、深化理解，给人耳目一新的感受和启迪。

文莱是东盟国家中经济实力相对较弱的国家，金融合作能够为当地的经济社会发展带来勃勃生机，其中既涵盖着"中国—东盟"小规模金融合作的共性，也有"中国—文莱"合作精神的特性。银行篇案例6聚焦国家重点"一带一路"项目——文莱PMB石油化工项目，深入浅出地分析项目背景、项目实施面临的巨大困难与潜在风险，辅以详实的数据、资料和官方文件，分析中国与文莱如何通过银团贷款等合作方式，迸发出巨大的金融力量，进而逐步克服合作困难，成功实现项目建成运行，完善上下游产业链，拉动地方经济发展。理论联系实际地将中国与东盟国家金融合作中所蕴含的"中国经验"与"中国智慧"传递给广大读者。

特色三：数据资料丰富翔实、时效性强。丰富详实且来源可靠的数据资料基础，是本书的另一大特色。数据的真实性是案例的生命线，缺乏真实数据的案例无法精准链接现实，导致后续的思考分析难逃"一纸空谈"；数据的丰富性则是案例高度与深度的支撑，缺乏广度的数据基础将无法综合全面地发现问题。只有基于丰富多样化数据，才能将更多的问题直观地、客观地呈现出来，有理有据，令人信服。本书的数据来源可靠，数据内容兼顾时效性和真实性。案例编撰者投入大量时间和精力，广泛地浏览国内外各大官方机构网站、知名数据库进行多维度的数据采集工作，国内数据来源涵盖国家统计局、各大银行等金融机构官方网站和各大主流媒体等权威机构；国外数据来源于世界银行数据库、各国央行和各参与机构官方网站等高认可度单位，最终形成真实性强、覆盖面广且兼具时效性的案例数据基础。

特色四：案例启示与时俱进。案例启示是对案例的深度思考，对事件经过的全面复盘，成为经典案例的精华所在。在国际、国内的经济形势日新月异的大背景下，人们对热点事件的关注点和观察角度不断发生改变，对案例的评价方法也在潜移默化地发生转变。因此，案例的归纳评述必须秉持公正、客观的态度，既要考虑从当时的时代特征出发，思考事件发生时的发展逻辑；更要从发展的角度予以全景回顾，以当前的视角做出总结启示，探寻更为行之有效的解决办法，归纳有参考价值的经验。本书中的案例启示兼顾时代性与价值性，以发展的视角，研究过去的案例存在的问题，对彼时的发展环境和决策策略做出思考分析；又以现今的观察视角对案例的发展历程做出总结评述，以小见大，将一隅案例启示的站位高度提升为如何为一域进行全局谋划，为中国与东盟国家乃至世界各国开展金融合作提供合理化建议，将富有实践意义的原创性思考分享给广大读者。

把握时代发展脉搏，理清金融合作思路。相较于"故事"，人们通常更相信"实例""数据"和"逻辑"，《中国—东盟金融合作案例精选》正是这样一部选题新颖，内容丰富的案例选集。优中选优的实例、真实且丰富的数据基础、清晰明了的逻辑、朴实精炼的语言呈现是本案例精选的特色与亮点所在。相信本书的出版，能为中国—东盟金融合作领域的学者、研究人员、业界实践者和感兴趣的读者提供一场写实且精彩纷呈的阅读之旅，为未来更为深入的实践探索和对策研究提供参考借鉴。

前　言

1991年7月，中国与东盟开启对话的故事宣告了一个历史的起点。2010年1月1日，中国—东盟自由贸易区正式启动，这代表双方将开启加深经贸合作关系的新篇章。2020年，东盟正式成为我国最大的贸易合作伙伴，东盟各国与中国相互依赖的程度不断加深。在共建"一带一路"的过程中，中国与东盟各成员国的经贸合作规模持续扩大，合作领域不断向纵深拓宽，合作保持强劲势头。本书关注重点案例选题、理论价值和研究逻辑等要素，强调在中国与东盟国家的金融实践活动中探寻高学理含量的具体案例，从中凝练出原创性观点，精心汇编形成《中国—东盟金融合作案例精选》，既希望对中国—东盟金融领域相关研究提供参考价值，也望供学生们加深专业知识理解、课外阅读、开阔视野，以及对中国—东盟金融合作领域相关问题感兴趣的读者阅读和使用。

本书所阐述案例主要取材于各大公开的报刊、网站等，坚持以金融学基础知识为基础，以各个案例中金融合作前后情况为根本，以合作过程中相关各方行为阐述为重点，以拓宽新视野、启发新思路为主旨，对案例进行全面系统、深入浅出、内容丰富、重点突出的客观描述和分析。本书的显著特点为：

一是本书所采集的案例涉及银行业、证券业和保险业三大板块，中国与东盟十国中各国家都安排有相关案例，覆盖面广，时间跨度大，内容介绍完整，极具实践指导性和参考借鉴意义。因此，无论是各层次在校学生抑或是从事中国—东盟金融研究的学者或实践部门从业人员，都将从本书中深悉关于中国—东盟金融合作全面、翔实的实例与分析。

二是与以往同类型案例针对某一领域以时间轴的方式叙述事件发展，或者针对单一事件描述行为逻辑不同，本书创新性地从金融学角度对不同案例进行具有"五度"——高度、广度、深度、准度、维度的分析，遵循从案例背景到案情分析，最后凝练提出思考与启发的写作路径，格式规范、逻辑清晰、特色鲜明、综合性强，在同类型案例中极其少见，读者通过这些案例可以更加透彻地理解理论知识，并应用于解决实际问题。

三是案例选取均来源于近些年的中国—东盟合作领域的重大项目或者热点事件，对正处于新发展阶段的中国而言，回望过去，总结经验，推陈出新，急需一份对东盟国家综合性高、专业性强的案例分析合集。本案例精选适逢其时、大有可为，兼具时代性与价值性，提供了最好的实践经验，充分诠释着对东盟国家各领域持续开放合作的"中国经验"和"中国智慧"。

由于中国与东盟关系正在不断加深，双方正处于合作的第二个黄金时期，国际国内经贸形势时刻都在发生变化，未来需要关注的重点也将与时俱进地产生变化，人们认识事物的角度和看法或许也将随之改变。如果本书所论述的具体案例能够昭示过去，给予读者拓展视野和思维、启发思辨、加强分析能力，积极、理性思考在当前形势下中国—东盟金融合作的前景，笔者将不胜欣慰。

由于资料数据和笔者能力水平有限，书中难免存在疏漏、缺憾之处，恳请各位专家和读者批评指正。

目 录

第一章 银行业 ……………………………………………………………（1）

案例1：中新货币互换合作
　　　　——警惕市场"暗涌潜伏" ……………………………………（1）

案例2：破解"融资难""风险大"
　　　　——中银牵头银团融资，助力中越经贸合作 ………………（18）

案例3：中泰货币市场合作
　　　　——"点线面"层层布局，上下游机构联动推进 ……………（28）

案例4：深化中缅同业合作，续写千年胞波情谊
　　　　——富滇银行跨境人民币结算业务 ……………………………（43）

案例5：老中银行落户磨丁，创新跨境母子联动新模式 ……………（58）

案例6：强强联手，抱团"出海"
　　　　——文莱PMB石油化工项目融资 ………………………………（72）

案例7：签订"两优"贷款，铺设"共赢之路"
　　　　——中国进出口银行助力柬埔寨基础设施建设 ………………（87）

案例8："为客户提供全面、高效和专业的金融服务"
　　　　——中国银行深耕马来西亚金融市场 …………………………（100）

案例9：数字化服务赋能新发展格局
　　　　——银联国际与菲律宾Cebuana Lhuillier银行的数字化改革之路 ……（115）

案例10：贯穿动脉，"心路"相通
　　　　——印度尼西亚雅万高铁PPP项目 ……………………………（125）

第二章 证券业 ……………………………………………………………（134）

案例1：新加坡淡马锡"重仓"中国市场 ………………………………（134）

案例 2：搭平台，拓渠道，促融资
　　——基于深交所科融通平台的中马创新资本跨境生态体系构建 ……… (151)

案例 3：银河落南洋
　　——中国银河证券收购联昌证券 ……………………………………… (162)

案例 4：对内强化，对外开放
　　——上交所广西基地助力广西筑梦面向东盟金融开放门户 ………… (175)

案例 5：中国—东盟投资基金助力印度尼西亚不锈钢产业"镍"槃………… (185)

第三章　保险业 …………………………………………………………………… (194)

案例 1：落子新加坡，探路东南亚
　　——中国人寿成立新加坡公司 ………………………………………… (194)

案例 2：谁在为中企出海保驾护航？
　　——中国人保财险推行关税担保模式 ………………………………… (203)

案例 3：跨境保险合作模式首创
　　——中国太平—东盟保险共同体组网 ………………………………… (213)

案例 4：科技独角兽来势汹汹
　　——众安保险携手 Grab 搭建数字化保险销售平台 ………………… (226)

案例 5：高质量服务"一带一路"建设
　　——中再集团为中资境外安全"保驾护航" …………………………… (234)

案例 6：跨境保险创新联合实验室成立
　　——政企合力，跨境保险行业"思路对接" …………………………… (248)

番外篇　金融科技公司"出海"印度尼西亚金融科技市场
　　——海阔凭鱼跃，携手扬帆乘风破浪而去 ……………………………… (257)

后　记 ……………………………………………………………………………… (266)

第一章 银行业

案例1：中新货币互换合作
——警惕市场"暗涌潜伏"

一、引言

中国与新加坡互为重要的服务贸易合作伙伴。新加坡凭借优越的地理位置和营商环境吸引了大批中国企业赴新投资、上市，双边民间交流密切。近年来，中国和新加坡在服务贸易领域合作紧密，尤其是金融服务贸易合作方面，双边合作所涉及的行业更加广泛，规模更大，层次更高、成效更好，合作机制也日益完善。由于引发中新两国政治关系稳定性的不确定因素存在，仍存在具体项目难以落实、货币互换协议不够完善等潜在风险。我国应努力将货币互换协议成果作用到实处，激活双边货币市场活力，才能进一步深化中新金融合作，助推人民币东盟区域化水平提升。同时，吸取中新货币互换的经验教训，提出针对东盟其他国家开展货币合作的相关建议。

二、案例背景

（一）新加坡国家特征

1. 廉洁、高效率的政府

新加坡政府作风以廉洁高效闻名于世，采用精英治国策略，国家法制健全，拥有稳定的政治营商环境，在全球范围内赞誉极高。此外，新加坡政府推行自由贸易，高度重视人才引进，在新兴科技、教育和经济领域投入较大，加上拥有优越的地理位置，新加坡在短短数十年间迅速崛起。

2. 优越的地理位置

新加坡坐拥马六甲海峡，凭借着这条连通印度洋和太平洋航运最重要的通道，新加坡也顺势成为亚欧大陆货物流通的中转站。大量的国际业务给新加坡带来充足的人力资源，带动当地服务业、餐饮业等服务行业发展。外来流动人口的输入，跨国物流运输的红利，加上当地政府对基础设施和城市服务的大力投入、跨境手续的简化，使得该国经济发展日新月异。

3. 稳定的政治经济环境

新加坡拥有稳定的政治环境和健全的司法体系，法律体系透明且犯罪率极低，是全球投资风险、犯罪风险最低的国家之一。新冠疫情影响导致全球经济受挫的大环境下，新加坡经济仍保有极强韧性，凭借健全的货币和财政政策，2021年GDP再攀新高，达3970亿美元。

4. 开放发达的经济

新加坡经济开放程度高，自由贸易合作伙伴囊括世界主要经济体，但受限于自身市场规模，新加坡极度依赖中、美、日、欧和周边市场，属于外贸驱动型经济。作为亚洲四小龙之一，新加坡是东盟地区唯一的发达国家。据世界银行数据库显示，新加坡2020年GDP达3400亿美元，人均GDP达58902美元，在亚洲国家中排名第一。2021年经济增长率高达7.6%，全年GDP再创历史新高①。

5. 便利化的投资、营商环境

受益于上述诸多特征，新加坡拥有得天独厚的投资营商环境。世界银行发布的《2020年营商环境报告》，在全球190个经济体中，新加坡连续4年排名第2。在高效的行政体制支持下，新加坡设立企业仅需1.5天左右，并且一般无出资比例和出资方式的限制，外汇进出限制少②。高度国际化的商业环境、专业化的行政管理、成熟完善的法律法规监管体系，使得新加坡成为全球最佳的投资地之一。

(二) 新加坡银行业发展介绍

作为蓬勃发展的国际金融中心，在良好的政治经济环境、健全的法律和税收政策、廉正的声誉以及严格执法打击犯罪和洗钱等因素的支持下，新加坡成功超越中国香港，成为世界第三大金融中心。国际化的银行体系是新加坡金融市场发展的基石。目前，6家本国银行和117家外国银行主导着新加坡银行业，如表1所示，其中新加坡本国银行以星展银行、华侨银行和大华银行为主，该三大银行代表着新加坡银行业的发展水平。新加坡三大本国银行在美国金融杂志《环球金融》（Global Finance）公布2021年度全球最安全的50家商业银行（World & Aposs Safest Commercial Banks 2021）榜单前5名中占据3席，星展银行名列榜首，华侨银行位居第2，大华银行名列第4位③。

1. 资金进出自由

直到1997年，新加坡金融市场与世界接轨渠道仍存在着障碍，投资者想要经营离岸业务，必须设立单独的账户并单独管理。1999年，新加坡宣布针对银行业的重大改革政策：允许外资在本地银行的持股比例超过40%，成为大股东。亚洲美元交易中心新加坡的

---

① 世界银行数据库（https://data.worldbank.org.cn/）。
② 世界银行（https://www.worldbank.org/en/access-to-information/reports）。
③ 搜狐网.2021全球最安全的50家商业银行，新加坡占据主要地位，[EB/OL]（2021-11-07）[2023-1-11］https://business.sohu.com/a/499648613_120702933.

表 1　　现阶段新加坡商业银行类型

银行类型		具体内容
本国主要银行/机构（6家）	星展银行	成立于1968年，是新加坡规模最大的商业银行，在新加坡境内有100多家分支机构。星展银行深耕新加坡和中国香港市场，分别拥有超400万和100万零售客户，拥有新加坡最大的零售网络。被欧洲货币杂志评选为"世界最佳数字银行（World's Best Digital Bank）"
	华侨银行	成立于1912年，华侨银行是新加坡与马来西亚市场最大的金融机构之一，总资产超5000亿新元，一直被《环球金融》评为全球最安全的50家银行之一
	大华银行	成立于1935年，现已是新加坡的头部商业银行，业务主要集中于亚太地区，在新加坡有超过60家分行，于亚太、西欧和北美17个国家设立分行与办事处
	其他银行（3家）	新加坡银行、新加坡邮政储蓄银行等。补充三大银行的业务空缺，且多与三大银行有业务合作，部分其他银行已被三大银行收购成为其子公司
外资银行（117家）	全资银行（27家）	提供《银行法》批准的全部银行业务，在新加坡经营的6家外国银行已被授予合格全资银（QFB）特权。这些银行包括：汇丰银行、花旗银行、渣打银行、马来亚银行、荷兰银行和法国巴黎银行
	批发银行（53家）	从事与全面银行相同范围的银行业务，但新加坡元零售银行业务除外。新加坡的所有批发银行都是外国银行的分支机构，例如：巴克莱银行、ING银行、德意志银行、澳大利亚国民银行等
	离岸银行（37家）	从事与全面和批发银行相同的活动，用于通过其亚洲货币单位进行交易的业务。新加坡的所有离岸银行都是外国银行的分支机构，例如：台湾银行、韩国开发银行、新西兰银行、加拿大帝国商业银行等

资料来源：各商业银行官网及新加坡金融监管局（https://www.mas.gov.sg/）。

外资银行资产占银行业总资产的80%[①]。

2. 个性化的金融服务

依托于航运和空运的融资租赁业务，为相关企业提供全方位的融资服务，针对不同类型的需求形成了差异化的融资业务模式，如推出了"保险+贷款"等创新融资方式为国际投资公司提供低风险融资。

（三）中新银行业合作现状

银行业在中新金融服务贸易行业中占据重要的地位，互设分支机构是中新银行业合作的主要方式。新加坡分行作为中国各银行在东南亚地区的重要据点，是各银行国际化发展的重要节点。新加坡地属马来半岛，华裔人口多，人民币汇兑需求大。随着中新外交关系的建立和新加坡银行业多项优惠政策的出台，中国大型商业银行在新设立分行、开展金融服务，双方金融交流合作日益密切。

---

① 新加坡离岸金融市场——MBA智库百科（https://wiki.mbalib.com/wiki/）。

各中资银行在新设立分行的时间节点如图1所示。

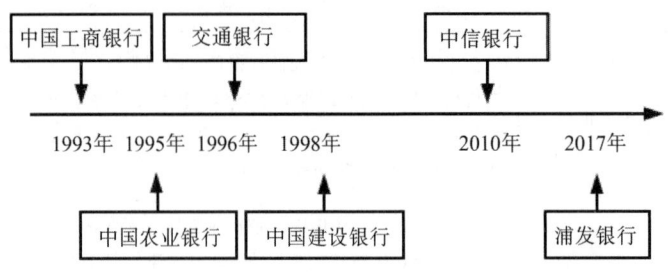

图1　中资银行在新设立分行的时间节点

资料来源：各大商业银行官网。

三、案例分析

（一）为何需要签署货币互换合约？

中央银行之间的货币互换合约是指一方中央银行（或货币当局）与另一方中央银行（或货币当局）签署的协议，任何一方可以在协议规定的范围内以规定数量的本币交换等值的对方货币，协议到期后双方还本付息。签署货币互换协议能够有效控制中长期外汇风险，降低汇兑成本，便利国际融资和贸易，减小合作国家外贸企业的运营成本。受1997年和2008年两次金融危机的深刻影响，世界经济遭受重创，也在一定程度上影响了东盟各国签署双边货币互换合约的态度。

1. 次贷危机前

1997年亚洲金融危机给东盟国家造成了巨大损失，在充分吸取深刻历史教训之后，各国开展货币合作的意愿愈发强烈。但政治、历史等诸多原因导致货币合作之路异常坎坷，且随着各国经济的逐渐恢复，经历金融危机的阵痛期后，合作热情再次冷却。此阶段的区域金融合作的典型特征为额度小，以第三国货币（美元）为协议货币。

该阶段，我国签署货币互换协议的主要动因在于：一是抓住合作机遇，创造发展机会。亚洲区域内贸易、经济融合度提高，市场互补性较强，合则两利，同时，欧元区的蓬勃发展使得亚洲各国都发现开展区域合作的潜在巨大优势。二是增加借入储备，提高国际清偿力，增强中央银行干预外汇市场的能力，维护人民币离岸市场稳定。

2. 次贷危机中

2008年次贷危机爆发，引起全球金融市场的流动性紧缩，沉重打击了市场微观主体对金融体系的信心，重创了全球外贸型实体经济。世界经济失衡问题开始逐步凸显，美国趁机归咎于我国低估人民币币值，压迫人民币升值；我国此时停止了2005年"汇改"步伐，改为钉住美元。

在该背景下，此阶段我国签署货币互换协议的动因主要在于：一是应对金融危机及欧债危机造成的流动性紧缩、经济减速等一系列问题。二是增加外汇储备，增强外来冲击的抵御能力，积极维护金融市场的稳定。三是防止国际储备过快净增加，有效缓解人民币升值压力。

3. 次贷危机后

美国次贷危机爆发后，钉住美元的弊端凸显，我国政府日益意识到在国际贸易与投资领域过度依赖美元的风险隐患，愈发重视区域货币市场合作，积极推进跨境贸易人民币结算，建设香港人民币离岸市场，争取将人民币纳入 SDR（特别提款权），努力降低对美元的依赖程度，推进人民币国际化进程。

一系列措施实施以后，人民币跨境贸易结算范围持续扩大，人民币离岸市场逐步形成，人民币国际化有序推进。我国当时签署互换协议的动因主要在于以下几个方面：(1) 增加境外人民币国外流量。当时我国 GDP 占世界总量排名呈现出不断上升之势，但人民币不完全自由兑换，必须抓住机遇，签署货币互换协议，通过深化双边务实型金融合作，才能扩大投资贸易规模。(2) 增加借入储备，提高国际清偿力。增强中央银行干预外汇市场的能力和水平，维护人民币币值稳定。(3) 推进人民币国际化进程。金融危机之后，外汇安全问题暴露，为增强我国外汇市场的抗风险能力，也需与更多国家开展货币互换合作，以削弱国际货币风险传导。

（二）为何选择新加坡进行货币互换？

1. 高度发达的经济体

凭借着得天独厚的地理优势和社会各界的共同努力，新加坡经济近几十年高速发展，成为亚洲"四小龙"，迈入发达国家的前列，成为世界上人均 GDP 最高的国家之一。新加坡近 5 年的 GDP 概况，如图 2 所示。受疫情影响的 2020 年，新加坡 GDP 达 3453 亿美元，人均 GDP 为 58902 美元，在亚洲国家中排名第一，在 2021 年新冠疫情蔓延的国际形势下仍可逆流而上，国家 GDP 增长至 3970 亿美元，甚至比 2020 年高出 215 亿美元。

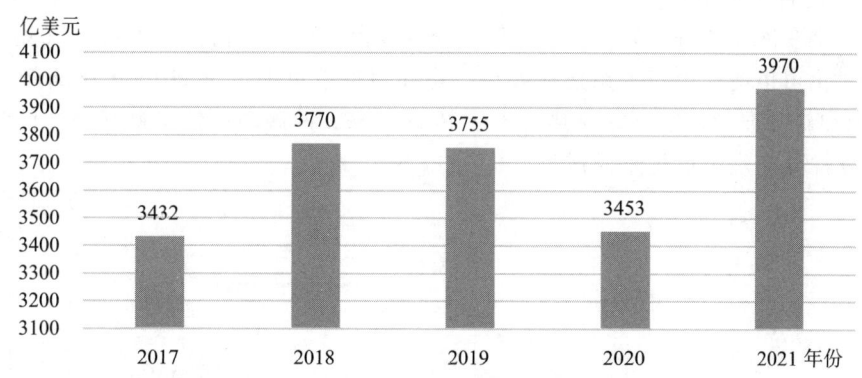

图 2　2017—2021 年新加坡国家 GDP 情况（美元现价）

资料来源：中经数据（https://ceidata.cei.cn/）。

2. 发达的金融行业

与东盟其他国家相比，新加坡最为典型的产业优势在于其先进的金融行业，完备的金融体制，能有效地助推人民币在东盟国家流通。作为全球三大离岸人民币清算中心之一和全球第三大、亚洲第一大外汇交易中心，新加坡银行业不仅能够为中国企业提供便捷的境外交易和资金融通渠道，还能够提供高度专业化的外汇交易风险控制业务。

新加坡具有非常强的风险防范能力——这是衡量货币互换对象质量的关键因素之一。在 1997 年的区域性金融危机中，新加坡凭借其强大的经济基础和健康的金融系统生态优势，在金融危机初期便切断了其在东南亚地区恶性蔓延的主要渠道传播，为东盟国家提供了有机、交互的贸易联系，且争取到了稳定处理危机的机会。1998 年之后，新加坡的 GDP 再次恢复增长趋势（见图 3）。

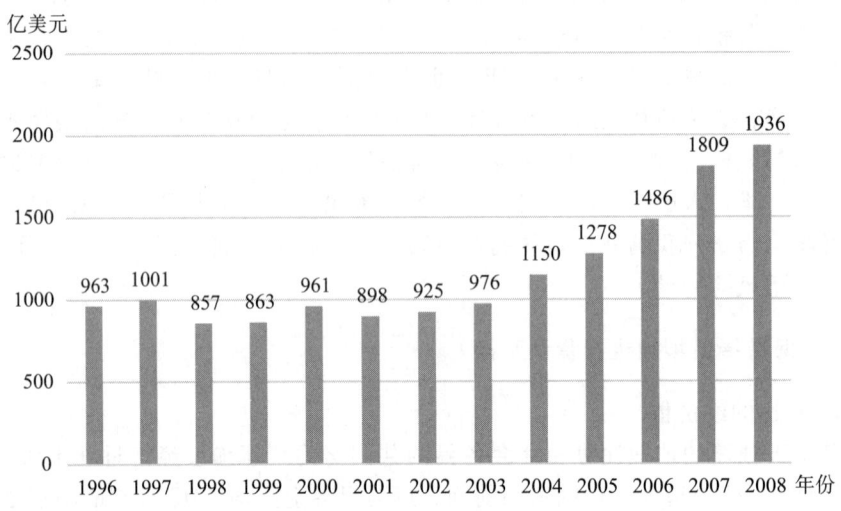

图 3　1998—2008 年新加坡国家 GDP 情况（美元现价）

资料来源：中经数据（https://ceidata.cei.cn/）。

3. 坚实的合作基础

新加坡是东南亚地区最后一个与中国建交的国家，但华人占主体的社会（见图 4）以及相似的文化习俗使得中新关系迅速发展。正如习近平总书记于 2015 年访问新加坡时指出："中国和新加坡是亲密友好邻邦。建交 20 多年来，两国高层保持良好交往传统，各领域合作不断深化拓展，取得丰硕成果。"

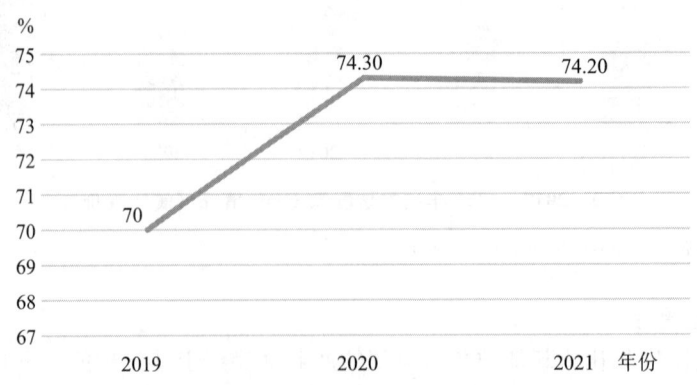

图 4　2019—2021 年新加坡的华人占总人口比例情况

资料来源：新加坡统计局数据（https://www.singstat.gov.sg/）。

早在 2014 年，新加坡便是最早支持亚投行的国家之一。现在新加坡继续成为"一带一路"倡议的直接参与国家。"一带一路"倡议在东南亚所有项目融资中，约有 60% 的资金来自新加坡。2018 年 2 月，在新加坡金融管理局支持下，具有中资背景的亚太交易所于新加坡正式揭牌，成为中新两国在"一带一路"倡议背景下，合作新高度的重要标志①。

4. 频繁的交易往来

2009 年，新加坡与我国签署了《中新自由贸易协定》，成为亚洲第一个与我国签署全面双边自由贸易协定的国家，中新两国的双边贸易和投资进入新的增长阶段。2020 年，中新双边贸易额达到 890.90 亿美元，中国对新投资达 66.30 亿美元，新加坡对华投资则达到 76.81 亿美元②。自 2013 年起，新加坡正式成为中国最大的投资来源国，中国也成为新加坡最大的贸易伙伴，这种良好的地区性经贸合作关系一直延续至今。2019 年，中国与新加坡双边货物进出口额达 8994079 万美元，较去年增幅为 8.7%③。而两国之间频繁的交易合作也进一步催生了简化资金结算、开展货币合作的迫切需求。如图 5 和图 6 所示。

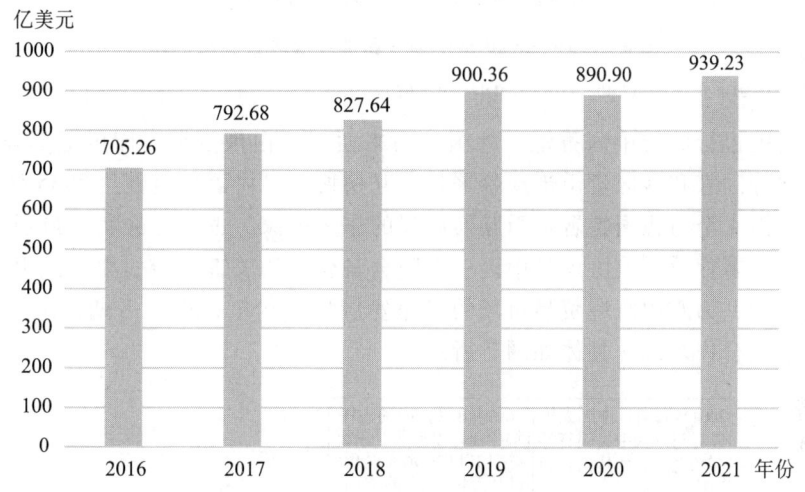

图 5　2016—2021 年中国与新加坡双边贸易额

资料来源：中国国家统计局（http：//www.stats.gov.cn/）。

（三）中新货币互换合作发展进程

1. 中新首次签署货币互换协议

2010 年 7 月 23 日，为推动双边贸易和跨境投资合作，中国人民银行与新加坡金融监管局在北京首次签署中新货币互换协议，该协议互换规模为 1500 亿元人民币（约 300 亿新加坡元），实施有效期 3 年。中新货币互换协议的开始签署对保障离岸人民币的流动性具有重要意义，也进一步推动人民币走向世界。该协议也成为我国中央银行——中国人民银行与其他国家和地区货币当局签署的第 8 个本币互换协议，自 2008 年国际金融危机至

---

① 新加坡亚太交易所（https：//baike.baidu.com）。
② 中国国家统计局（http：//www.stats.gov.cn/）。
③ 数据基地（https：//m.shujujidi.com/caijing/811.html）。

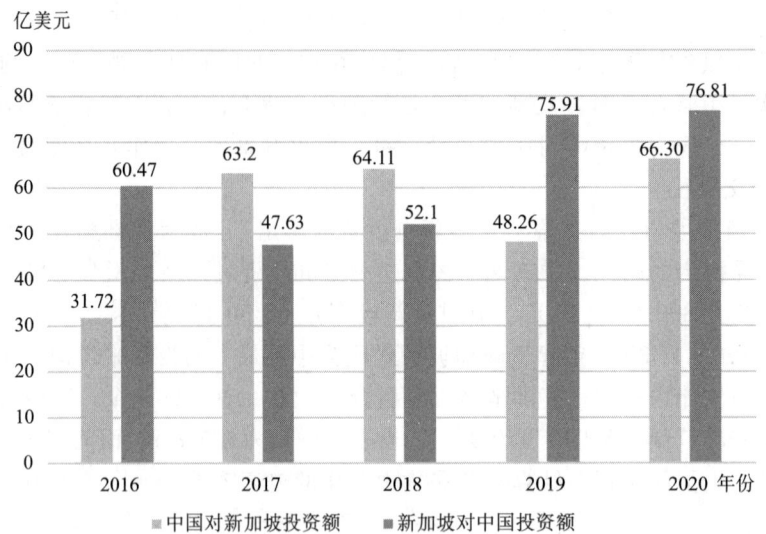

图 6　2016—2020 年中国—新加坡双边直接投资额

资料来源：中国国家统计局（http://www.stats.gov.cn/）。

当时，中国人民银行已与中国香港、韩国、马来西亚、白俄罗斯、印度尼西亚、阿根廷、冰岛、新加坡等国家和地区货币当局签署货币互换协议，协议总金额达 8035 亿元人民币。

新加坡是第 4 个与我国签署货币互换协议的东盟国家，也是金融实力最强劲的东盟国家，中新首次签署货币互换协议是中国—东盟金融合作的关键一步，为人民币流向东盟市场提供充足动力，为双边跨境贸易市场的飞速发展埋下伏笔，也为后期提出"一带一路"倡议提供了前期合作基础。具体如图 7 所示。

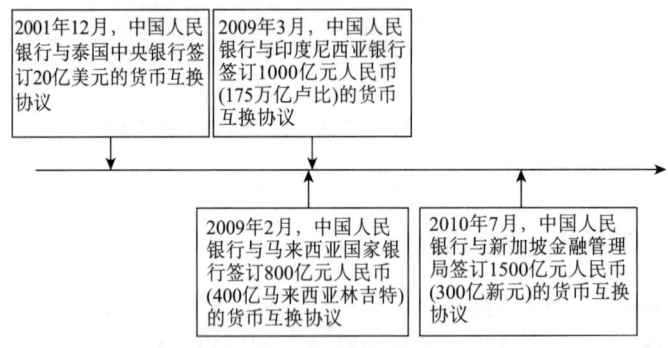

图 7　2010 年中国—东盟四国签署货币互换协议流程

资料来源：根据中国人民银行官网（http://www.pbc.gov.cn/）和中国新闻网信息整理。

在中新货币管理当局完成货币互换协议的首签之后，其他商业银行便抓住机遇开始跟进。2011 年 6 月，星展银行宣布向新加坡金融管理局申请启用中新双边货币互换机制，为一家新加坡边贸公司的对华出口业务提供人民币融资服务[①]。星展银行启用该货币互换机

---

① 中国贸易金融网. 星展银行启用人行和新加坡金融管理局签署的双边货币互换协议 [EB/OL]. (2011 - 07 - 01) [2023 - 1 - 11] http://m.sinotf.com/News.html? id = 69472.

制能为其他合作伙伴提供示范作用，将能为有跨境贸易结算需求的客户提供人民币结算的选择，增加人民币在离岸市场的应用场景，而不是只有美元结算一个途径。

2. 第一次续签货币互换协议

2013 年 3 月 7 日，中国人民银行与新加坡金融管理局续签了为期 3 年的双边货币互换协议，互换规模由原来的 1500 亿元人民币（300 亿新元）扩大至 3000 亿元人民币（600 亿新元），仅次于中国香港的 4000 亿元以及韩国的 3600 亿元。本次续签在此前的合作基础上实现规模翻番，为中新货币市场注入更强的流动性。在双边货币互换协议续签，规模翻番的大背景下，中新双边商品市场贸易规模持续扩大，两国关系更趋稳定，货币市场交流日益深化。

2015 年 4 月 17 日，中国银行和中银国际与新加坡交易所（SGX）在新加坡签署合作框架，研究如何进一步深化跨境人民币金融合作策略，如开发人民币计价大宗商品和衍生品合约，同时改善人民币清算和结算服务，加强双边市场的人民币交易的基础设施，助推人民币迈向国际化。

中新货币互换协议的第一次成功续签为此后的合作奠定了相互认可、互惠共赢的基调。根据我国海关统计数据，中国和新加坡双边贸易在 2012 年全球经济不振的大背景下仍逆势增长 8.7%，规模达 692.76 亿美元，并且在其后 3 年内稳步上升，分别达到 759.1 亿、797.4 亿和 795.6 亿美元，如图 8 所示。

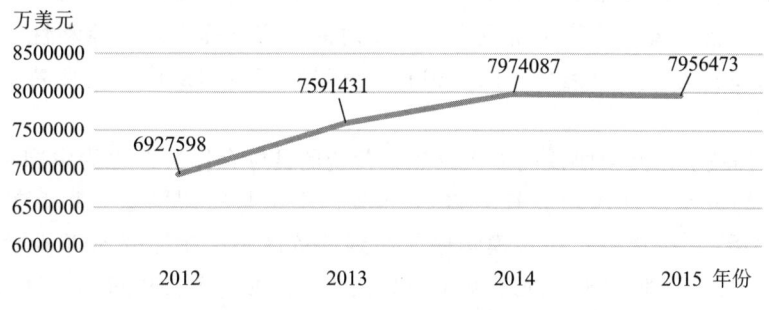

图 8　2012—2016 年中国—新加坡进出口贸易额

资料来源：根据中国海关官网（http：//www.customs.gov.cn/）数据整理。

2013 年，中国工商银行新加坡分行为指定离岸人民币清算行，同时也是新加坡唯一的人民币清算行。至 2017 年末，新加坡累计人民币清算额近 190 万亿元，也使新加坡成为第二大离岸人民币清算中心，仅次于中国香港。

3. 2016 年第二次续签货币互换协议

2016 年 3 月 7 日，中国和新加坡第二次续签两国货币互换协议，协议规模为 3000 亿元人民币，与上期互换规模持平。其时中国人民银行已先后与 33 个国家或地区的货币当局签署货币互换协议，协议总额度为 31085 亿元。根据中国商务部官网信息，截至 2017 年末，中国银行、工商银行、建设银行、农业银行等 8 家中资商业银行的新加坡分行陆续开业，且中国银行和工商银行成功获得全牌照可经营零售业务。中国建设银行在新设立全球基础设施建设服务中心，中国银行、建设银行、招商银行等在新相继设立私人银行中心。海通证券、中泰国际等中国证券公司也陆续在新设立公司。新加坡星展银行、华侨银行、大华银行等也相继在华设立多家分支机构，带动新加坡众多基金、资产管理公司通过QFII在华开展投资业务。

第二次中新货币互换协议续签、"一带一路"建设倡议提出后，中资银行与新加坡当地银行合作多次发放银团贷款，并发售"一带一路"债券和企业狮城债券。中资银行还与新加坡主要企业，如 Zenlayer 与 Telin Singapore 等签署全球现金及财资管理合作协议，并打造 B2B 电子商务结算平台，助力支付宝、蚂蚁金服等互联网金融公司进入新加坡移动支付市场[①]。2018 年亚太交易所在新成立，这是中国企业首次在海外创办的期货交易所，主要从事农产品、能源化工等大宗商品期货交易，进一步推动多边金融衍生品市场合作，助力推动"一带一路"建设。

4. 2019 年第三次续签货币互换协议

2019 年 5 月 14 日，中国人民银行与新加坡金融管理局续签了 3 年期限的双边本币互换协议，协议规模仍为 3000 亿元人民币（610 亿新加坡元），继续保持中新货币市场稳定的合作态势。

此时，新加坡虽为小型经济体，但在东亚金融体系中具有举足轻重的地位，并已成为仅次于中国香港的全球第二大离岸人民币交易中心。中国与新加坡再次续签双边本币互换协议，有力保障了离岸人民币流动性，提高国际市场对人民币的接受程度。与金融实力日渐增强的新加坡再次续签双边货币互换协议不仅能便利中新贸易和投资，还能提高双方的潜在外汇储备规模，节约储备成本，必要时能为市场提供短期流动性，增加官方处理汇率波动的硬实力，从而提高两国对国际金融风险传导的抵抗力，提高东亚地区金融稳定性。

中国和新加坡货币互换协议的多次续签，营造的良好合作关系也为中国和东盟其他国家金融合作发挥着示范性作用。截至 2021 年末，中国与东盟国家货币互换协议总额为8000 亿元人民币[②]，按货币互换规模排序从高到低依次是：新加坡 3000 亿元、印度尼西亚 2500 亿元、马来西亚 1800 亿元、泰国 700 亿元。作为一个备用机制，货币互换签署扩展至更多的东盟国家是大势所趋，未来有望实现东盟十国的全覆盖。

5. 2022 年第四次续签货币互换协议

2022 年 7 月 14 日，中国人民银行与新加坡金融管理局第四次续签双边本币互换协议，互换规模为 3000 亿元人民币（650 亿新加坡元），协议有效期延长为 5 年。中新双边本币互换协议再次续签，助力两国金融合作进一步深化，促进双边贸易和投资便利化。在维持原有互换规模不变的基础上，协议有效期从 3 年延长至 5 年。中国和新加坡货币互换发展具体历程如表 2 所示。

---

① 中华人民共和国商务部. 中新合作情况 [EB/OL]. (2018-09-10) [2023-1-11] http://sg.mofcom.gov.cn/article/ztjx/zxhzqk/201809/20180902784970.shtml.

② 《2022 年人民币东盟国家使用报告》(https://www.chinairn.com/news/20220919/093306374.shtml).

表 2　　　　　　　　　　　　中新货币互换合作发展历程

合作项目	协议签署时间	互换规模	期限	签署双方	合作状态
第一次签署货币互换协议	2010 年 7 月	1500 亿元人民币（300 亿新元）	3 年	中国人民银行和新加坡金融管理局	首次签署
第二次签署货币互换协议	2013 年 3 月	3000 亿元人民币（600 亿新元）	3 年	中国人民银行和新加坡金融管理局	续签
第三次签署货币互换协议	2016 年 3 月	3000 亿元人民币（640 亿新元）	3 年	中国人民银行和新加坡金融管理局	续签
第四次签署货币互换协议	2019 年 5 月	3000 亿元人民币（610 亿新元）	3 年	中国人民银行和新加坡金融管理局	续签
中新第五次签署货币互换协议	2022 年 7 月	3000 亿元人民币（650 亿新元）	5 年	中国人民银行和新加坡金融管理局	续签

资料来源：根据中国人民银行官网信息整理（http：//www.pbc.gov.cn/）。

（四）中国—新加坡货币互换融资业务案例

乘着中新货币互换协议多次续签的东风，多方金融机构与企业也在紧锣密鼓地跟进双边货币互换融资项目，其中山东便是国内开展此类业务的排头兵。2019 年 9 月 6 日，中国（山东）自由贸易试验区青岛片区新闻发布会宣布：全国首笔"中国—新加坡货币互换新元融资业务"落地青岛（见图 9）。青岛银行负责承接本项业务，将从中国人民银行获得的 299 万中新货币互换项下新元贷款（约合 1500 万元人民币）发放给青岛世纪瑞丰集团有限公司（以下简称"青岛世纪瑞丰公司"），用于对新加坡进口贸易订单的支付，贷款期限 3 个月[①]。

图 9　青岛货币互换融资业务签约仪式

资料来源：和讯银行（http：//bank.hexun.com/2019-09-06/198466517.html）。

---

① 智慧青岛.全国首笔中国—新加坡货币互换新元融资业务落地自贸区青岛片区［EB/OL］.（2019-9-10）［2023-2-6］http：//www.shiminjia.com/news/detail/MDAwMDAwMDAwMKSMrKK7w5uL.

所谓货币互换项下的贷款业务是指在两国货币互换协议支持下，中方企业可以通过中国人民银行直接从外方国家的央行获得外币贷款的业务模式。该模式赋予外贸企业更加灵活的融资和结算方式，有效降低企业的融资成本，丰富企业的融资手段。在中新货币互换协议的支持下，中方企业的新元融资流程进一步优化。中方企业可以通过中国人民银行直接从新加坡央行申请低成本的新元贷款，与传统贷款相比，较大幅度降低了客户的融资成本，更好地解决企业融资手续多、融资贵的问题。

青岛世纪瑞丰公司是中国（山东）自贸区青岛片区的首批注册企业，该企业主要经营矿石、煤炭和木材等国际物流业务，与新加坡业务往来密切，有较大的双边货币互换融资需求。值此机会，青岛世纪瑞丰公司获得了一笔低利率融资，该笔融资利率低于同期商业贷款利率 2 个多百分点，显著降低了企业融资成本。

同年 12 月，青岛农商银行黄岛支行也成功承办一笔中国—新加坡央行货币互换协议项下新元贷款业务，进一步扩宽外贸企业的跨境融资渠道。该业务总共为该外贸公司发放 20.42 万新元（折合人民币 105.70 万元），用于企业支付进口木材货款，该笔融资利率同样低于同期商业贷款利率 2 个百分点以上[①]。

由中国人民银行公布的 2019 年商业贷款基准利率可知（见图 10），在中新货币互换协议的支持下，新元融资贷款业务优惠力度极大，能实现企业的融资成本从 4.35% 左右削减为 2 个多百分点，降至 2% 左右，减少过去近一半的贷款成本。

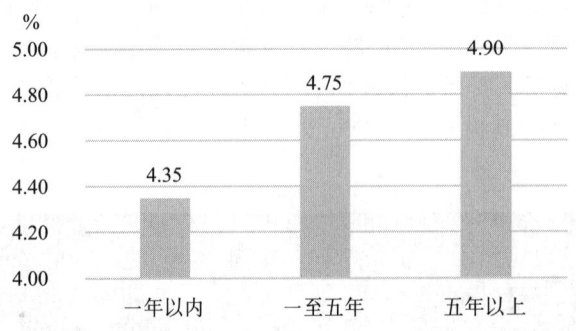

图 10　2019 年商业贷款基准利率

资料来源：中国人民银行（http://www.pbc.gov.cn/）。

货币互换项下新元融资业务的突破，能有效提升中国与新加坡金融合作水平，带动更多的基层项目落地，增进双边民间金融资源交流，助推"一带一路"建设，随着合作的深入将有潜力发挥越来越大的作用。

---

① 云财经. 青岛农商银行成功落地全国农商银行首笔中新货币互换业务［EB/OL］.（2019 - 12 - 16）［2023 - 2 - 6］. https://www.yuncaijing.com/news/id_13785810.htm.

四、中新货币互换进程仍有"逆流暗涌"

(一) 新加坡对华关系存在不稳定性

受历史、政治等诸多因素影响,新加坡对华关系处于动态变化中。作为东南亚经济实力首屈一指的国家,新加坡占据马六甲海峡通商优势区位,是诸多西方国家争取合作的优先对象。为寻求自身利益最大化,中新合作关系仍在摩擦中继续前进。

关系建立,多面合作阶段(1990—2010 年):1990 年 10 月 3 日中新两国建交,双方开始在政治、经济、文化等方面建立联系。在经贸方面,中新双边贸易额在 90 年代初期仅为 28.3 亿美元,但在 2009 年时双边贸易额便激增至 478.6 亿美元。在金融合作方面,双方签署双边本币互换协议,新加坡成为首个人民币境外结算中心等。在政治方面,以经济合作驱动的政治联系日益紧密,两国高层领导频繁互访,建立了副总理级的双边合作联合委员会(新中双边合作联合委员会,Joint Council for Bilateral Cooperation,简称 JCBC)作为年度高层对话机制。该阶段,国际环境整体相对稳定,中新双边关系相对融洽,货币市场合作尚能稳定、有序予以推进。

互利合作,分歧渐显阶段(2010—2017 年):李显龙担任第三任新加坡总理以后,中新两国前一阶段铺平的合作之路开始变得崎岖。在国内外多重因素作用下,中新关系虽然在继续朝前发展,但双边摩擦开始显现,特别是南海、台湾等政治敏感问题,两国关系出现一定程度的动荡和调整现象。该阶段,双方经济合作仍在深化、项目继续开展。2013—2017 年,中国仍然连续 5 年成为新加坡最大的贸易伙伴国,新加坡也连续 5 年成为中国第一大新增投资来源国;中新第三个政府间合作项目——重庆战略性互联互通示范项目开始运营;2017 年,双方签署"一带一路"合作谅解备忘录。

虽然双边经贸合作仍在有序开展,但无法掩盖两国关系开始出现摩擦的事实。随着中国的逐步崛起,中美矛盾开始逐渐影响到世界其他国家。长期奉行务实外交,在经济上靠中国、安全上靠美国的新加坡却越来越难以平衡两者之间的位置,之前潜藏的政治问题开始成为中新关系发展过程中不可回避的重要因素。从 2010 年开始,新加坡在对美军事安全合作、南海问题及台湾问题上的行动标志着中新两国之间的分歧开始显现。

拨乱反正,重归正途阶段(2017 年至今):这个时期中国与新加坡双边政治互信水平重新提振。2017 年 6 月,新加坡总理李显龙在接受澳洲媒体采访时表示支持"一带一路"建设,新加坡其他政府部门领导人及驻华大使等纷纷表态对中国的地区角色给予了积极评价,中新关系在一定程度上获得修复。2017 年 9 月 19 日,时隔近 4 年,新加坡总理李显龙访问中国,在与中国领导人的会面中,李显龙表示支持共建"一带一路"和成立亚洲基础设施投资银行,承诺坚持一个中国政策,坚定对台立场,反对"台独",希望看到中国未来在国际事务中能够发挥更大作用。这次高规格的访问使中新关系重回正轨。

2018 年 4 月 8 日,在时隔半年多以后,李显龙再次访问中国,出席博鳌亚洲论坛开幕式并发表演讲,中新关系进一步改善。2020 年,在新冠疫情发生后,面对部分政客为了攻击和抹黑中国而散播的"新冠疫情中国起源说",李显龙在接受美国媒体采访时表示,指责中国应对新冠疫情不负责是不公平的,并且称赞了中国抗击疫情的负责任态度。

(二) 中新货币互换协议处于"休眠"状态

现阶段中国货币互换协议主要扮演着便利贸易与投资的角色,提供流动性支持的"戏份"比较少,而且也都属于典型的预防性的协议。在这种情况下,货币互换协议处于"休眠"状态,这就意味着我国人民银行与新加坡金融管理局签署货币互换协议后,互换人民币一直停留在对方的账户中,协议期限内未能得到有效利用,便无法注入对方国家金融市场,切实发挥其便利贸易与投资的职能,对人民币国际化的促进效果并不明显。如果无法将具体合作项目落实到位,届时协议到期,人民币便相当于被"原封不动地归还",实际上将无法发挥货币互换的真正作用,实现签署货币互合约的预期目标。

(三) 相关体制机制不健全、不成熟

相较于 2020 年美联储与新加坡签署的货币互换协议 (600 亿美元/865 亿新元),历次中国货币互换协议约定的互换货币额度明显规模偏小,表明近年续签的互换货币协议规模仍无法有效扩大人民币在境外的存量与流量,对实现人民币国际化所产生的作用非常有限。我国前期签署的货币互换协议,特别是在东南亚金融危机后《清迈协议》框架下签署的货币互换协议存在相当部分美元与本币的互换。根据中国人民银行官网统计数据分析可知,2009 年之前在《清迈协议》框架下达成的货币互换协议中只有中日、中韩、中菲等少数货币互换协议约定以本币互换,其他大部分都是以美元为币种展开货币互换交易。

(四) 其他互换潜在风险

1. 违约风险

中新货币互换协议本质上属于广义条约,而且是契约性条约,因此货币互换协议就相当于一纸契约,也会存在违约风险。这种违约风险主要表现为货币互换协议期限截止日,一方无法按时、足额还本付息等。

2. 国家豁免权争议风险

若中新货币互换协议中对人民币的如何使用和监管等问题未进行明确约定,当该国启用人民币时就可能涉及国家豁免权。国家主权豁免是指国家根据国家主权和国家平等原则不接受他国管辖的特权。无论新加坡对于我国持有何种立场,在协议未明确约定如何使用互换货币时,基于国家豁免权,中国都将无权对新加坡使用人民币的情况进行监控,而新加坡也没有义务对外披露具体使用信息。在这种情况下就会存在资金流向的不可控风险,如可能会被不合理地滥用,产生大面积违约行为等。

3. 汇率风险

汇率风险主要是指由于汇率变动而引起的风险。在货币互换中,虽然期初和期末的本金交换都是按照互换开始时的即期汇率进行,但在互换期间,双方会有不同的现金流的流动方式。当货币互换协议的参与者所收取或支付的现金流为两种不同的货币时,则这两种货币间的汇率变动必然引起汇率风险。由于双边货币互换协议直接跨越了第三方货币的间接结算功能,使得在没有第三方信用担保的情况下,两国的信用直接对接,如果没有健全

的风险防范和控制机制，一国一旦发生金融危机，金融风险将很容易就会传导到货币合作协议的合作国。

五、案例启示

（一）健全互换协议体制，缓和积累外汇储备需求

完备健全的货币互换机制能够降低中国与新加坡国家积累外汇储备的需求。1997年东南亚金融危机之后，两国外汇储备的快速增加，虽然能获得在维持汇率稳定、预防性储蓄保障等方面保障的收益，但是大量积累外汇储备也潜存引发国家通胀风险、财政成本和利率成本攀升等一系列副作用。收益和成本的共存使得外汇储备应该维持在一个适当的合理规模，既不能过高也不能过低。货币互换安排能够在紧急情况下，及时、适量为市场注入流动性，确保货币当局能适当地减少持有的外汇储备规模。中国与新加坡国家的货币互换可以降低双方积累外汇储备的需求，进而降低外汇储备成本，能在需要时流入市场，稳定外汇。但现阶段我国的货币互换规模仍远逊于美国、日本等国家，需继续健全完善互换体制和持续扩大互换规模。

（二）建立金融风险传导"防火墙"

货币互换能够帮助中国与新加坡两国有效抑制金融危机的跨境传染，构建货币市场"防火墙"。1997年的亚洲金融危机和2008年的国际金融危机就表现出了很强的"传染效应"，金融风暴通过贸易和投资资本等渠道从泰国迅速外溢，关系越为密切的国家遭受的损失越为严重。而货币互换的签署可以减少相应货币需求对该国货币市场的直接冲击，对金融危机具有一定的阻隔作用，抵御他国风险通过资本的跨境流动影响本国经济的平稳发展。货币互换可成为中国与新加坡控制金融风险跨境传染的有效途径。通过货币互换协议，贸易双方在开展对外贸易的过程中取消了中间结算货币，而直接采用本国货币进行贸易结算，有效对冲了第三方的汇率波动风险，消除了由于汇率波动而带来的对外贸易中的不稳定性，更好地促进了双边贸易发展。

（三）打造深度交流的跨境贸易与投资市场

随着中国—东盟自由贸易区的发展，中新的经济联系越来越紧密，需要通过更为深层次的合作手段来提高双边货币市场交流效率、减少交流成本，而签署货币互换协议就是一种比较现实可行的实现途径。一方面，货币互换协议不仅可以在一定程度上满足双边外币需要，促进贸易与投资的发展，带动对方国家的贸易需求，为贸易结算提供了便利条件；另一方面，可以大幅度减少国际贸易中的货币兑换和折算成本，降低汇率风险，为两国频繁的贸易投资往来提供强有力金融支持，促进中国与新加坡的国际贸易与投资向纵深发展。

（四）深耕人民币离岸市场，扩大人民币的东盟影响力

现阶段，我国仍处于人民币国际化的初级阶段，需要提高人民币的国际流通能力，打

造人民币离岸市场，增加其国际货币市场的应用场景。对外贸易常会涉及结算问题，只有加强我国的对外贸易规模，才能给人民币创造更多的使用空间。货币互换协议本身具有提供流动性支持和便利贸易与投资的职能，前者可以预防金融风险的出现，一旦发生金融危机还可以发挥稳定金融市场作用；后者则在便利贸易和投资过程中，能够间接地推动人民币在国际社会的广泛使用与流通，促进人民币在国际贸易中承担结算、支付、计价等功能，增强了海外主体对人民币的信心，潜移默化中提升了人民币在东盟的影响力。

（五）"分国施策"，激活货币互换协议最大效应

东盟各国的经济发展水平差距较大、资源禀赋各不相同，应充分吸收中新货币互换合作的有益经验，为后续我国对东盟其他国家"分国施策"开展金融合作提供参考依据，以求最大限度地发挥货币互换协议作用。

对于经济条件优异的新加坡等国，合作重心应放在如何扩大货币互换规模和利用已签署的货币互换协议落地引导具体项目落地，力求扩大人民币在东盟区域的影响力。对于泰国、马来西亚等经济发展程度较好、国内自然资源丰富的东盟国家，则应充分利用货币互换协议带动大宗商品市场合作，协同减小外汇风险，增加双边贸易投资额。而对于缅甸、老挝等经济发展程度相对滞后的国家，在双边签署货币互换协议前期效益未能充分显现时，需保持双边良好的外交关系和贸易关系，等待深化合作时机的到来。

在与"一带一路"其他区域的沿线国家开展货币领域合作过程中，还应充分借鉴中新持续多年开展货币领域合作的有益经验，积极助推"一带一路"建设走深走实、见行见效。

【参考文献】

[1] 孙晓涛. 新加坡CPTPP金融服务负面清单及对我国的启示 [J]. 国际贸易，2022（06）：81-88.

[2] 李虹，陈文娟. "一带一路"沿线国家金融服务贸易发展现状及互补性研究 [J]. 金融理论与实践，2021（08）：31-40.

[3] 王勤. 新加坡国际金融中心在疫情中逆势前行 [J]. 世界知识，2020（21）：42-44.

[4] 杨璐. 新加坡汇率制度的经验借鉴 [J]. 中国外汇，2018（23）：67-68.

[5] 郑文，李华罡. 新加坡货币升值的启示 [J]. 宏观经济管理，2007（02）：72-74.

[6] 杨超，乐无，穹郑辉. 有管理的浮动汇率：对新加坡汇率制度的实证研究 [J]. 国际金融研究，2011（05）：28-35.

附件

一、中新签署的现行相关条约

1. 中华人民共和国政府和新加坡共和国自由政府贸易协定（2008/10/23 生效）

http：//fta. mofcom. gov. cn/singapore/doc/cs xieyi cn. pdf.

2. 中华人民共和国政府和新加坡共和国政府联合声明（2018/11/14 签订）https：//law. wkinfo. com. cn/legislation/detail/MTAxMDAxNzc3NDg%3D? searchId = 42f55f9236584cd49844af6d581a69dd&index = 1&q = % E6% 96% B0% E5% 8A% A0% E5% 9D% A1&module = .

3. 国务院办公厅关于同意中国—新加坡天津生态城建设国家绿色发展示范区实施方案的复函（2014/10/03 实施）https：//law. wkinfo. com. cn/legislation/detail/MTAwMDQ2MjUxNTM%3D? searchId = 9212dbfc6cab412cbdf1e06e8c05484c&index = 1&q = % E6% 96% B0% E5% 8A% A0% E5% 9D% A1&module = .

4. 关于开展人民币对新加坡元直接交易的公告（2014/10/28 实施）https：//law. wkinfo. com. cn/legislation/detail/MTAwMDQ2OTUzNTY%3D? searchId = 3a9af55c08d7405496f3b911b8e83d06&index = 1&q = % E6% 96% B0% E5% 8A% A0% E5% 9D% A1&module = .

5. 关于批准中国工商银行股份有限公司新加坡分行成为外币拆借会员的通知（2017/12/13 实施）https：//law. wkinfo. com. cn/legislation/detail/MTAwMTA5Njg1Mzc%3D? searchId = 3a9af55c08d7405496f3b911b8e83d06&index = 1&q = % E6% 96% B0% E5% 8A% A0% E5% 9D% A1&module = .

6. 中华人民共和国政府与东南亚国家联盟成员国政府全面经济合作框架协议投资协议（2009/08/15 签订）https：//law. wkinfo. com. cn/legislation/detail/MTAxMDAxNzc2MjI%3D? searchId = 2abf3b058f9f402cbbd6fc45745b6ea0&index = 1&q = % E6% 96% B0% E5% 8A% A0% E5% 9D% A1&module = .

二、新加坡相关法律法规

1.《新加坡银行法》https：//www. bot. or. th/English/AboutBOT/LawsAndRegulations/Documents/LAW04_ PaymentSystemAct. pdf.

2.《金融公司法》第 108 章 FINANCE COMPANIES ACT – Cap. 108（asianlii. org）.

3.《金融程序法》第 109 章 http：//www. asianlii. org/sg/legis/consol_act/fpac109194/.

4.《货币法》第 69 章 http：//www. asianlii. org/sg/legis/consol_act/cac69137/.

案例 2：破解"融资难""风险大"
——中银牵头银团融资，助力中越经贸合作

一、引言

中国银行历经 100 多年的风风雨雨，几经变迁，至今已成为中国国际化程度最高的银行，其贷款对象多为国外地区或跨国企业。近 10 年来，中国银行多次通过银团融资的模式向越南的企业和工程项目提供融资服务，一方面是积极致力于服务国家"一带一路"沿线国家或地区的政策，另一方面也是充分体现出中国银行对越南市场未来发展潜力的认可。

二、案例背景

（一）中越经贸合作发展分析

中国与越南的经贸合作可以追溯到宋朝，封建时期中越双方就有着非常频繁的贸易往来，在宋朝时，除官方的"朝贡""回赐"之外，民间贸易也极为发达。中越双方的经贸合作历史源远流长，在文化上就有先天优势，新中国成立以后，中越关系几经波折，1991 年中越邦交恢复正常化，自此以后中越经贸进入了快速发展期。2021 年中越双方贸易额达到 2300 亿美元，首次突破 2000 亿美元大关，也象征着中越经贸合作达到新的高度（见图 1）。

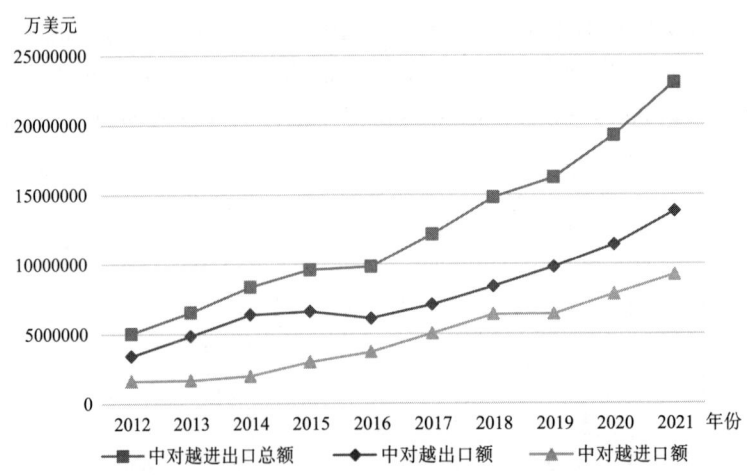

图 1　2012—2021 年中越双方进出口贸易额统计

资料来源：中国海关总署互联网查询平台（http://online.customs.gov.cn）。

中越双边投资方面，2020年中国对越直接投资额达到18.8亿美元，从2011年到2020年的10年时间，中国对越投资增长了近10倍。同时，越南对华投资也稳步上升，截至2018年达到1.3亿美元，对越投资已经成为众多中国企业的优先选择之一（见图2）。中国对越投资额的快速增长，反映出中国投资者对越南经济走势的看好，同样也是"一带一路"倡议推进下中越合作成果的充分体现。

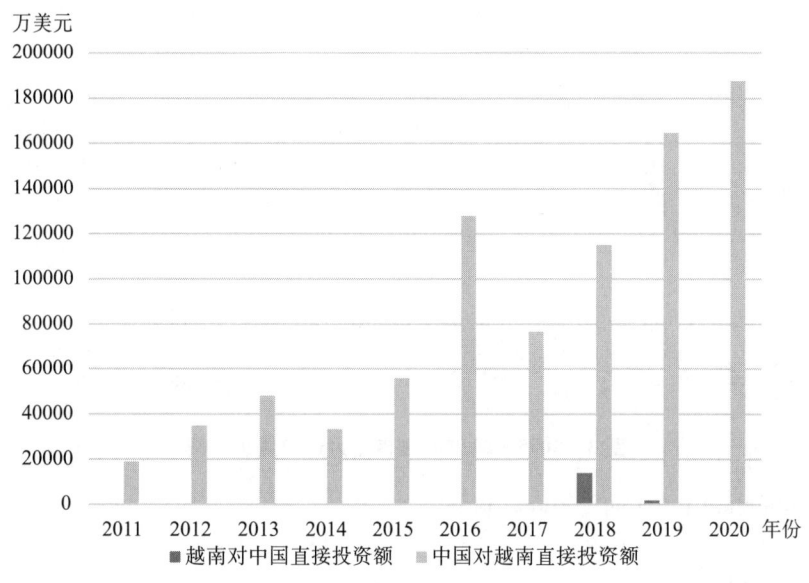

图2　2011—2021年中越双方直接投资额统计

资料来源：国家统计局，《中国统计年鉴》2011—2020（http://www.stats.gov.cn/tjsj/ndsj/）。

（二）"一带一路"倡议背景下越南的融资需求

自2013年我国提出"一带一路"倡议以来，越南方面高度重视，并将"一带一路"倡议与越南提出的"两廊一圈"设想相结合，合力推进中越双方合作交流，在贸易、金融、旅游等方面成绩斐然。但是越南依然面临着能源短缺、基础设施落后、环境污染严重等问题，亟须大量的项目资金来大力发展国家经济，缓解各方压力。

1. 基础设施落后

截至2021年，越南的高速公路总里程约为1200公里，而在同时期的中国，与之相邻并且面积比越南更小的广西壮族自治区，高速公路总里程约为7000公里，是越南全国的6倍左右[①]。越南基础设施落后的问题尤为突出，而基础设施建设需要耗费大量的资金。在发展需求和资金短缺的双重作用下，引进源自中国的资金是越南解决基建难题的必然选择。

2. 能源紧缺

发展中国家一直存在能源紧缺的问题，越南更是存在严重的电力不足，电力供需矛盾

---

① 腾讯网（https://new.qq.com/rain/a/20211016A01E8B00）。

突出,每年需要从国外进口大量电能(见图3)。越南的用电紧张问题已经成为社会主要问题,越南现有的发电量难以满足越南东北部大量工业企业对电力的需求。积极引进中国技术、中国资金建立新型发电厂,则可以有效解决国内电力紧缺问题。

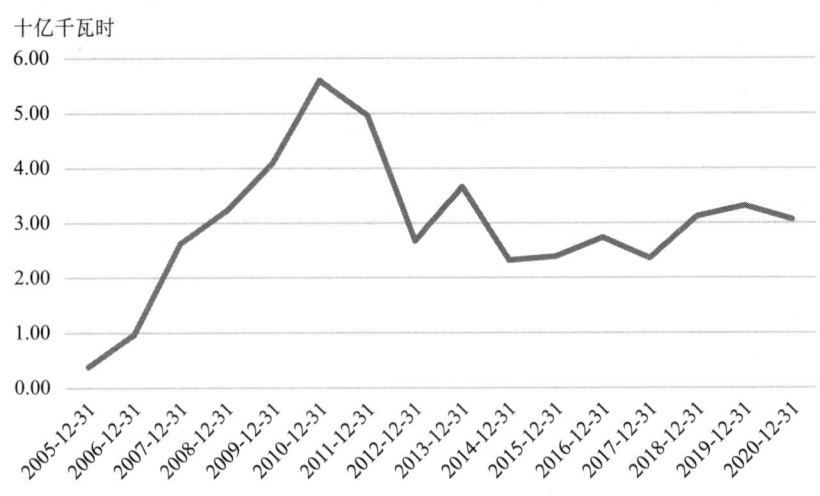

图3　2005—2020年越南电力进口量折线图

资料来源:美国能源信息署(https://www.eia.gov/)。

3. 环境污染严重

中、越两国的环境污染问题都较为严重,而在环境治理方面,中国的环境治理经验丰富,而越南借鉴中国环境治理经验的同时也存在很大的资金缺口。在"一带一路"倡议的大背景下,借鉴中国经验,引进中国资金可以使越南实现经济发展的同时保护好生态环境。

（三）中国银行的国际化趋势

中国银行始建于1912年,是中国唯一持续经营超过百年的银行,也是中国国际化和多元化程度最高的银行,机构遍及中国内地及61个国家和地区。1949年以后,作为当时的国家外汇外贸专业银行,中国银行长期统一经营管理国家外汇,开展国际贸易结算、侨汇和其他非贸易外汇业务,大力支持外贸发展和经济建设。改革开放以来,中国银行牢牢抓住国家利用国外资金和先进技术加快经济建设的历史机遇,充分发挥长期经营外汇业务的独特优势,成为国家利用外资的主渠道。

中国银行是中国全球化、综合化程度最高的商业银行之一,也是参与"一带一路"建设的主力银行。"一带一路"倡议提出后,中国银行积极发挥全球化综合化优势,于2014年底提出打造"一带一路"金融大动脉的设想,并已取得一系列良好成效。截至2021年一季度,中国银行境外机构覆盖全球61个国家和地区,其中包括25个"一带一路"沿线国家;在"一带一路"沿线国家累计实现授信投放1914亿美元,跟进"一带一路"区域重点项目逾600个。中国银行在支持"一带一路"重点项目建设、创新投融资合作、推动人民币跨境使用等方面均发挥了积极作用①。

(四) 银团贷款创新模式概述

银团贷款是指由两家或两家以上银行基于相同贷款条件，基于同一贷款合同，按约定时间和比例，通过代理行向借款人提供的本外币贷款或授信业务。银团贷款起源于第二次世界大战后，一些国家为了迅速弥合战争创伤，通过向银团贷款的方式筹措资金。银团贷款大部分解决的是巨额资金的供给问题，由于巨额贷款仅靠一家银行的力量很难承担，同时风险过高，单独一家银行不足以承担该笔贷款的巨大风险，为了分散风险，由一家银行作为代理行统一发放和回收贷款，多家银行共同参与。银团贷款分为直接贷款和间接贷款，前者是由银团内各成员行委托代理向借款人发放、回收和统一管理的贷款；后者是由牵头行将参加的贷款权分别转售给其他成员行，全部的贷款管理工作均由牵头行负责。

按照在银团贷款中的职能和分工，可分为牵头行、代理行和参加行等角色（见图4），也可根据实际规模和需要，以副牵头行、联合牵头行等名义参加银团，并按照银团贷款合同履行相应职责。银团贷款创新模式在巨额融资活动中发挥着举足轻重的作用，特别在跨国大规模贷款中，已经成为世界经济发展解决融资难题不可或缺的手段之一。

图4　银团贷款的创新模式构成

三、案例分析

(一) 中国银行牵头银团融资，投资越南的目的

越南作为新兴的经济快速发展国家，市场潜力大，发展前景好，是众多投资者青睐的投资对象，同时越南也是中国"一带一路"倡议沿线国家，中国—东盟金融合作的重点国家之一，投资越南市场，一方面是看重越南市场的发展潜力，另一方面也是响应国家政策。中国银行作为中国国际化程度最高的银行，与经济高速发展的越南天然契合，符合中

---

① 中国银行官网（https://www.boc.cn/）。

国银行的国际化发展策略。采取"代理牵头、共同发展"的银团融资策略，不仅可以有效解决"融资难""风险大"的难题，而且可以扩充中国银行的金融"朋友圈"，增加中国银行的国际影响力。

（二）中国银行牵头银团融资典型合作项目（见表1）

表1　　　截至2023年1月中国银行积极提供融资服务的中越重要合作项目

项目	项目时间	合作双方	合作项目	融资额度
1	2016.12—2018.11	中国银行 越南茶荣省沿海3号电厂项目部	中国银行胡志明市分行为越南茶荣省沿海3号电厂项目提供融资服务①	2亿美元
2	2015.7—2018.6	中国银行 越南平顺省永新电厂	中国银行胡志明市分行为越南平顺省永新电厂一期项目贷款及代理行服务②	8000万美元
3	2016.7	中国银行 玖龙纸业	中国银行与玖龙纸业在越南签署银团贷款③	1.68亿美元
4	2016.4—2023.4	中国银行 天虹纺织集团	中国银行与天虹纺织集团在越南签署银团贷款④	1.03亿美元

项目二：中国银行胡志明市分行为越南平顺省永新电厂一期项目提供8000万美元贷款及代理行服务。

永新电厂一期项目位于越南平顺省，是中越经贸合作五年发展规划和陆上基础设施合作五年规划的重点合作项目，该项目的实施，践行了中国"一带一路"合作倡议、推动了中越两国政府基础设施互联互通和产能合作。它的建成投产，将极大缓解越南南部用电紧缺局面，造福越南人民，助力越南经济发展。

在中越人民的共同见证下，永新电厂一期项目于2015年7月18日正式开工，工程建设之初就承担着建设越南先进、绿色、可靠的现代化电厂的责任。该项目由中国南方电网有限责任公司、中国电力国际有限责任公司和越南煤电力有限责任公司共同持股投资，是中国资金、中国技术投资建设越南基础能源工程的典型项目。该项目四期总装机容量达6200兆瓦、年发电量超过450亿千瓦时，将极大地缓解越南南部供电不足问题，完善越南电源结构和电网布局，为促进当地社会经济发展带来强劲动力。

各方通力合作建设永新电厂的过程中，中国银行胡志明市分行充分利用中国银行的国际化优势，从项目资金端助力永新电厂一期项目建设的顺利进行。除了直接贷款8000万美元解决项目资金紧缺问题，还利用中国银行的服务优势为永新电厂一期项目提供代理行服务。在中国银行的带头投资下，多家中资金融机构积极参与投资永新电厂一期项目，确

---

① 中国经济网（http://www.ce.cn/xwzx/gnsz/gdxw/201711/12/t20171112_26831543.shtml）。
② 人民网（http://world.people.com.cn/n1/2021/0121/c1002-32007935.html）。
③ 新华丝路（https://www.imsilkroad.com/news/p/3131.html）。
④ 中国日报（http://cn.chinadaily.com.cn/2016zglz/2016-04/24/content_25167321.htm）。

保金融一体化落到实处，越南人民必将长期受益于永新电厂一期项目。

项目四：中国银行与天虹纺织集团在越南签署逾1亿美元银团贷款。

天虹纺织集团是中国最大的棉纺织品制造商之一，也是全球最大的包芯棉纺织品供应商之一，天虹银河科技有限公司2014年在越南成立，是天虹纺织集团的子公司，公司位于广宁省海河县天虹越南工业区，投资总额为3亿美元。天虹纺织集团是在"一带一路"倡议背景下，发现越南巨大的市场潜力，积极投资越南的典型企业代表。

2016年4月20日，中国银行胡志明市分行与中国天虹纺织集团在胡志明市签署1.03亿美元银团贷款，资金将用于建设位于越南广宁省的天虹工业区纺织产业链项目。该项目由中国银行胡志明市分行做牵头行，越南商贸银行、东方股份银行、越南国际银行、马来银行、世越银行同奈分行、中国交通银行胡志明分行、盘古银行胡志明分行等8家银行共同参与。该笔固定资产贷款将长达7年时间，并同时积极为中越两国客户提供专业、高效、增值的金融服务。项目贷款资金大、合作银行多且来自不同的国家和地区是这笔银团融资的亮点和优势，不仅解决了天虹纺织集团海外发展的资金难题，同时也减少了中行的担保风险，实现大平台金融链条服务，构建"一带一路"金融大动脉成果显著（见图5）。

图5　中国银行与天虹纺织集团在越南签署银团贷款

（三）后续影响及合作优势

1. 积极响应国家政策，助力中越友好合作

中越两国山水相连、命运与共，又同为社会主义国家，推进中越双方友好合作、共同发展是中越人民的共同愿景。积极响应国家政策，加快推动共建"一带一路"倡议和"两廊一圈"框架对接合作规划，中国银行为越南能源发展、基础设施建设等方面的项目注入资金，是对国家政策的最好回应。中越两国经贸合作潜力大，前景广阔：一是地理位置的便利性，两国企业经贸往来可通过多种交通方式，双方交易成本低、时效性好；二是合作意向强烈，中国提出的"一带一路"倡议和越南提出的"两廊一圈"框架，加之RCEP全面贸易伙伴关系的正式落地，越南目前已经成为中国在东盟最大贸易伙伴和全球第六大贸易伙伴；三是市场潜力巨大，中国市场对越南的电子设备零件、农产品需求量巨大，而作为新兴市场，越南的人口规模近亿，已成为国内商品出口的理想目标。

2. 服务"一带一路"沿线人民，实现金融普惠目标

越南是"一带一路"倡议中极为重要的一环，要达成两国人民互通互享互助，实现金融普惠目标，投资越南的基建、能源、环保等项目是最为直接有效的方式。第二届"一带一路"国际合作高峰论坛上，国家主席习近平指出："面向未来，我们要聚焦重点、深耕细作，共同绘制精谨细腻的'工笔画'，推动共建'一带一路'沿着高质量发展方向不断前进。"中国的"一带一路"倡议不仅仅是要发展中国经济，更重要的是服务多国人民，实现共同发展，共同富裕，并且在突出重点的同时不能忽视细节。落实对"一带一路"沿线国家民众的金融服务，实现金融普惠目标。

推行"普惠金融"这一在国际上获得普遍认可的理念和业务，有助于促进我国国际关系的进一步融洽，提升我国"一带一路"倡议的国际认可度。同时，普惠金融强调的商业可持续性与"一带一路"倡导的市场化运作原则相吻合，也有助于促进项目实现良性运转。现阶段，金融机构大力扶持中小企业"走出去"，不仅有助于提高金融机构竞争力，而且能帮助中小企业不断壮大实力，进而增强国家综合实力。

3. 确保融资规模，同时减少担保风险

平衡融资规模和风险一直以来都是金融机构面临的两难抉择，投资规模大则风险升高，控制风险就容易影响到投资规模，运用牵头银团的新方式投资项目，一方面能够保证融资规模，另一方面可以降低担保风险，以巧妙的机制设计积极化解两难困境。中国银行近年来联合其他中资金融机构为一大批中越两国企业提供发展资金，有效解决融资难题，在确保自身盈利、控制风险的同时，也帮助了中越两国大量企业实现自身发展，实现利益"共赢"、发展"共享"局面。

4. 提升银行影响力，拓宽中越合作发展之路

中国银行牵头融资的项目中，中国银行不仅联合众多中资金融机构，目前还牵头越南本地银行、外资在越银行等提供银团服务，助力越南工业化、现代化建设。中国银行的代理牵头新模式，保证中越两国实现了真正意义上的资金互融互通，中国银行金融平台也越做越大，众多中外金融机构纷纷加入中国银行的牵头项目中，持续提升了中国银行的国际影响力和行业声誉。同时，可以提升中越两国的金融合作，持续推进中越两国经贸合作的广度和深度，共同达成社会主义现代化目标。

四、案例启示

（一）构建"因国施策"的银行牵头银团融资新模式

中国银行发起的银团融资投资越南新模式，以越南国情为出发点，结合中越友好的经贸关系，创新性地提出银团融资新模式，用以有效解决发展难题。中国银行多次成功牵头银团融资，不仅仅是一项成功的对外投资，更加表明了银团融资在跨国融资中的可行性和适用性，给更多的国内各类金融机构作出表率，树立标杆，与国内外多家金融机构在一些

大型融资活动中同舟共济，共享收益，共担风险。在中国银行的大力推动下，必将形成一种示范效应和推广效应，国内银团融资也将在"一带一路"沿线国家金融合作中开新局、谱新篇、建新功。

中国银行多次银团融资投资越南，充分体现了"因国施策"的投资理念，考虑到越南基础设施较为落后、能源缺乏、环境保护措施不齐全等情况，有针对性地进行投资，并且在慎重选择合作行时，更多地考虑越南本地银行，积极引导越南各类金融机构积极参与银团贷款，激发越南金融投资市场的主体活力。

（二）全方位、多途径推动中越经贸发展

越南是中国的好邻居、好盟友，同时也是中国资产选择投资的一个非常重要的市场，面对全球经济不稳定因素层出不穷、新冠疫情给经贸往来带来不便等一系列挑战，中越两国不断深化经贸合作关系，砥砺前行中取得了有目共睹的成果。越南与中国是山水相连的社会主义邻国，中国连续多年是越南第一大贸易合作伙伴，而伴随着中越经贸往来的快速增长，越南也成为中国第六大贸易合作伙伴。2022 年前 9 个月，越南经济增长达 6.5%，日经亚洲评估显示，疫情之后越南的经济恢复速度在世界 121 个国家当中排名第 8。目前，越南正逐步从新冠疫情的阴影中走出来，充分利用 RCEP 协议等国际经济一体化进程带来的机会推动经济社会发展。中国银行则通过金融投资手段，为越南实体经济发展贡献"中国力量"，持续完善中越合作途径、合作方式，构建中越合作的长效机制，实现合作双赢。

（三）持续完善银团融资的风险分担机制

银团贷款具有天然的降低信贷风险、避免同业竞争、减少融资谈判成本等优势。我国的银团融资模式起步较晚，法规尚不健全，现有适用于银团贷款的法规仅有《贷款通则》《银团贷款暂行办法》，但以上两个制度性文件颁布时间较早，其中诸多规定已不再适应现在的银团融资模式，各大参与银行在合作过程中也由此产生一些矛盾和冲突，谁来承做牵头行、是否会导致客户流失等相关问题，使得国内银团融资模式的运作一直以来并不是非常畅通。中国银行银团贷款案例可以为完善银团融资机制提供有益的参考借鉴，在风险分担机制方面重点关注以下几方面：

一是推动修订法律法规，特别是拟定和颁布专门的银团融资机制法律法规。在现有法律法规已无法适用银团融资新模式的情况下，亟须新的、更全面、更专业的法律法规为银团融资模式定下实施框架，指导银行业如何合法、合规地运用银团融资新模式进行分担风险、共享收益。

二是构建更适合银团融资的政策环境，提供政策支持，确保新模式搭上政策"顺风车"。在现有政策制度下，银团贷款成员不得向客户收取任何除贷款利息之外的其他费用，这就意味着组建银团过程中所产生的法律、财务管理成本都需要由银团成员承担，直接影响着银行组建或参与银团融资的积极性。因此，应充分考虑政策上对组建银团过程中所产生的各种费用予以一定补贴，大力鼓励银行组建银团，做好相关协调工作，减少银团成员之间的各种纠纷。

三是实现信息共享，增加银团成员之间的信任度，强化合作意识。在开展银团合作项

目时,各家银行都想成为牵头行,当无法实现成为牵头行的目标时通常选择放弃组团机会,无形中拉高了中小规模银行参加银团贷款门槛。要强化银团成员之间的共享意识,扩大合作圈,积极引导更多银行参与进来,提供更为丰富的资金,实现共同发展。

(四)减少信息不对称,确保银企合作共赢

中国银行银团贷款投资越南过程中将缓解信息不对称的各项措施落实到位:第一,深入调研投资对象国,利用中国银行具有国际化程度高的优点,着重投资熟悉度高的投资对象国,而中国银行就是第一家在越南设立分行的中资银行;第二,持续扩展自身金融"朋友圈",充分利用平台优势,掌握更多的有效信息,减少资产错配现象,如及时开办人民币兑越南盾汇率挂牌业务;第三,充分利用当地各项法律法规,确保投资行为有法可依,同时注重提升自身的国际影响力。

由此可见,降低信息不对称程度是银团融资新模式中尤为关键的一环。国内银企合作通常存在银行无法获取优质贷款对象,而众多中小企业难以获取急需资金的问题。由于银团成员对投资国、贷款对象缺乏了解、跨国信息获取难度大等原因,银团跨国贷款中存在更为普遍、更为严重的信息不对称现象,而银团内部同时也存在着信息不对称问题。建立统一的企业信息平台,确保企业之间的信息公开化、透明化,确保银团投资时投资方向、投资力度、投资进度明晰,避免出现多头授信现象,提升银行之间的信任度、扶持度。

【参考文献】

[1] 高歌. 越南的经济发展与中越经贸合作分析 [J]. 亚太经济, 2010 (05):65-68.

[2] 张明生. 浅析国际银团贷款中的结构化融资安排 [J]. 中国投资(中英文), 2021 (ZB):40-43.

[3] 胡均民, 赵修安. 试论中国与越南经贸关系的历史沿革、现状及发展趋势——兼论加快发展中越经贸合作的对策 [J]. 学术论坛, 2005 (08):119-123.

[4] 杨晨曦, 张艺. 国际银团模式下的新融资方式 [J]. 国际工程与劳务, 2022 (06):74-76.

[5] 蒋涛. 疫情对企业融资的影响研究——来自银团贷款市场的经验证据 [J]. 国际金融研究, 2022 (04):65-75.

附件

一、中越签署的经济贸易条约

1. 中华人民共和国政府和越南社会主义共和国政府关于扩大和深化双边经济贸易合作的协定(2006/11/16 生效) http://policy.mofcom.gov.cn/pact/pactContent.shtml?id=1588.

2. 中华人民共和国政府和越南社会主义共和国政府关于开展"两廊一圈"合作的谅解备忘录（2006/11/16 生效）http：//policy. mofcom. gov. cn/pact/pactContent. shtml? id = 1589.

3. 中华人民共和国商务部与越南社会主义共和国计划投资部关于成立中越经济合作工作组的谅解备忘录（2007/05/17 生效）https：//law. wkinfo. com. cn/international - treaties/detail/NTAxMDAwMDM2ODM%3D?module = &fromType = qrcode.

4. 内比都宣言——超越 2012：面向新十年的战略发展伙伴关系？（2011/12/20 签订）http：//policy. mofcom. gov. cn/pact/pactContent. shtml?id = 2136.

5. 大湄公河次区域合作第十八次部长级会议部长联合声明（2012/12/12 生效）http：//policy. mofcom. gov. cn/pact/pactContent. shtml?id = 2182.

6. 澜沧江—湄公河合作第三次领导人会议万象宣言（2020/08/24 签订）https：//law. wkinfo. com. cn/international - treaties/detail/NTAxMDAwMDY5ODc%3D?module = &fromType = qrcode.

二、越南与经济贸易相关的重要法规

1. 《外贸管理法》http：//vbpl. vn/TW/Pages/vbpqen - toanvan. aspx?ItemID = 11096&Keyword = 05/2017/QH14.

2. 《进出口税法》http：//vbpl. vn/tw/Pages/vbpqen - toanvan. aspx?ItemID = 11101.

3. 《投资法》http：//vbpl. vn/tw/Pages/vbpqen - toanvan. aspx?ItemID = 11032.

4. 《反补贴条例》http：//vbpl. vn/tw/Pages/vbpqen - toanvan. aspx?ItemID = 11032.

5. 《〈越南反倾销条例〉实施细则》http：//vbpl. vn/TW/Pages/vbpqen - toanvan. aspx?ItemID = 5510&Keyword = 20/2004/PL - UBTVQH11.

6. 《外国货物进口保障条例》http：//vbpl. vn/TW/Pag.

案例 3：中泰货币市场合作
——"点线面"层层布局，上下游机构联动推进

一、引言

1997 年亚洲金融危机爆发之后，东盟各国对国际货币基金组织（IMF）迟钝的反应和低效的表现失去信心，逐渐意识到加强区域货币合作的重要性，开始积极抓住机会增加多边货币市场交流，中国与泰国的货币合作就是在这一背景下逐步建立起来的。

随着中国与东盟经济贸易往来不断加深，中国与东盟区域内货币合作也不断深化，合作方式不断丰富。目前，泰国是我国的第三大贸易伙伴，而中国已经连续 9 年成为泰国的最大贸易伙伴。但中泰合作并非一帆风顺，受泰国军队等多方因素的综合影响，泰国政变频发导致国内政局不稳，中泰双方难以开展长期的大规模项目合作，投资规模上限一直并不高；加之中泰外贸结构多以中低技术产品为主，贸易结构尚需优化。随着中泰货币合作领域的不断拓宽，自上而下的金融机构合作项目陆续落地实施，为克服现存问题，进一步带动双边市场联动互通，中泰双方充分考虑加强政治互信、营造稳定的跨境营商环境、扩大投资额，引导双边的上下游产业加强技术创新，改善贸易结构，形成可持续发展的外贸关系。

二、案例背景

（一）清迈倡议

清迈倡议（Chiang Mai Initiative，CMI）为中国和东盟国家之间的货币合作奠定基础。该倡议是由印度尼西亚、泰国、菲律宾、新加坡和马来西亚的货币当局联合构筑的货币互换安排机制，旨在为合作国家提供流动性支持以抵御金融危机冲击。该项目的初始资金规模仅为 1 亿美元，随着货币合作的进一步深入，资金总额于 1998 年增至 2 亿美元。2000 年 3 月，越南、缅甸、柬埔寨、老挝和文莱等国家陆续加入东盟，清迈倡议的资金总额也随之扩增至 10 亿美元。前 10 次清迈倡议会议进程如表 1 所示。中国与东盟国家的货币互换正是随着清迈倡议的兴起发展而发展起来的。①

虽然清迈倡议仍存在缺乏监控实体、基金数额有限等问题，无法发挥其预想效果，但从 2008 年至 2012 年，经过多轮财长会议，清迈倡议多边化机制逐渐形成，区域外汇储备基金进一步扩大，独立性进一步增强（见表 2）。

---

① 清迈倡议（https：//baike.baidu.com/item/% E6% B8% 85% E8% BF% 88% E5% 80% A1% E8% AE% AE/3963015？fr = aladdin）。

表 1   前 10 次清迈倡议会议进程

时间	会议	地点	会议内容
1999 年	第 1 次 10+3 财长会议	菲律宾马尼拉	签署《东亚合作联合声明》，表明了各方深化东亚合作的决心
2000 年	第 2 次 10+3 财长会议	泰国清迈	签署《清迈倡议》，正式开始双边货币互换安排的实施，签署建立区域性货币互换网络的协议
2000 年	第 3 次 10+3 财长会议	捷克布拉格	成立专门工作组，对《清迈倡议》货币互换协议的主要原则进行讨论
2001 年	第 4 次 10+3 财长会议	美国夏威夷	讨论地区经济金融形势、加强财金合作、加强经济政策磋商对话和《清迈倡议》机制等问题
2002 年	第 5 次 10+3 财长会议	中国上海	《清迈倡议》下的双边货币互换安排已达 6 项，涉及储备金额 170 亿美元
2003 年	第 6 次 10+3 财长会议	菲律宾马卡蒂	《清迈倡议》签署的双边货币互换安排增至 12 项，涉及储备金额增至 315 亿美元
2004 年	第 7 次 10+3 财长会议	韩国济州岛	《清迈倡议》下的双边货币互换安排已达 16 项，涉及储备总额 365 亿美元
2005 年	第 8 次 10+3 财长会议	土耳其伊斯坦布尔	引入经济监督机制；明确界定货币互换的启用程序以及集体决策机制等
2006 年	第 9 次 10+3 财长会议	印度海德拉	成立专家组（GOE）及经济与金融监管技术工作组（ETWG）；《清迈倡议》总金额增至 750 亿美元
2007 年	第 10 次 10+3 财长会议	日本东京	《清迈倡议》下 8 个国家间签署金额总计 800 亿美元的 16 项货币互换。

资料来源：中国人民银行与新华社官网整理（http://www.pbc.gov.cn/、http://www.xinhuanet.com）。

表 2   清迈倡议多边化议程

时间	会议	地点	会议内容
2007 年	第 11 次 10+3 财长会议	西班牙马德里	两年内建立 800 亿美元的货币储备库，中日韩三国与东盟的出资比例为 80:20
2009 年	第 12 次 10+3 财长会议	印度尼西亚巴厘岛	2009 年底前正式建立储备库，中国香港正式加入
2010 年	第 13 次 10+3 财长会议	乌兹别克斯坦塔什干	就区域经济监测机构主要要素达成一致，并宣布区域信用担保与投资基金正式成立
2011 年	第 14 次 10+3 财长会议	越南河内	通过了清迈倡议多边化操作指南；以加强区域经济监测的宏观经济研究办公室正式成立
2012 年	第 15 次 10+3 财长会议	菲律宾马尼拉	将区域外汇储备基金的规模增至 2400 亿美元，提高与 IMF 贷款的"不挂钩比例"

资料来源：中国人民银行与新华社官网整理（http://www.pbc.gov.cn/、http://www.xinhuanet.com）。

（二）泰国银行业发展简介

泰国银行是泰国的中央银行，由1942年颁布的《泰国银行法》规定为泰国的中央银行。其负责发行泰铢并进行管理，制定利率，保持货币、金融体系和支付体系的稳定。泰国银行也是泰国银行系统应对外部风险冲击的主要指挥者，在泰国经济发展、金融危机应对和经济复苏等过程中均扮演着非常重要的角色。

商业银行是泰国金融体系的支柱，实行混业经营（或称全能银行）制。商业银行的职能范围不仅包括现金管理、资金运营、投资、大中小企业业务，而且涵盖证券、保险、租赁、租购、保理、基金管理和私人财富管理金融产品等全能金融服务，由泰国银行负责监管。泰国的五大商业银行分别为：盘谷银行（BBL）、泰京银行（KTB）、汇商银行（SCB）、开泰银行（KBANK）和大城银行（BAY），五大银行的资产约占整个泰国商业银行体系总资产的70%[①]。

泰国银行业发展路途并不平坦。1997年的亚洲金融危机始于泰国，当时由于缺乏外汇支撑泰铢与美元挂钩，泰国政府被迫让泰铢自由浮动，导致泰铢崩溃，从而引发亚洲各国接连爆发金融危机。金融危机期间泰铢汇率贬值幅度达到40%，国家的对外支付能力缩水近半，58家金融机构宣布停业。如今受新冠疫情影响，泰国金融系统再次受挫，2020年4月，泰国银行便表示新冠疫情的暴发对泰国经济造成了严重影响，初步估计造成经济损失为1.3万亿泰铢，约占GDP的7.7%[②]，2020年疫情给泰国金融系统带来的损失更甚于1997年亚洲金融危机，且随着防疫工作的长期化、常态化，泰国银行市场的不良贷款率居高不下，经济复苏的步伐被迫放缓。

（三）中泰两国市场相似度高

1. 两国金融市场一体化程度较高

中国连续9年稳居泰国最大贸易合作伙伴，人民币和泰铢的历史变化趋势相近。首先，从长期看，两国货币均在1980年开始第一轮贬值，但泰铢的汇率的波动幅度相对较大且恢复速度较快，而人民币的波动曲线相对平滑。两国货币第二轮贬值发生在1997年金融危机前后，该时段人民币韧性很强，汇率波动曲线仍旧相对平滑；该时段泰铢受影响较大，出现大幅货币贬值，但也在2005年前后恢复平稳发展态势（见图1、表3）。其次，中泰两国的平均存贷款利率相近（见表4），意味着两国国内金融市场的利率决定机制存在相互影响，导致相同的金融工具可能在不同的金融市场价格水平趋于一致，表明中泰两国的金融市场一体化程度较高，中泰货币合作具有较高的可行性。

---

① 中国国际贸易促进委员会. 泰国金融体系包括哪些？[EB/OL]. (2021-12-28) [2023-1-11] https://www.ccpit.org/thailand/a/20211228/20211228v6mp.html.

② 泰国头条新闻. 泰国银行预计新冠疫情将对泰国经济造成1.3万亿损失！[EB/OL]. (2020-04-14) [2023-1-11] https://www.thaiheadlines.com/news/.

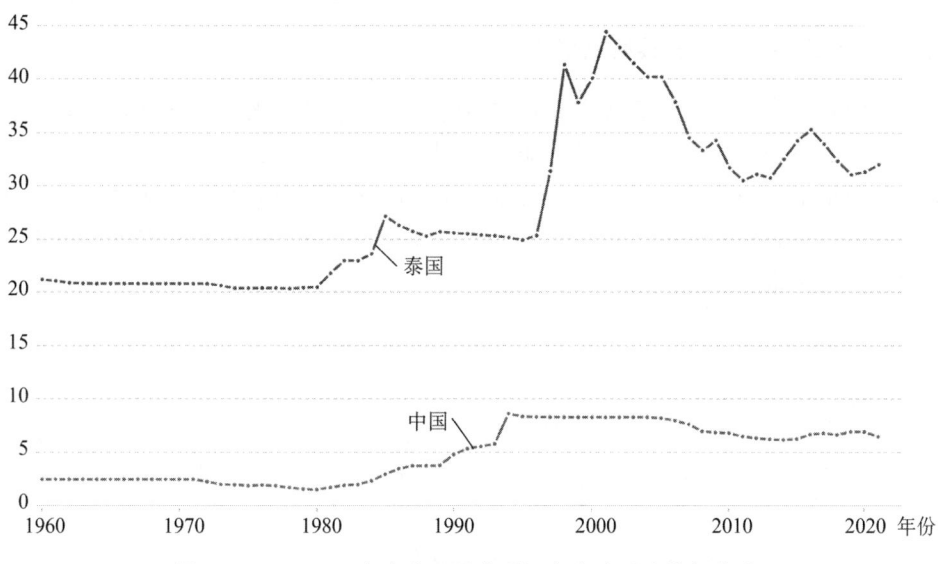

图 1　1960—2021 年中泰两国本币汇率变动（直接标价法）

资料来源：世界银行数据库（http：//www.data.worldbank.org.cn/）。

表 3　　　　　　　　　2016—2021 年中泰两国本币汇率（直接标价法）

国家	2017 年	2018 年	2019 年	2020 年	2021 年
中国	6.76	6.62	6.91	6.9	6.45
泰国	33.94	32.31	31.05	31.29	31.98

资料来源：世界银行数据库（http：//www.data.worldbank.org.cn/）。

表 4　　　　　　　　　2017—2021 年中泰两国平均贷款利率

国家	存款利率	贷款利率	存贷利率差额
中国	1.5%	4.3%	2.8 个百分点
泰国	1.05%	3.85%	2.8 个百分点

资料来源：世界银行数据库（http：//www.data.worldbank.org.cn/）。

2. 两国产业结构相似度高

2017—2021 年中泰两国三大产业的 GDP 比重相近，均以工业和服务业产业为主，农业为辅，表明中泰两国市场消费品种类相近，具有相似的产业结构（见表 5）。

表 5　　　　　　　　2017—2021 年中泰两国各大产业占 GDP 比重情况

国家	农业增加值占比	工业增加值占比	服务业增加值占比
中国	7.32%	39.08%	53.60%
泰国	8.38%	34.26%	57.36%

资料来源：世界银行数据库（http：//www.data.worldbank.org.cn/）。

（四）中泰两国通货膨胀具有相似性

当区域内各国具有较高的通货膨胀相似性时，金融危机带来的经济冲击更加相似，有利于减少汇率的波动，更容易形成货币联盟，建立最优货币区。中泰两国 1998—2021 年的通货膨胀历史变化趋势基本一致。且近年来两国通货膨胀率数值开始接轨，2021 年，中国和泰国的通货膨胀率分别为 1.0% 和 1.2%，仅相差 0.2%，表明两国具有较为高度的通货膨胀相似性（见图 2、表 6）。

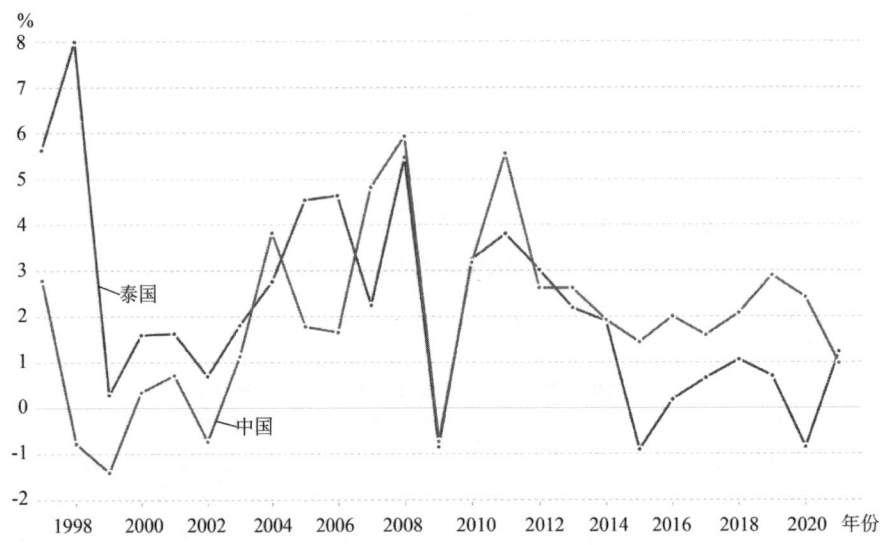

图 2　1998—2021 年中泰两国通货膨胀率

资料来源：世界银行数据库（http://www.data.worldbank.org.cn/）。

表 6　　　　　　　　　2016—2021 年中泰两国通货膨胀情况

国家	2017 年	2018 年	2019 年	2020 年	2021 年
中国	1.6%	2.1%	2.9%	2.4%	1.0%
泰国	0.7%	1.1%	0.7%	-0.8%	1.2%

资料来源：世界银行数据库（http://www.data.worldbank.org.cn/）。

三、案例分析

中国与东盟国家在 1997 年亚洲金融危机之前便已拥有相对坚实的经贸合作基础，但货币合作却是在危机之后才被提上正式议程。金融危机带来的巨大损失和国际货币基金组织在金融危机中令人失望的表现，使得东盟各国意识到加快货币合作的必要性和紧迫性，合作步伐明显加快，中国和泰国的货币合作也正是在此背景下展开的。

（一）货币互换合作

在《清迈倡议》框架影响下，随着中国与泰国经贸往来日益密切，中国与泰国的货币合作也日益深入。2011年12月22日，我国央行与泰国银行在曼谷签署中泰双边本币互换协议，互换规模为700亿元人民币（3200亿泰铢），有效期3年。货币互换机制的正式启动，意味着未来中泰两国外贸市场在进行贸易和投资活动时，可以在规定范围内绕过美元，直接使用本国货币进行计价、结算，能有效控制经济合作中的美元汇兑成本和汇率风险。

2020年12月22日，中泰续签了规模为700亿元人民币（3700亿泰铢）的中泰双边本币互换协议，互换期限为5年。在此协议影响下，中泰货币合作在形式和内容上也逐渐丰富，双边投融资合作项目开始落地。2021年12月，全国首单中泰货币互换项下泰铢融资落地青岛自贸区。中国和泰国已签署的货币互换协议如表7所示。

表7　　　　　　　　　　中国和泰国已签署的货币互换协议

签署时间	互换币种	互换规模
2001年12月6日	美元—泰铢	20亿美元
2011年12月22日	人民币—泰铢	700亿元人民币（3200亿泰铢）
2014年12月22日	人民币—泰铢	700亿元人民币（3700亿泰铢）
2017年12月22日	人民币—泰铢	700亿元人民币（3700亿泰铢）
2020年12月22日	人民币—泰铢	700亿元人民币（3700亿泰铢）

资料来源：根据中国人民银行官网信息整理（http://www.pbc.gov.cn/）。

（二）中泰人民币清算安排

人民币在海外流通，需借助清算银行才能实现人民币跨境流通。境外人民币业务清算行，是指经中国人民银行授权，在已建立境外人民币清算安排的国家或境外地区，向参加行办理人民币业务提供清算及结算服务的机构。已建立境外人民币清算安排的国家或境外地区，是指其中央银行或监管机构已经与人民银行签署了人民币清算安排的合作备忘录。

人民币清算安排主要包括境外人民币清算行接入方式、人民币流动性支持政策和当地人民币现钞供应和回流渠道等内容。中泰人民币清算安排项目如表8所示。

表8　　　　　　　　　　中泰人民币清算安排项目

时间	参与方	内容
2014.12.22	中国人民银行与泰国银行	双方签署在泰国建立人民币清算安排的合作备忘录
2015.1.5	中国工商银行	中国人民银行授权中国工商银行（泰国）有限公司担任曼谷人民币业务清算行
2015.4.22	中国工商银行	中国工商银行（泰国）股份有限公司在曼谷宣布正式启动人民币清算行服务，外国相关商业银行可通过在工银泰国开立的账户直接办理人民币业务

资料来源：根据中国人民银行和中国工商银行官网信息整理（http://www.pbc.gov.cn/、http://www.icbc.com.cn/）。

以上一系列合作项目的逐步落地标志着中泰两国货币合作翻开新篇章，迈出新步伐，确保两国企业和金融机构能够使用人民币进行跨境交易，直接办理人民币业务，降低第三方货币的汇兑成本，促进双边贸易、投资便利化，使得货币市场之间的联系更为紧密。人民币清算安排对于推动中泰两国的经贸互利双赢，乃至东北亚地区各国经济贸易发展、推进离岸人民币中心建设均具有重大意义。

（三）人民币跨境支付系统

人民币跨境支付系统（Cross-border Interbank Payment System，CIPS），是专司人民币跨境支付清算业务的批发类支付系统。人民币跨境支付系统进一步整合现有人民币跨境支付结算渠道和资源，提高跨境清算效率。2013年1月23日，银联国际与泰国开泰银行在曼谷签署协议，宣布首个中泰跨境在线支付系统正式开通①，有力推动双边商品市场交流，中国消费者可以通过在线支付手段直接购买泰国商品和服务。人民币跨境支付系统交易流程如图3所示。当前支付系统已经研发至二期，能根据不同金融交易的资金结算需要，系统能够支持人民币付款、付款交割结算、人民币对外币同步交收、中央对手集中清算和其他跨境人民币交易结算等业务。

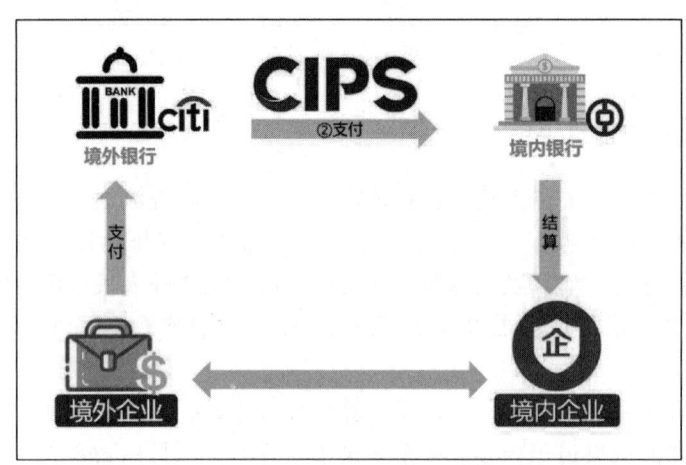

图3　人民币跨境支付系统（CIPS）交易流程

资料来源：人人都是理财经理（https：//baijiahao. baidu. com/s？id = 1643910597947045848&wfr = spider&for = pc）。

人民币跨境支付系统是我国重要的金融市场基础设施，在助力人民币国际化等方面发挥着重要作用，充分满足了人民币在泰国的使用需要，是银行资金在当地流动、循环的通道与枢纽。随着人民币国际化的推进，中国必须解决境内外支付清算相互对接的问题，这样才能便利人民币跨境贸易和资本流动、人民币回流。随着两国经济的稳步快速发展，中泰之间的交易合作日渐增多，两国对于人民币跨境支付系统的依赖性也越来越强。在如此形势下，2016年12月15日，泰国开泰银行与中国大型金融科技企业——国际商业结算有

---

① 人民网. 开泰银行开通首个中泰跨境网上支付系统［EB/OL］.（2013-1-23）［2023-1-11］http：//finance. people. com. cn/n/2013/0123/c70846-20303830. html.

限公司在曼谷签署合作协议，共同开发基于下一代清结算网络（Next Generation Settlement Network，NGSN）技术的新型中泰跨境实时支付系统①，以满足持续增加的中泰贸易和金融交易需求。

（四）中资银行泰国分行国际化布局

目前，泰国国内的制造能力仍相对薄弱，基础设施相对落后。近几年来，泰国国内大规模基建投资提高了中资企业对泰国投资的关注度，给中资企业带来巨大商机，也为中资银行带来更多的跨国企业客户及全球化、综合化的金融服务机遇。泰国金融科技仍处于初期发展阶段，新冠疫情加速了泰国向无现金世界的转变，推动了金融科技服务的数字化发展，中资银行发展迎来了新需求，获得了新机遇。

随着中泰金融市场合作的深入，双边商业银行合作也在持续跟进，中资银行不断落地泰国本土，为人民币和泰铢直接交易铺设了更多网络节点。

泰国是中国银行在东盟地区战略发展的重要区域之一。目前，在泰国的中资银行有中国银行曼谷分行、中国工商银行（泰国）有限公司。作为第一家进入泰国市场的中资银行，中国银行最早于1994年2月21日成立曼谷离岸业务机构，1997年3月10日由离岸机构升级为分行，并以中国银行曼谷分行的名义经营全面商业银行业务。2014年8月26日，中国银行曼谷分行转为中国银行（泰国）股份有限公司，成为中国银行的全资附属机构（见图4、图5）。2017年1月9日，随着中国银行集团在东盟地区的资产重组，中银泰国正式成为中银香港的一员。

图4 2015年12月4日中国银行（泰国）股份有限公司邦纳分行正式开业

资料来源：中国银行官网（https://www.boc.cn/aboutboc/bi1/201512/t20151209_6040849.html）。

---

① 人民网.直接以人民币和泰铢交易的中泰跨境实时支付系统即将面世［EB/OL］.（2016-12-15）［2023-1-11］http：//world.people.com.cn/GB/n1/2016/1215/c1002-28953253.html.

图 5　2015 年 12 月 4 日中国银行（泰国）股份有限公司达拉泰分行正式开业

资料来源：中国银行官网（https://www.boc.cn/aboutboc/bi1/201512/t20151209_6040849.html）。

中资银行入驻泰国，利用自身雄厚的资本实力和金融科学技术，进一步推动双边货币市场合作，实现最大化的优势互补效应。中资银行国际化通过缓解融资约束、促进金融与商业信息融合、提供便利化的银行服务等渠道提高了中泰双边贸易水平。

随着中泰自上而下的货币合作有序推进，人民币对泰铢的交易方式也处于不断优化中。2018 年 2 月 5 日，中国外汇交易中心发布公告，将银行间外汇市场的人民币对泰铢交易方式，从人民币对泰铢区域交易发展为人民币对泰铢直接交易，并且选定一批优质商业银行作为人民币对泰铢直接交易做市商（见表 9）。自此，人民币兑换泰铢将不需要通过美元进行兑换，而是进行直接交易，大幅度降低了反复兑换带来的汇率风险，显著地降低了汇兑手续费，对于中国和泰国企业的贸易投资带来极大便利。

表 9　2018 年 2 月人民币对泰铢直接交易做市商名单

序号	银行名称	性质
1	中国工商银行股份有限公司	国有控股型商业银行
2	中国农业银行股份有限公司	
3	中国银行股份有限公司	
4	中国建设银行股份有限公司	
5	交通银行股份有限公司	
6	中信银行股份有限公司	全国性股份制商业银行
7	汇丰银行（中国）有限公司	外资银行
8	渣打银行（中国）有限公司	
9	大华银行（中国）有限公司	
10	华侨永亨银行（中国）有限公司	

续表

序号	银行名称	性质
11	盘谷银行（中国）有限公司	外资银行
12	开泰银行（中国）有限公司	
13	富滇银行股份有限公司	区域性城市商业银行

资料来源：根据中国外汇交易中心信息整理（https：//www.chinamoney.com.cn/chinese/index.html）。

（五）银联国际与泰国四大商业银行货币支付系统合作

以我国银联国际为首的中资企业拉开了中泰货币支付系统合作的序幕。2016 年 2 月，银联国际与泰国头部四大商业银行在曼谷共同宣布：银联标准的泰国支付网（TPN）正式上线。这是银联首次在境外通过成立合资公司的方式，为当地建立银行卡转接系统和网络。目前，银联卡可在泰国几乎所有 ATM 机和近七成商户，包括大型百货店、机场和市区免税店、餐饮酒店和旅游景区等使用，大幅度地扩大中国消费者银联卡使用范围。

在泰国央行支持下，2014 年 9 月由银联国际与当地四大银行合作成立了 TPN 合资公司。TPN 为在泰国发行的银联借记卡当地跨行交易提供转接和清算服务，同时实现对信用卡的处理。同时，泰国已成为境外第一个采用银联标准作为本地统一的芯片卡标准的国家，发行超过 100 万张银联卡。我国参与 TPN 建设，意味着银联与泰国银行的合作已不只停留在业务层面合作，而是上升到参与境外市场的支付基础设施建设和产业升级。

银联国际与东盟各国的电子钱包业务也在持续拓展，通过金融科技合作将多边货币市场交流进一步便捷化。2021 年 9 月，银联国际宣布与泰国盘谷银行达成合作，将后者旗下的手机银行与电子钱 BeWallet 与银联二维码关联①。盘谷银行已发行数百万张银联卡，二维码支付系统开通后将为持卡人提供更便捷的移动支付服务。根据银联官网消息，当前新加坡、马来西亚、泰国、越南、柬埔寨等国近 20 个电子钱包已支持本地发行的银联卡，包括当地主流银行、金融科技公司、电信集团的钱包产品。

随着银联在东南亚移动支付生态的完善，越来越多的移动支付产品推出支持银联卡。曼谷银行的 App 是泰国消费者最常用的移动支付工具之一，总用户规模位居市场前三。目前，用户只需绑定银行发行的银联卡或在这些 App 中开设银联虚拟账户，即可扫描 45 个国家和地区的银联二维码进行支付活动，从而将产品的使用范围扩大到泰国以外。

（六）阿里巴巴与开泰银行开展支付宝海淘合作

在双边央行和一众商业银行的有效带动下，中泰自上而下的货币市场合作布局日益清晰，双边金融机构也在紧锣密鼓地跟进合作。2014 年 8 月，中国最大的第三方网上支付服务供应商支付宝与泰国开泰银行宣布合作②，支付宝将协助寻找新客源的泰国中小企业将

---

① 中国银联. 银联二维码接入泰国最大银行所有移动支付产品 [EB/OL].（2021 - 09 - 07）[2023 - 1 - 11] https：//cn. unionpay. com/upowhtml/cn/templates/newInfo - nosub/7885004da382485e8bde5a0ba000fdd3/20210907114033. html.

② 中华人民共和国商务部. 泰国商品将借支付宝进军中国市场 [EB/OL].（2014 - 08 - 27）[2023 - 1 - 11] http：//fta. mofcom. gov. cn/article/fzdongtai/201408/17737_1. html.

产品引入电子商务市场,增加产品曝光及出口商机。同时,开泰银行亦与领先的全球批发贸易平台——阿里巴巴达成合作,中国用户可用支付宝海淘泰国商品,从货币市场合作进一步辐射商品市场合作。随着支付宝和开泰银行达成合作,泰国的中小企业将可更有效地向中国消费者提供商品和服务,同时,中国的支付宝用户亦可以用自己熟悉的支付方式,跨境购买泰国商家提供的各式商品。当前,开泰银行已将开泰支付网关(K-Payment Gateway)与支付宝联网,帮助开泰银行的企业客户建立网上跨境收款通道。

支付宝等金融机构的联动,也将中泰货币市场合作落实到基层,进一步带动人民币和泰铢跨境流通,不断增加人民币应用场景。

四、现阶段中泰货币合作的障碍性因素

(一)泰国政局不稳,严重限制合作上限

泰国军方一直在其国内政治中具有特殊的作用,泰国也是世界上军事政变最多、权利更替最频繁的国家之一。1946—2016年泰国前任国王普密蓬在位期间,泰国便发生了近20次政变。2014年5月22日,泰国军方再次发动政变,巴育政府上台。时至今日,泰国政局再次呈现出不稳性。2022年8月24日,泰国宪法法院以5∶4的表决结果,决定暂时中止现任总理巴育·占奥差的泰国总理职务。

频繁的政权交替导致中泰双方签署的多项大型长期合作项目稳步推进难度偏大,一旦后续政权出于某些原因不认可上届政府的决定时,则合作项目便难以为继,严重限制了大型跨国合作项目的顺利开展,只能进行部分投资规模小且短期性项目合作。

(二)泰国贸易逆差扩大

中泰贸易在过去的10年里,保持了较快的增长速度。但由于近年来疫情蔓延、人民币汇率波动等原因,泰国从中国进口增长迅猛,势头远超出口额,从而造成泰对华贸易逆差飞速扩大。2015年以来,泰国在和中国贸易合作的过程中处于贸易逆差地位的年份居多,这直接影响到两国的贸易发展和未来的合作。

由表10可知,2015年至2019年间泰国对华贸易仍是顺差状态,但之后由于新冠疫情影响,人民币汇率产生波动,导致贸易差额扭转并飞速加大。中泰贸易结构不平衡,泰国贸易逆差大。根据中国商务部官网资料,2019年以来,中国主要从泰国进口橡胶、塑料、机械零件等初加工产品和水果等农产品,对泰国出口制造业产品,其中45.7%为机电产品,14.8%为贱金属制品[1]。虽然两国进出口产品种类不同,可充分发挥各自资源禀赋的比较优势,但是泰国出口产品附加值偏低,容易使泰国处于双边贸易的逆差地位,引起国际收支失衡,不利于未来中泰经贸合作的持续健康发展。

---

[1] 国家统计局官网(http://www.stats.gov.cn/)。

表 10		2015—2021 年中国与泰国的进出口贸易发展		单位：亿美元
年份	中自泰进口	中对泰出口	中泰进出口	贸易差额
2015	371.69	382.91	754.60	11.22
2016	385.32	371.83	757.15	-13.49
2017	418.06	387.81	805.87	-30.25
2018	446.2	428.79	875.08	-17.51
2019	461.62	455.85	917.46	-5.77
2020	481.4	505.14	986.54	23.75
2021	618.33	693.55	1311.87	75.22

资料来源：国家统计局及中国海关总署官网（http://www.stats.gov.cn/）。

泰国最主要的贸易伙伴为中国、美国和日本，三国与泰国的进出口额均超过30%[①]。中泰双边贸易额每年都有所增长，贸易规模不断扩大，中国在泰国对外贸易中的重要性日益提高，已成为泰国的主要贸易伙伴，但由于双方进出口结构和层次迥异，双边贸易长期处于失衡状态并不利于两国在经贸和金融领域的进一步深化合作。2019年泰国与主要贸易伙伴的进口额、出口额情况如图6、图7所示。

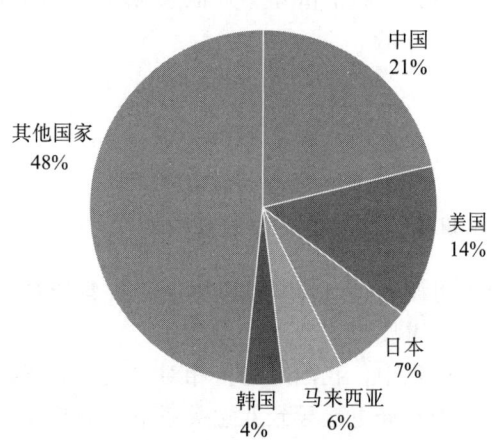

图6 2019年泰国与主要贸易伙伴的进口额情况

资料来源：中华人民共和国商务部官网（http://songkhla.mofcom.gov.cn/）。

（三）计价结算货币选择的历史惯性仍存在

当一国货币拥有强大的综合国力、稳定的币值、在国际市场上发挥着货币职能等一系列条件成为国际货币后，货币的"历史惯性"就会发生，即当该货币在国际市场上积累了一定的交易习惯、较低的交易成本时，其他国家的货币就很难取代该国货币进行计价结算。而在中泰双方贸易中，美元就占据着这样一个位置，泰国的绝大多数外贸交易都使用美元进行计价结算，导致推进中泰贸易人民币计价结算时，人民币就遭遇美元的"历史惯

---

① 国家统计局官网（http://www.stats.gov.cn/）。

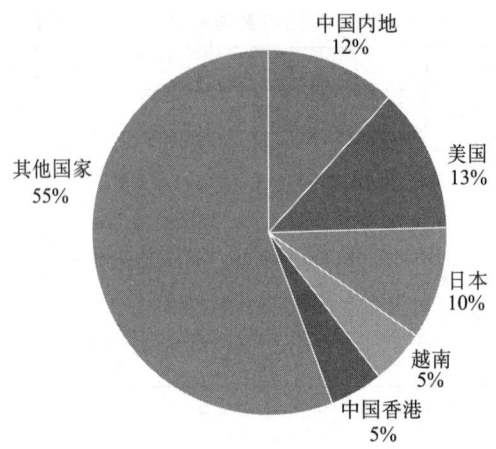

图 7　2019 年泰国与主要贸易伙伴出口额情况

资料来源：中华人民共和国商务部官网（http：//songkhla.mofcom.gov.cn/）。

性"，这在一定程度上或在一段很长时间内将会成为中泰贸易使用人民币计价结算的一个主要障碍。在这种"历史惯性"的作用下，双边贸易活动中便不得不承担额外的兑换成本和外汇风险，为双边货币市场、商品市场及其他领域合作的顺利开展带来潜在隐患和风险。

五、案例启示

（一）把握双边政策协调性，筑牢中泰政治互信

加强中国与泰国的政策协调性，筑牢双边政治互信，营造稳定的营商环境，对促进中国和泰国之间的货币合作至关重要。

首先，在与泰国的合作过程中，我国应保持相对中立的立场，尽可能避免与泰国政治各方产生利益冲突，避免由于政局更迭导致双边关系下滑的现象。其次，只有保持高度政治互信，才能带动各领域合作的稳步推进，保证合作项目的延续性，使得区域货币合作的政策具有协调性。中国应高度关注泰国的政策导向，为强化自身与泰国政策层面的协调性而持续努力，通过积极磋商协调解决两国在政治、经济、文化、宗教、人文等方面的矛盾和冲突，形成包容互通的合作格局，为民间交流互通发挥表率作用，实现两国合作利益最大化。在两国劳动力流动性方面，尽量协调两国之间的劳动力流动机制和保障政策，提高要素流动性，促进中泰货币合作的进一步推进。最后，加强中国与泰国的货币合作还需重视在宏观经济政策方面的协调性问题，争取保持政策预期的稳定和一致性。两国应高度关注双边通货膨胀率、存款利率、贷款利率、汇率、财政收支等重要指标的变动和趋势，避免出现重大冲突性政策。

（二）高效开发一体化的双边金融市场

经过 1997 年和 2008 年两次世界范围的金融危机，中泰两国都已意识到世界金融危机

的破坏性和打造区域金融市场提高风险防范能力的必要性。中泰两国货币当局应持续深化区域金融安全合作，提高本地区应对外部金融冲击的能力，协同东盟其他国家加强货币市场信息互通和交流合作。同时，我国也应稳步扩大跨境贸易人民币结算试点范围，完善区域贸易结算体系，推动双边本币互换具体合作项目的落地，鼓励在跨境贸易和投资中使用本币结算，构建区域金融风险预警和救助机制。利用高效互通的一体化金融市场推进外贸市场合作，服务双边有潜力的高新技术企业发展，引导双边贸易结构趋向更为合理化方向发展。

高效一体化的金融市场形成，能够更好地协调双边现行的管理制度，减少不必要的障碍，降低投资贸易成本，实现资源有效配置，借助资本市场为资本跨境流动牵线搭桥，进而带动货币市场更为深入的交流合作。

（三）多渠道畅通人民币跨区域结算，摆脱美元历史惯性束缚

人民币在中泰货币市场的使用频率随着两国贸易合作推进呈现出稳步上升趋势，占结算总额的比重也将越来越大，人民币正逐渐成为东盟货币合作的重要锚货币之一，但美元作为世界货币的影响仍在，其使用范围与认可度更高，中国与东盟国家的货币合作仍受其制约。针对这种情况，我国应加快人民币汇率形成机制的改革，通过新兴金融科技和金融衍生工具健全人民币离岸市场，畅通人民币跨境结算渠道，降低人民币跨境流动成本，增强人民币的区域影响力。畅通的跨区域结算渠道，需要中泰两国货币当局共同发力，完善金融基础设施，搭建更多的结算节点；减少非必要的流程手续，配套更加简洁、有效的管理制度，持续降低结算成本。

【参考文献】

[1] 邓文奎. 亚洲金融危机鸟瞰 [J]. 中国经济评论，2021（08）：72-77.

[2] 尹振涛，卜一凡. 泰国的监管沙盒：框架、机制、评估与启示 [J]. 南亚东南亚研究，2020（03）：62-76，154.

[3] 刘辉. 中央银行宏观调控与金融稳定职能的法治保障——以马来西亚和泰国央行法为样本 [J]. 东南亚研究，2017（06）：50-66，154.

[4] 陈悄悄，冯春风. 泰国金融与实体经济匹配度研究 [J]. 商业经济，2020（02）：170-174.

[5] 刘兴华. 后危机时期泰国的汇率安排及其改革模式 [J]. 亚太经济，2007（06）：41-45.

[6] 韩博. 后疫情时代泰国信用卡市场展望与启示 [J]. 中国信用卡，2021（04）：40-45.

附件

一、中泰签署的相关条约

1. 中华人民共和国和泰王国关于二十一世纪合作计划的联合声明（1999/02/04 生效）https：//law.wkinfo.com.cn/legislation/detail/MTAxMDAxNzQ2OTU%3D?searchId=f2b4f92fb5a240f88180fe9836f2f52e&index=1&q=%E6%B3%B0%E5%9B%BD&module=.

2. 中华人民共和国政府和泰王国政府关于促进和保护投资的协定（1985/12/13 生效）https：//law.wkinfo.com.cn/legislation/detail/MTAxMDAxNzcwMjA%3D?searchId=f2b4f92fb5a240f88180fe9836f2f52e&index=1&q=%E6%B3%B0%E5%9B%BD&module=.

3. 中华人民共和国政府和泰王国政府关于成立贸易、投资和经济合作联合委员会的协定（2003/10/18 生效）https：//law.wkinfo.com.cn/legislation/detail/MTAxMDAxNzY1OTk%3D?searchId=2a539a5d300c43b8b4fbc2d83495603b&index=26&q=%E6%B3%B0%E5%9B%BD&module=.

4. 中华人民共和国政府和泰王国政府关于促进贸易、投资和经济合作的谅解备忘录（2003/10/18 生效）https：//law.wkinfo.com.cn/legislation/detail/MTAxMDAxNzY1Mjk%3D?searchId=2a539a5d300c43b8b4fbc2d83495603b&index=26&q=%E6%B3%B0%E5%9B%BD&module=.

5. 中华人民共和国政府与东南亚国家联盟成员国政府全面经济合作框架协议投资协议（2009/08/15 签订）https：//law.wkinfo.com.cn/legislation/detail/MTAxMDAxNzc2MjI%3D?searchId=fee0a3b2e6914b56bc6b54aebb90e862&index=51&q=%E6%B3%B0%E5%9B%BD&module=.

二、泰国的相关法律法规

1. 《泰国宪法》https：//www.ilo.org/dyn/natlex/docs/ELECTRONIC/103607/132859/F-1348511433/THA103607%202019.pdf.

2. 《泰国银行法》https：//www.bot.or.th/English/AboutBOT/LawsAndRegulations/Documents/LAW01_BOTAct.pdf.

3. 《货币法》https：//www.bot.or.th/English/AboutBOT/LawsAndRegulations/Documents/LAW02_CurrencyAct.pdf.

4. 《外汇管制法》https：//www.bot.or.th/English/AboutBOT/LawsAndRegulations/Documents/LAW03_ExchangeControlAct.pdf.

5. 《支付系统法》https：//www.bot.or.th/English/AboutBOT/LawsAndRegulations/Documents/LAW04_PaymentSystemAct.pdf.

案例4：深化中缅同业合作，续写千年胞波情谊
——富滇银行跨境人民币结算业务

一、引言

随着西南桥头堡、沿边金融综合改革试验区建设和"一带一路"倡议深入推进，尤其是在中缅经济走廊启动实质性建设后，中缅贸易特别是滇缅边境贸易发展已经势不可挡，两国之间资金往来愈发频繁，人民币与缅币的兑换需求持续增加。作为云南的地方金融主力军，富滇银行一直将面向缅甸的跨境金融业务置于重点国际业务领域，对缅跨境人民币业务也是富滇银行业务占比最大的跨境业务之一。那么，在开展畅通对缅人民币结算方面，富滇银行做过哪些探索呢？

在我国大力推行人民币周边化、区域化、国际化和"一带一路"沿线国家人民币跨境结算需求不断扩大的双重背景下，中缅跨境人民币结算业务发展过程中面临着哪些障碍？这些障碍应该如何破除？又能给未来中缅金融合作带来哪些启示？

二、案例背景

（一）富滇银行概述

富滇银行品牌由蔡锷将军创立于1912年，是拥有百年历史的老字号银行品牌，曾经在海内外享负盛名，创造过云南辉煌的金融史。2007年12月，在云南省委、省政府与原中国银监会的支持下，富滇银行股份有限公司（以下简称"富滇银行"）重组成立，成为云南省第一家省属城市商业银行。成立之际，富滇银行就被赋予了加快发展地方金融业、促进云南经济发展的使命，之后富滇银行制定了"立足云南，辐射西南，面向全国，走向泛亚"的泛区域发展战略，以为区域内客户提供广泛的金融服务和金融支持为己任。富滇银行发展历程中的里程碑事件如图1所示。

富滇银行自恢复成立以来，经营效益和发展质量均取得良好成绩。如图2所示，2018—2021年，富滇银行营业收入由51.14亿元增长至57.94亿元；净利润由1.06亿元增长至6.17亿元，两项指标均呈现出不断增长的态势。据统计，截至2021年底，富滇银行资产规模达到3174亿元，在云南省的15个州市和重庆市共开设了171家营业机构。此外，为更广泛地服务基层群众，富滇银行还设立了昭通昭阳、禄丰龙城、丽江古城、曲靖富源等4家村镇银行①。

---

① 富滇银行官网（http://www.fudian-bank.com）。

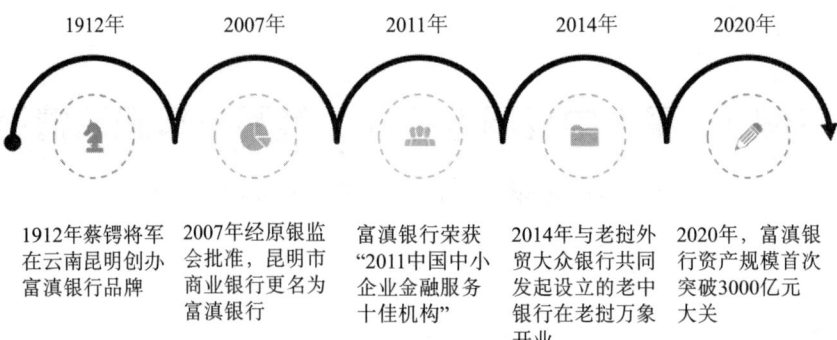

图 1　富滇银行发展历程

资料来源：根据富滇银行官网资料整理（http：//www.fudian-bank.com/）。

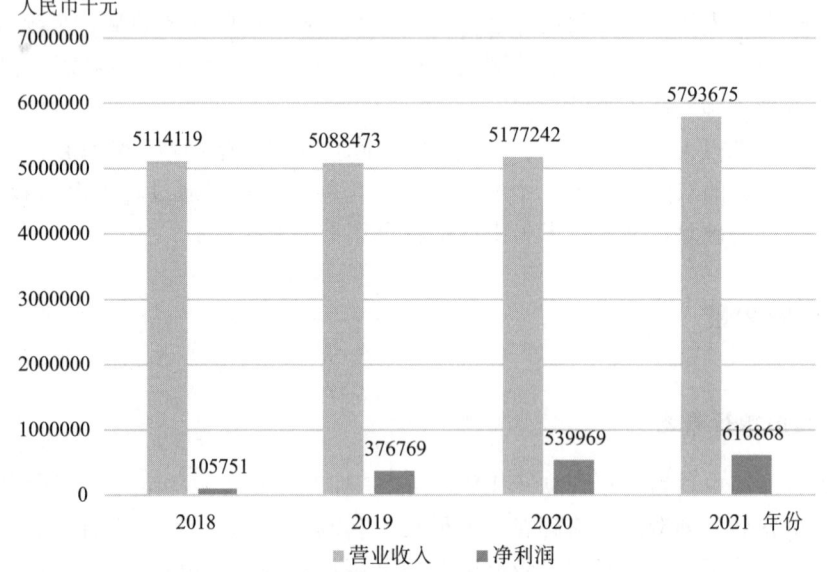

图 2　2018—2021 年富滇银行营业收入和净利润

资料来源：富滇银行各年年报。

如表 1 所示，近年来，除了服务本土居民外，遵循"构造地缘金融网络、搭建跨境金融平台，为跨境泛区域客户提供多币种的广泛金融支持"的经营方向，富滇银行还不断探索跨境金融业务。境内，积极搭建面向东南亚和南亚国家的金融合作网络，在老挝、越南、缅甸等三国边境口岸均创建了营业机构；境外，贯彻实施金融机构"走出去"战略，在各国设立分支机构，打通面向周边国家的跨境人民币结算渠道。富滇银行将自身的发展与国家战略结合起来，通过创新国际业务，推动了中国与周边国家经济交流，促进了云南省扩大和深化金融开放。

表 1　　　　　　　　　　　富滇银行跨境实践大事记

时间	富滇银行与东南亚跨境金融业务
2010 年 11 月	设立老挝代表处，是全国第一家在境外设立代表处的城商行
2011 年 6 月	推出人民币对老挝基普直接定价，是全国第一家获批挂牌东南亚国家货币的城商行
2013 年 8 月	获批办理调运外币现钞进出境业务资格，是全国第一家获得外币现钞进出境调运资格的商业银行
2014 年 1 月	与老挝大众外贸银行合资开设老中银行，是全国第一家在境外设立子行的城商行
2017 年 7 月	开设富滇银行磨憨支行，是云南省第一家正式办理边民互市市场跨境结算的银行
2018 年 2 月	获得上海外汇交易中心泰铢做市商资格，是全国首批对泰铢直接交易的 13 家做市商之一
2018 年 5 月	开展人民币和老挝基普的双边本外币现钞调运，是全国第一家打通中老人民币现钞陆路调运通道的金融机构
2020 年 6 月	根据中老、中缅、中越等三地口岸市场需求和结算特点，率先推出以边民互市贸易为代表的电子化结算模式
2020 年 9 月	与缅甸伊洛瓦底农民发展银行互开本币账户，是云南省第一家与缅甸建立双边本币合作直接结算的银行
2020 年 10 月	富滇银行瑞丽姐告支行成功为客户试单云南省第一笔市场采购贸易业务跨境人民币结算

资料来源：根据富滇银行官网资料整理（http：//www.fudian-bank.com/）。

据统计，2010—2020 年这 10 年的时间里，富滇银行累计办理跨境人民币业务结算额达 302 亿元，实现对老挝、泰国、越南、缅甸和柬埔寨等周边中南半岛五国货币挂牌①，打通面向周边国家跨境人民币结算渠道，打造出了口岸金融机构的跨境人民币服务的亮点和品牌。

（二）中缅跨境人民币结算

2009 年我国开始试行跨境人民币结算业务。从图 3 可知，2010 年我国跨境贸易人民币结算发生额就超过 5000 亿元，之后直至 2015 年，结算额一直处于高速增长阶段，跨境贸易人民币结算业务迅猛发展；2016 年，受国际贸易持续低迷和中国经济进入新常态的双重影响，结算额首次出现下降；2018 年以后，人民币稳定的币值加上我国贸易量的上涨，人民币在国际市场的需求逐渐旺盛，我国跨境贸易人民币结算额不断增长，屡创新高，人民币国际化进程不断地推进。

同样，近年来，随着中缅两国的跨境贸易与双边合作的不断推进，币值稳定的人民币逐渐得到缅甸央行认可，如图 4 所示，缅央行通过制定政策推进跨境贸易人民币结算，人民币在缅市场使用日趋频繁。

目前，中缅两国跨境人民币业务已从初期的货物贸易延伸至全部经常项目和投融资等资本项目，滇缅边境贸易中的首要结算货币已经由美元变为人民币。近年来中缅人民币合

---

① 和讯网．评级观察．富滇银行获"AA＋"评级 不良贷款率仍有待压降［EB/OL］．（2021-07-23）［2022.12.09］. https://www.sohu.com/a/477156520_639898.

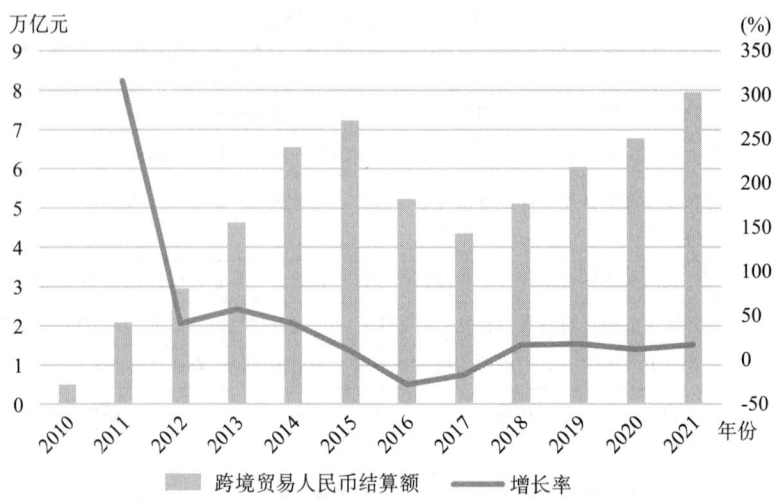

图 3　2015—2021 年中国跨境贸易人民币结算业务发生额和增长率

资料来源：中国人民银行官网（http：//www.pbc.gov.cn/）。

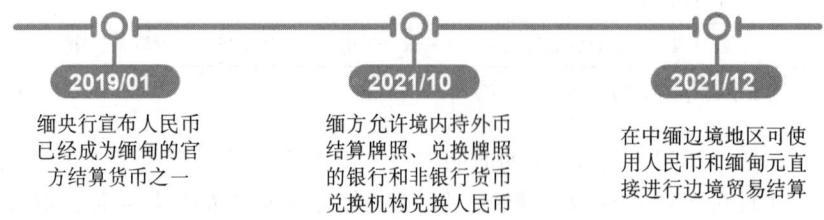

图 4　中缅两国跨境人民币业务进程

资料来源：腾讯网①。

作的主要成果如表 2 所示。

表 2　　　　　　　　近年来中缅人民币合作的主要成果

时间	合作方	主要合作成果
2008.12	中国农业银行瑞丽支行、中国建设银行瑞丽支行与缅甸经济银行	缅甸经济银行在中开立人民币结算账户
2009.09	中国农业银行云南分行、中国建设银行云南分行与缅甸经济银行	签署清算协议，允许在缅开立人民币往来账户
2010.09	中国工商银行德宏分行与缅甸经济银行木姐分行、腊戍分行	允许开立人民币结算账户
2012.11	中国建设银行云南分行与缅甸经济银行	开通边贸结算网上银行系统
2013	中缅政府	签署人民币跨境调运协议
2015.01	中国建设银行云南分行与缅甸合作社银行	签署跨境人民币清算合作协议

---

① 腾讯网．缅甸试点人民币作为结算货币，将大幅改善边境贸易［EB/OL］．（2021-12-23）［2022.12.09］https：//new.qq.com/rain/a/20211223A07Z5I00.

续表

时间	合作方	主要合作成果
2015.12	富滇银行瑞丽分行与缅甸环球财富银行木姐分行	双边账户互设；经营人民币与缅币兑换业务；加强总行合作
2016	中国农业银行云南分行泛亚业务中心与缅甸经济银行	推出缅币现钞兑换业务，是首家办理缅币现钞兑换业务的城商行
2019.01	缅甸中央银行	宣布增加人民币为官方结算货币
2021.12	中国银行临沧分行与缅甸经济银行木姐分行	完成首笔中缅边贸跨境人民币结算

资料来源：根据公开资料整理。

云南省与周边国家贸易与经济交往由来已久，凭借其独特的区位优势，成为全国最早使用人民币开展边贸结算和跨境投资的省份之一。2021年，云南省跨境收付金额696亿元，同比增长5.1%，境外覆盖106个国家和地区，其中"一带一路"沿线国家40个[①]。作为服务地方性金融的银行机构，富滇银行一直在努力推进云南跨境金融合作特别是边贸地区人民币跨境结算。一方面，通过开展与周边国家的货币汇率挂牌，打造出"小币种特色国际业务"的亮点，推动跨境金融服务的发展。另一方面，通过深入了解不同沿边沿岸地区的实际情况，因地制宜地提供符合其边境贸易需求的金融服务，拓宽了跨境人民币的结算与使用渠道，极大地助推人民币国际化进程。

三、案例分析

（一）富滇银行中缅人民币跨境结算基础

1. 深厚的合作渊源

中缅两国山水相连、文化相依，自古以来，两国人民就以"胞波"（缅语指"一母同胞"兄弟）相称。双方居民互市频繁，经济交往甚密，形成了商品、货币交换的特殊关系。早在公元前4世纪，贯穿川滇缅印的商贸通道就已经被打通，中缅两国人民的先祖就开始了陆路商品贸易，之后政治交往也随之愈发密切。宋、元时期，在陆路贸易规模不断扩大的基础上，两国打通了"海路贸易"。此后数百年间，中缅两国在和睦、友好、互助的环境中持续发展。2013年以来，中国陆续提出了共建"一带一路"、打造中国—东盟自贸区升级版、共建中缅经济走廊等一系列互利共赢的合作倡议，中缅"胞波"情谊持续升温。2020年1月，在中缅建交70周年之际，习近平总书记把对缅甸的国事访问作为新年外交第一站，双方签署了涉及多个领域的系列协议，中缅两国合作全面深入，呈现出全方位、宽领域、多层次发展的良好态势，开启双边关系新时代。

云南和中国其他省市相比，与缅甸拥有着一衣带水、地缘相连、人缘相亲的独特优势。如表3所示，云南省及各沿边州（市）与缅甸相邻相近地方政府通过一系列的合作，

---

① 云南网. 云南2021年跨境人民币累计收付6581.55亿元 [EB/OL]. (2022-01-07) [2022.12.09]. https://society.yunnan.cn/system/2022/01/27/031895518.shtml.

在与缅甸毗邻的重点地区、重要节点建立了一批跨境经济合作区、边境经济合作区以及国家级、省级对缅开放口岸,以更多、更好的资源条件与缅甸在经济、金融、民生和区域等多个领域进行更深入的合作交流,促进了跨境地区经济不断发展,为中国与缅甸在跨境货币结算上的交流合作提供了积极、健康的大环境。

表3　　　　　　　　　　目前云南对缅合作区及口岸

地区	合作区或口岸
德宏傣族景颇族自治州	瑞丽—木姐跨境经济合作区、瑞丽边境经济合作区、畹町边境经济合作区、瑞丽口岸、畹町口岸、章凤口岸、那邦口岸
临沧市	临沧边境经济合作区、清水河口岸、南伞口岸、永和口岸
怒江傈僳族自治州	片马边境经济合作区、片马口岸
保山市	猴桥边境经济合作区、猴桥口岸
普洱市	勐阿边境经济合作区、孟连口岸
西双版纳傣族自治州	打洛口岸

资料来源:根据公开资料整理。

2. 坚实的贸易基础

中缅两国的贸易交往由来已久,近年来,在一系列倡议的引领下,两国边贸发展十分活跃,不论是贸易规模还是贸易商品的种类都在不断增加。如图5所示,中缅双边进出口贸易额一直呈现蓬勃发展的趋势。2010年贸易总额达到44.42亿美元,中国成为缅甸最大的贸易合作伙伴和最重要的投资来源国。2014年双方贸易总额实现翻番,进出口同比增长144.90%。据缅甸联邦议会公共账目委员会报告,2019—2020财年上半年,中缅贸易额占缅贸易总额超过33%①,这些不断增长的数字背后充分展现出中缅两国之间相对稳定、向好的经济交往关系。

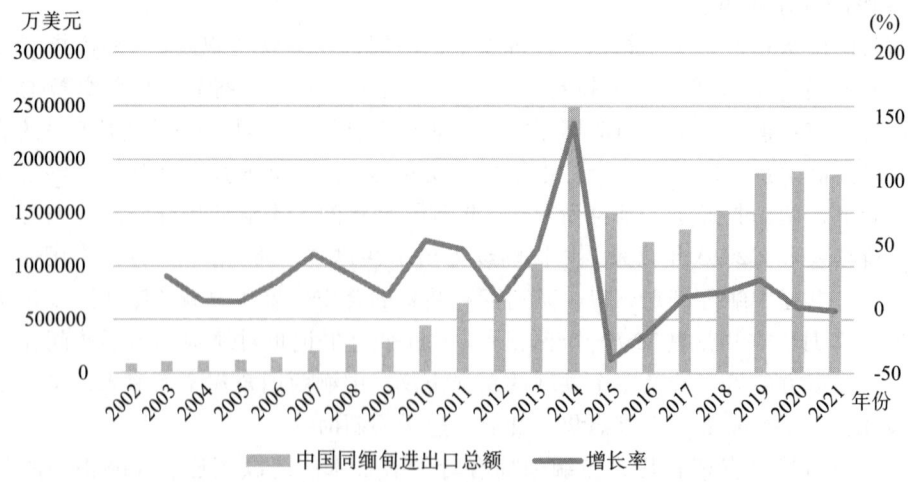

图5　中缅贸易总额及其增长率

资料来源:国家统计局(http://www.stats.gov.cn/)。

---

① 驻缅甸联邦共和国大使馆经济商务处(http://mm.mofcom.gov.cn/)。

由于中缅地理环境和产品结构的差异,两国贸易互补性很强。缅甸在油气资源和粮食资源方面具备优势,中方在制造技术和投资资金方面是强项。如表4所示,在中缅贸易中,中国从缅甸进口产品主要是天然气、木材、矿产等自然资源,出口则以日常生活用品、化肥和电子电气设备为主。其中缅甸在织物、化肥、工程机械、加工食品等方面高度依赖中国市场。中国是缅甸最大的贸易伙伴,中缅边境贸易更是占缅甸边贸总额的近80%[①]。

表4   2020年云南省自缅甸进出口前10产品

排名	进口商品名称	出口商品名称
1	天然气	低值简易通关商品
2	低值简易通关商品	用于无线网络的电话机
3	锡矿砂及其精矿	人造纤维短纤≥85%印花布
4	其他稀土金属、钇、钪及其混合物	往复式内燃机摩托车等
5	其他形状的天然橡胶	柑橘(包括小蜜橘及萨摩蜜柑橘)
6	未烧结的铁矿砂及其精矿	其他含聚酯短纤≥85%的布
7	烟胶片	含氮、磷、钾的矿物肥料或化学肥料
8	铅矿砂及其精矿	麦芽酿造的啤酒
9	甘蔗	鲜苹果
10	锰矿砂及其精矿	谷氨酸及其盐

资料来源:瀚闻资讯(https://www.sinoimex.com/)。

如图6所示,除2014年外,中国对缅甸出口总额明显高于从缅甸进口总额。但整体来看,中缅进出口总额均呈现出波动增长的态势,这表明现阶段中缅两国的贸易往来在不断地向好发展、金融合作在持续健康地推进以及未来两国的合作空间还可以继续拓展。

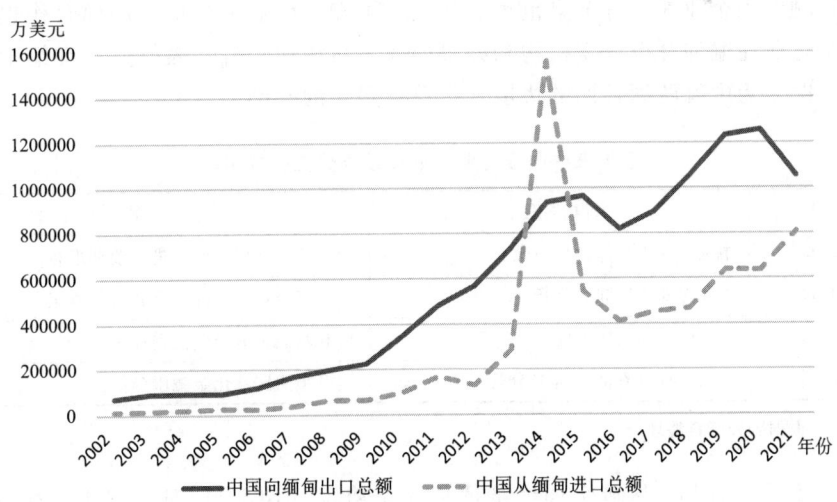

图6   2002—2021年中国与缅甸进出口商品总额

资料来源:国家统计局(http://www.stats.gov.cn/)。

---

① 光明网.中缅经济走廊开启实质规划建设[EB/OL].(2020-01-19)[2022-10-21] https://news.gmw.cn/2020-01/19/content_33492314.htm.

3. 持续多领域的项目合作

中缅合作方式已经实现多元发展，围绕"一带一路"倡议构想，中缅两国在多个领域上的互通合作取得良好效果。如表5所示，在双方政府的支持下，近年来两国的合作项目以铁路、公路、港口、油气管道等为重点。

表5 近年来中缅标志性合作项目

项目名称	建设意义
皎漂经济特区深水港项目	皎漂深水港建成后，降低了缅甸物流运输的成本，增加了政府的税收，带动了缅甸西部的经济发展
中缅油气管道项目	中缅油气管道项目的建成，给缅甸天然气的出口提供了新路径，提高了能源进出口贸易额，同时使中国的油气资源的来源更加多样化
中缅木姐—曼德勒铁路项目	木姐—曼德勒铁路的建设，带动了缅甸北部城镇的经济发展，优化和完善了该地区的互联互通机制，为两国共建"一带一路"和中缅经济走廊注入动力
蒙育瓦莱比塘铜矿项目	比塘铜矿是亚洲最大湿法炼铜项目之一，给缅甸政府和缅甸合作伙伴对应收益之和高达数亿美元，有力地促进了当地经济社会的发展
中色镍业达贡山镍业开发项目	作为中缅两国矿业领域里最大的合作项目，高度重视项目生产中的生态环境保护问题，是真正促进经济发展、惠及民生、造福人民的项目

资料来源：根据公开资料整理。

当前，中缅两国经贸合作不断深化，展现出多渠道、宽领域的新景象。在民间企业上，两国合作的项目涉及地产、能源、矿业、制衣、玉石、木材加工等多个方面，并且还拓展至项目融资和企业融资等金融范畴。从表6可知，商业银行机构层面合作也在不断加强，中国银行业在缅甸开设分支机构和办事处，考察缅甸经济、银行业和在缅中资公司发展和经营情况，为中缅两国长期的边境合作奠定坚实的基础。

表6 近年来中国银行业在缅甸设立分支机构情况

成立时间	机构名称	作用
2011.12.02	中国工商银行仰光代表处	为在缅扩展服务网络进行前期准备
2015.09.08	中国工商银行仰光分行	为外资企业客户提供金融解决方案
2015.09.14	中国银行仰光代表处	便利两国企业经贸投资往来
2021.01.28	中国银行（香港）仰光分行	提升集团区域化金融服务能力

资料来源：根据公开资料整理。

2022年5月1日起，区域全面经济伙伴关系协定（RCEP）对缅甸正式生效①，中缅经贸合作迎来新一轮发展机遇，同时给中缅边境金融合作带来巨大利好，也为推进中缅人民币跨境结算业务提供了坚实的基础。

---

① 参考网. 把脉 RCEP 框架下的东盟投资机遇 [EB/OL]. (2020-10-09) [2022-10-21]. https://www.fx361.cc/page/2022/1009/11265898.shtml.

(二) 富滇银行中缅跨境结算业务合作进程

在"一带一路""中缅经济走廊建设""辐射中心"多重叠加政策实行的背景下，云南省金融行业紧紧抓住机遇，敢为人先，创新性地进行了一批试点工作，加强了与周边国家的交流合作。富滇银行围绕发展大局，在河口、瑞丽、姐告、勐腊、孟连等口岸先后设立了分支机构，与多个毗邻国家金融机构建立了广泛业务合作（如表7所示），致力于为中缅双边客户群体提供现代化的优质跨境金融服务。

1. 与缅甸环球财富银行达成合作意向

2015年9月11日，富滇银行瑞丽分行与缅甸环球财富银行（CLOBAL TREASURE BANK）开展洽谈，达成四项重要的合作意向：一是环球财富银行木姐支行决定在富滇银行瑞丽分行开设人民币结算账户；二是富滇银行瑞丽分行将择机赴环球财富银行木姐支行开设缅币结算账户，实现双边账户互设；三是双方建立业务合作伙伴关系后，富滇银行将开始研究缅币挂牌，正式开展人民币与缅币兑换业务；四是双方将致力于总行等更高层级、更深入、更全面的合作①。

这是云南省首次实现地方法人金融机构与缅甸银行开展合作，并且此次洽谈不再局限于单边人民币结算账户的开立及资金汇划、存取款等相关基础性服务，而是拓展至对开账户、缅币挂牌等业务领域，进一步打通跨境人民币结算银行通道，有望解决跨境结算和中国正规渠道货币兑换两大金融创新难题。

2. 中缅同业合作实现重大突破

2020年8月，富滇银行和缅甸伊洛瓦底农民发展银行签订战略合作协议及人民币账户代理清算服务协议。2020年11月，两行互开双边本币账户②。双方经过协商洽谈达成共识，将各自发挥自身优势，为中缅国际结算提供新结算渠道，促进滇缅贸易发展。

这次合作实现了中缅同业合作的重大突破，开通了中缅直通跨境人民币结算业务，进一步丰富了云南省与南亚、东南亚国家的金融合作网络。

3. 首次实现人民币对缅跨境结算

近年来，随着金融科技的发展，人民币电子化结算开始进入跨境金融业务的舞台，为创新贸易结算方式提供更多的可能。

2022年6月1日，耿马大宇商务有限公司通过富滇银行临沧孟定支行向缅甸企业支付从孟定清水河口岸进口的货物货款129万元人民币，6月3日货款到达企业在缅甸阿玛拉银行（UAB Bank）的账户。富滇银行在孟定清水河口岸首次实现人民币对缅成功跨境结算。此次富滇银行人民币成功跨境结算，为进一步加快推进中缅两国边境贸易规范跨境结算奠定基础③。

---

① 德宏网. 富滇银行与缅甸环球财富银行达成合作意向 [EB/OL]. (2015-09-16) [2022-10-21]. https://www.dehong.gov.cn/dhnews/rl/content-21-26955-1.html.
② 人民网. 富滇银行开展中缅直通跨境人民币结算业务 [EB/OL]. (2020-11-12) [2022-10-21]. http://m.people.cn/n4/2020/1112/c3631-14556085.html.
③ 临沧边境经济合作区管理委员会. 富滇银行在孟定清水河口岸首次实现对缅人民币跨境结算 [EB/OL]. (2022-06-09) [2022-10-21]. http://www.lincang.gov.cn/info/1801/66803.htm.

4. 开通畹町口岸边民互市结算模式

2022年6月，富滇银行在瑞丽畹町首次打通边民互市结算通道，该举措是全国范围内首次实现边民互市款项电子清算且直接跨境落地缅甸。"畹町口岸边民互市"项目作为银政合作新模式，实现了将边民口岸业务、银行金融业务与海关监管的有效融合，降低了区域内跨境金融合作的交易成本和业务办理时间成本，提升了通关便利水平。富滇银行积极为云南省沿边地区跨境结算献计献策，主动发扬"先行先试"精神，推动了人民币周边化、区域化进程①。

表7　　　　　　　富滇银行中缅跨境结算业务合作进程

时间	交易双方	主要内容	作用
2015年9月	富滇银行瑞丽分行和缅甸环球财富银行	双边账户互设；经营人民币与缅币兑换业务；加强总行合作	拓展了双边合作领域，进一步打通跨境人民币结算银行通道
2020年8月	富滇银行和缅甸伊洛瓦底农民发展银行	签订战略合作协议及人民币账户代理清算服务协议	实现云南本地银行与缅甸同业合作的重大突破，丰富了面向南亚、东南亚国家的金融合作网络
2020年11月		互开双边本币账户	
2022年6月	富滇银行临沧孟定支行和缅甸阿玛拉银行	首次实现人民币对缅甸成功跨境结算	为进一步为加快推进中缅两国边境贸易规范跨境结算奠定基础
	富滇银行瑞丽分行	落地了全国首笔对缅直通的电子化边民互市结算业务	为双边贸易结算的畅通搭建起跨境金融服务平台，降低通关成本、提高通关效率

资料来源：根据公开资料整理。

四、中缅跨境人民币结算的障碍分析

（一）缅北地区局势动荡，存在一定政治风险

缅甸是世界上最不发达的国家之一，多年来，由于缅甸中央与地方分权、民主自由化等多方面问题，导致在缅投资面临政治风险极高，严重影响了缅甸本国经济的发展和中缅两国的贸易往来。特别是缅北地区军事冲突时有发生，给中国投资项目的落地和持续开展带来威胁，例如，密松水电站、皎漂—昆明铁路等多个中缅重点合作项目搁浅，使得中方企业蒙受巨大损失，增加了跨境金融合作的不确定性。

尽管缅甸已经制定政策努力扫除两国金融合作的阻碍，但政治、经济制度问题属于长

---

① 云南网财经. 富滇银行瑞丽分行畹町口岸边民互市结算模式正式开通 [EB/OL]. (2020-06-22) [2022-10-21]. https://finance.yunnan.cn/system/2022/06/22/032151201.shtml.

期性、根本性问题，政府很难在短时间内加强对政治格局的管控和市场经济制度体系的完善，加上西方国家的政治影响，中缅两国金融合作的制约性因素也将长期存在。

（二）缅甸货币体系不稳，双边汇率对接困难

当前，缅甸的金融发展正处于初级阶段，金融体制和金融政策依然不够充分、完善，特别是利率汇率管制较为严格，货币政策和汇率制度还存在较大缺陷，严重影响了本国企业的正常经营活动和对外经济交往。长期以来，缅甸实行的都是官方与非官方共存的汇率政策，其中公共部门对外贸易结算主要采用的是官方汇率，而其他的贸易往来大部分都适用非官方汇率，即通过"地摊银行""地下钱庄"的汇率报价进行贸易结算。在中缅贸易中，通过非正规渠道结算的贸易额远高于正规渠道，所以两国之间的汇率基本由非正规货币兑换机构确定，加之这些机构通常游离于监管体系之外，极易脱离监管机构的管控，造成缅币币值不稳，汇率波动较大，也使得中缅两国货币间的汇率对接困难重重。

2013—2019年人民币兑缅币汇率持续上涨，在2019—2020年人民币兑缅币的汇率呈下降趋势之后再次呈现上升趋势，并且幅度较大，如图7所示。从2013年到2022年10月，短短不到10年的时间里，人民币兑缅币的汇率上涨了将近一倍。整体上看，人民币兑缅币的汇率整体变化幅度较大，缅甸货币体系并未达到相对稳定的状态，在一定程度上影响着两国汇率的对接。

图7　2013—2022年10月人民币兑缅币年平均汇率波动情况

资料来源：新浪财经（https://finance.sina.com.cn/）。

（三）人民币在缅市场各区域发展不均衡

中缅边境地区人民币已经成为硬通货，覆盖缅甸边民衣食住行等各个方面，呈现准周边化的发展趋势。但是缅甸境内地区，流通货币仍然以美元和缅币为主，人民币尚无法自由兑换流通，这表明在缅各区域市场，人民币分布呈现两极化发展，严重阻碍了两国金融合作的纵深化进程，成为中缅同业合作的瓶颈，延缓了人民币周边化、国际化的进程。人民币缅甸全境结算必须建立在人民币币值稳定和两国良好贸易基础之上，只有不断降低交易费用，才能顺利推进人民币向缅甸中部与南部地区发展，扩大人民币在缅甸全境作为计价结算货币的影响力。

(四) 非正规渠道结算贸易额占比高

近年来，中缅边境互市贸易日趋活跃。由于存在银行间汇兑渠道不畅、手续繁杂等问题，具有费用低、手续简单、效率高特点的非正规结算渠道应市场需求而出现，且规模越来越大，呈现日趋活跃之势。客观上，"地摊银行"的盛行弥补了正规兑换渠道的不足，从某种角度而言促进了双边贸易的发展，但也导致了"劣币驱逐良币"现象的出现，并且大量的人民币流通于正规银行之外的体系，给非法资金的流动和犯罪活动提供了可乘之机，不利于金融监管部门实施系统性、常规性监测，影响了两国金融合作的有序开展。

五、案例启示

(一) 持续加强两国政治互信，奠定金融合作坚实基础

国务院原总理李克强曾说，"如果说国家间合作是一棵大树，那么政治互信就是树根"。由此可见，政治信任是经济合作和人文交流顺利开展的前提，是连接双方共同发展的纽带。近年来，为推进中缅两国命运共同体的构建，双方政府一直保持和加强政治友好对话，尊重对方的体制和国情，在政治互信上尽可能达成一致，共同探讨双边合作大计。在宏观经济政策的对接机制方面，两国共同努力，引导、督促非正规货币兑换市场合法化，积极开展边境贸易投资等活动，签订双方互利的跨境贸易结算协议，为两国经济金融合作扫清障碍。此外，注重基于双方共同利益，建立多层次沟通协调机制，加强中缅央行的联系与交流，从税收与财政政策上支持鼓励商业银行进入对方国家开设营业机构，或开办人民币与缅币兑换业务银行，畅通资金跨境结算渠道，从而加强双边贸易金融合作，促进双方合作共建意识持续升温，合作领域不断深化。

(二) 规范双边汇率形成机制，提升货币合作效果

目前，人民币兑缅币的汇率不受外汇管理制度和正规金融机构指导，反而由"地摊银行""地下钱庄"等非官方渠道决定，给两国双边贸易发展带来了诸多无法预知的各种风险，因此必须采取相应措施积极引导规范非正规金融发展。一方面，政府有计划、有步骤、有目标、有重点地不断扩大人民币对缅币的业务的试点范围，通过各种政策手段抢占"地摊银行"的市场份额，逐步取缔"地下钱庄"货币兑换业务；同时，加强银行业跨国业务规范化、便利化与合法化，为中缅双方企业提供官方认证的正规货币兑换清算渠道，引导更多中缅贸易客户进入银行结算体系，提升对客户的保障水平，增加公信力，进而提高其影响力。另一方面，以中缅货币兑换中心为主，逐步构建公平、公开、透明的报价平台，不断加强金融机构之间合作，并适时、适当地放松外汇管制，发挥外汇市场的主体作用，引导供求双方形成相对稳定、科学、合理的中缅货币挂牌汇率，满足外汇市场参与者的需求，更好地保障双边跨境贸易的发展。

(三) 完善跨境流通管理制度，全方位服务双边货币合作

根据表8中缅人民币跨境流动的渠道所示，当前存在大量流通于银行外结算渠道的人

民币非法流动渠道。为减少其对中缅贸易产生的金融隐患，建立长期、稳定的跨境人民币管理体系，主要采取的具体措施如下：一是中缅相关金融监管部门加大配合力度，线上线下全面跟踪和监测正规渠道和民间融资机构的资金流动状况，监测人民币跨境流通动向，收集人民币跨境流动的数据资料，为有效防控金融风险、服务双边货币合作奠定基础。二是鼓励国内有资质的金融机构加强与缅甸结算机构的交流合作，为满足信誉条件的进出口企业提供人民币支持，在风险可控的前提下逐步放松对缅资本管控，确保人民币在缅市场保有一定流量。三是不断完善在缅人民币市场建设，提振缅甸政府、金融机构和企业对人民币的信心，促进双边货币合作持续取得预期的实质性突破。

表8　　　　　　　　　中缅人民币跨境流通的主要渠道

人民币流出渠道	人民币流入渠道
边境贸易进口对外支付	出口商品用人民币结算流入
境内居民出境消费支出	境外居民到境内消费支出
境外直接投资或购买原材料	通过银行体系回流境内
"地摊银行"流出	通过地下钱庄、货币走私流入
非法活动的人民币流出	边贸外方人员携带入境

资料来源：根据公开资料整理。

（四）借助科技手段，创新和优化结算模式和渠道

当前中缅结算渠道主要包括NRA账户结算、个人账户结算、境内外金融机构外汇结算、现钞结算等正规结算渠道，此外，还存在"地摊银行""地下钱庄"等非正规渠道。为逐步引导非正规渠道走向规范化，必须注重构建形成多层次的金融合作机制，从打通两国银行之间结算渠道入手，由业务层面拓展到机构层面，由易至难，由简至繁，推进过程中充分发挥科技的力量，逐步化解或消除各种现实障碍因素，保证人民币结算、清算渠道通畅。首先，促成我国商业银行与缅甸银行达成人民币委托代理结算协议，并开立人民币往来账户，降低双边企业的交易成本。其次，积极鼓励国内金融机构逐步深入缅甸中南部地区开设分支机构，为当地企业提供跨境人民币结算服务，拓展银行的跨境人民币结算业务。此外，通过科技赋能结算系统及流程再造，扩大NRA（非居民储蓄）账户的开立和使用范围，进一步扩展个人边贸银行结算账户的使用渠道，解决贸易真实性审核困难、结算效率低、非正常结算通道等问题。最后，借助第三方网上交易平台，与缅甸金融机构开展多层次、全方位的网上跨境支付业务，持续丰富现有结算模式，为中缅贸易结算渠道的拓展带来新的机遇，从而助推双边贸易的平稳发展，加速人民币区域化迈向国际化进程。

【参考文献】

[1] 周萍."一带一路"倡议下中缅经济走廊的建设 [J]. 全国流通经济，2022 (04)：113-115.

[2] 陈彦彤，杜杉，陈柯宇. 云南面向南亚东南亚辐射中心建设取得亮眼成绩 [J].

时代金融，2021（16）：4-12.

[3] 丁工. "一带一路"推动中缅"胞波"持续升温[J]. 经济导刊，2020（Z1）：24-26.

[4] 陈永强. 富滇银行：依托区位打造金融机构"走出去"样板[J]. 金融世界，2019（10）：94-95.

[5] 吴桂林，晏念辉. 中缅边境"地摊银行"研究[J]. 时代金融，2019（04）：42-44.

[6] 申韬，王新元. 缅甸银行业发展现状与中缅银行业合作探究[J]. 云南大学学报（社会科学版），2017，16（06）：113-121.

[7] 刘方，李云娇. 中缅边境地区货币兑换市场的发展现状及政策建议[J]. 金融发展评论，2017（07）：44-55.

[8] 中国人民银行保山市中心支行课题组，刘凤. 中缅跨境贸易人民币结算现状及改善路径——基于保山市对缅北的实践[J]. 时代金融，2014（36）：288-290.

附件

一、中国与缅甸签署的经济贸易条约

1. 中华人民共和国政府和缅甸联邦政府关于澜沧江—湄公河客货运输协定（1997/01/07生效）https：//code.fabao365.com/law_16790.html.

2. 中华人民共和国政府和缅甸联邦政府经济技术合作协定（2001/08/26生效）https：//code.fabao365.com/law_14396.html.

3. 中华人民共和国政府和缅甸联邦政府关于鼓励促进和保护投资协定（2001/12/12生效）https：//code.fabao365.com/law_10946.html.

4. 中华人民共和国政府和缅甸联邦政府经济技术合作协定（2003/01/17生效）https：//law.wkinfo.com.cn/legislation/detail/MTAxMDAxNzU3MTY%3D？.

5. 中华人民共和国政府和缅甸联邦政府关于促进贸易、投资和经济合作的谅解备忘录（2003/03/24生效）https：//law.wkinfo.com.cn/legislation/detail/MTAxMDAxNzU2OTc%3D？.

6. 中国—东盟产能合作联合声明（2016/09/07生效）https：//law.wkinfo.com.cn/international-treaties/detail/NTAxMDAwMDY3OTY%3D？module=&fromType=qrcode.

7. 《区域全面经济伙伴关系协定》（RCEP）谈判领导人联合声明（2017/11/24生效）https：//law.wkinfo.com.cn/international-treaties/detail/NTAxMDAwMDY4MDg%3D？module=&fromType=qrcode.

8. 《区域全面经济伙伴关系协定》（RCEP）领导人联合声明（2020/11/15生效）https：//law.wkinfo.com.cn/international-treaties/detail/NTAxMDAwMDcwMDc%3D？module=&fromType=qrcode.

9. 《区域全面经济伙伴关系协定》（RCEP）（2022/01/01生效）https：//law.wkinfo.

com. cn/international－treaties/detail/NTAxMDAwMDY5OTE% 3D?module＝&fromType＝qr-code.

二、缅甸与经济贸易相关的重要法规

1.《金融机构法》http：//www. commonlii. org/mm/legis/laws/fiomllaorcln1690804/fiomllaorcln1690804. html.

2.《电子交易法》https：//www. wipo. int/wipolex/zh/text/244521.

3.《标准化法》https：//www. wipo. int/wipolex/zh/legislation/details/20411.

4.《外国投资法》https：//baike. baidu. com/item/% E7% BC% 85% E7% 94% B8% E8% 81% 94% E9% 82% A6% E5% 85% B1% E5% 92% 8C% E5% 9B% BD% E5% A4% 96% E5% 9B% BD% E6% 8A% 95% E8% B5% 84% E6% B3% 95?.

5.《经济特区法》https：//baike. baidu. com/item/% E7% BC% 85% E7% 94% B8% E7% BB% 8F% E6% B5% 8E% E7% 89% B9% E5% 8C% BA% E6% B3% 95/5294281?fromModule＝search－result_lemma－recommend.

案例5：老中银行落户磨丁，创新跨境母子联动新模式

一、引言

随着中老两国贸易不断增长，中国已连续多年成为老挝最大的投资国，金融问题逐渐成为困扰我国"走出去"企业的生存难题，许多在老挝投资的中国企业和商户，特别是中小企业和商户均有这样的回忆：由于老挝金融发展落后，缺乏提供跨境金融服务的金融机构，他们不得不跨境携带大量现金前往老挝。

为解决这一问题，2014年，中国富滇银行携手老挝外贸大众银行在老挝万象共同投资设立了首家老中合资银行——老中银行。老中银行成立后，积极响应中国"一带一路"倡议，有序推进人民币国际化，为中资中小企业以及中老铁路建设提供跨境金融服务。此外，为加快推进中老磨憨—磨丁跨境经济合作区的建设，老中银行于2017年在老挝磨丁设立首家分行——磨丁分行，成为入驻磨丁经济特区的第一家金融机构。

借助磨憨—磨丁跨境经济合作区的政策和区位优势，老中银行磨丁分行与富滇银行在沿边口岸设立磨憨支行，实现无缝对接，共同打造形成"跨境母子联动"的新模式，为在老挝投资的中国企业和商户提供安全、高效、便捷的境内外结算和资金融通等金融产品和服务，进一步深化了中老双边关系和服务云南省开放型经济发展。

二、案例背景

场景一

老挝的首都万象，有一片中国商人聚集的商区，称为"中国城"。临近傍晚，无论晴天还是雨天，这里总是络绎不绝、热闹非凡。

"我们在外边是外资企业，在当地来讲我们是中资企业，所以在银行我们得不到一些金融的支持。"说话的人是丁老板，20世纪90年代末，他和一批中国商人一起来到老挝创业。

当时的老挝，金融设施滞后。作为外商，通过当地银行贷不到款，走地下钱庄又不安全，许多人都吃过携带现金出入国境的苦头，腰上啊，皮带里面，裤子里面都在装，能装就装……不过，这一切，随着2014年的到来戛然而止。

2014年1月22日，由云南省富滇银行与老挝外贸大众银行共同设立的合资银行——老中银行在万象正式挂牌营业。自此，这个由云南走出国门的商业银行开始了它服务中老两国企业和居民的征程。

(一)老中银行的诞生

1. 中老经济联系日益密切

随着"一带一路"倡议和"走出去"战略的不断推进,以及中国—东盟自由贸易区、大湄公河次区域合作、云南—老挝北部九省合作机制等中老合作机制的进一步深化,中国与老挝之间的经济联系日益密切,双边贸易量逐步提升。根据中国商务部和中国海关总署统计,截至2013年末,中老双边贸易额达到历史新高,同比增长58.6%,贸易顺差7亿美元(见表1);中国成为老挝仅次于越南、泰国的第三大外商投资国家,我国企业在老挝签订的承包工程合同额累计123亿美元,完成营业额74.8亿美元;我国企业对老挝非金融类直接投资8亿美元,非金融类直接投资存量28.4亿美元,增长23.7%[①]。

表1　　　　　　　　2010—2013年中老双边贸易额

项目 年份	双边 贸易额 (亿美元)	同比 增长率 (%)	中方 出口额 (亿美元)	同比 增长率 (%)	中方 进口额 (亿美元)	同比 增长率 (%)	贸易 差额 (亿美元)
2010	10.55	40.3	4.84	28.2	5.71	52.5	-0.87
2011	13.06	20.4	4.76	-1.5	8.30	37.9	-3.54
2012	17.28	32.8	9.37	96.8	7.91	-4.1	1.46
2013	27.41	58.6	17.20	83.6	10.21	29.0	7.00

资料来源:中国海关(http://www.customs.gov.cn)。

中老两国经济关系日益密切,许多中国企业、商户看到了老挝未来经济发展的商机,纷纷到老挝投资、经商,而这些商业活动的开展离不开有力的金融服务支持。从信用支持到经济活动过程中资金的往来,经济行为发展壮大后对资本的需求,都离不开便捷、高效、安全的金融服务。

银行业是老挝重要的金融机构,也是提供金融服务的主体部门。老挝银行体系由国有商业银行、合作银行、私营商业银行以及国外分支机构组成。截至2013年,共有32家银行在老挝境内为老挝公众提供金融服务,其中3家国有商业银行、1家专业银行、2家合资银行、7家私人银行、3家附属银行和16家外国分行(见图1)[②]。尽管老挝银行业正处于不断发展和完善阶段,但从规模和发展来看,相较于周边东南亚国家而言,老挝银行业发展相对比较滞后。

中国的银行最早进入老挝金融市场是在2011年11月,中国工商银行在老挝万象设立万象分行,但由于老挝的金融业尤其是银行业发展较为缓慢,仅靠一家中资商业银行远远无法满足中资中小企业和商户在老挝开展的中老经济活动要求。许多中资中小企业和商户在老挝无法办理投融资、本币结算、跨境汇款等业务,极大阻碍了中资中小企业和商户在当地的发展,亟须为中资中小企业提供健全、完善的金融服务。

---

① 资料来源:中国商务部(http://www.mofcom.gov.cn)。
② 资料来源:老挝人民民主共和国2013年年报。

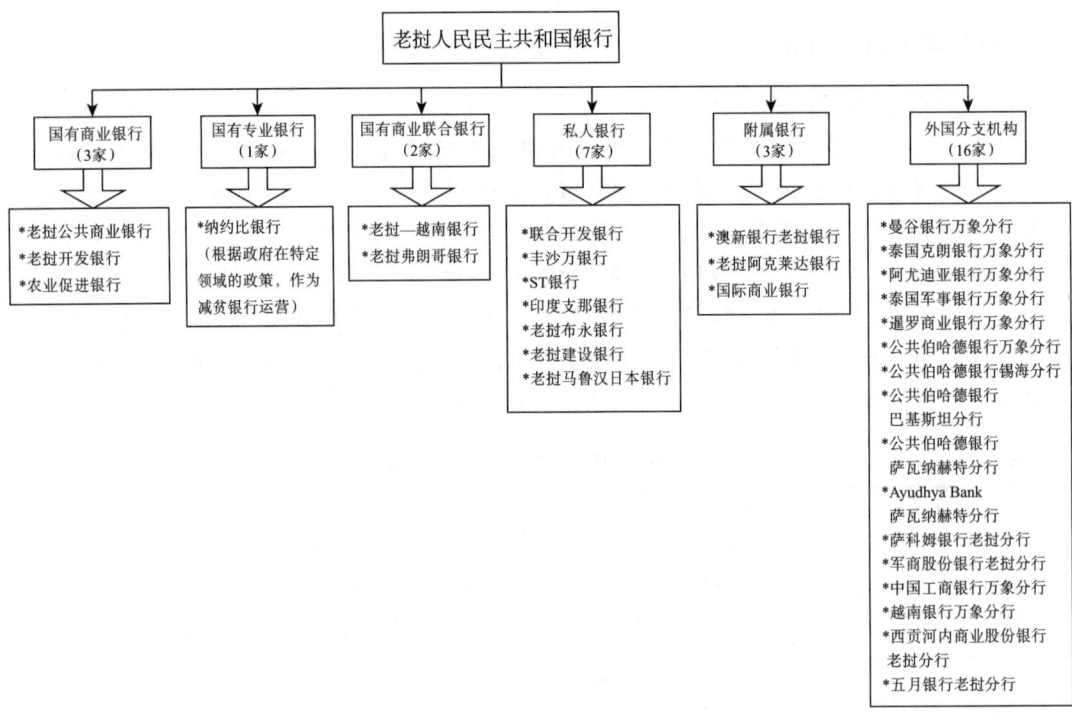

图 1　2013 年老挝银行体系结构

2. 老中银行应运而生

作为云南的区域性金融机构，富滇银行凭借与老挝毗邻的区位优势，把握中资中小企业在老挝的发展困境，积极探索涉外业务，层层递进、稳健布局。

2009 年，在原银监会 4 次赴老挝考察和调研的基础上，中国富滇银行与老挝外贸银行签订了促进双边多方面合作的《合作备忘录》。随后，于 2010 年 11 月，在取得原银监会同意的前提下，中国富滇银行尝试在老挝万象设立代表处先行探索，待条件成熟后再设立分行或支行。历经近 4 年的探索，以及老挝人民民主共和国银行与中国原银监会的共同批准，老中银行（Lao China Bank）于 2014 年 1 月 22 日在老挝首都万象正式开业成立，成为中国城商行中第一家也是唯一一家在境外设立的金融机构。老中银行发展历程如图 2 所示。

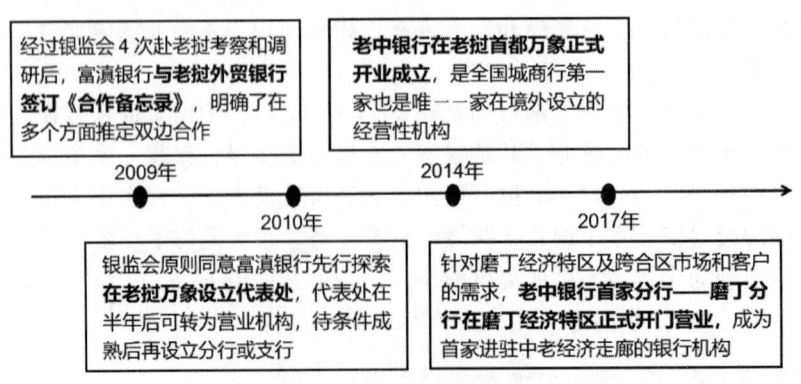

图 2　老中银行发展历程

如图3所示，老中银行是由富滇银行股份有限公司（持股比例：51%）和老挝外贸大众银行（持股比例：49%）共同投资设立的中老合资银行。老中银行的初始注册资本为3000亿普拉（折合0.17亿美元），截至2021年末，老中银行实际实收资本达3798亿基普（折合0.22亿美元），实现营业收入550亿基普（折合0.03亿美元）①。截至2020年末，累计发放SME贷款34笔，金额697亿基普（折合400万美元），广泛涉及贸易、建筑、手工业等多个行业，有力支持了当地企业尤其是中资中小企业的发展②。老中银行充分利用海外子行的资源优势，牢牢抓住"一带一路"倡议这一发展机遇，深度挖掘当地客户发展潜力，以老挝本地市场为依托，为中老两国企业和居民提供便捷、高效、安全金融服务。

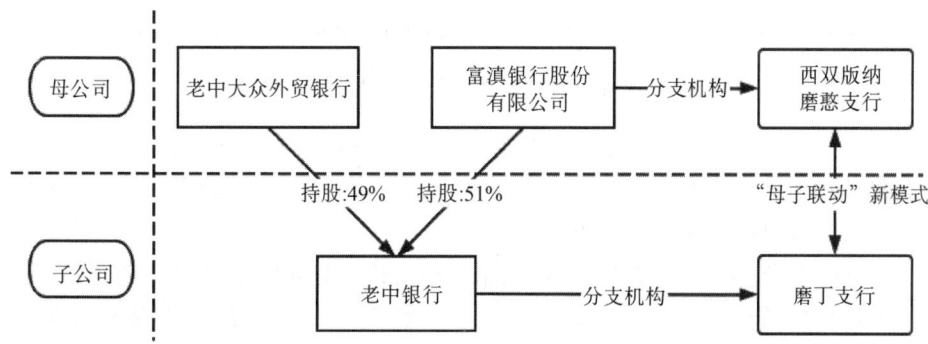

图3 老中银行的股份结构情况

（1）首开"商圈融资"模式，助力小微企业发展。由于老挝经济社会发展较为落后、法律法规不够成熟以及缺乏成形的商业文化等因素，银行业发展十分缓慢，许多金融产品无法普及，资金匮乏是阻碍当地小微企业发展的主要原因。鉴于此，老中银行结合当地实际情况，将在中国国内发展较为成熟的"商圈融资模式"和"经营性房产按揭贷款"等金融产品首次引入老挝，旨在为老挝小微企业尤其是中国商户提供全方位的金融服务，助力小微企业的发展。

"商圈融资"模式是指银行、市场管理和担保公司共同合作，由市场管理来推荐客户，担保公司为商家提供担保，最后银行向商家提供贷款的融资方式。2014年5月7日，老中银行与老挝三江有限公司签署综合授信合作协议，主要由老挝三江有限公司、老挝三江大酒店和董事长丁国江个人所持三江公司股份作为担保，老中银行为三江商贸城商户提供流动资金贷款，商铺租赁权质押按揭贷款两项金融服务，首次尝试"商圈融资"模式（见图4）。

老中银行借助与老挝当地"商圈"的合作关系，为在生产经营过程中具有临时性、季节性资金需求的商户，通过灵活的担保方式，提供流动资金贷款，以解决商户因无资产提供抵押担保、质押担保而导致资金周转困难的问题。同时，老中银行根据商户自身的经营

---

① 资料来源：老中银行官网（http：//www.LaochinaBank.com）。
② 资料来源：杨毅星．老中银行成为世界银行"中小微企业支持和恢复贷款"项目代理行［EB/OL］．（2021－07－19）［2022－11－2］．http：//finance.yunnan.cn/system/2021/07/19/031561795.shtml．

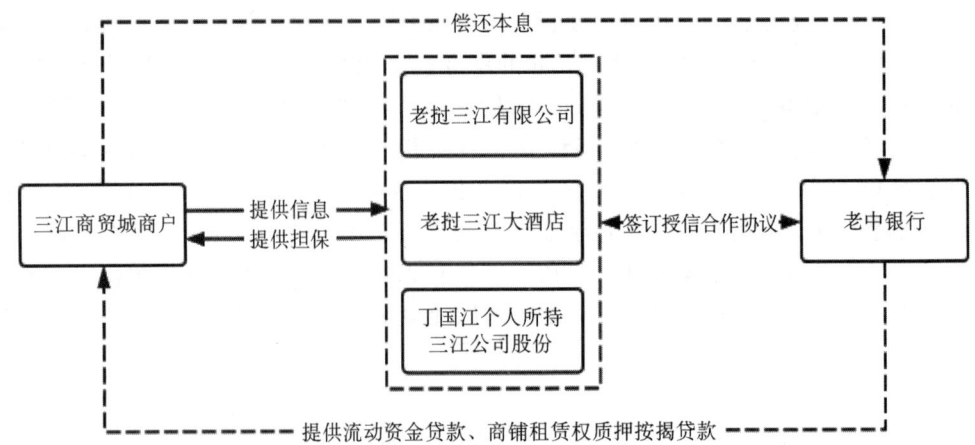

图 4　老中银行在老挝首开"商圈融资"模式

规模、信用记录、资产状况、贷款需求等实际情况,核定并给予其一定的授信额度,商户可在所获得的授信额度和期限内,多次支用贷款,贷款利息根据实际使用贷款资金情况收取,具有一次审批、循环使用的特点。

(2)"内保外贷、外保内贷",促进老中金融交流。针对资信良好、经营稳定,在中、老跨境从事商贸等活动的母子公司或关联公司,老中银行还为其提供"内保外贷、外保内贷"融资支持(见图5),促进跨境企业在中、老两地资产的高效配置,增强其资产的流动性,拓宽融资渠道,从而提升企业的国际竞争力。

①"内保外贷"。"内保外贷"业务是指当老挝境内企业(母公司)向老中银行出具无条件、不可撤销反担保申请时,老中银行需向该企业控股的境外(中国)子公司或关联企业,开具以富滇银行为受益人的保函(含备用信用证),并由富滇银行向该境外子公司或关联企业提供融资支持的业务模式。

②"外保内贷"。"外保内贷"则是由富滇银行各分支行在收到中国境内企业提交的担保申请,并审查申请人资信情况、被担保人基本情况的前提下,向老中银行开具保函(含备用信用证),并由老中银行对被担保的中国境外(老挝)企业提供融资支持的业务模式。

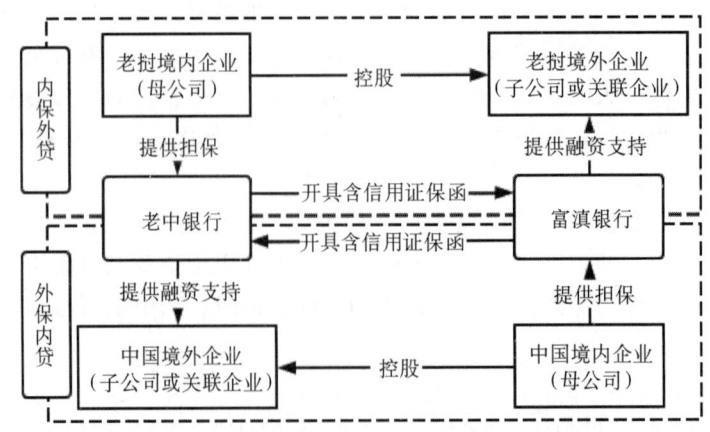

图 5　老中银行"内保外贷、外保内贷"业务模式

（二）辐射中老泰的"境外深圳"

1. 磨丁经济特区的发展历程

老挝与我国云南接壤，磨丁是老挝北部与我国云南磨憨口岸交界的一个小城镇。最初，磨丁只是位于深山雨林偏远地区的一隅村落，后来，老挝为了促进社会经济发展，借鉴中国与越南的发展经验，将磨丁设立成为国家经济特区。然而，由于老挝自身经济实力较弱，没有能力开发建设磨丁经济特区，不得不允许私人进入开发投资，因而助长了博彩经济，彼时磨丁最令人熟知的标签是"境外赌城，人间地狱"，可想而知，虚拟经济并没有使磨丁走得更远。

后来，在"一带一路"建设的推动下，不少中国企业注意到磨丁，两国政策的大力扶持、经济开发建设极高的自主性、长达90年的开发年限……磨丁经济特区设立后，中国云南海诚集团凭借地理位置毗邻的优势，入驻磨丁助力特区高速发展；经过中国企业在磨丁经济特区两年多的探索，中老两国于2014年6月开始部署设立磨憨—磨丁经济合作区，并于2016年3月正式成立；随后，在中老经济合作区发展规划下，积极引导中国省级优秀企业入驻，各项基础设施建设也处于加快部署中。中国与磨丁经济特区发展大事件如表2所示。

表2　　　　　　　　　　　中国与磨丁经济特区发展大事件

时间	事件
2009年	老挝国家政府批准，建立磨丁经济特区（国家级），开发年限90年
2011年4月	中国云南海诚集团进驻磨丁经济特区，行使特区经济和行政管理职能，特区进入高速发展期
2014年6月	中老两国签署《关于建设磨憨—磨丁经济合作区的谅解备忘录》，标志着磨憨—磨丁经济合作区正式纳入中老两国国家层面项目开启推动
2015年8月	中老两国政府签署了《中老磨憨—磨丁经济合作区建设共同总体方案》，明确合作区中方规划面积4.83平方公里，老方规划面积16.4平方公里
2016年3月	国务院正式批复同意设立中老磨憨—磨丁经济合作区
2016年5月	中老两国政府发表《联合声明》《联合公报》，声明中国老挝双方将密切配合、建设好磨憨—磨丁经济合作区
2016年6月	中国出口信用保险公司云南分公司与磨丁管委会签署《全面战略合作协议》，支持特区建设
2016年11月	中国商务部与老挝计划投资部共同签署了《中国老挝磨憨—磨丁经济合作区共同发展总体规划（纲要）》
2017年3月	中国铁物与磨憨—磨丁经济合作区签订合作协议
2017年5月	澜沧江—湄公河—船游四国首条旅游观光航线开通，途径磨丁
2017年5月	老挝政府批准建设首都万象至磨丁高速公路第一段：万象至万荣
2017年7月	老挝磨丁至会晒新高速公路项目立项

资料来源：百度百科. 磨丁. [2022 - 11 - 02]. https://baike.baidu.com/item/磨丁/5741339? fr = aladdin.

2. 磨丁经济特区优势凸显

（1）区位优势。磨丁经济特区在促进中国—东盟贸易往来中，具有得天独厚的区位优势。作为中老两国间的国家级一类陆路口岸，磨丁经济特区扼守中、老、泰三国经济走廊的交通节点，是昆曼国际大通道、泛亚国际铁路（中线）中国进入东南亚的首站，是东盟与中国相连接的重要交通枢纽和产业聚集高地，同时也是陆路货物运输、跨境旅游的中转站和集散地。由此可见，磨丁经济特区的建立，使得磨丁成为承接中国产能输出，辐射中国、老挝、泰国等三大市场的重要枢纽。

（2）资源优势。磨丁位于中国西双版纳—老挝琅勃拉邦—泰国清迈旅游环线中心位置，是版纳通往老挝、泰国跨境旅游的起始站，拥有"中老泰旅游商圈最佳结合点、17.9平方公里的原始热带雨林、口岸免税购物"三大资源优势。因此，磨丁经济特区吸引了众多知名企业入驻，国际免税店、酒店餐饮等配套设施已逐渐完善。此外，特区还自主开发了磨丁湖风景区、寮国古城、喃通河风景区、老挝磨丁国家公园，以及联合内蒙古莱德马业共同建设莱德国际马产业园区，打造老挝文化体验旅游度假胜地。

（3）政策优势。磨丁既享有老挝国家经济特区的政策优势，同时磨憨—磨丁经济合作作为我国第二个正式批准的跨境经济合作区，还可以享受我国跨境经济合作区的优惠政策。企业落户特区不仅能够获得土地开发、招商引资审批等方面的高度自主权，在区内贸易、国际金融、跨国投资、转口加工、保税仓储、国际物流服务自由化等方面，还可享受低税、免税、保税等自贸区政策特权。同时，外国法人可在老挝磨丁经济特区注册100%控股的企业，经营类别无限制，且生产和组装的产品以取得老挝原产地证书的名义出口，还可享受发达国家的最惠国待遇。

综上所述，老挝磨丁不仅拥有得天独厚的区位优势和资源优势，经济特区、跨境经济合作区的建立，更是赋予了磨丁各方面发展政策叠加优势。在中国"一带一路"倡议扶持下，不到10年时间，这座现代化新城就从老挝的边境深山拔地而起。这样惊人的建设速度，使得来此地考察的广东商人也不得不感叹说："这简直是20世纪80年代的深圳。"

三、案例分析

场景二

老中银行客户吴先生："我们是中国的企业，来这里服务好、方便、快捷。"在富滇银行西双版纳磨憨支行，边民王先生正在办理汇款业务，他要把购买水果的货款支付给老挝当地的供应商。

在过去，像这样十几万的货款需要好几天的辗转。王先生："以前资金是让背包客背过去，存在极大的安全隐患。自从银行介入以后，安全性提高了，速度也比较快，12小时以内对方就能收到我们的汇款。"汇款速度的提高，极大推动了当地经济贸易的发展，提升了对中小企业和商户尤其是中国商户的服务效率。

这样的便利得益于老中银行在老挝的第一家分行——磨丁分行的设立。老中银行磨丁分行与富滇银行磨憨支行在中老跨境经济合作区内实现母子联动，率先推出了人民币和基普的边民互市结算、跨境现金调运、投融资等金融服务，极大地方便了两国企业和居民之间的贸易资金往来。

在中老间不断加强公路、水路、铁路等交通设施建设和加大跨境贸易往来的过程中，磨丁经济特区凭借其三大优势脱颖而出，逐渐成为老挝的经济重镇。许多企业、商户纷至沓来，随着磨丁经济的腾飞，金融需求也逐渐火热起来，然而此时的磨丁却没有一家金融机构为中小企业和商户提供金融服务。老中银行很快嗅到了商机，及时了解磨丁经济特区及跨境经济合作区的市场和客户的需求，于2017年8月，在磨丁成立首家分行——磨丁分行，成为首家进驻中老经济走廊的金融机构。磨丁分行的设立，不仅能够将服务半径辐射至以磨丁为核心的老挝北部六省，为区域经济发展提供全方位的金融服务，而且能进一步提升老中银行的品牌影响力。

另外，老中银行磨丁分行设立后，与富滇银行西双版纳磨憨支行实现无缝对接，共同打造形成"跨境母子联动"的新模式，通过境内外结算、跨境调运人民币、投融资服务等多种形式，全方位地服务于中老磨憨—磨丁跨境经济合作区的建设发展，进一步深化中老双边关系和促进老挝经济社会的发展。

（一）境内外结算

磨丁分行是磨丁经济特区第一家银行，也是老挝北部第一家开展人民币现钞业务的银行，分行成立之初就开展美元、基普、泰铢、人民币等4个币种的结算业务。同时，磨丁分行还为中小企业提供了一体化的结算业务，主要涉及国内外商品的采购结算、工程物资的采购结算、营业款的收支结算等，不仅为企业提供了结算便利，同时保障了中小企业的资金安全。另外，在人民币跨境清算方面，老中银行与富滇银行建立了清算账户关系，成为老挝境内第二家人民币清算账户行，通过账户行直接清算模式为中老两国的跨境人民币结算提供实时清算便利。

当前，老中银行磨丁分行再度与富滇银行开展合作，致力于搭建中老间的跨境金融服务平台，积极构建同老挝银行间的跨境双边本币结算合作关系。同时，中老双方正努力推动境内跨境金融服务质效，促进人民币与老挝基普兑换服务常态化，云南省规划未来3年内（2022—2024年）将致力于畅通人民币跨境结算渠道，推广使用人民币跨境支付系统（CIPS），支持境内企业在中国老挝磨憨—磨丁经济合作区建设中使用人民币进行跨境贸易和投资结算，深化外汇便利化服务。

（二）跨境调运人民币

近年来，一大批合作项目在老挝落地开花，这些项目虽然在境外，但材料采购和工人工资都以人民币结算，特别是中老铁路建设的影响，人民币在老挝需求量"供不应求"。在过去，老挝银行间市场需求的人民币现钞是从中国香港调运到泰国，再从泰国调回万象，这种方式需要花费大量的时间和人力，已经无法满足日益增长的市场需求。为此，中国人民银行西双版纳州中心支行主动顺应"一带一路"倡议和沿边金融改革发展的需求，助推富滇银行打通中老银行间本、外币跨境调运的"最后一公里"。

2018年5月18日，在中老双方代表的共同见证下，富滇银行西双版纳磨憨支行与老中银行磨丁分行开展了首次双向本、外币跨境互调业务，首次互调实现了500万元人民币调出，同时将5亿元老挝基普调入，标志着中老首条陆路银行间双边本币调运通道在中老磨憨—磨丁经济合作区正式建立。中老银行间本、外币跨境调运通道的建立，有效缩短双边本币跨境调运的时间,降低跨境调运成本,同时满足了中老企业及居民在边贸、旅游购物等方面的需求,增强双边本币兑换交易的活跃度,提升双边经贸便利化,推动中老磨憨—磨丁经济合作区成为"一带一路"沿线面向东南亚的现钞集散中心。截至 2021 年 11 月,富滇银行西双版纳磨憨支行共计完成人民币现钞跨境调运调出 60 次,总计金额 5.49 亿元人民币,调入老挝基普现钞 5 亿基普①。

(三) 投融资服务

老中银行磨丁分行行长郝明指出,设立磨丁分行的目的,主要是为中老挝磨憨—磨丁跨境经济合作区和中老铁路做好投融资服务,形成辐射老挝北部的金融体系。目前,磨丁分行已对在老挝磨丁的中资企业提供了项目贷款,并为当地私营企业提供了个人贷款。

2018 年富滇银行利用其技术支持,在西双版纳磨憨支行和老中银行磨丁分行间推出"中老跨境速达"新业务模式,该模式成功将富滇银行与老中银行的核心系统直接连接,实现边民互市跨境货款实时到账,极大地缩短了企业和个人的贷款时长,提高资本运转的速率。

面对严峻的疫情,老中银行更是充分调动政策性贷款和自有资金持续加大贷款投放规模,借助中老磨憨—磨丁经济合作区调运人民币通道,为中国"走出去"企业在老挝的发展注入"零接触"的信贷支持,和企业携手共进,共渡难关。截至 2021 年末,老中银行用于投资活动的现金流为 74.46 亿普拉(折合 42.93 万美元),用于融资活动的现金流为 1351.47 亿普拉(折合 779.1 万美元)②。

今后,老中银行磨丁分行和富滇银行西双版纳磨憨支行还将进一步加强母子联动,充分利用中老磨憨—磨丁跨境经济合作的区位优势,互补服务短板,积极开展创新业务。针对跨境经济合作区内企业的重大发展项目,通过实行引入外债、境内贷款境外放款、内保外贷支持老挝磨丁经济特区深化发展、外保内贷为境外各方配置好境外资产等政策,实现跨境经济合作区的金融互联互通。

四、抓住磨丁发展机遇,实现中老合作共赢

(一) 政策投资聚焦中老铁路沿线,赢取交通红利

2021 年底开通的中老铁路是中老两国互利合作的旗舰项目和高质量共建"一带一路"倡议的标志性工程,也是老挝首条真正意义上的国际铁路。中老铁路不仅改善了老挝的交通基础设施条件,还有效打通了老挝的经济动脉,带动了老挝的经济发展。根据国际货币基金组织(IMF)评估,老挝未来几年将保持强劲的经济增长势头,其中中老铁路成为主要驱动力。

---

① 资料来源:西双版纳州财政局. 中国老挝磨憨—磨丁经济合作区管理委员会 2021 年度部门决算 [EB/OL]. (2022 – 09 – 30) [2022 – 11 – 03]. https://www.xsbn.gov.cn/czj/93679.news.detail.dhtml? news_id = 2863168.

② 资料来源:老中银行 2021 年年报。

未来，围绕中老铁路站点分布的沿线项目，更是刺激区域性经济合作的推动器，是提升我国出口产业结构、实现国内经济转型升级的重要突破口。中老铁路国际通道能力提升、物流枢纽建设和沿线产业开发等政策并措、机遇的交合下，使得磨憨—磨丁经济合作区在全球都在下行的地缘经济中显得格外亮眼，接连迎来三届老挝国家元首到访，并着重从磨丁城市规划、产业布局、口岸通道建设、物流枢纽打造、跨境金融推进等多个板块进行实地考察。

通道运输作用基于磨丁而言只是功能之一，金融、文旅、制造等大框架产业也是磨丁正在布局发展的功能产业。老中银行磨丁支行作为磨丁经济特区金融机构的领头羊，积极引导资本合理配置，为中老铁路沿线项目提供投融资服务，赢取巨大的交通红利，助推人流、物流、信息流、资金流等"一通百通"，形成生产要素之间的便捷循环。

（二）提供跨境贸易合作支持，加速融入特区建设

首先，中老铁路开通后，极大地提升了两国之间的跨境运输能力与服务质量，为中老两国贸易创造了新的发展机遇。2022年上半年，中老双边货物进出口额达27.8亿美元，与2021年同期相比增长20.5%。以老挝通过中老铁路向中国出口的木薯粉为例，其2022年上半年出口额为2.5亿美元，已成为老挝头号出口农产品①。另外，泰国政府正在加快建设泰中高铁二期工程呵叻至廊开段以及连接孔敬至廊开的双轨铁路，中泰铁路合作项目全线贯通后，将与中老铁路联通，促进沿线国家经贸交流和人员往来，实现互利多赢。

其次，中老两国央行于2022年9月13日共同签署了人民币可用于两国边贸结算的协议。这将成为老挝与中国在金融服务领域合作的重要基础，尤其是老挝与中国之间的跨境支付系统管理方面开展合作的重要基础，以实现两国跨境支付信息可以进行集中监测、收集和汇总，同时也能鼓励两国企业和金融机构在中老之间的跨境交易中使用人民币，合作区作为老中经贸重要据点，在边贸结算中可合法使用双方货币，将极大地促进未来双边贸易和投资便利化。

在交通便利与政策优惠的叠加优势下，中老贸易合作将迎来新的春天。在此背景下，磨丁分行应充分发挥与磨憨支行母子联动新模式，为中老跨境贸易合作提供金融支持，承内接外地做好中国出口东南亚的关键一环，协助中国出口企业打入磨丁特区内部，构建中老出口产业链，加速融入特区建设。

（三）深化跨境金融合作路线，共建中老金融局面

跨境金融是磨丁规划的支柱产业之一，依托地缘优势，磨丁在中老跨境贸易和金融结算中存在先天潜力，在云南省中老铁路沿线3年（2022—2024年）行动计划中明确指出，云南省将全面加强中老铁路沿线国际产能合作，着重发展中国（云南）自由贸易试验区、中国老挝磨憨—磨丁经济合作区等各类开放型平台。

为了推动跨境金融发展，2022年3月，老挝央行副行长瓦塔纳·达洛伊率团到访磨

---

① 资料来源：澎湃新闻.【太和时评】中老铁路战略意义及面临的问题［EB/OL］. (2022-10-12) ［2022-11-04］. https://m.thepaper.cn/baijiahao_20247924.

丁，同时老—中证券和 VIVATH 保险公司对在磨丁设立分支机构也进行实地考察。瓦塔纳副行长表示，央行支持磨丁经济特区关于在磨丁设立央行直属金融监管局的建议，并将于第二季度派专项工作组赴磨丁进行专项调研，并已列入老挝央行工作计划日程。同时，央行支持和鼓励各商业银行、证券、保险等金融机构到磨丁设立分公司和运营网点，鼓励各金融机构到特区投资兴业，为中老经济走廊建设提供全方位的金融服务支持。

作为老中口岸特区，磨丁经济特区在承接中国与东盟的商贸、金融往来中具有先天优势。老中银行磨丁分行作为磨丁首家金融机构，应主动抓住机遇，携手证券、保险等金融机构为特区企业提供全方位金融服务，深化跨境金融合作新路径，促进中老贸易、投资、金融等多方面合作发挥着重要作用，有效推动了两国多边合作实践，并帮助中国企业赢得更多"走出去"的发展机遇。

五、案例启示

（一）层层递进，稳健布局

老中银行落户磨丁，成为磨丁经济特区首家金融机构并非一朝一夕，而是在中老两国领导层充分对话，双边关系日趋密切的驱使下，原银监会携手云南富滇银行历经层层考察、研究、探索、抉择后稳健布局的结果。

在原银监会4次赴老挝进行详细的考察和调研，经过多年的深思熟虑后，2009年批准富滇银行与老挝外贸大众银行签订《合作备忘录》，并明确中老双方在多个方面的双边合作，该《合作备忘录》的签订成为老中银行磨丁分行成立历程中的第一步；一年后，原银监会同意富滇银行先行探索在老挝万象设立代表处，并规定代表处在半年后可转为营业机构，待条件成熟后再设立分行或支行；代表处又经过了4年的有益探索，在老挝人民民主共和国银行和中国原银监会的审核批准下，老中银行终于在老挝万象正式开业成立；老中银行成立后，深度挖掘当地客户发展潜力，针对磨丁经济特区发展和客户投融资需求，于2017年8月就在磨丁成立第一家分行，从此打开了磨丁经济特区的金融市场。

老中银行磨丁分行的成立，前后历经了8年之久。在这8年中，中老两国的经济往来日益密切，富滇银行深耕国际化业务日趋成熟，磨丁经济特区优势逐渐凸显，为磨丁分行的后续发展打下坚实的基础和深厚的根基，捍卫了磨丁分行在磨丁经济特区的金融机构"领头羊"地位。

（二）精准定位服务对象

2014年以前，许多中资中小企业和商户无法在老挝办理投融资、本币结算、跨境汇款等业务，极大阻碍了中资中小企业和商户在当地的发展，亟须为中资中小企业提供健全、完善的金融机构。正因如此，自开业以来，老中银行一直秉承"合作共赢、追求卓越"的行为准则，为广大从中国前往老挝投资的中小、小微企业和商户提供落地金融服务，弥补老挝当地中小、小微企业的金融产品和服务的空缺，助力中国商户深耕老挝市场，迎来中老合作的新机遇。为此，老中银行在老重点推出针对老挝中小企业和小微企业的相关金融服务，尤其是在老挝的中国商户，并根据此类小微企业经营的具体特征将国内批量化、集群化小微企业的授信模式引入老挝为小微企业提供全方位的金融服务。

老中银行结合老挝经济发展、商业文化习惯以及法律环境差异等原因，将"商圈融资"等国内较为成熟的金融产品引入老挝，为在老挝的中小、小微企业和商户提供便捷、高效的资金，助力中资企业和商户在老挝的发展。此外，针对资信良好、经营稳定，在中、老跨境从事商贸等活动的母子公司或关联公司，老中银行为其提供"内保外贷、外保内贷"融资支持，促进跨境企业在中、老两地资产的高效配置，增强其资产的流动性，拓宽融资渠道，从而提升企业的国际竞争力。

（三）分行选址"重中之重"

老中银行成立之初，并没有匆忙地扩大规模，四处开设分行，而是用整整3年的时间进行充分的实地调研、考察，结合各方资源和优势分析，最终选择在磨丁经济特区成立第一家分行，成为磨丁经济特区首家金融机构。这一举措不仅使得老中银行能够将服务半径辐射至以磨丁为核心的老挝北部六省，为区域经济发展提供高效、快捷和全面的金融产品和服务，而且能进一步提升老中银行的品牌影响力。

老中银行选址磨丁，主要源于磨丁经济特区具备得天独厚的优势。首先，磨丁经济特区是"一带一路"中国—中南半岛经济走廊新热土，随着"一带一路"倡议和老挝国家特区战略的推行，未来的磨丁将会发展成为中国与老挝以及东盟各国人流、物流、信息流和资金流的集散中心和平台，金融市场前景一片光明。其次，磨憨—磨丁经济合作区的成立，促进了中老基础设施合作项目的落地，大量的跨境人民币需求、跨境结算、投融资服务增加，亟须部署金融机构为中资企业提供金融服务。最后，磨憨—磨丁经济合作区作为跨境经济合作区，使得磨丁具有双重政策叠加优势，成为世界瞩目、东南亚一流的免税天堂、国际自由港。因此，老中银行磨丁分行成立后，充分借助经济专区的政策优势，针对磨丁经济特区及跨合区市场和客户的需求，专题探讨和积极尝试跨境合作，为中老两国深化经济合作搭建起更为便捷的新的桥梁和纽带。

（四）境内外母子行联动

老中银行是由富滇银行股份有限公司和老挝外贸大众银行共同投资设立的中老合资银行，属于富滇银行的子公司。老中银行磨丁分行成立后，借助磨憨—磨丁经济合作区优势，与母公司富滇银行西双版纳磨憨支行实现无缝对接，联合打造境内外母子联动新模式。

跨境母子联动的业务模式，不仅能够提供更高效的境内外结算、投融资服务、货币兑换等金融服务，大大降低了跨行、跨境结算成本，保障中资企业用户的资金安全，同时，顺利打通了中老银行之间本、外币跨境调运的"最后一公里"。未来，被称为"'一带一路'云南金融样本"的富滇银行，将持续强化对海外子行老中银行的经营支持，通过母子联动方式不断地提高老中银行服务中老经贸往来的能力和水平；并且，进一步升级磨憨—磨丁"内外母子行联动"跨境直通合作模式，为磨憨—磨丁经济合作区的发展提供更为高效、更为便捷、更为优质的跨境金融服务。

【参考文献】

[1] 陈永强. 富滇银行：依托区位打造金融机构"走出去"样板 [J]. 金融世界，2019（10）：94-95.

[2] 周先平，袁丽琪，孙敬文. 中老磨憨—磨丁经济合作区人民币跨境使用的经验及启示 [J]. 国际金融，2018（08）：40-43.

[3] 夏蜀. 老中银行的海外发展之路 [J]. 金融经济，2017（21）：62-64.

[4] 陈剑. 城商行走出去的启示——老中银行模式 [J]. 中国金融，2017（18）：44-45.

[5] 富银宣. 老中银行在老挝磨丁特区设立首家金融机构 [J]. 时代金融，2017（25）：58.

[6] 本刊编辑部. 聚焦富滇银行老挝合资银行开业 [J]. 时代金融，2014（07）：16-25.

附件

一、中老签署的经济贸易条约

1. 《中华人民共和国政府和老挝人民民主共和国政府关于鼓励和相互保护投资协定》（1993/01/31 生效）http：//www. mofcom. gov. cn/article/zhongyts/ci/200207/20020700032199. shtml.

2. 《中华人民共和国和老挝人民民主共和国引渡条约》（2002/08/29）https：//kns. cnki. net/kcms2/article/abstract?v = 3uoqIhG8C44YLTlOAiTRKjZz7oeEFsKnXAyKcdWnGJ_Tpp - nU - 5pdmDw4rznN9BwhNcyJmEzXgiVWyaNNaLfpRX83DzREb - p&uniplatform = NZKPT.

3. 《中华人民共和国、越南社会主义共和国和老挝人民民主共和国关于确定三国国界交界点的条约》（2007/02/28）https：//kns. cnki. net/kcms2/article/abstract?v = 3uoqIhG8C44YLTlOAiTRKjZz7oeEFsKnlmRt8yziD5AB39K3aZRdYwi3 _ eI8h7Vgug9RRJEtDMY2TynERYKihKauc6kAetYJ&uniplatform = NZKPT.

4. 《中华人民共和国和老挝人民民主共和国关于民事和刑事司法协助的条约》（2001/04/28）https：//kns. cnki. net/kcms2/article/abstract?v = 3uoqIhG8C44YLTlOAiTRKjZz7oeEFsKnXAyKcdWnGJ_Tpp - nU - 5pdnZ29SzXvwYrNlW3xpz9xxGYmcA1FhUJbH2uXWvGLPTU&uniplatform = NZKPT.

5. 《中华人民共和国和老挝人民民主共和国关于双边合作的联合声明》（2000/11/12）https：//www. fmprc. gov. cn/web/gjhdq _676201/gj _676203/yz _676205/1206 _676644/1207 _676656/200011/t20001113 _7984328. shtml.

6. 《中华人民共和国和老挝人民民主共和国联合新闻公报》（2006/06/30）http：//www. gov. cn/gongbao/content/2006/content_363639. htm.

7.《区域全面经济伙伴关系协定》(RCEP) 第十三章第三条（针对反竞争行为的适当措施）和第四条（合作）对老挝人民民主共和国的适用（2022/01/01 生效）http：//fta.mofcom.gov.cn/rcep/rceppdf/d13z_fj3_cn.pdf.

二、老挝与经济贸易相关的重要法规

1.《老挝人民民主共和国税法》http：//la.mofcom.gov.cn/article/ddfg/200504/20050400034463.shtml.

2.《老挝人民民主共和国劳动法》http：//la.mofcom.gov.cn/article/ddfg/200504/20050400033203.shtml.

3.《外汇管理规定》http：//la.mofcom.gov.cn/article/ddfg/200211/20021100047816.shtml.

4.《管理货币和货币流通法》http：//la.mofcom.gov.cn/article/ddfg/200211/20021100047818.shtml.

5.《经济纠纷处理规则》http：//la.mofcom.gov.cn/article/ddfg/200211/20021100047821.shtml.

6.《投资促进法》http：//www.investlaos.gov.la.

7.《中小企业促进法》http：//www.laotradeportal.gov.la/kcfinder/upload/files/Legal_1672282036lo_LA.pdf.

8.《外币管理法》http：//www.laotradeportal.gov.la/kcfinder/upload/files/Legal_1670232139lo_LA.pdf.

9.《老挝矿产投资标准条例》http：//la.mofcom.gov.cn/article/ddfg/200609/20060903218345.shtml.

案例 6：强强联手，抱团"出海"
——文莱 PMB 石油化工项目融资

一、引言

2018 年 5 月 26 日，由中方承建的文莱首座跨海大桥——大摩拉岛大桥正式竣工，为"21 世纪海上丝绸之路"再添标志性重大工程。大摩拉岛大桥的建成，改变了因交通不便而难以开发利用岛屿的状态，极大地推动了文莱将大摩拉岛建设成为世界级石化工业园区的进程。

国家重点"一带一路"项目——文莱 PMB 石油化工项目，是文莱建设世界级石化工业园区的重要战略。该项目是由恒逸石化股份有限公司和文莱政府合资建设的千万吨炼油化工一体化项目，充分利用当地丰富的油气资源，采用当前全球最先进的石油化工技术，定位发展炼油和化工品上下游产业链。2019 年，文莱项目一期已经全面投产，现阶段正在积极推进二期项目。那么，文莱 PMB 石油化工项目是如何应运而生的呢？项目建设之初，是如何筹集资金的呢？项目完工后，具体带来了哪些收益？

二、案例背景

（一）文莱 PMB 石油化工项目概述

文莱 PMB 石油化工项目（一期）于 2012 年萌芽，在 2017 年正式实施建设，直至 2019 年底实现全面投产。文莱 PMB 项目是我国民营企业海外最大的投资项目，也是我国首批"一带一路"重点建设项目。在该项目的进展期间，恒逸石化股份有限公司（以下简称"恒逸石化"）携手文莱政府，突破重重关卡，共同建设了文莱 PMB 项目，这是一个基于原油和凝析油的炼化和化工一体化项目，同时这也是我国首个按照"中国标准"建设的海外炼化项目。项目主要进展如表 1 所示。

表 1　　　　　　　　　　文莱 PMB 石油化工项目主要进展

时间	项目主要进展
2012 年 4 月 9 日	恒逸石化发布公告，正式宣布投资建设文莱 PMB 项目（一期）
2013 年 2 月 26 日	文莱项目一期获发改委批复
2014 年 1 月 27 日	恒逸实业（文莱）签署《土地租赁协议》，租赁土地位于文莱达鲁萨兰国大摩拉岛，租赁土地面积为 260 公顷，租赁期限为 30 年，到期前可申请续期 30 年
2015 年 11 月 10 日	恒逸石化发布公告，拟公开增发募集资金用于恒逸文莱项目一期建设

续表

时间	项目主要进展
2016年7月21日	恒逸石化非公开增发获证监会批准。2016年10月，增发完成，募集到资金净额37.6亿元
2017年3月27日	恒逸文莱PMB石油化工项目实施协议正式签署
2018年8月19日	恒逸文莱获得银团贷款17.5亿美元，贷款期限为12年（3年宽限期）
2019年11月3日	恒逸文莱项目一期全面投产

资料来源：流程工业. 文莱恒逸PMB石化项目进展飞快，所有装置已转入联动试车阶段，向全产业链经营巨头迈进！[EB/OL].（2019-10-22）[2022-11-30]. https://www.sohu.com/a/326558146_479771.

文莱PMB石油化工项目坐落于文莱最大的工业园区，位于达鲁萨兰国大摩拉岛。该项目由恒逸石化和文莱政府主权基金背景的达迈控股有限公司持股，持股比例为70%和30%，收益按持股比例分配，管理权归恒逸集团所有，项目的境外实施主体为恒逸实业（文莱）有限公司（见图1）。

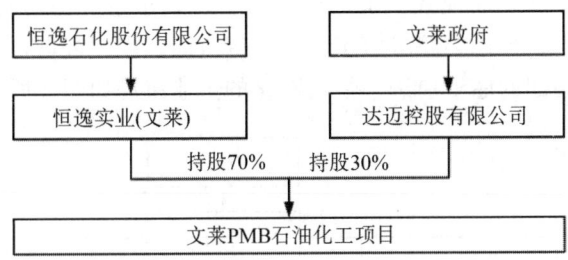

图1 文莱PMB石油化工项目持股情况

文莱PMB石油化工项目（一期）工程的建设期为3年，总投资达34.5亿美元，以建成800万吨原油加工能力为目标。计划建设800万吨/年常减压、330万吨/年重整、220万吨/年加氢裂化、150万吨/年单系列芳烃联合、220万吨/年柴油加氢、130万吨/年航煤加氢、100万吨/年灵活焦化、12万吨/年硫黄回收、轻石脑油异构化、18万Nm/h PSA等炼化装置，以及相应原油、成品油码头，罐区、电站、海水淡化等配套工程（见表2）。

表2　　　　　　　　　　文莱PMB石油化工项目主要产品

文莱PMB项目生产产品	产能（万吨/年）	主要用途
PX	150	生产PTA的原料
苯、甲苯	50/30	苯为生产CPL的原料
柴油	173	车辆、船舶的柴油发动机燃料
汽油	38	汽车点燃式内机的燃料
航空煤油	128	航空涡轮发动机的燃料
化工轻油	99	生产乙烯的裂解料

资料来源：恒逸石化. 2015年度非公开发行股票预案[EB/OL].（2016-03-21）[2022-11-30]. http://www.hengyishihua.com/news/html/?447.html.

（二）"双纶"驱动的恒逸石化

浙江恒逸集团有限公司创立于 1974 年，总部位于杭州萧山，现今已发展成为一家专业从事石油化工与化纤原料生产的现代大型民营企业。恒逸石化目前已确立了石化产业、石化贸易、石化金融、石化物流的"石化 +"战略思想，形成以石化产业链为核心业务的产业布局。

恒逸石化的主营业务包括炼化、PX – PTA 和聚酯三大板块。作为"PX – PTA – 涤纶"和"苯 – CPL – 锦纶"的双"纶"驱动的产业链龙头，恒逸石化仍然面临着原材料依赖进口的困境。PTA 的原料 PX 产量前几年都被韩国企业等国外企业控制，国内很大比例依靠进口。油价降低，上游原料 PX 被国外企业控制不降价，下游 PTA 明显降价，导致对应产业链环节利润被压缩。这些年，石化企业逐渐向上游炼化产业发展，使成本随油价波动，恒逸石化也不例外。

恒逸集团按照后向一体化发展路径，通过文莱 PMB 石油化工项目，在海外建设炼化厂，从原有的中下游产业延伸至更上游的炼油环节，彻底打通了恒逸石化全产业链的"最后一公里"，率先在国内石化行业中形成"原油 – PX – PTA – 涤纶"和"原油 – 苯 – CPL – 锦纶"的双产业链驱动的发展模式。恒逸石化也实现真正意义上的石化行业一体化经营。在双循环新发展格局下，恒逸集团努力实现上下游协同、境内外联动、软硬件配套，阔步向国际一流石化产业集团的愿景前进。恒逸石化的主业布局如图 2 所示。

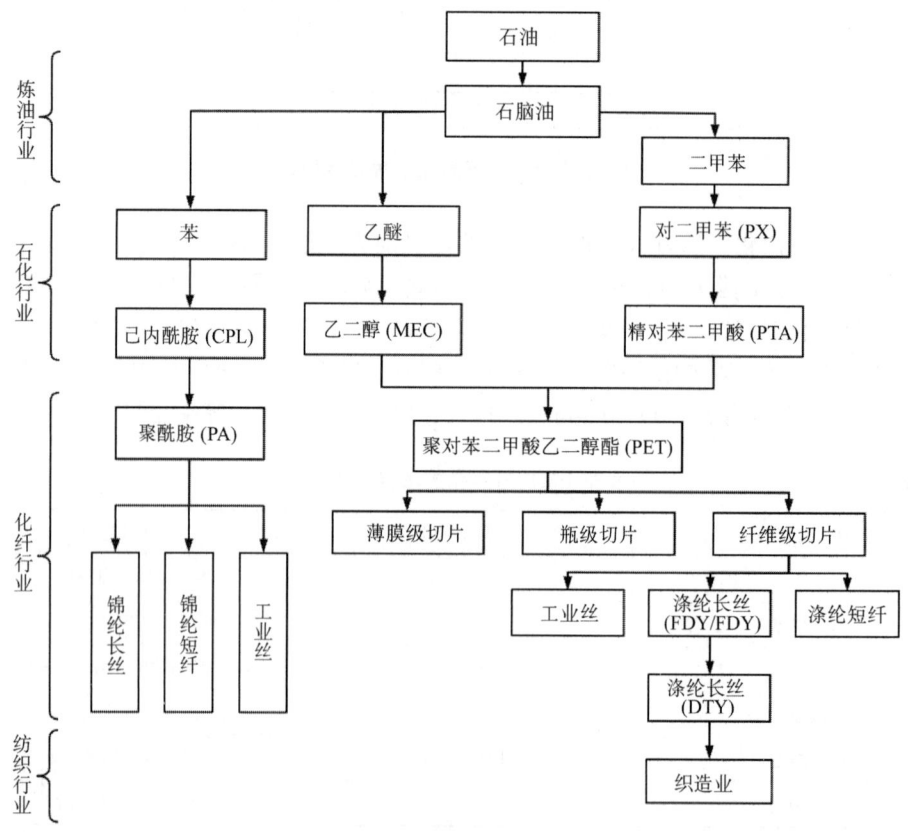

图 2　恒逸石化的主业布局

资料来源：恒逸石化官网（http://www.hengyishihua.com）。

(三) 幕后的"豪华阵容"

文莱 PMB 项目的顺利推进，背后的银团贷款可谓功不可没。为了满足项目资金需求，恒逸实业（文莱）作为借款人与国家开发银行、中国进出口银行联合牵头的银团最终达成 17.5 亿美元的项目贷款，贷款期限为 12 年。银团成员选择了资金雄厚、拥有完善的境外布局以及国际银团经验丰富的中资银行作为银团主牵头行。国家开发银行是中国最大的对外投融资合作银行，同时也是全球最大的开发性金融机构。中国进出口银行则是支持中国对外经济贸易投资发展与国际经济合作的政策性银行。

在当前贷款额度低、债务风险高的大环境下，银团贷款的融资模式正成为中国企业，特别是开展海外业务的中国企业的新选择。对于文莱 PMB 这类大型国际工程项目而言，银团融资模式可以让借款人联合多家金融机构，获得期限更长、稳定且金额更大的资金支持，与单独一家银行相比，所能提供的信贷额度具有明显优势。银团贷款能否成功，最重要的还是取决于工程项目本身的盈利能力。文莱 PMB 项目正是建立在预测后可盈利的基础上，同时，采取恒逸集团为项目贷款提供大约 671 万股股票质押的增信措施，才能够获得银团"青睐"，最终获得项目贷款。

三、案例分析

（一）项目伊始，得天独厚

1. "口袋"空空

文莱 PMB 石油化工项目开展之初，面对的最大难题是文莱当地基础设施薄弱。区别于国内招商引资，政府会完成通水、电、路等基础性建设，文莱政府为大摩拉岛做的最大的配套工程是建造大摩拉岛大桥，但这也仅仅改变了工地用布满江面的小艇运输淡水的境况。恒逸石化要使大摩拉岛——一个地处热带雨林，荒无人烟、满地沼泽的不毛之地蜕变为现代化石油化工岛，在完善基础建设方面，就需要投入大量额外的人力、物力。

油气虽然是文莱国民经济的支柱产业，但是文莱在石化行业的劳动力资源相对短缺，缺乏专业的人才储备。为了加快项目本土化，恒逸石化采取资助符合条件的文莱大学生赴浙江大学学习化工专业，并在恒逸集团工厂开展实习等方式，加紧推进本土化人才培养。此外，为了满足项目建设的需要，需从国内雇佣大量劳动力。在建设期间，大摩拉岛上最多时有 1.4 万名中国员工，甚至开通了一条从大摩拉岛直飞杭州专门负责运送中国工人的包机航线。由此可见，恒逸石化在文莱进行人才储备和管理时，花费不容小觑。

在大摩拉岛上从零开始建设文莱 PMB 石油化工项目无疑是一个艰苦且漫长的过程，基础设施建设、完善人才储备和管理等，都需要不计其数的人力、物力、财力才能实现。而恒逸石化 2012—2015 年的营业收入、归母净利润总体呈波动下降态势，尤其在 2014 年，营业收入大幅下滑 8.74%，归母净利润负增长，下跌 182.61%（见图 3、图 4）。其主要原因系受原油价格波动和产业链上下游不均衡发展的影响，产品供求关系失衡。2014 年，由于我国 PTA 和聚酯纤维均步入产能快速释放期，供过于求明显，再加上我国 50%

以上的 PX 依赖于进口，PTA 和聚酯长丝盈利能力不断下降，造成恒逸石化的业绩大幅下滑。尽管在 2016 年上半年，恒逸石化凭借先进产能的优势，经营业绩实现大幅增长，仅上半年就实现净利润近 4 亿元①，但依旧不能缓解文莱项目的资金压力。面对总投资高达 34.5 亿美元，资金需求巨大的大型投资项目，恒逸石化要想投资，唯有通过外部融资加以解决。

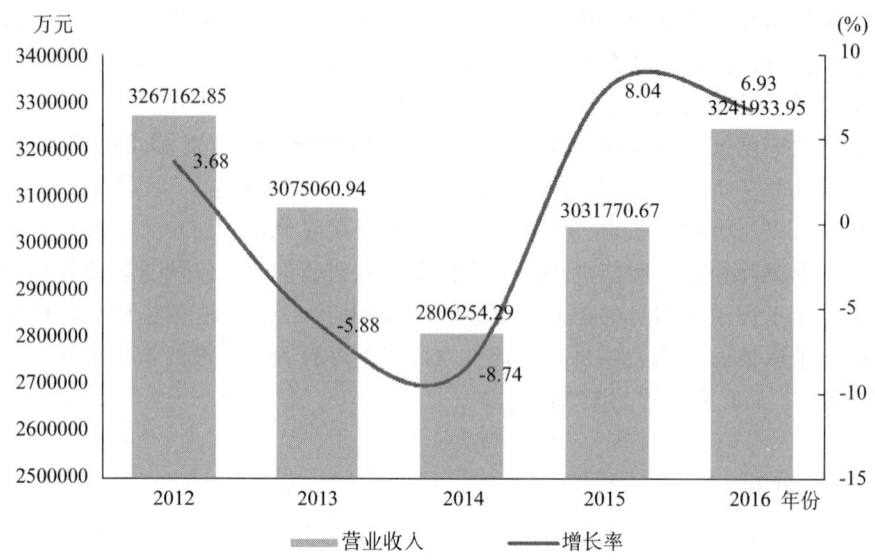

图 3　2012—2016 年度恒逸石化的营业收入及同比增长率

资料来源：恒逸石化 2012—2016 年年报。

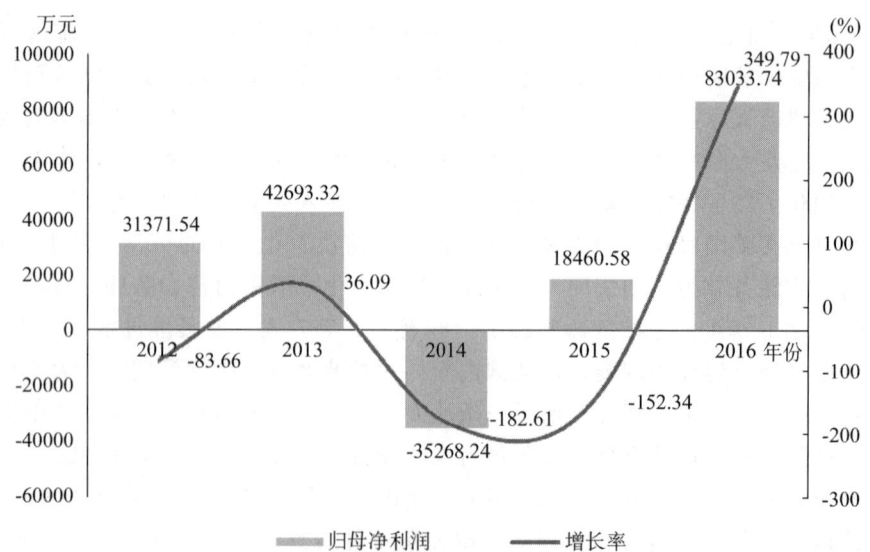

图 4　2012—2016 年度恒逸石化的归母净利润及同比增长率

资料来源：恒逸石化 2012—2016 年年报。

---

①　资料来源：恒逸石化 2016 年年报。

2. 天时地利人和

文莱 PMB 石油化工项目面临着基础设施薄弱、人才储备不足和资金缺口巨大等重重考验。那么该项目究竟有什么亮点，能够让恒逸石化对其"情有独钟"呢？

（1）价格优势。原油根据 API（密度）和含硫量可以划分为不同等级，其中 API 值越高，油品越轻；反之则油品越重。一般而言，重油的价格会低于轻油，因为重油的炼化成本高于轻油。因此，为确保炼厂在额外的成本投入下可以获得裂解利润，重油的售价一般偏低。但是，自 2016 年以来，轻重油价差持续收敛。一方面是重油供应紧张：OPEC 减产，以及委内瑞拉重油产量多年连续下滑，全球中、重油供应量减少。另一方面是轻油供应宽松：受益于美国页岩油技术革命，全球轻质原油的整体供应增加。

文莱 PMB 石油化工一期项目属于典型的轻油炼厂，炼厂的加工成本低于重油炼厂，轻油原料成本高于重油。但在轻重油价差收敛的背景下，轻油原料成本相比于重油的加工成本将显著降低。

（2）区位优势。文莱油气资源丰富，根据《文莱首相署经济计划发展局统计公报》，文莱已经探明原油储量为 14 亿桶，天然气储量为 3900 亿立方米。文莱在全球能源市场中拥有重要地位，主要原因在于：其一，文莱每天出产原油 20 万桶，其中出口石油量达到 19 万桶左右，是东南亚地区第四大产油国，仅次于印度尼西亚、越南和马来西亚；其二，文莱是亚洲第三大液化天然气生产国，是世界第四大天然气出口国。由此可见，在文莱开展油气资源深加工具有得天独厚的资源优势。

另外，文莱位于连接南中国海、印度洋以及太平洋的海峡附近，地理位置优越，交通便利，区位优势明显。文莱 PMB 一期项目的原油 800 万吨中，有 300 万吨是文莱当地原油①，可通过海底管道直接运输到大摩拉岛。与海外进口原油相比，文莱自产油的运输成本大大降低。同时，文莱北临中国南海，紧邻马来西亚，且靠近世界最大的集装箱港口之一的新加坡，可以让文莱 PMB 项目的成品油销售渠道更加畅通，节省运输成本。

2016 年，东盟十国基本均为成品油净进口国，就文莱本土而言，除了航空煤油，其余均需要大量进口来满足需求。除文莱本土市场外，文莱周边国家的成品油市场潜力巨大。文莱 PMB 项目既可以帮助恒逸石化降低产品物流运输成本，还可以规避中国国内成品油销售的政策壁垒，并占领迅速崛起的东南亚油品市场。与此同时，部分产品由恒逸石化分布于东南沿海的各个工厂进行消化，完善公司的上下游产业链，不断增强公司的竞争力。

表 3　　　　　　　　　　2012—2017 年文莱主要石油产品自给率

类型	2012 年	2013 年	2014 年	2015 年	2016 年	2017 年
汽油	55.20%	62%	42.90%	55.50%	46.70%	50.80%
柴油	34.30%	50.30%	43.10%	50.10%	52.60%	48.90%
航空煤油	57.10%	80%	82.80%	90.30%	85.20%	88.40%

资料来源：长江证券研究所《2018 年成品油行业深度研究报告》。

---

① 资料来源：化工网.17.5 亿美元！恒逸文莱 PMB 石化项目获中资银团贷款 [EB/OL]. (2018-08-22) [2022-11-30]. https://chem.vogel.com.cn/c/2018-08-22/512158.shtml#:~:text=文莱 PMB 石油化,烃产品比例较高.

（3）政策优势。在文莱经济因油价暴跌而遭受严重打击的背景下，文莱提出"2035宏愿"，实行经济多元化战略。中国的"一带一路"适逢其时，为文莱发展提供了契机。作为"一带一路"倡议的积极响应者，文莱政府采取了一系列相关措施，例如，对国内亟待发展的行业免税、建设自由贸易区和经济特区等，以加快吸引外资，经济多元化发展。

文莱 PMB 项目是文莱支柱产业——油气行业的重大项目，未来是"文莱2035宏愿"的重要支撑。文莱 PMB 项目享受文莱11年免所得税政策以及最长24年零企业所得税的税收优惠[①]，相比于国内40%左右的税负，项目优势明显。同时，根据《中国—东盟自由贸易区投资协议》，文莱与中国实现了7000种货物的零关税。文莱 PMB 项目向国内恒逸石化进口的 PX，将实行零关税。项目投资成本优势如表4所示。

表4　　　　　　　　文莱 PMB 石油化工项目投资成本优势

成本项目 税费和价格	文莱 PMB 石油化工项目	国内
税费	享受免税政策	通常情况下， 增值税17%，企业所得税25%
运费（美元/吨）	8	16.5
电价（美元/千瓦时）	0.095	0.1159
蒸汽价格（美元/吨）	17.5	29.4

资料来源：恒逸石化. 2015 年度非公开发行股票预案［EB/OL］（2016 - 03 - 21）［2022 - 11 - 30］. http://www.hengyishihua.com/news/html/? 447. html.

此外，文莱 PMB 项目所在地为大摩拉岛，是文莱的经济特区。因此，文莱 PMB 项目还能享受到东盟自贸区税收减免、用地用水用电优惠政策、宽松的雇用政策，文莱财政部下属股权投资机构还可以提供融资平台、技术补贴等一系列相关福利政策。

（二）多元融资，抱团"出海"

1. 多元融资，分散风险

恒逸石化通过发行债券、非公开发行股票和银团贷款等多元化的资金来源渠道获取融资，有效解决了文莱 PMB 石油化工项目资金缺额大的问题（见图5）。

2016 年 4 月 15 日，恒逸石化非公开发行股票申请获得中国证监会股票发行审核委员会的审核通过。此次发行，最终以 12.00 元/股的价格确定，发行股票数量 3.2 亿股，募集资金总金额为人民币 38 亿元，扣除相关发行费用，募集资金净额为人民币 37.66 亿元[②]，预计将全部用于为期3年的文莱 PMB 石油化工项目。

2018 年 4 月 16 日，恒逸石化股份有限公司面向合格投资者公开发行债券（第二期）（债券简称：18恒逸02）在深交所成功簿记发行，恒逸石化首次面向资本市场发行 30 亿元

[①] 资料来源：恒逸石化. 2015 年度非公开发行股票预案［EB/OL］.（2016 - 03 - 21）［2022 - 11 - 30］. http://www.hengyishihua.com/news/html/? 447. html.
[②] 资料来源：恒逸石化. 恒逸石化非公开发行股票发行情况报告书暨上市公告书［EB/OL］.（2016 - 10 - 18）［2022 - 11 - 30］. http://www.hengyishihua.com/news/html/? 492. html.

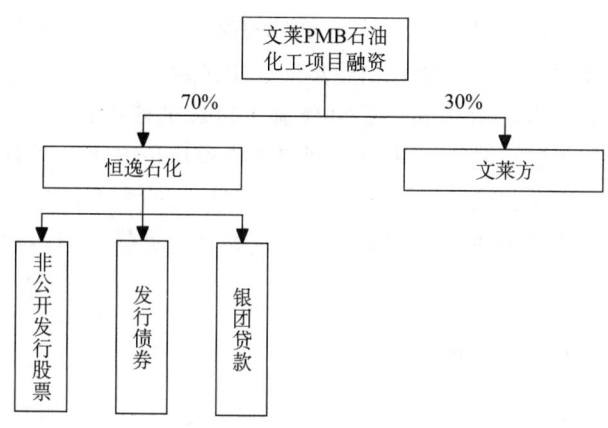

图 5　文莱 PMB 石油化工项目融资渠道

债券全部获得成功。此次债券共分3次发行：首期5亿元"一带一路"债券和第一期10亿元、第二期15亿元公司债券。其中，最引人注目的是"一带一路"债券，该笔是深交所正式发布"一带一路"指引后，首单境内公司发行的"一带一路"公司债券，也是首单上市公司发行的"一带一路"债券，该债券募集资金将全部用于文莱 PMB 石油化工项目，标志着国内债券市场助力国家"一带一路"倡议在文莱的首次落地。

2018年8月19日，恒逸石化获批17.5亿美元的银团贷款，以加快推进文莱 PMB 石油化工项目建设，满足项目资金需求，早日实现项目的投产见效。恒逸文莱作为借款人与国家开发银行和中国进出口银行联合牵头银团签署合同，恒逸文莱可根据项目建设或运营需要，提取不超过17.5亿美元或等值境外人民币的项目贷款，贷款期限为12年（含3年宽限期），贷款利率按合同约定执行。其中，恒逸集团为项目银团贷款提供6.7亿股股票质押作为贷款条件，上述质押不涉及股票补仓义务，不存在平仓风险（见表5）。

表5　文莱 PMB 石油化工项目银团贷款具体事项

股东名称	是否为第一大股东及一致行动人	授信质押股数（股）	解质押日期	质权人	本次质押占其所持股份比例	用途
恒逸集团	是	671257326	根据合同约定办理解质押手续	国家开发银行	58.11%	融资授信

资料来源：恒逸石化. 恒逸石化非公开发行股票发行情况报告书暨上市公告书 [EB/OL] (2016-10-18) [2022-11-30]. http://www.hengyishihua.com/news/html/? 492.html.

2. 国企民企，携手"出海"

文莱 PMB 石油化工项目实施过程中，恒逸石化与其他国企民企强强联手，抱团"出海"也展现出对外投资时的企业规模优势。恒逸石化是国内首家掌握200万吨级PTA生产技术的企业，无论产能规模、生产技术，还是在产品差异化方面在国内石化行业中都处于领先地位。这一项目总投资额高达34.5亿美元，建设投资达29.85亿美元的项目，也吸引了大量国企民企的竞标和参与建设，打造了国企民企携手"出海"的标杆。

目前,共有6家主承包商参与建设文莱PMB石化厂区,分别为:南京南化建设、中建安装集团、化学工业岩土工程、中化二建集团、中国化学工程第三建设、上海三航奔腾海洋工程有限公司,其中南京南化承担了40%施工区域的建设任务。文莱PMB石油化工项目对这些企业而言,无疑也是一项挑战,例如,该项目是中化二建有史以来承建的合同额最大的项目。此外,该项目也是首个按照中国标准执行的海外炼化项目,在工程建设的两年半期间内,恒逸石化与国企民企联手打造了世界首个按照"中国标准"制造的海外炼化项目。

(三)收获颇丰,左右采"获"

1. 中国方面

(1)直接收益。2019年11月3日,文莱PMB项目实现全流程打通和全面投产,在2019年度报告期内,项目实现净利润7.7亿元。然而2020年,面临突如其来、席卷全球并愈演愈烈的新冠疫情全球公共卫生挑战,国内外经济风险挑战明显上升。在此期间,文莱PMB炼化项目依旧平稳运行,持续保持高负荷生产,竞争优势持续提升。恒逸石化产品产销两旺且产销量稳步增长,其中炼油产品和化工产品产销量迎来大幅度提升,产业国际化布局和经营逆势取得良好成绩。2020年,恒逸石化的炼油产品、化工产品销售收入分别为144.59亿元、42.86亿元(该数据为对外销售金额)①。2021年,随着东南亚市场需求稳步回升,恒逸石化牢牢抓住文莱炼化项目的市场机遇,不断提升单位产品的盈利能力。化工产品、炼油产品的销售收入分别为45.35亿元、240.82亿元(该数据为对外销售金额)②,与2020年相比明显大幅上升。2020—2021年恒逸石化产品产销量如表6所示。

表6   2020—2021年恒逸石化产品 (单位:万吨)

产品分类	项目	2021年	2020年	同比增减
炼油产品	生产量	587.17	592.24	-0.86%
	销售量	589.78	583.81	1.02%
化工产品	生产量	208.38	226.58	-8.03%
	销售量	211.37	219.17	-3.56%
PTA	生产量	451.19	485.02	-6.97%
	销售量	450.39	484.32	-7.01%
PIA	生产量	13.56	8.67	56.40%
	销售量	15.67	5.51	184.39%
聚酯产品	生产量	723.38	650.27	11.24%
	销售量	740.69	605.60	22.31%

资料来源:恒逸石化2021年年报。

2019—2021年恒逸石化的营业收入增长率持续上涨,逆转前期增长率下滑的态势。归

---

① 资料来源:恒逸石化2020年年报。
② 资料来源:恒逸石化2021年年报。

母净利润基本保持增长,最后呈现上升趋势,形势向好。恒逸石化半年报显示,2022年上半年,恒逸文莱公司实现净利润 26.12 亿元,同比大幅增长 212.33%①。进一步打响"恒逸"品牌全球知名度,纵向产业链一体化的打通助力公司的竞争优势将持续提升。2017—2021年恒逸石化的营业收入和归母净利润及增长率如图6、图7所示。

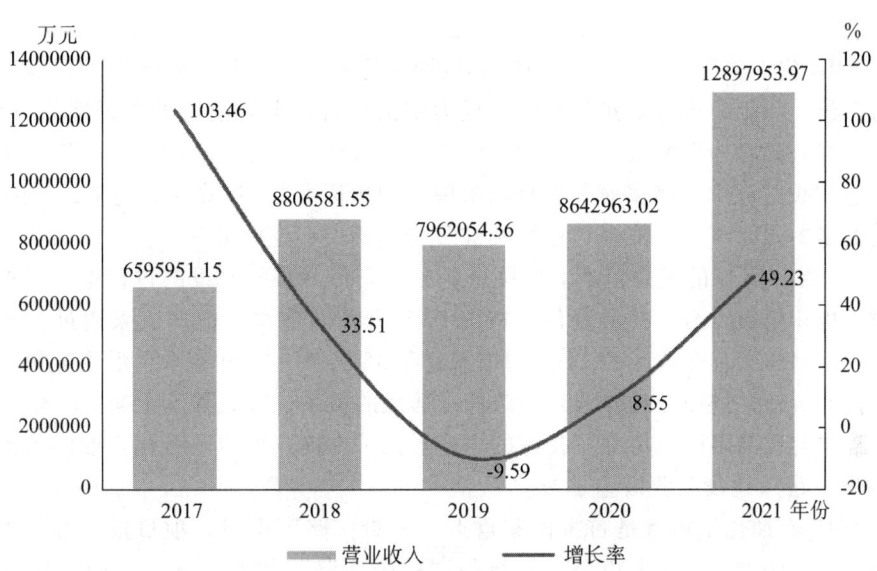

图 6　2017—2021 年恒逸石化的营业收入及增长率

资料来源:恒逸石化 2017—2021 年年报。

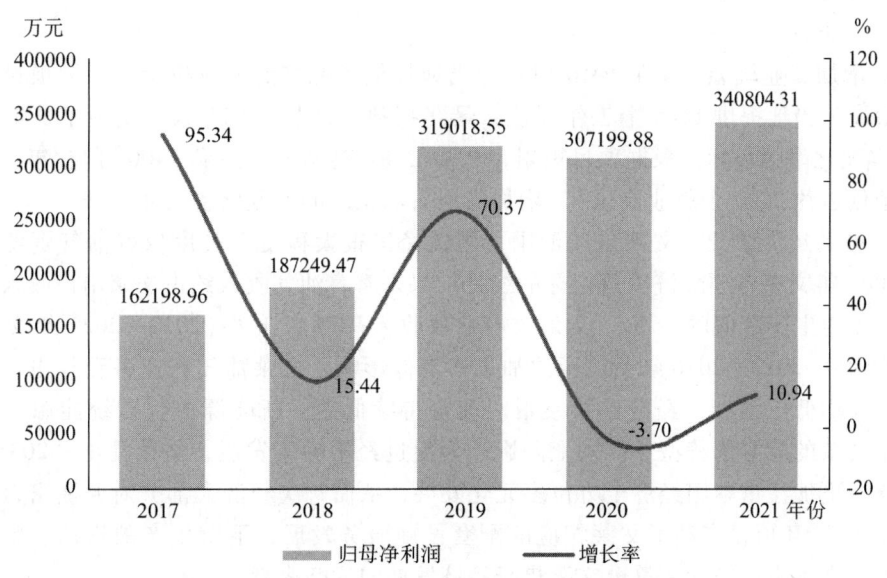

图 7　2017—2021 年恒逸石化的归母净利润及增长率

资料来源:恒逸石化 2017—2021 年年报。

---

①　资料来源:恒逸石化. 恒逸文莱净利润同比大增 212.33% 恒逸石化上半年业绩亮眼 [EB/OL]. (2022-08-23) [2022-11-30]. http://www.hengyi.com/news/html/? 1127.html.

（2）"中国标准"的国际声誉。此前，中国石化行业开展海外项目时均用欧美行业的标准为参照，而文莱 PMB 项目是由中国企业实施设计、制造、施工并运营，第一个按照中国标准执行的海外炼化项目。在工厂建设的两年半期间，民企和国企用高质量、高标准，联手将滩涂荒岛打造为世界级石化工业园区，用"中国标准"打造一张亮丽的"中国名片"。

文莱 PMB 化工项目斩获 2020—2021 年度国家优质工程金奖，该奖项为国家工程建设领域最高荣誉。同年，再次荣获鲁班奖，成为中国建筑首个荣获境外鲁班奖的石化工程，这是中国标准获得海外市场认可的体现，也是中国标准走向海外市场的敲门砖。在"一带一路"推进建设过程中，诸多海外项目均采用"中国标准"，随着项目完工，"中国标准"必将收获更多的国际声誉，推进"中国标准"走出国门，走向世界。

（3）"一带一路"的优秀范本。中国企业在"一带一路"建设的过程中，追求经济效益的同时，也积极履行海外社会责任。在 2019 年开斋节前夕，恒逸文莱通过企业社会责任（CSR）计划向文莱摩拉区的 19 户困难家庭和 35 名孤儿提供基本生活现金资助。恒逸集团履行社会责任，进而处理好与当地政府、居民的关系，很大程度上减少了恒逸石化项目投资过程中的政治阻碍，树立了良好的企业形象，也提升了中国石化行业的形象，值得后续"一带一路"建设企业借鉴学习。

文莱 PMB 石油化工项目是首批国家重点"一带一路"项目，项目推进过程中，也创下了许多首次，例如，首单上市公司发行的"一带一路"债券，首个"中国标准"的海外炼化项目等，无疑为今后"一带一路"建设项目树立了标杆，可作为未来"一带一路"各领域项目建设的参考范本。

2. 文莱方面

（1）增加就业机会。文莱 PMB 项目为当地提供了更多的就业机会，一期项目正式投入运营后，为当地提供 1665 个工作岗位，最终招聘本地员工 675 人，实现了一期运行初期 40% 本地化率的目标。根据项目规划，文莱二期产能规模将达到 1400 万吨/年，预计将再为当地创造约 2400 个就业岗位[①]，增加当地石油化工的专业储备人才。

（2）推动经济增长。文莱是产油国，国民经济很大程度上过度依赖油气资源。根据 2000—2005 年文莱各项经济项目指标的统计结果来看，油气收入约占文莱出口收入总额的 93.6%，国内生产总值的 66%，文莱政府财政收入 91% 以上[②]（2012—2021 年文莱 GDP 如图 8 所示）。2013—2016 年受国际原油价格走低影响，文莱油气产业备受打击，导致文莱经济增长均低于预期，经济连续衰退。油价持续低迷、新能源取代传统能源等潜在趋势，均给文莱的能源依赖型经济蒙上阴影。为促进经济健康发展，文莱提出"2035 宏愿"发展战略，更加注重本国经济全方位多元化发展，从而解决经济大部分对原油出口的依赖问题。文莱 PMB 项目带动了文莱相应的配套设施服务发展，下游生产的汽油、柴油等产品也满足了文莱市场需求，符合文莱自身经济发展的战略决策。

---

① 资料来源：中国东盟报道. 文莱最大中资项目即将投产［EB/OL］.（2019-10-22）［2022-11-30］. https：//baijiahao. baidu. com/s? id =1648071885935742319.

② 资料来源：中华人民共和国商务部（http：//bn. mofcom. gov. cn）.

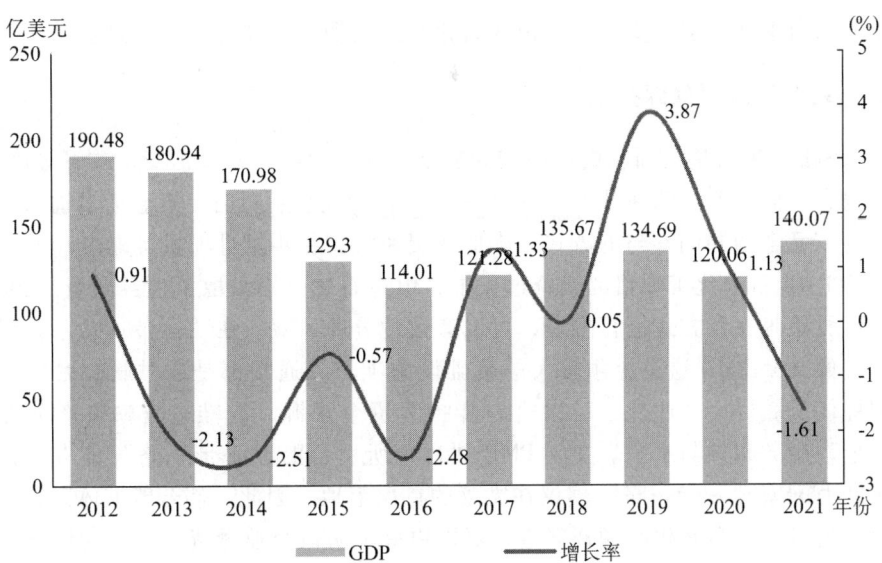

图 8　2012—2021 年文莱 GDP 及其走势

资料来源：快易数据. 文莱 GDP 历年数据［EB/OL］（2022 - 11 - 30）［2022 - 11 - 30］. https：//www.kylc.com/stats/global/yearly_per_country/g_gdp/brn.html.

四、案例启示

（一）对外投资，契合发展

企业对外投资进行国际化经营的第一要义，应当是与企业自身发展战略相匹配。恒逸石化决定进行海外投资，最主要的原因在于其自身面临发展战略转型——谋求更上游炼油产业的发展，以实现整个石化化纤产业链一体化经营的"最后一公里"。

文莱 PMB 项目帮助恒逸石化进一步延伸至产业链上游的石油炼化，协同国内外发展，逐步实现上游原料 PX 和苯的自给，实现了产业国际化布局和经营。与此同时，恒逸石化扩建下游产业链，最终形成了"原油 - PX - PTA - 涤纶"和"原油 - 苯 - CPL - 锦纶"的一体化产业链。由此可见，恒逸石化在文莱投资建立炼化厂，实现了上游原料供给，形成了"双纶"驱动的一体化经营，完全符合企业的自身发展战略。

（二）前期评估，重中之重

企业在决定进行对外投资前，需要仔细评估目标投资领域，做好投资前的尽职调查和投资规划，才能最大限度地发挥企业自身与东道国的优势。恒逸石化从价格、区位、资源、政策优势等多个维度予以综合考量，才最终选定了文莱作为投资目标国。

文莱素有"和平之邦"之称，长期以来政局稳定，社会治安良好，没有恐怖组织。对于发展石油产业而言，文莱具有丰富的油气资源，可以提供充足的原料，并且地理位置优越，便于打通销售渠道。同时，石油产业属于文莱政府重点支持产业，颁布了一系列相关优惠政策。综合上述优势，文莱成为恒逸石化海外投资目标国的"不二之选"。

（三）多元融资，"保驾护航"

"一带一路"项目建设面临的风险较为复杂，涉及政治、社会治安、政策等诸多方面，整体风险偏高。而企业经营在涉及"一带一路"基础建设项目时，资金需求通常较大，此时可以通过多元金融共同参与的方式，降低融资风险，稳步推进项目实施。

在文莱 PMB 石油化工项目的融资过程中，恒逸石化分别采取了债券融资、银行贷款、非公开发行股票等三种方式进行融资，可以有效地分散风险。在"一带一路"建设推进过程中，针对像文莱 PMB 这类金额较大的基础设施项目，通常都是通过联合融资或银团贷款，共同提供贷款资金。此外，可以进一步扩大资金来源，或推进贷款资产证券化等方式，提升金融服务和参与水平。文莱 PMB 项目中所发行的"一带一路"债券，正是国内债券市场助力国家"一带一路"倡议在文莱的首次落地。因此，倘若能够体系化设计金融合作框架，提供更为多元化的融资渠道，可以更好地防范企业融资风险，为面向东盟国家的对外投资项目"保驾护航"。

（四）金融机构"伸出援手"，国企民企共筑桥梁

在我国对外投资战略不断深化的背景下，中小型企业也逐渐成为对外投资的中流砥柱。但是中小型企业在自身企业规模方面存在"先天不足"现象，"集群式"的投资模式逐渐成为中小型企业对外投资的更优选择。文莱 PMB 石油化工项目，无论是融资时的不同金融机构组成银团，共同提供贷款，还是建设时期国企民企抱团"出海"，无一不体现着"集群式"的投资模式。

文莱 PMB 项目多元融资渠道中，银团贷款是最为关键的一笔。在国家开发银行和中国进出口银行的牵头下，银团组成方还包括中国银行、中国工商银行、招商银行，共同提供了 17.5 亿美元的巨额项目贷款。文莱 PMB 项目的建设过程中，抱团"出海"的方式，让恒逸石化加强了企业的外部合作，既利用了国企强大的财务实力和资源整合能力，也充分发挥了民企的灵活性和在细分领域的领先优势，通过优势互补，共同开拓海外市场。

【参考文献】

[1] 鲍淑君. 完善"一带一路"基础设施建设投融资机制 [J]. 宏观经济管理，2022（10）：16-24. DOI：10.19709/j.cnki.11-3199/f.2022.10.004.

[2] 李薇，贾万军. 中小企业融资风险及应对策略研究 [J]. 中国管理信息化，2022，25（17）：49-51.

[3] 杨晨曦，张艺. 国际银团模式下的新融资方式 [J]. 国际工程与劳务，2022（06）：74-76.

[4] 闻君. 我国石化企业"走出去"实践探析 [D]. 南昌：江西财经大学，2020. DOI：10.27175/d.cnki.gjxcu.2020.001391.

[5] 宋爽，王永中. 中国对"一带一路"建设金融支持的特征、挑战与对策 [J].

国际经济评论, 2018 (01): 108-123, 7.

[6] 陈翊婧. 中小企业"集群式"对外投资战略管理探析 [J]. 当代经济, 2017 (09): 90-91.

附件

一、中国与文莱签署的经济贸易条约

1. 中华人民共和国政府和文莱达鲁萨兰国政府关于鼓励和相互保护投资协定（2000/12/01 生效）https://law.wkinfo.com.cn/legislation/detail/MTAxMDAxNzY5NzA.

2. 中华人民共和国政府和文莱达鲁萨兰国苏丹陛下政府民用航空运输协定（1993/05/05 生效）https://law.wkinfo.com.cn/legislation/detail/MTAxMDAxNzI0Mjc.

3. 中华人民共和国政府和文莱达鲁萨兰国政府关于对所得避免双重征税和防止偷漏税的协定（2006/12/29 生效）https://law.wkinfo.com.cn/legislation/detail/MTAxMDAxNzIyMjA.

4. 中华人民共和国政府和文莱达鲁萨兰国政府关于促进贸易、投资和经济合作的谅解备忘录（2004/09/21 生效）https://law.wkinfo.com.cn/legislation/detail/MTAxMDAxNzI5NDg.

5. 中华人民共和国政府与文莱达鲁萨兰国苏丹陛下政府旅游合作谅解备忘录（2006/09/05 生效）https://law.wkinfo.com.cn/legislation/detail/MTAxMDAxNzY2Njc.

6. 关于中国和文莱达鲁萨兰国苏丹陛下政府关于卫生合作谅解备忘录呈请备案的函（1996/11/20 生效）https://law.wkinfo.com.cn/legislation/detail/MTAxMDAxNzM2ODY.

7. 中华人民共和国政府和文莱达鲁萨兰国苏丹陛下政府文化合作谅解备忘录（1999/08/23 生效）https://law.wkinfo.com.cn/legislation/detail/MTAxMDAxNzY5NzE.

8. 中华人民共和国国家旅游局和文莱达鲁萨兰国工业与初级资源部关于中国公民自费赴文莱旅游实施方案的谅解备忘录（2000/11/17 签订）https://law.wkinfo.com.cn/legislation/detail/MTAxMDAxNzc1NjM.

9. 中华人民共和国和文莱达鲁萨兰国联合声明（2018/11/09 签订）https://law.wkinfo.com.cn/legislation/detail/MTAxMDAxNzc3NTA.

10. 中华人民共和国政府和东南亚国家联盟成员国政府海运协定（2007/11/02 生效）https://law.wkinfo.com.cn/legislation/detail/MTAxMDAxNzQ5NjE.

11. 区域全面经济伙伴关系协定（RCEP）第十三章第三条（针对反竞争行为的适当措施）和第四条（合作）对文莱达鲁萨兰国的适用（2022/01/01 生效）https://law.wkinfo.com.cn/international-treaties/detail/NTAxMDAwMDY5OTE.

二、文莱与经济贸易相关的重要法规

1. 《海关法及相关规定》（2006 年）http://www.agc.gov.bn/AGC%20Images/LOB/pdf/Chp.36.pdf.

2.《进口商品估价规定》(2001年) https://www.agc.gov.bn/AGC%20Images/LAWS/Gazette_PDF/2001/EN/S053b.pdf.

3.《公司法》(1957年) http://www.agc.gov.bn/AGC%20Images/LAWS/ACT_PDF/(Clean%20version)%20Cap%2039.pdf.

4.《破产法》(2016年) http://www.agc.gov.bn/AGC%20Images/LAWS/ACT_PDF/cap067.pdf.

5.《竞争法》(2015年) https://business.mofe.gov.bn/SiteCollectionDocuments/Competition%20Order%202015%20Thursday%2012%20April%202018.pdf.

6.《证券法》(2001年) https://www.agc.gov.bn/AGC%20Images/LAWS/Gazette_PDF/2015/EN/S002.pdf.

7.《银行法》(2006年) http://www.agc.gov.bn/AGC%20Images/LAWS/ACT_PDF/Cap95.pdf.

8.《商标法》(2000年) https://www.jpo.go.jp/e/system/laws/gaikoku/document/index/brunei-e_trademarks_law.pdf.

9.《营业执照规定》(2015年) http://www.agc.gov.bn/AGC%20Images/LAWS/Gazette_PDF/2016/EN/S044A.pdf.

案例 7：签订"两优"贷款，铺设"共赢之路"
——中国进出口银行助力柬埔寨基础设施建设

一、引言

2018 年，国务院原总理李克强在其署名的文章《为澜湄合作与中柬友好架桥铺路》中提到，"有人统计，中国在柬埔寨建了最多的桥，修了最多的路。我认为，其中最好的桥无疑是中柬人民之间的友谊之桥，最好的路当然是中柬共同发展之路。我就是为继续架设这样的桥，铺就这样的路而来……"

这些新修建的桥和路对柬埔寨来说意味着什么？当地许多居民会脱口而出：新的商机、生活的改善和收入的增加。不仅如此，这些由中国企业修建的桥和路正悄然地改变着柬埔寨这个国家。

"一带一路"倡议提出多年以来，从道路到桥梁，从电力到水利，从绿色发展到民生工程，"中国进出口银行"这个名字对柬埔寨来说或许并不陌生，因为它常常与许多重要基础设施建设项目联系在一起。2018 年，适逢中柬建交 60 周年，中国进出口银行相关负责人表示："将继续发挥政策性金融优势，砥砺前行，为柬社会经济发展助一臂之力，为实现中共中央总书记习近平提出的'打造牢不可破的中柬命运共同体'贡献力量。"

二、案例背景

（一）中国进出口银行"两优"贷款业务

1. 中国进出口银行

1994 年，中国进出口银行（以下简称"进出口银行"）由国家出资成立，受国务院领导，具有独立法人地位的国有政策性银行，主要职能是支持中国对外经济贸易投资发展与国际经济合作。

进出口银行时刻牢记"推动国际经济合作、支持中国经济发展、促进和谐世界"的使命，践行"忠诚奉献、诚信严谨、开放包容、开拓创新"的核心价值观，依托国家信用支持，积极发挥其在外经贸发展和跨境投资、"一带一路"建设、国际产能和装备制造合作、科技、文化以及中小企业"走出去"和开放型经济建设等领域的重要作用，加大对重点领域和薄弱环节的支持力度，促进经济社会持续健康发展，力争建设成为最具影响力的国际经济合作银行。

截至 2021 年末，进出口银行在国内设有 32 家营业性分支机构和香港代表处；在海外设有巴黎分行、东南非代表处、圣彼得堡代表处、西北非代表处。近年来,进出口银行业务发展一直保持良好态势,如表1所示,2021年末,资产总额54465.83亿元,较年初增长8%;负债总额50661.04亿元,较年初增长7%;净利润78.05亿元,同比增加21.67亿元。

表1   2017—2021年中国进出口银行财务概要   (单位:亿元)

项目	2017年	2018年	2019年	2020年	2021年
资产总额	36405.97	41936.79	45703.78	50438.28	54465.83
负债总额	33390.62	38855.49	42552.47	47243.86	50661.04
净利润	-122.55	46.21	54.56	56.37	78.05

资料来源:中国进出口银行历年年报。

注:中国进出口银行2015年接受注资450亿美元,2017年受人民币兑美元升值影响,资本性外汇敞口汇兑损失216.64亿元,剔除该因素影响,全年实现税前盈利78.90亿元,银行正常经营无实质变化。

贷款业务作为进出口银行的主要业务,近年来贷款业务呈现稳步增长态势。如表2所示,对外贸易领域贷款占比最大、增幅最为明显,较年初增长3157.42亿元,主要用于支持符合要求的外贸企业在研发、采购等各个经营环节以及外贸产业链企业锻长板、补短板的贷款等;跨境投资领域和对外合作投资领域是用于开展各类境外(含港澳台地区)投资项目以及国际经济合作的贷款,受疫情等相关国际因素的影响,两个领域均呈现负增长,其中对外投资贷款余额为2172.83亿元,较年初减少121.68亿元,对外承包工程贷款余额为2157.62亿元,比年初减少155.04亿元;开放型经济建设领域中,用于互联互通基础设施贷款余额为999.66亿元,较年初增长8.63%。

表2   2021年中国进出口银行贷款业务汇总

项目	余额(亿元)	较年初增长(亿元)	增幅(%)
对外贸易领域贷款	21872.22	3157.42	16.87
其中:贸易融资	2803.90	463.53	19.81
外贸企业发展贷款	4728.75	1276.27	36.97
跨境投资领域贷款	2179.02	-121.68	-5.29
其中:对外投资贷款	2172.83	-121.58	-5.30
对外合作投资领域贷款	9400.65	-25.95	-0.28
其中:对外承包工程贷款	2157.62	-155.04	-6.70
国际主权合作贷款	5605.62	102.50	1.86
开放型经济建设领域贷款	13206.29	1016.59	8.34
其中:国内重大项目贷款	3752.85	559.43	17.52
互联互通基础设施贷款	999.66	79.45	8.63

资料来源:中国进出口银行2021年年报。

2. "两优"贷款业务

（1）"两优"贷款简介。"两优"贷款是中国援外优惠贷款和优惠出口买方信贷的简称，是中国政府给予发展中国家政府的优惠性资金安排。目前，中国进出口银行是中国政府指定的"两优"贷款业务唯一承办行。

2021年末，"两优"贷款业务已覆盖东盟、南亚、中亚、西亚、非洲、拉美、南太、中东欧地区90多个国家。进出口银行在新冠疫情肆虐全球，极大影响工程进度的情况下，克服种种困难，利用"两优"贷款帮助发展中国家新建及改扩建公路桥梁1600多公里，铁路近600公里，输变电线路近2200公里，新增发电装机容量238兆瓦，新建可满足20.1万公顷农田用水的灌溉需求，以及多个变电、轨道交通、数据通信等项目，显著地改善了广大发展中国家的投资环境和民生福祉，提高经济自主发展能力，促进区域互联互通[①]。

（2）援外优惠贷款。中国援外优惠贷款从1995年开始实行，是中国政府向发展中国家提供的中长期低息贷款，用来支持受援国加强基础设施建设、促进经济效益和社会效益好的项目发展。援外优惠贷款的资金来源于两方面：一部分是由我国政府从对外援助费用中划拨，属于软贷款；另一部分来自银行自筹资金部分，属于硬贷款。两者的比例大概为1:2。优惠贷款具有利息低、期限长的特点，部分贷款甚至免息，贷款币种为人民币。援外优惠贷款本金由中国进出口银行通过市场筹措，年利率一般为2%，期限一般为15—20年（含5—7年宽限期）。

援外优惠贷款的借款人一般为受援国政府财政部，特殊情况下可以为受援国政府指定并经中国进出口银行认可的、财政部提供还款担保的金融机构或其他机构。首先，先进行政府间框架协议。受援国政府需先向中国进出口银行发出贷款申请，进出口银行随即向管理部门（商务部）报告项目评估结果，由商务部负责制定优惠贷款政策和计划，与受援国政府签署优惠贷款框架协议，并指定中国进出口银行负责贷款协议的签订。其次，在政府间框架协议支持下，基于贷款协议，由承包商与受援国业主签订商务合同，并根据项目执行进度，进出口银行向承包商拨付贷款。援外优惠贷款合同关系及资金支付流程详见图1。

3. 优惠出口买方信贷

优惠出口买方信贷是为配合国家政治、外交需要，推动与重点国家和地区的经贸合作，采用出口买方信贷形式对外提供的具有一定优惠条件，由中国进出口银行承办的特定贷款，贷款率为2%—3%，贷款币种为美元。优惠出口买方信贷本质上依然是商业信贷产品，与其他商业贷款相比，最主要的优势在于贷款利率低，更具有吸引力，属于政策性贷款业务。贷款项目能够为借款国创造就业或带来外汇收入，重点领域为基础设施建设（能源、交通、通信等）和高效率产业（生产、加工、农业等）。贷款项下所需设备、材料、技术或服务优先从中国采购或引进。

优惠出口买方信贷的办理与优惠贷款不同，不需要政府间签署框架协议。由符合要求的中资企业收集相关资料、项目建议书或可行性研究报告向归口管理部门商务部（合作司）和财政部（金融司）提交审核，通过后向中资企业和进出口银行发放优惠买方贷款

---

① 资料来源：中国进出口银行2021年年报。

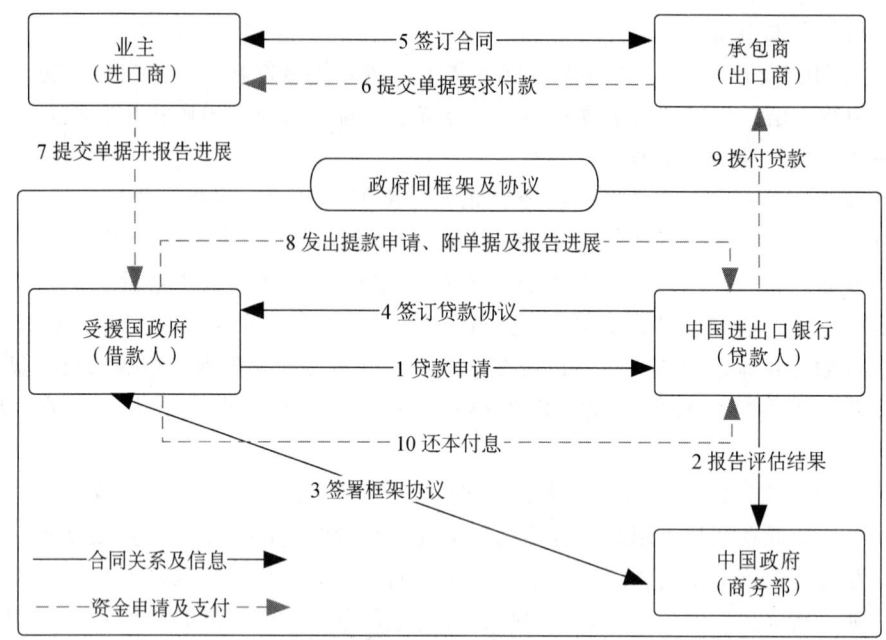

图 1　援外优惠贷款合同关系及资金支付流程

的申贷函和意见函。同时,中资企业需出具借款国各方面报告、业主资料以及商务合同给进出口银行,审核无误后,进出口银行与中资企业签订贷款协议,并由双方直接发生贷款资金流动。优惠出口买方信贷合同关系及资金支付流程详见图2。

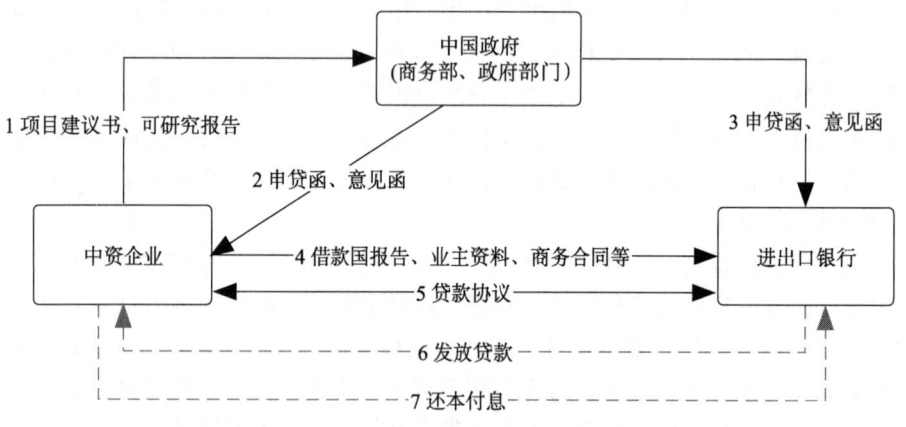

图 2　出口买方信贷合同关系及资金支付流程

(二) 柬埔寨基础设施建设投资需求巨大

1993年,柬埔寨初步实现国内平和,基础设施因长期战乱而发展落后,社会经济极端落后,百废待兴。在柬埔寨的经济发展中,基础设施扮演着经济增长的火车头作用,为减轻贫困和缓解人民生活困苦做出明显的贡献。然而,柬埔寨的经济基础相对薄弱,国内的储蓄极其有限,建设资金短缺一直是制约柬埔寨经济发展的一个重要因素。为弥补现代化建设资金的不足，柬埔寨政府不仅要充分利用好国内各种渠道的资金，还需要积极引入外资。从1993年到2021年底，柬埔寨王国政府（RGC）与发展伙伴（DP）签署了总计155.5亿美元的优惠贷款协议，其中83%和17%分别涵盖基础设施和其他优先领域。

建国多年来，柬埔寨一直在吸引外资进行基础设施修复，但是还经常出现停电、停水和交通不畅的现象，从这种现象可以看出其电力和道路交通等方面依然十分落后。为此，柬埔寨政府十分重视基础设施的修复，2004年，柬埔寨政府首次把对基础设施的建设和改善列为"四角战略"的重要任务之一，加快恢复和重建的步伐。2013年9月，柬埔寨第五届王国政府发布的《四角战略第三阶段政策》中，明确指出今后5年要继续投资基础设施和建设商业协调机制，加大对交通基础设施的投入，建设具有灵活性的商业协调机制，加大能源开发力度，推动互联互通。2016年，柬埔寨开始考虑发展高速公路网络，以满足不断增长的经济需要。《柬埔寨国家路网规划》明确提出，到2040年柬埔寨需要建成一个全国性的2230公里的高速公路网络，预计耗费260亿美元，主要连接金边至港口城市、金边至泰国、金边至老挝、金边至越南[①]。另外，根据柬埔寨电力中期规划，将在柬埔寨全国范围内建设三大主电网，降低供电成本，到2020年实现电网覆盖到全国，到2030年实现全国70%的家庭通电[②]。

面对巨型的基础设施项目，柬埔寨迫切需要外来资金的投入。2016年3月7日，柬埔寨首相洪森在"推动国内和区域基础设施和物流连通发展繁荣"主题论坛上提出：柬埔寨将通过东盟共同体深化区域经济合作，加强与"东盟+6"国（中国、日本、韩国、澳大利亚、新西兰和印度），特别是与中国的合作，希望借助中国倡导的"亚洲基础设施投资银行"和"丝路基金"，推动柬埔寨基础设施建设和国家经济发展。

三、案例分析

柬埔寨首相洪森表示，中国为柬埔寨的发展带来了许多桥梁、道路和其他基础设施，截至2022年12月26日，已竣工并通车的道路共有29条路，全长3000多公里，9座主要桥梁已建成，长8565米[③]。除此之外，由进出口银行金融支持的农田水利项目灌溉面积累计73.06万公顷，惠及97.3万农民，输变电项目累计架设1450公里高压和9372公里中压输电线路以及新建、改扩建34个变电站[④]。

柬埔寨位于东南亚交通枢纽位置，是中国的长期友好近邻，是"21世纪海上丝绸之路"上的重要沿线国家，也是进出口银行政策性金融支持的主要对象。在2017年"一带一路"国际合作高峰论坛期间，进出口银行便与柬埔寨经济财政部签署了柬斯登特朗—格罗奇马湄公河大桥项目、柬埔寨11号公路建设项目、柬埔寨菩萨省3号和5号水坝发展

---

① 资料来源：柬埔寨公共工程和运输部官网（http://www.mpwt.gov.kh）。
② 资料来源：柬埔寨电力发展概述——柬埔寨农业投资网（http://www.fenglaifa.com）。
③ 资料来源：东博社. 中国已援柬兴建3000多公里道路和9座大桥，洪森再公开感谢援助 [EB/OL]. (2022-12-26) [2022-12-29]. https://baijiahao.baidu.com/s?id=1753248939243237075&wfr=spider&for=pc.
④ 资料来源：进出口银行微信公众号. 推进高水平对外开放 进出口银行融资支持柬埔寨基础设施建设成果丰硕 [EB/OL]. (2022-11-17) [2022-12-29]. https://mp.weixin.qq.com/s/Gi7bibcW-y7HMUgIVULyHA.

项目,以及柬埔寨国家电网 230 千伏输变电工程二期项目(东部环网部分)等 4 个项目贷款协议。截至 2017 年 5 月,进出口银行"两优"贷款业务已累计支持柬埔寨公路项目 27 个,建设总里程 2561 公里,约占柬埔寨公路总里程的 26%;支持水利项目 14 个,覆盖灌区面积 43 万公顷;支持电力项目 8 个,架设输变电线路 7880 公里,建设变电站 11 个①。

(一)援外优惠贷款项目——斯登特朗—格罗奇马湄公河大桥项目

2018 年以前,当地的居民每天清晨都挤在柬埔寨中部湄公河沿岸的格罗奇马县的一个小型渡口前,等待轮渡前往对岸的县城。因为没有大型桥梁,轮渡是当地人过河出行唯一的交通工具,雨季的时候如果发洪水,轮渡运营还会时不时中断。对于当地居民而言,要跨过河流去往对岸的县城并不容易,交通不便严重阻碍了两地的贸易往来,限制了当地经济的发展。幸运的是,2018 年 2 月 9 日,由上海建工集团承建的格罗奇马大桥项目正式开工(见表 3),该项目连接湄公河西岸的磅湛省斯登特朗县和湄公河东岸的特本克蒙省格罗奇马县,被两地居民亲切地称为"梦想之桥",是中国政府援外优惠贷款项目。

表 3　　　　　　　　斯登特朗—格罗奇马湄公河大桥项目信息

项目名称	柬埔寨斯登特朗—格罗奇马湄公河大桥项目(柬埔寨国家 71C 号公路一期工程)
开工时间	2018 年 2 月 9 日
承建单位	上海建工
总长度	9.454 公里(其中大桥长 1131 米)
桥宽	13.5 米
合同额	5699.8 万美元
竣工时间	2021 年 11 月 23 日

资料来源:上海建工集团官网(https://www.scg.com.cn)。

斯登特朗—格罗奇马湄公河大桥修建期间历经了重重困难,上海建工凭借优质的中国技术与为柬埔寨建成 6 座大桥的经验,成为柬埔寨的造桥"专家"。格罗奇马大桥长 1131 米,路基宽 12 米,共 17 道涵洞,工程量巨大,再加上项目施工地水文地质情况复杂,砂层厚,河床稳定性差等恶劣条件,极大增加了施工的难度。因此,项目团队不得不放弃原有桩基施工的常规做法,结合项目的实际情况,对泥浆比重和锤击方法进行相应的改进,使得 95% 以上的桩基质量都达到了预期设计要求。2018 年,柬埔寨遭遇罕见洪灾,工程现场水位超过警戒线,洪水没过桥墩,项目施工区、生活区全都被洪水淹没。在此危急时刻,上海建工凭借扎实的中国技术、牢靠的中国建材,以及中国员工的责任心,不仅让格罗奇马大桥工程顶住了洪水袭击,还实实在在地解决了不少施工技术难题。此次的化险为夷彰显了上海建工集团在桥梁建设方面的超强实力,树立了"质量好、速度快、价格优"的品牌形象,集团也因此被誉为最了解柬埔寨的筑路造桥"专家"。

---

① 资料来源:中国进出口银行官网. 进出口银行与柬埔寨经济财政部签署贷款协议 [EB/OL]. (2017 - 05 - 16) [2022 - 11 - 05]. http://www.eximbank.gov.cn/info/news/201806/t20180610_2643.html.

2021年11月23日，柬埔寨斯登特朗—格罗奇马湄公河大桥项目通车典礼在位于柬中部的斯登特朗县举行。中国驻柬埔寨大使王文天表示，该项目将大大增强柬埔寨中东部地区横向交通的运输能力，显著改善当地旅游条件，有效带动旅游业等沿线地区经济快速发展。"以前过河，得花钱坐轮渡，单趟要1个小时以上。现在家门口的大桥开通了，骑上摩托车几分钟就能过河，还不收费。"提起这座由中企承建的大桥，住在柬埔寨斯登特朗县的居民难掩激动地说道。

（二）优惠出口买方信贷项目——国家信息高速公路光纤通信传输网络二期

柬埔寨国家信息高速公路光纤通信传输网络二期工程（以下简称"光纤信息传输网络二期工程"）与一期项目共同构成覆盖柬埔寨全国的光纤干线网络、城域网络以及光纤入户网络体系，使柬埔寨逐步摆脱"微波+卫星"的通信状态，全面实现国家信息通信光纤化，对推动该国信息化普及起到至关重要的作用。

柬埔寨光纤通信网络有限公司（以下简称"CFOCN"）经柬埔寨王国邮电通信部、财政和经济部、商业部、发展委员会等该国相关部门审批，成为10年内排他性专营建设国家信息高速公路光纤通信网络的主体。光纤信息传输网络二期工程是CFOCN未来10年的一个总体规划，预算合计投资6.65亿美元①。

该项目是中国电建集团华东勘测设计研究院有限公司（以下简称"华东院"）参与中柬双边互联互通的第一个海外通信工程总承包项目，主要包括光缆直埋敷设和用户覆盖，光缆直埋敷设遍布柬埔寨全国各地，用户覆盖主要集中在金边、马德望和暹粒等多个发达省市。项目分两阶段实施，第一阶段实施直埋光缆敷设1337公里，光纤接入网用户覆盖总量12.7万户，执行工期为2014年7月25日至2014年12月10日；第二阶段实施直埋光缆敷设工程963公里，光纤接入网用户覆盖总量8.7万户，执行工期为2015年1月17日至2015年5月20日②。工程项目信息如表4所示。

表4　柬埔寨国家信息高速光纤信息传输网络二期工程项目信息

项目名称	柬埔寨国家信息高速光纤信息传输网络二期工程
开工时间	2014年7月25日
承建单位	中国电建集团华东勘测设计研究院有限公司
总长度	2300公里
合同额	约1099.57万美元
竣工时间	2015年5月26日

资料来源：华东勘测设计研究院有限公司官网（https://www.hdec.com）。

2015年3月，为推动光纤通信网络二期工程，帮助该国实现真正意义上的光纤网络全

---

① 资料来源：光纤在线. 中国进出口银行"投贷结合"5000万支持柬埔寨光纤网络建设［EB/OL］.（2015 - 03 - 17）［2022 - 12 - 29］. http://www.c - fol.net/news/content/1/201503/20150317033648.html.
② 资料来源：中国电建. 柬埔寨光纤信息传输网络建设项目顺利完工［EB/OL］.（2015 - 07 - 09）［2022 - 12 - 29］. https://www.hdec.com/cn/search.aspx?keyword = %e6%9f%ac%e5%9f%94%e5%af%a8&page = 2.

覆盖，进出口银行浙江省分行首次为企业提供了"投贷结合"的融资新模式（见图3）。首先，该行为项目提供5000万美元的出口买方信贷；其次，由中国—东盟投资合作基金（中国进出口银行控股）向柬埔寨光纤通信网络公司的实际投资方（华东院）提供股权融资；最后，引入中国出口信用保险公司的出口买方信贷险，既保障了信贷资金安全，又保障了项目建设资金的足额供应。

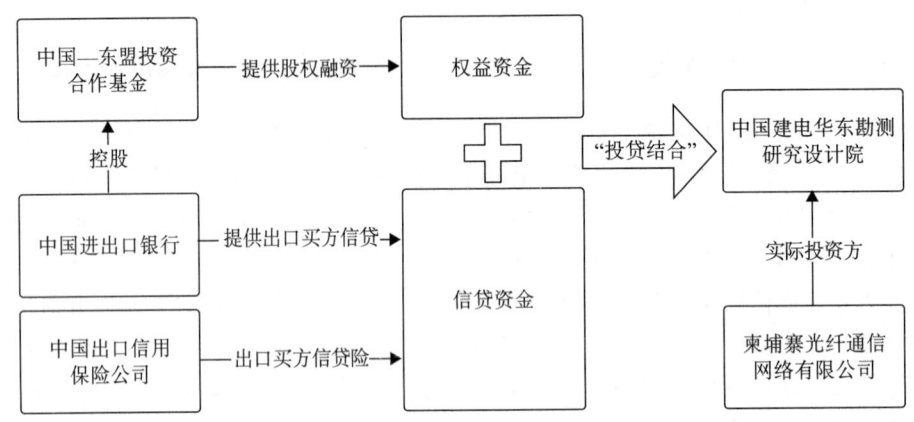

图3　中国进出口银行浙江分行首次"投贷结合"融资新模式

在中国进出口银行"投贷结合"的金融支持以及各方协同努力下，华东院克服项目里程长、涉及省市多、协调工作量大等重重难关，顺利提前完工。该工程的竣工意味着"柬埔寨国家宽带计划"核心组成部分已顺利完成，实现真正意义上的光纤网络全覆盖。

四、铺设"共赢之路"

（一）中国方面

1. 助力中国企业"走出去"

"两优"贷款在直接帮助受援国解决发展所需资金的同时，优惠贷款通过其特有的示范效应，间接带动了中国企业扩大对受援国的投资。不少中国有实力的企业通过承担优惠贷款项目走向国际市场，进一步拓展业务，扩大投资和合作。优惠贷款的借贷方式可分为转贷方式和直贷方式两种。转贷方式下，中国进出口银行与受援国转贷机构签订贷款协议，由转贷机构将优惠贷款贷给最终用款人；直贷方式下，中国进出口银行在征得受援国政府同意后，将优惠贷款直接贷给最终用款人。两种方式下的最终用款人既可以是中外合资企业，也可以是外方或中方企业。实际上，就已实施的优惠贷款项目而言，多数情况下中方企业在项目实施过程中发挥主导作用，尤其在优惠贷款援助方式实施初期，由于大多数受援国是经济不发达的发展中国家，国内没有可以承担重大基础设施项目的企业，加上中方企业资金短缺等因素，优惠贷款通常是通过直接贷款方式贷给中方企业实施项目。较低利率的优惠贷款为中方企业进行海外投资提供了便利，援外基础设施项目树立了中方企业的良好形象，为其进一步进入受援国市场创造了条件。

2. 促进中国产业转移升级

在进出口银行政策性金融支持下，中国企业积极响应"一带一路"倡议的号召，承建诸多柬埔寨基础设施项目，不仅极大改善了柬埔寨的基础设施，也推动了中国经济结构的调整，实现产业转型升级。目前，柬埔寨迫切需要发展其工业体系，而中国国内产业正由劳动密集型向资金和技术密集型方向发展，因此，把中国的劳动密集型产业及其相关技术带到柬埔寨，实现将中国资金和技术优势与柬埔寨的廉价劳动力相结合，可达成合力共赢的局面。对中国而言，过时技术的转移不仅可以带动旧的技术的升级换代，促进新的技术和产品的研发，而且可以调整产业结构。对于柬埔寨而言，中国旧的、过时技术恰恰是柬埔寨最新的技术，帮助柬埔寨发展经济，提高国家的综合国力。在"一带一路"倡议背景下，中国和柬埔寨互联互通，优势互补，消除贸易壁垒，促进两国经济的共同发展。

3. 为中柬长期合作奠定基础

自 1958 年两国建交以来，我国一直对柬埔寨提供援助，两国保持着友好互助的盟友关系。据柬埔寨国家银行数据统计，自 1994 年到 2018 年的 24 年间，柬埔寨一共吸引外资投资 306 亿美元，其中，我国以 121 亿美元投资金额高居榜首①。不仅如此，其国内 70% 左右的桥梁和道路都是由我国出资建设，并且这些由我国建设的项目质量也是非常好，显著地带动了柬埔寨的国内经济发展。柬埔寨青年普遍认为中国是一个追求和平发展的负责任大国，中资企业在改善当地民生方面发挥了重要作用。由此，源远流长的合作关系，使得柬埔寨直接无视美国的无理要求，坚持把柬埔寨的七星海机场项目交付给我国负责施工，该项目投资金额更是高达 226 亿元人民币，此外，还愿意将本国 20% 的海岸线租借给我国达 99 年之久②。

（二）柬埔寨方面

1. 基础设施日益完善，提高外资吸引力

随着中国企业承建的基础设施项目逐渐落地并竣工，柬埔寨的机场、港口、码头、公路、桥梁等基础设施日益健全，改善了柬埔寨的投资环境，奠定了其未来经济发展的物质基础，也为其进一步继续吸引外资创造了有利条件。基础设施的持续完善能够大幅降低外资企业的生产成本，例如，西哈努克港口建成后在运输、装卸等方面的费用已大大地降低。另外，电力供给项目的竣工，柬埔寨政府有计划地逐步降低电价，使得投资商能源成本持续下降，从而创造更好的吸引外资的营商环境。

2. 提供先进技术支持，促进人才培养

中国在柬埔寨基础设施建设领域，不仅提供了大量的优惠贷款，还提高了柬埔寨经济社会发展所需的先进技术。中资企业在基础设施工程建设及运营期间，需要聘用许多柬埔寨当地的农民工，亲身教导工人相关专业技术，为优秀柬埔寨员工提供了优质就业平台，促进了柬埔寨人员专业技术水平的提高。例如，柬埔寨政府为开发其蕴藏丰富的油气和矿

---

① 资料来源：柬埔寨国家银行（http://www.nbc.org.kh）。
② 资料来源：暴力熊小二. 中国再添一位铁哥们，不畏老美霸权，送出百亿项目和 20% 的海岸线 [EB/OL]. (2022-10-19) [2022-11-09]. https://baijiahao.baidu.com/s?id=1747089237882623967&wfr=spider&for=pc.

藏资源，一直积极寻求外来的技术力量，用以促进本国经济的发展。而中国企业对柬埔寨投资水电站具有资金和技术优势，与柬埔寨开展全面、深度合作必将促进其人才培养；在环境的保护开发等方面也可以提供"中国经验"，利用中国企业所掌握的矿产勘探和开发优势，在投资勘探开采矿产资源的同时，实现安全开采和绿色生产。

3. 创造就业机会，提高人民福祉

劳动者收入的提高，一方面，中国企业在柬埔寨雇用了大量的当地工人，中国企业能够为当地创造大量的就业机会；另一方面，当地居民的专业水平差，上岗之前的培训也极大提升了当地的人力资源水平，间接地提高了劳动者的就业收入。例如，中国企业在柬埔寨投资的最大项目是甘再水电站，这也是柬埔寨引进的最大的外资项目。从 2007 年项目开工以来，甘再水电站每月平均雇用 1500 多名当地工人，工人的每月月工资大约是 200 美元，明显高于一般行业的从业者，也远远高于从事农业所获得的工资收入。中国企业承建的诸多工程，大部分使用的都是当地的一些物质材料和劳动工人，这一措施扩大了柬埔寨的内需，提高了当地人民的收入水平，从而有力地促进了柬埔寨的经济发展。

五、案例启示

（一）发挥政策性金融优势，助力"一带一路"建设

一直以来，中国进出口银行依托国家信用支持，紧紧围绕国家发展战略，发挥国有政策性银行的金融优势，为发展中国家基础设施建设提供长期稳定的金融支持，全力推进"一带一路"建设。

"一带一路"倡议提出多年以来，从连接沿线各国节点到贯通亚欧大陆网络，从打造工业园区到能源合作、产业投资，从改善民生到促进就业，"中国进出口银行"这个名字频繁出现在许多"一带一路"沿线国家的基础设施项目建设中。截至 2021 年末，由中国进出口银行支持的"两优"贷款项目已经帮助发展中国家新建及改扩建公路桥梁 1600 多公里，铁路近 600 公里，输变电线路近 2200 公里，新增发电装机容量 238 兆瓦，新建可满足 20.1 万公顷农田用水的灌溉需求，以及多个变电、轨道交通、数据通信等项目[①]。众所周知，推动基础设施建设，如维修道路、兴建桥梁、修建输电网络、建设大型水利设施等项目，均需要大规模的、长期的、稳定的资金投入。毋庸置疑，"融资支持"的背后是中国进出口银行的始终如一的坚守。

站在下一个 10 年新起点上，面对内外部新形势、新任务、新挑战，中国进出口银行坚持"稳字当头、稳中求进"，紧紧围绕稳住经济大盘，充分发挥政策性金融逆周期跨周期调节作用，持续推动行内资源向"一带一路"建设倾斜，帮助我国企业"走出去"，通过持续稳健、源源不断的政策性金融"血液"，为扩大我国与"一带一路"沿线国家对外经贸关系提供强有力的政策性金融支持。

---

① 资料来源：中国进出口银行 2021 年年报。

(二)"因时因国"研判基础设施建设需求,匹配相宜融资方式

面对柬埔寨建国以来大量的基础设施建设需求,以及国内资金短缺的困境,中国进出口银行对各个项目进行研判,"因时因国"匹配相宜融资方式,全力支持基础设施项目的顺利开展,同时保障资金安全。

在 2017 年首届"一带一路"国际合作高峰论坛期间,中国进出口银行为柬埔寨国家的斯登特朗—格罗奇马湄公河大桥项目、柬 11 号公路建设项目等 4 个项目匹配援外优惠贷款,并被列入"一带一路"国际合作高峰论坛成果清单。除传统信贷手段外,为解决中资企业在柬项目资金安全问题,中国进出口银行还推出"投贷结合"的融资新模式。在信贷资金上,除了原有的出口买方信贷支持,还引入担保机构的出口买方信贷险提供增信,提高中资企业的融资能力;同时,联合股权投资机构向中资企业提供股权融资支持,既保障了项目建设资金的足额供应,又保障了信贷资金安全。另外,中国进出口银行还考虑到柬埔寨存在的人才短缺、经验匮乏等问题,协助业主和承包商设计合理的项目方案,提前做好运营管理、风险防控、人才培养和技术支持。

中国进出口银行长期以来根据企业客户、政府客户的不同特点优化资源配置,"因时因国"研判柬埔寨基础设施需求,全心全意为各类基础设施项目匹配适宜的融资方案,在不增加东道国债务负担的同时,为项目提供稳定、可持续的中长期融资支持。

(三)协调各方力量,实现长远布局

"打造牢不可破的中柬命运共同体"并非进出口银行凭借一己之力就可以完成的,是需要调动、协调各方力量,才可以实现的长远布局。

从中国政府推出的"两优"贷款项目发放流程可以窥见,尽管中国进出口银行在其中处于核心地位,但同样需要商务部、财政部提供项目评估、审计等相关支持,甚至中资企业也是不可或缺的一部分。由此可见,进出口银行不断深化与国际金融组织和多边机构合作,探讨开展国际结算、贸易融资、财务顾问、银团贷款等业务合作,整合撬动多方资源参与柬埔寨的基础设施建设之中。

在中国进出口银行的金融支持和各方力量的共同努力下,由我国企业承建的柬埔寨基础设施项目,获得了当地政府以及居民的普遍认可,加深了中柬的友好合作关系,为 2022 年签下超百亿的中柬合作项目奠定下坚实的基础。

【参考文献】

[1] 张天桂. 中国与柬埔寨的经济贸易合作 [J]. 商场现代化,2020 (16):77-79.

[2] 张协奎,苏彩虹. 中国企业投资柬埔寨基础设施建设探讨——中国—东盟国家互联互通建设系列研究之一 [J]. 广西大学学报(哲学社会科学版),2018,40 (02):73-81.

[3] 邓艳任. "一带一路"背景下中国对柬埔寨援助研究 [J]. 广东农工商职业技术

学院学报, 2018, 34 (01): 18 – 21.

［4］. 柬埔寨经济与商业环境风险分析报告［J］. 国际融资, 2017 (01): 67 – 71.

［5］李治国. 柬埔寨基础设施市场的机会与风险［J］. 国际工程与劳务, 2016 (12): 31 – 34.

［6］李文宏, 孙磊. 中国企业在柬埔寨投资存在的问题及投资对策分析［J］. 经济研究导刊, 2016 (01): 186 – 187.

［7］方舟, 罗湘丽. 中国对柬埔寨直接投资现状、问题及对策分析［J］. 商, 2015 (22): 157, 152.

［8］胡建梅, 黄梅波. 中国政府对外优惠贷款的现状及前景［J］. 国际论坛, 2012, 14 (01): 49 – 54, 80.

［9］郭继光. 中国企业在柬埔寨的投资及其影响［J］. 东南亚研究, 2011 (04): 37 – 44.

［10］李忠元. 利用对外优惠贷款支持企业"走出去"［J］. 国际经济合作, 2003 (04): 15 – 17.

附件

一、中柬签署的经济贸易条约

1.《中国—柬埔寨自由贸易协定》（2022/01/01 生效）http://fta.mofcom.gov.cn/cambodia/cambodia_agreementText.shtml.

2.《中华人民共和国和柬埔寨王国引渡条约》（2000/03/01 生效）https://kns.cnki.net/kcms2/article/abstract?v = 3uoqIhG8C44YLTlOAiTRKjZz7oeEFsKnXAyKcdWnGJ_Tpp – nU – 5pdmXZMHk3DlpIhW_pr65wULKrUSpyhd9hcl0fjk – oX40w&uniplatform = NZKPT.

3.《中华人民共和国和柬埔寨王国领事条约》（2010/06/25 生效）https://baike.baidu.com/item/%E4%B8%AD%E5%8D%8E%E4%BA%BA%E6%B0%91%E5%85%B1%E5%92%8C%E5%9B%BD%E5%92%8C%E6%9F%AC%E5%9F%94%E5%AF%A8%E7%8E%8B%E5%9B%BD%E9%A2%86%E4%BA%8B%E6%9D%A1%E7%BA%A6/22284725?fr = aladdin.

4.《中华人民共和国和柬埔寨王国关于双边合作框架的联合声明》（2000/11/13）http://www.gov.cn/gongbao/content/2001/content_61055.htm.

5.《中华人民共和国政府和柬埔寨王国政府联合公报》（2006/04/08）http://www.gov.cn/gongbao/content/2006/content_292000.htm.

6.《区域全面经济伙伴关系协定》（RCEP）第十三章第三条（针对反竞争行为的适当措施）和第四条（合作）对柬埔寨的适用（2022/01/01 生效）http://fta.mofcom.gov.cn/rcep/rceppdf/d13z_fj2_cn.pdf.

二、柬埔寨与经济贸易相关的重要法规

1.《柬埔寨王国税法》http://cb.mofcom.gov.cn/article/ddfg/200304/20030400081186.

shtml.

2.《柬埔寨王国投资法修正法》http：//cb. mofcom. gov. cn/article/ddfg/200612/20061203918063. shtml.

3.《柬埔寨王国投资法》http：//cb. mofcom. gov. cn/article/ddfg/200303/20030300075515. shtml.

4.《柬埔寨对外贸易的法规和政策规定》http：//cb. mofcom. gov. cn/article/ddfg/201404/20140400559801. shtml.

5.《柬埔寨关于劳动就业的规定》http：//cb. mofcom. gov. cn/article/ddfg/201404/20140400559832. shtml.

6.《柬埔寨对外国投资的优惠政策》http：//cb. mofcom. gov. cn/article/ddfg/201404/20140400559830. shtml.

7.《柬埔寨对外国投资的市场准入的规定》http：//cb. mofcom. gov. cn/article/ddfg/201404/20140400559808. shtml.

8. 柬埔寨《投资法》https：//cdc. gov. kh/incentives – and – schemes/，last visited on 5 June 2022.

9.《柬埔寨王国劳动法》http：//images. mofcom. gov. cn/cb/202204/20220412100808293. pdf.

案例8："为客户提供全面、高效和专业的金融服务"
——中国银行深耕马来西亚金融市场

一、引言

值此冬意渐浓之际，一阵狂风乍起于朔方而一路向南，它横跨了南海，穿越了马来半岛，径直吹向了东南亚"摩天之都"——吉隆坡，这里高楼林立，大厦云集，好不繁华！览尽整个中心城区，你会发现，在安邦路上有一座巍巍大厦显得分外亲切，门楣的匾额之上镶印的四枚汉字——中国银行——尤为醒目！

从每天上午九点半开始，在这座大厦的一楼大厅之前，十多位身着统一制服的工作人员便开始使着标准而大方的动作引导着进进出出的人流；在大厅的最里面，以环形结构排列着数十座简约而雅致的柜台，每一座柜台都配备着一套高新的操作设备和一名熟练的工作人员，柜台工作人员每天的工作内容便是操着一口流利的马来语为客户们办理各种金融业务，比如银行卡激活业务，办成只需3分钟，整套动作一气呵成，舒缓而又干脆；在大厅的中心，整齐摆放的还有数十张宽敞而又舒适的长椅，供客户们小憩等候。

像这样的银行大厦，还有另外7座矗立在马来西亚的各大重要城市，一共8座分行相互连接，基本辐射住马来西亚全境。从2001年2月23日在吉隆坡复业开始，中国银行始终以全面、高效和专业的金融服务扎根马来西亚当地，以拓展分行的战略布局耐心地耕耘着马来西亚的金融市场。

二、案例背景

（一）深耕国际市场的中国银行

1. 公司概述

中国银行，全称中国银行股份有限公司，是我国5家大型国家控股型商业银行之一，其业务范围涵盖商业银行、投资银行和保险领域，旗下有中银香港、中银国际和中银保险等控股金融机构，在全球范围内为个人客户和公司客户提供全面和优质的金融服务。

更为重要的是，中国银行具有上百年悠久而辉煌的历史。1912年2月5日，经孙中山先生批准，中国银行宣告成立，在之后的37年间，中国银行先后担任中央银行、国际汇兑银行和国际贸易专业银行等角色，并一直勤勤恳恳履行职责、兢兢业业发挥职能。在新中国成立之后，中国银行又担负起国家外汇外贸专业银行的职责，被赋予管理外汇、开展各项外汇业务的职能。1994年，中国银行迎来重大转折，政策性业务被剥离，中国银行顺势完成从专业银行到商业银行的过渡，并改制成为国有独资银行。2004年，中国银行进一步紧跟时代步伐，成立中国银行股份有限公司，并于两年后在香港联合交易所和上海证券交易所同时上市。2011年，中国银行首个境外大宗商品融资中心在新加坡挂牌。2022年9月，中国银行被评定为2022年度我国系统重要性银行，如图1所示。

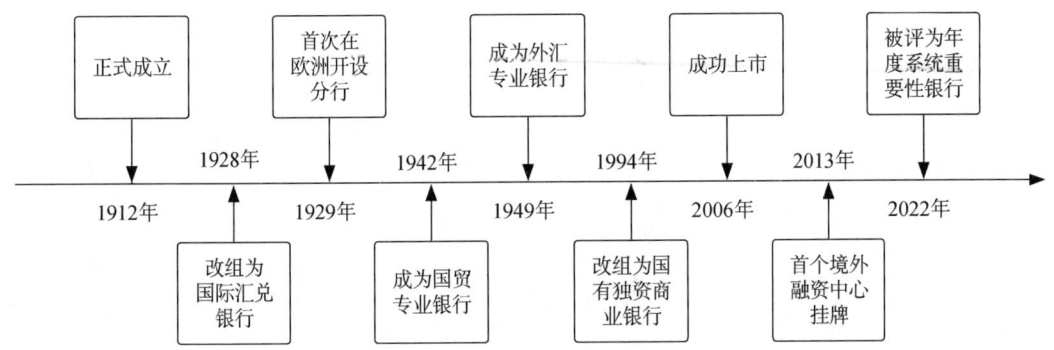

图1 中国银行的发展历程

资料来源：百度百科. 中国银行［EB/OL］［2022-11-30］. http：//www. https：//baike. baidu. com/item/% E4% B8% AD% E5% 9B% BD% E9% 93% B6% E8% A1% 8C/245376？ fr = aladdin.

2. 国际化发展战略

中国银行不仅是我国历史最悠久的商业银行之一，还是最早向海外发展的中资银行。早在1915年，中国银行便已开始经办外汇业务，当时的财政部批准中国银行北京、天津、上海、汉口和广东等五家分行试办外汇业务。1928年开始，中国银行作为政府特许的国际汇兑银行，在中国金融界率先走向国际市场，先后在伦敦、新加坡、纽约等国际金融中心设立分行。新中国成立之初，由于以美国为首的西方资本主义国家和以苏联为首的东欧社会主义国家先后对我国实行封锁敌对政策，中国银行的国际化发展战略进入"暗黑"时期，在海外的绝大多数分行均被迫停业。直到20世纪70年代，随着与美国、日本等西方发达资本主义国家的建交和改革开放国策的实施，中国银行的国际化发展战略才得以重启。

20世纪末21世纪初，中国银行乘国家改革开放和国际局势缓和之东风，开启了在海外广设分行的战略布局。此次战略布局，中国银行以恢复各大海外分行为战略前奏，先后重启了在东南亚、欧洲、北美洲和大洋洲的分行；以在原先未涉足的国家新建分行为战略高潮，分别在法国、德国和意大利等欧洲国家，泰国、印度和缅甸等亚洲国家，埃及、南非等非洲国家，巴西、阿根廷等南美洲国家建设分行；以在恢复原有分行的基础上拓展线下网点为战略深化，在已有分行的几十个国家拓展了诸多线下网点，并重点耕耘以马来西亚为首的东南亚金融市场，通过全面的市场调研制定了周密的战略规划。通过如上战略的实施，历经30余年的运营，中国银行将分支机构拓展至60多个国家和地区，在全球范围内建设了庞大的服务网络。

3. 财务绩效分析

自上市以来，通过国际化战略的全面实施，中国银行走过了一个高速发展的时期，一个企业规模持续扩大的时期，一个企业收入连续增长的时期。

一方面，在近15年，中国银行的总资产持续增长、从未间断。其规模从2006年的53320亿元扩大至2021年的267224亿元；而且，这段时间的年增长率都不低于7%，

2006—2011年更是实现了高于10%的年增长率，2012—2021年的年增长率也都维持在5%以上。这段时间正好是中国银行在马来西亚开设分行的高峰密集时期，中国银行在马来西亚的耕耘为自身规模的扩大贡献了不小的力量，具体如图2所示。

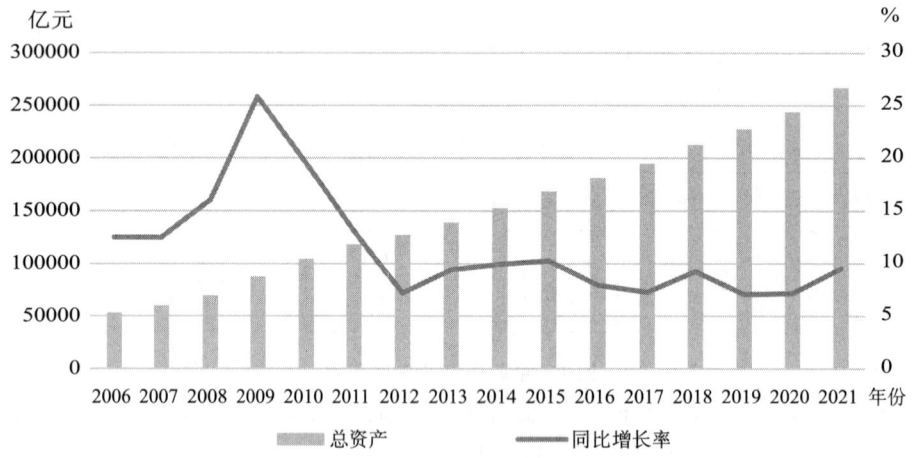

图2　2006—2021年中国银行总资产变动情况

资料来源：亿牛网（https://eniu.com/gu/sh601988/cwzb）。

另一方面，中国银行的营业收入和净利润都呈现稳定增长之势。其营业收入从2006年的1461亿元增长到2021年6056亿元，仅在2017年出现小幅衰退；净利润亦从426.2亿元增长到2166亿元，仅在2016年出现轻微萎缩。值得注意的是，营业收入的年增长率在2006—2008年和2010—2014年都稳定在10%以上；净利润的年增长率在2006—2013年也稳定在10%以上，在2007年更是达到惊人的55.04%，而此时中国银行正在马来西亚积极开拓分行、推出新产品，马来西亚金融市场为中国银行带来不少的财富；另外，随着疫情的缓解，最近几年的营业收入和净利润都呈现出反弹回升之势，具体如图3所示。

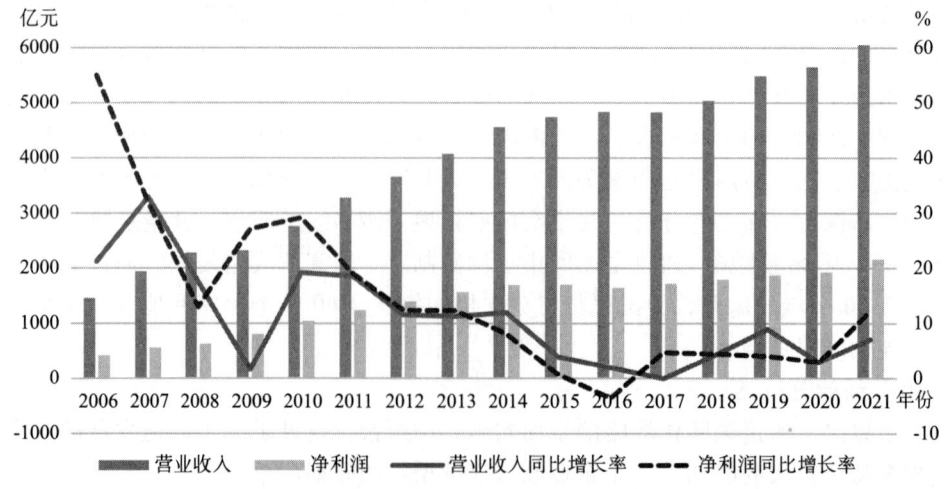

图3　2006—2021年中国银行营业收入、净利润的变动情况

资料来源：亿牛网（https://eniu.com/gu/sh601988/cwzb）。

(二) 欣欣向荣的马来西亚金融市场

1. 马来西亚金融市场的前世今生

（1）漫漫前世。马来西亚金融市场的建设与发展是一部漫长而曲折、壮丽而多彩的历史。在国家独立之前，其金融体系先后被日本和英国牢牢掌控，金融市场建设畸形且发展缓慢，大部分金融机构均为侵略者的统治服务，可谓暗无天日，前景渺茫……幸得马来西亚人民从未放弃对国家独立的争取，经过数十年的搏斗，终于在1957年8月31日夺回了国家的统治权和自主权。由此，马来西亚金融市场迎来了新生。

迎来新生之后，马来西亚金融市场经历了一个从起步、发展、激烈竞争、优胜劣汰、并购重组到垄断竞争的演变过程。1959年，马来西亚的中央银行——马来西亚国家银行（Bank Negara Malaysia）应运而生，总部设在吉隆坡，并在槟城、新山、古晋、亚庇和瓜拉登嘉楼等地开设了分行。随着国家的独立、央行的有效运行和国际经济的蓬勃发展，马来西亚金融市场开始繁荣兴旺起来。1960年，马来西亚最大的商业银行——马来西亚银行有限公司（Maybank）宣告成立，几乎与此同时，大众银行、联昌国际银行、拉希德侯赛因银行和丰隆银行等规模较大的商业银行也相继建立。发展到20世纪70年代，马来西亚的商业银行超过250家，保险公司也一度达到150余家，市场竞争相当激烈，集中度非常之低，大多数公司的市场份额仅有1%—2%[①]。但是，随着1997年亚洲金融危机和2008年全球金融危机的爆发，马来西亚政府下定决心整顿各大金融机构，对银行业、保险业和其他相关金融机构进行了大规模的合并重组，银行企业和保险公司的数量就此急剧减少。发展至今，马来西亚的银行市场由10多家大型银行掌控，保险市场由约15家大型保险公司和数十家中型公司占据，具体如表1所示。

表1　马来西亚金融市场的演变过程及其原因

时间	表现	原因
1957年之前	建设畸形、发展缓慢	金融体系先后被日本和英国牢牢掌控，大部分金融机构均为侵略者的统治服务
1957—1970年	迎来生机、发展加快	国家独立；中央银行建立且运行有效
1971—1989年	发展迅速、竞争激烈	中央银行持续有效运行；国际经济蓬勃发展
1990—2008年	合并重组、数量锐减	随着1997年亚洲金融危机和2008年全球金融危机的爆发，马来西亚政府下定决心整顿金融市场，合并重组各大金融机构
2009年至今	重组完成、垄断竞争	经过政府的整顿重组，马来西亚的银行市场由10多家大型银行掌控，保险市场由约15家大型保险公司和数十家中型公司占据

资料来源：江苏财经信息网. 马来西亚加快金融业重组 [EB/OL]. [2022-12-01]. http://www.jscj.com/tax/info/3107.php.

（2）勃勃今生。经过半个多世纪的演变和发展，马来西亚已经建立起一套结构完整、运转有效的金融体系，该体系主要由金融监管体系、银行市场体系和保险市场体系三者构成。

---

① 资料来源：马来西亚国家银行官网（http://www.bnm.gov.my/）。

其一，马来西亚拥有完整而特殊的金融监管体系。马来西亚的金融监管结构是"多头监管+行业自律"，金融机构不仅需要在中央银行、证券监管委员会和财政部设置的规范下进行经营、开展金融服务，还需要接受诸如银行公会、公司协会的管理，并遵守相关协会制定的规章制度，具体如图4所示。

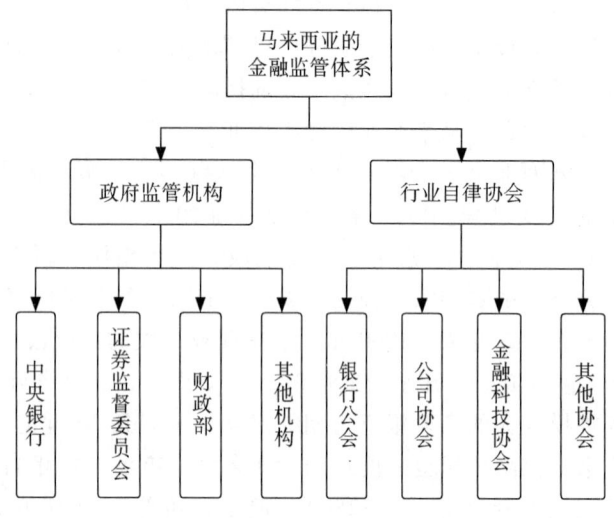

图4 马来西亚的金融监管体系

资料来源：小AI.了解金融监管丨马来西亚：引入行业自律管理，积极推进技术新业态发展［EB/OL］.（2022-05-26）［2022-12-01］.https://www.kchuhai.com/report/view-44867.html.

其二，马来西亚的银行市场体系业已成型。截至2020年12月，马来西亚银行体系由8家本地商业银行、19家外资商业银行、11家投资银行和18家伊斯兰银行组成，如图5所示。此外，截至2022年12月，整个银行体系的总资产已达3.299万亿马来西亚林吉特（约合7669亿美元），形成一定规模。

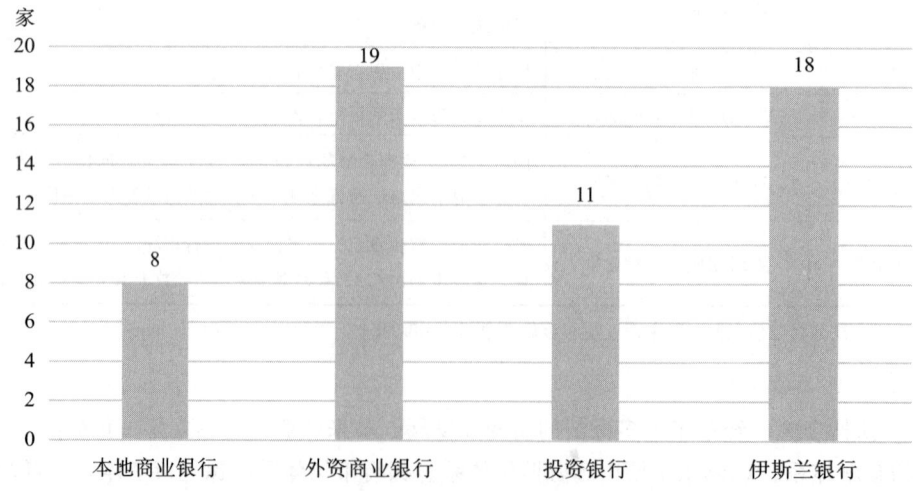

图5 截至2020年12月的马来西亚银行市场结构分布情况

资料来源：马来西亚国家银行官网（http://www.bnm.gov.my/）。

其三，马来西亚的保险市场也初具规模。截至 2022 年 12 月底，马来西亚共有 60 家保险公司，其中寿险公司 15 家，一般业务保险公司 22 家，伊斯兰保险公司 23 家，如图 6 所示。此外，还有财产险协会、寿险协会、伊斯兰保险协会、本地保险公司协会、经纪人协会和公估人协会等 6 家行业组织。

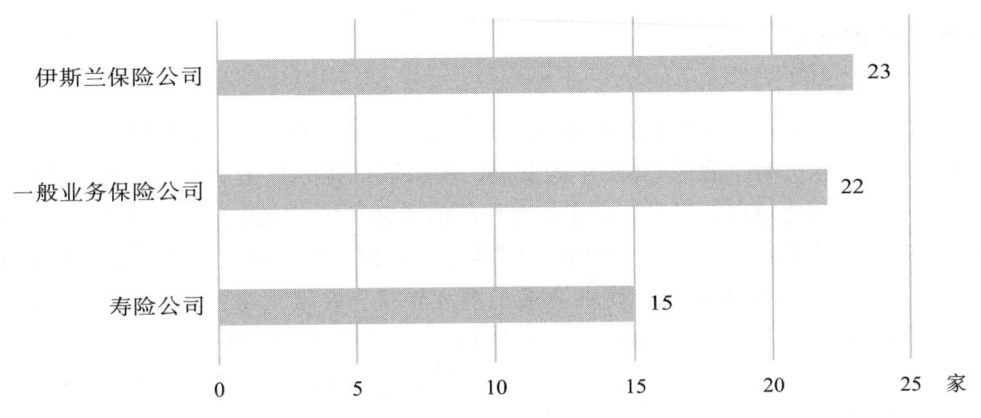

图 6　截至 2022 年 12 月的马来西亚保险市场结构分布情况

资料来源：马来西亚国家银行官网（http://www.bnm.gov.my/）。

总而言之，马来西亚金融市场"麻雀虽小"，但"五脏俱全"，蕴藏着巨大的发展潜力，显现出勃勃的发展生机。

2. 投资沃土，点石成金

马来西亚金融市场是一方肥沃而富饶的投资土地，其不仅拥有独特的地理区位优势，还蕴藏着丰富的自然资源，并具备良好的投资环境，就像一个巨大的黄金保险柜，只要你掌握了开锁密码，就能从中拿走巨额的财富。

第一，马来西亚拥有独特而绝佳的地理位置。从宏观看，其地处两大洲、两大洋的十字中心，南北连接亚洲和大洋洲，东西则通太平洋和印度洋；从微观看，其北马地区毗邻马六甲海峡，而马六甲海峡乃是连接印度洋和太平洋的重要水上通道，这里大部分时间风平浪静而有利于船只通行，日均轮船穿行量可达 200 艘以上。此真乃两大洋交通之咽喉、各国家经济发展之血脉。

第二，马来西亚还拥有丰富的自然资源和较为完备的基础设施。其一，马来西亚是世界第二大棕榈油及相关制品的生产国和出口国、世界第三大天然橡胶出口国；此外，马来西亚的石油和天然气储量丰富，铁、金、钨、煤、铝土、锰等矿产储量也很富余。其二，马来西亚的基础设施也比较完备，政府向来高度重视对高速公路、港口、机场、通信网络和电力等基础设施的投资和建设，特别是高速公路网络十分发达，主要城市中心、港口和重要工业区都有高速公路相互连接沟通。

第三，马来西亚具备良好的投资环境。马来西亚拥有超过 3000 万的人口，全国年消费总额已达万亿林吉特①，当地居民对高效、全面和专业的金融服务有着巨大的需求。另

---

① 资料来源：马来西亚国家统计局官网（http://www.department of Statistics Malaysia Offical Portal）。

外，马来西亚政府长期实行自由而宽松的投资政策，允许外商在马直接投资设立各类企业，许可外商收购本地注册企业股份，甚至并购当地企业，鼓励外国投资进入其出口导向型的生产企业和高科技领域。并且，农业生产、农产品加工和橡胶制品等几十种行业均可享受优惠政策。

三、案例分析

中国银行在马来西亚的耕耘历史由来已久。早在 1939 年，中国银行便在马来西亚的槟城开设了第一家分行，后经 20 多年的发展，中国银行将分行拓展至吉隆坡、芙蓉、怡保和峇都峇辖等重要城市。但是，由于当时严峻的国际环境，上述分行均于 1959 年停业，中国银行的马来西亚耕耘历程被迫中断。1978 年，我国开始实施对内改革、对外开放的政策，中国银行的马来西亚耕耘战略迎来了重大转机。在接下来的 20 多年，中马两国的经济来往不断深入，两国政府也屡次对中国银行"出海"南洋表示支持，当地市场对中国银行回归的呼声也日渐高涨。终于，在 2001 年 2 月 23 日，马来西亚中国银行于吉隆坡正式复业，经营全面的商业银行业务，真可谓"应两国人民之心意，全双方市场之诉求"。

由此，中国银行开启了长达二十一载的马来西亚金融市场耕耘历程。在这 21 年中，中国银行始终贯彻"两条腿走路"战略——一条是持续拓展在马分行，有序开设线下网点，以期辐射马来西亚全境；另一条是不断促进金融产品迭代，推动金融服务创新，力求叠加客户黏性。"拓展分行"和"推新服务"——两条"腿"相互平行，相互依靠，相互配合，共同走出了中国银行深耕马来西亚金融市场的辉煌历程。

（一）步步为营，徐徐图之

中国银行的"拓展分行"策略乃是厚积薄发、精心设计之举。自吉隆坡分行复业至第二家分行——麻坡分行开业，中间度过了长达 8 年的岁月。在这期间，中国银行进行了全面、充分的市场调研、踩点试行和建设筹备，还积极开展了产品讲座宣传、免费服务体验等互动活动，甚至招聘了大量的本地员工，以激发当地居民对中国银行的包容心和对金融产品的购买欲。最终，中国银行决定在吉隆坡总部附近的麻坡、槟城开设第二、第三家分行，其主要原因是这里经济发达且华人众多，金融土壤肥沃。如预期所料，两家分行在开业之后均受到了当地居民的热烈欢迎，业务开展得相当顺利，这为马来西亚分行的营运团队带来了巨大的信心。但在高兴之余，营运团队仍然保持着高度的头脑清醒，始终坚持"步步为营，徐徐图之"的战略方针。

在分行拓展前期，中国银行以西马为主要"战场"，分别在麻坡、槟城、巴生和新山开设分行；直到 2012 年 8 月，经过充分的市场调研，在深度掌握客户的反馈意见和东马各主要城市的经济发展程度之后，并总结在西马开设分行的经验，中国银行才开始向东马进军，在蒲种和古晋开设了分行（见图 7）。5 年后，中国银行在马来西亚开设的马六甲分行正式营业，这标志着"分行开拓"战略基本得以落实，8 家线下网点连接成线，基本辐射住马来西亚全境，尤其是经济较为发达的西马区域。

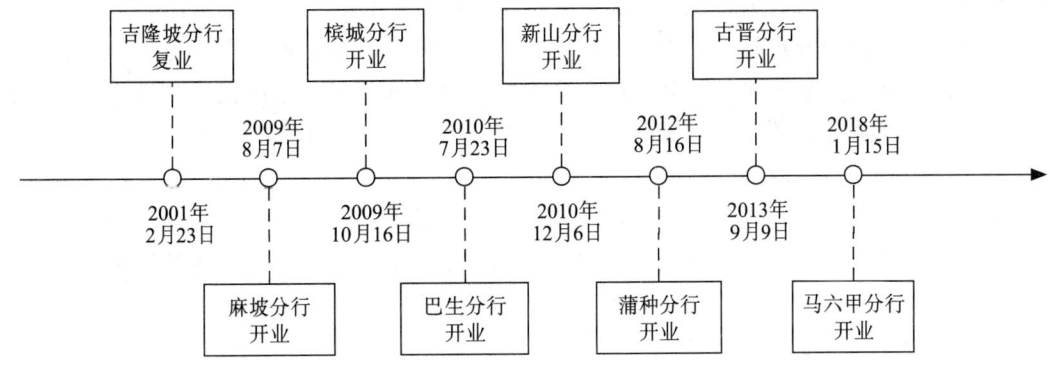

图 7　中国银行在马来西亚开设分行的历程

资料来源：中国银行马来西亚分行官网（https://www.bankofchina.com.my/sc-my/top/about-us/branches.html）。

（二）产品迭代，"基金"远航

与"开拓分行"战略所采取的方针完全不同，"推新服务"战略以自我摸索建设为主，以借鉴国际先进经验为辅，克服种种困难和不利因素，为当地客户磨练出一套全面和专业的金融服务。

1. 全面、专业的金融服务

一方面，中国银行在马来西亚推出的金融服务种类繁多，全面而又专业。其金融产品不仅包含公司金融业务、个人金融业务等普适性的金融服务，还包括外汇资金业务、特色产品与服务等具有马来西亚特色的金融产品。如表2所示，公司金融业务包括透支、定期贷款、银团贷款、信用证和信托收据等金融服务，个人金融业务包括本币往来账户、本币储蓄账户和本币定期存款账户等金融服务，外汇资金业务主要包括代客外汇买卖等金融服务，特色产品与服务主要包括美元转汇款、人民币预结汇转汇款、人民币汇款和马汇通等业务。

表 2　中国银行在马来西亚推出的金融业务

金融业务种类	内容
公司金融业务	透支、定期贷款、银团贷款、信用证、信托收据、票据贴现、包买票据、贸易项下外币贷款、出口信用证融资、银行保函、提货担保及其他金融服务
个人金融业务	本币往来账户、本币储蓄账户、本币定期存款账户、外币账户、本地汇划、汇出国外汇款、汇入汇款、现钞兑换、个人住房贷款、电汇/快捷存票机服务、预付卡、代发工资业务及其他个人服务
外汇资金业务	代客外汇买卖
特色产品与服务	美元转汇款、人民币预结汇转汇款、人民币汇款、马汇通

资料来源：中国银行马来西亚分行官网（https://www.bankofchina.com.my/sc-my/top/about-us/overview/outlet-introduction.html）。

另一方面,中国银行也在积极创新金融产品。随着大数据、区块链和云计算等金融科技的出现,中国银行紧跟时代的步伐,顺势打造出手机银行服务和二维码支付等新型金融业务,将众多金融产品从线下搬到了线上。例如,2017年5月,中国银行顺利投产GPI项目,并成功GPI跨境汇款业务,深化网点智能转型,成为当地首家推出该产品的银行。同年9月21日,中国银行在槟城举行仪式,正式启动在马来西亚最先进的智能银行网点并发布手机银行服务,标志着该行在深耕马来西亚企业客户多年后开始发力零售银行业务。2020年7月9日,中国银行推出跨境银联二维码支付,成为首家推出这项服务的本地金融机构,为本地客户跨境支付、消费搭建了一座更加便捷、安全的"桥梁"。

2. 信托基金:特色产品分析

中国银行在马来西亚推出了众多的金融产品,其中一些产品经受了时间和市场的考验,深受客户青睐,绽放出时代光彩,展现出独特魅力;最典型的产品莫过于信托基金。

中国银行推出的信托基金产品是一种集体投资计划,让投资取向相若的客户将资金汇集在一起形成投资资产组合,而集资池由全职的专业人员管理,并委托受托人保护单位持有人的利益。除此之外,单位信托还允许客户随时访问各种投资工具。由于客户寻求财务资源回报的最大化,单位信托便为客户提供了一个理想的方式以获得比普通存款账户更高回报潜力的投资。

另外,该信托基金产品主要包括固定收入、平衡和股票/股权三种类别与收入、平衡和发展三种类型,每种基金类型都具有严格的基金分配(见表3)。该信托基金产品也分为保守、谨慎、中等、肯定和激进等5种风险评级,风险越高,利润则越大(见表4)。并且,只要满足"马中行客户持有效的身份证或护照"和"投资者须持有马中行储蓄账户或往来账户"两个条件,客户们便能获得该基金产品的购买资格。

表3　中国银行马来西亚分行的信托基金产品类别

基金类别	基金类型	基金分配
固定收入	收入	高达*100%的固定收入证券投资,包括但不限于债券/固定收益/货币市场基金
平衡	平衡	投资混合固定收益和股权类别。资产分配范围从*50:50到高达*20:80,反之亦然
股票/股权	发展	高达*98%的股权或股权相关工具投资

*：每只基金的资产配置都不一样,取决于证券交易委员会(SC)批准的招股说明书。
资料来源:中国银行马来西亚分行官网(https://www.bankofchina.com.my/sc-my/segment/personal-banking/wealth-management/unit-trust.html)。

表4　中国银行马来西亚分行的信托基金产品风险评级

风险评级	风险简介	描述
1	保守	寻求一致可靠的收入的投资者,而不是高风险带来的巨额利润
2	谨慎	投资者风险极低,通常只能产生适度的回报

续表

风险评级	风险简介	描述
3	中等	投资者通过增加一些稳定的股票来减少投资组合风险；中等投资者往往利润更低，但投资组合更稳定；它们在一定程度上抵御了市场的波动
4	肯定	通过平衡投资组合寻求安全的投资者，广泛中长期投资品种
5	激进	投资者关注短期到中期的高回报投资；为了获得这些高回报，他们愿意承担更高的风险；他们的目标是通过快速调整，以投资组合表现超越市场

资料来源：中国银行马来西亚分行官网（https://www.bankofchina.com.my/sc-my/segment/personal-banking/wealth-management/unit-trust.html）。

四、成果与展望

（一）成果颇丰

1. 中国银行方面

（1）"名利"双收。自 2001 年 2 月 23 日在吉隆坡复业以来，历经 21 年的深度耕耘，中国银行在马来西亚金融市场上"名利"双收，所得颇丰。

一方面，中国银行收获了巨额的利润。从 2009 年 8 月 7 日在马来西亚开设第二家分行之后，马来西亚中国银行的营业收入由 2009 年的 0.8 亿元增长到 2021 年的 6.63 亿元，并在 2018 年达到峰值，营业收入高达 9.56 亿元。马来西亚中国银行的净利润也从 2009 年的 0.22 亿元增长到 2018 年的 2.21 亿元，在 2014 年之前的增长率一直高达 20% 以上；疫情影响之下，最近两三年的净利润略有下降，具体如图 8 所示。

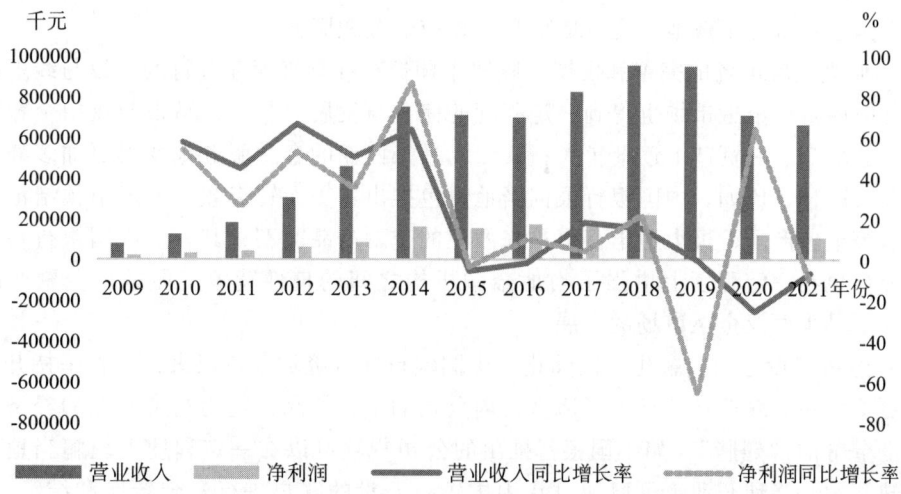

图 8　2009—2021 年马来西亚中国银行的营业收入、净利润情况

资料来源：中国银行马来西亚分行官网（https://www.bankofchina.com.my/）。

另一方面，中国银行还赢得了巨大的美誉。马来西亚中国银行以全面、高效和专业的金融服务"征服"了马来西亚居民，得到了当地客户的广泛赞誉；以紧跟时代、兼具本地特色的金融产品触动了银行领域，被业界普遍认可；以设计周密的战略规划和追求卓越的执着精神震撼了马来西亚乃至整个东南亚的金融市场，获得了各行各业的不绝称赞。

（2）海外市场耕耘经验丰收。自吉隆坡分行复业以来，中国银行在马来西亚的耕耘走过了21个年头，在这期间，中国银行以频繁的市场调研和反复的实践经历磨练出一套行之有效的海外市场耕耘经验。

首先，前期准备，重中之重。初入海外市场，首要的便是进行充分的市场调研，以充分掌握目标金融市场的基本情况。其次，拓展分行与推新产品，缺一不可。拓展分行是基础，分行的开拓可迅速搭建金融服务网络；推新产品是血脉，不断推出新产品才能吸引客户，增加客户黏性；而且，拓展分行和推新产品，犹如双脚，不可偏废，两者合力才能走得长远。最后，客户反馈，尤为重要。每每新建分行、推新产品，都要注重及时收集客户反馈意见，并及时完善相关产品和服务；另外，适当回馈客户也很必要，可不时推出优惠体验以服务当地客户。

随着在马来西亚金融市场耕耘历程的推进，这套经验的逐渐成形、成熟，为中国银行带来了诸多发展利益，不仅为日后深耕马来西亚金融市场点亮了道路，而且为其他海外市场的开拓提供了经验、指明了方向。

2. 马来西亚方面

在中国银行耕耘马来西亚金融市场并从中获得巨大利益的同时，马来西亚也在享有金融服务、促进金融发展和推动经济国际化等方面得到诸多回报。

（1）享有全面、高效和专业的金融服务。中国银行始终以服务客户为中心，秉承追求卓越的精神，在马来西亚推出了诸多金融产品和服务，不仅有面向企业的公司金融业务，还有面向居民的个人金融业务，而且融入马来西亚特色的特色产品与服务，这为马来西亚当地的居民和企业、来马旅行的游客和在马投资的外资企业提供诸多金融便利，当地客户也对中国银行敞开了怀抱，充分地享受了相应的金融服务。

（2）促进金融市场的完善和发展。随着中国银行在马来西亚分行的开设与线下网点的拓展，马来西亚的金融市场也得到一定程度的完善与发展。其一，马来西亚的金融机构在数量上日益增多、在资产上逐渐扩大；其二，马来西亚的金融服务也变得更加多样化、多元化和多层次化，比如，中国银行根据当地特色推出了美元转汇款、人民币预结汇转汇款和马汇通等金融产品，极大地丰富了马来西亚的金融产品类型；其三，中国银行在马来西亚广设分行也在一定程度上增强了当地金融机构之间的良性竞争，促进了金融产品的迭代，推动了马来西亚金融市场的发展。

（3）经济建设走向金融化、国际化。中国银行在吉隆坡复业以来，一直坚持开发金融产品和更迭公司金融业务，推出了诸多面向公司的金融产品，这为马来西亚的经济建设与发展装上金融的"翅膀"，如中国银行推出的公司贷款可以在一定程度上缓解当地企业的资金短缺问题，当地企业也可以通过在中国银行开设的账户进行资金转换和结算。另外，中国银行在马来西亚广设分行也极大地促进了中马两国在经济贸易和金融发展上的交流与合作，为两国的国际化发展战略添上了浓墨重彩的一笔！

（二）展望未来

1. 优化智能网点，拓宽辐射深度

现如今，包括吉隆坡总部在内，中国银行已经在马来西亚建立了 8 家分行，但是其中的大部分分行皆建成于 2015 年之前，分行内部的许多设备开始出现老化和损坏的情况，中国银行为此进行规划，拟在接下来的几年开始优化线下网点，淘汰落后设备，更新老化工具，并计划引进大数据、云计算和区块链等金融科技为线下网点的智能化转型做必要准备。

另外，中国银行通过充分的市场调查，深度掌握了各大网点的辐射现状，基本判断出：西马的网点开设潜力已经有限，东马的网点开设潜力仍然不小。因为东马区域还有一些金融需求大的城市尚未被辐射，未来中国银行可考虑在亚庇、古达等经济较为发达、人口密度较大的东马城市开设新网点。

2. 运用金融科技，推进产品创新

随着大数据、人工智能和区块链等金融科技的出现，传统金融产品遭受了颠覆性的冲击，正所谓"危机之中往往暗藏着机遇"，金融科技的出现也为金融产品的创新提供了全新的动力源泉和技术准备。

中国银行正紧跟着时代的步伐，充分响应当地市场的呼声，打算进一步利用金融科技，促进线下网点智能转型并逐渐向线上发展，还准备将金融科技与金融业务充分结合，推出诸如科技担保、科技信贷等新型金融产品。

五、案例启示

（一）国际化发展大势所趋，全新化市场细心耕耘

纵观当今国际之形势，经济全球化大势所趋，机遇和挑战并存，潜力和困难齐飞。20 世纪 80 年代，面对经济全球化的滚滚长流，中国银行不惧国际金融市场的激烈竞争，着眼全新市场的巨大潜力，毅然挺立潮头，开启国际化发展战略，先后恢复了在亚洲、欧洲、北美洲和大洋洲的分行，并在已有分行的几十个国家新设了诸多线下网点，然后重点经营以马来西亚为首的东南亚金融市场，精心制定拓展分行、推新服务的"两条腿走路"战略，以全面、高效和专业的金融服务深度耕耘马来西亚金融市场二十余载，为自身创造了"名利"双收的辉煌成果。

因此，对于规模庞大或者志存高远的企业，经济全球化乃是大势所趋，各类金融机构更不应该故步自封，回避国际化发展浪潮，反而要勇立潮头，乘经济全球化之东风，制定周密战略规划，细心经营全新化市场，充分开发其潜力。

（二）共性与个性：开发新兴市场之匙

中国银行成功开发马来西亚金融市场的秘诀乃是深刻掌握了金融市场的共性和马来西亚金融市场的个性，并因地制宜，制定出针对性的开发策略。为打开马来西亚金融市场的

大门，中国银行先是充分借鉴国际先进经验，推出如公司金融业务、个人金融业务等具有普适性的金融服务；再根据马来西亚的经济发展现状、人口结构和习俗习惯，推出如马汇通、人民币预结汇转汇款等特色化的金融产品。依托共性化服务和个性化产品，中国银行在马来西亚的经营"脚步"愈加稳健。

因此，开发新兴金融市场不仅要对金融市场的普遍性拥有深刻的了解，擅于灵活借用他人的经验；而且要对具体的金融市场有着全面的认识，并制定出针对性的方案，走出自己的道路。通过共性与个性的结合，市场耕耘者才能更好地融入当地，开发出该金融市场的潜力。

（三）激发客户需求，变被动为主动

开发全新的金融市场，有一个忌讳需要极力规避，即盲目地输出自己的产品。一味单向输出自己的金融产品，公司的客户群体将被完全固定，并且，若不及时推新产品，随着客户厌倦心理的产生，相应的受众还会逐渐减少，长此以往，该公司很快便会失去已有的市场份额。中国银行便充分认识了这一忌讳，始终贯彻"良性互动"的方针。在马来西亚，中国银行不仅实行拓展分行、推新产品等单向输出策略，而且积极开展产品讲座宣传、免费服务体验等互动活动，甚至招聘了大量的本地员工，这不但激发了当地居民的包容心，而且充分调动出当地居民的购买欲。如此，中国银行巧妙地将"单向输出"转变成当地居民的"主动迎合"，完全逆转了形势，变最初的被动为如今的主动。

因此，开发全新的金融市场，需要时刻铭记"单向输出"的忌讳，充分调动目标金融市场的包容心和积极性，持续激发客户需求，以掌握市场的主动权。

（四）重视金融产品的迭代推新，思量耕耘速度的"有理有节"

在耕耘马来西亚金融市场的历程中，中国银行对金融产品的迭代和耕耘速度的规划给予了充分的重视和思量。从 2001 年 2 月 23 日在吉隆坡复业开始，中国银行根据国际的先进经验和马来西亚的独有特征，持续促进金融产品的迭代推新，由最初的信托收据、票据贴现和包买票据等日常公司业务已经推新至如今的人民币预结汇转汇款、马汇通等特色金融产品。与此同时，中国银行也频繁开展市场调研，以充分掌握当地居民对新产品的反馈意见和马来西亚各主要城市的经济发展情况，始终坚持"步步为营，徐徐图之"的战略方针，谨慎地推出产品、开设分行，并不断调节耕耘的速度和发展的节奏，终于达成如今"花香满园"之局面。

因此，耕耘全新的金融市场是一个漫长而精细的过程，不但需要耐心地促进金融服务的迭代、推动金融产品的创新，而且需要谨慎地控制金融市场开发的节奏、调节金融市场耕耘的速度。

【参考文献】

[1] 赵洪. 马来西亚的金融体系与货币政策 [J]. 亚太经济, 1995 (03)：25-29.

[2] 汪舟. 1999-2000 年泰国、马来西亚的经济发展与展望 [J]. 南洋资料译丛,

2000（04）：49-59.

[3] 王丽瑛. 马来西亚：热带乐土 投资宝地[J]. 世界机电经贸信息，2003（12）：21-23.

[4] 许利平. 解析马来西亚的伊斯兰金融系统[J]. 东南亚研究，2004（01）：17-20.

[5] 赵洪. 马来西亚金融发展的政治经济学分析[J]. 东南亚，2005（02）：22-28.

[6] 赵洪. 试析马来西亚伊斯兰金融业的发展[J]. 东南亚纵横，2006（07）：49-52.

[7] 何启才. 华人与外来华商在马来西亚的经济活动[J]. 东南亚纵横，2012（09）：44-49.

[8] 韦朝晖. 马来西亚：2012-2013年回顾与展望[J]. 东南亚纵横，2013（04）：34-39.

附件

一、中马签署的经济贸易条约

1. 中华人民共和国政府和马来西亚政府关于对所得避免双重征税和防止偷漏税的协定（1986/09/14 生效） http：//www.chinatax.gov.cn/n810341/n810770/c1153105/5027000/files/11531056.pdf.

2. 中华人民共和国政府和马来西亚政府民用航空运输协定（1987/09/09 生效） https：//law.wkinfo.com.cn/international-treaties/detail/NTAxMDAwMDU1NDk%3D?module=&fromType=qrcode.

3. 中华人民共和国政府和马来西亚政府海运协定（1987/09/09 生效） https：//code.fabao365.com/law_20333.html.

4. 中华人民共和国政府和马来西亚政府关于相互鼓励和保护投资协定（1990/03/31 生效） https：//code.fabao365.com/law_11034.html.

5. 中华人民共和国政府和马来西亚政府关于未来双边合作框架的联合声明（1999/05/31 生效） https：//xueshu.baidu.com/usercenter/paper/show?paperid=bee5466c08015b88bf3d7bb10067cd26&site=xueshu_se.

6. 中华人民共和国政府与马来西亚政府关于在世界贸易组织技术性贸易壁垒协定领域合作谅解备忘录（2004/05/28 生效） https：//law.wkinfo.com.cn/international-treaties/detail/NTAxMDAwMDU2MjA%3D?module=&fromType=qrcode.

7. 中华人民共和国政府与马来西亚政府关于外交与国际关系教育合作的谅解备忘录（2004/05/28 生效） https：//law.wkinfo.com.cn/international-treaties/detail/NTAxMDAwMDU2OTA%3D?module=&fromType=qrcode.

8. 中华人民共和国政府和马来西亚政府关于扩大和深化经济贸易合作的协定（2011/04/28 生效） https：//www.pkulaw.com/eagn/f341155cea3bcd35dfd6866144f007c1bdfb.html?isFromV5=1.

9. 区域全面经济伙伴关系协定（RCEP）（2022/01/01 生效） 协定附件二服务具体承

诺表（马来西亚服务具体承诺）http：//fta. mofcom. gov. cn/rcep/rceppdf/11% 20MY's% 20Annex% 20Ⅲ. pdf.

二、马来西亚与经济贸易相关的重要法规

1. 《海关法》http：//my. mofcom. gov. cn/article/ddfg/haiguan/200211/200211000 49841. shtml.

2. 《反倾销法》https：//www. miti. gov. my/index. php/pages/view/contentb6e1. html.

3. 《反补贴法》http：//www. commonlii. org/my/legis/consol_act/caada1993382/.

4. 《对外贸易公司法》http：//www. commonlii. org/my/legis/consol_act/metdca19 92481/.

5. 《版权法》http：//www. commonlii. org/my/legis/consol_reg/copoir1987549/.

6. 《专利法》http：//www. commonlii. org/my/legis/consol_reg/pr1986218/.

7. 《贸易法》http：//www. commonlii. org/my/legis/consol_reg/tdmopmr1994591/.

8. 《亚洲开发银行法》http：//www. commonlii. org/my/legis/consol_act/adba196 61991279/.

9. 《出口税转让法》http：//www. commonlii. org/my/legis/consol_act/aoedoa19641 989502/.

10. 《航空运输法》http：//www. commonlii. org/my/legis/consol_act/cbaa1974125/.

11. 《海上货物运输法》http：//www. commonlii. org/my/legis/consol_act/cogbsa 19501994271/.

12. 《引渡法》http：//www. commonlii. org/my/legis/consol_act/ea1992149/.

13. 《进口关税法》http：//www. commonlii. org/my/legis/consol_act/ida1992275/.

14. 《知识产权法》http：//www. commonlii. org/my/legis/consol_act/ipcoma2002493/.

案例9：数字化服务赋能新发展格局
——银联国际与菲律宾 Cebuana Lhuillier 银行的数字化改革之路

一、引言

2020年对于全世界来说都是不平凡的一年，突如其来的新冠疫情对各行各业都造成了巨大冲击，作为支持实体经济的重要力量，金融业在这场没有硝烟的疫情攻坚战中发挥着至关重要的作用。同样是2020年，中共中央政治局常务委员会会议首次提出了构建国内国际双循环相互促进的新发展格局，在新发展格局下，统筹金融业良性发展并将其作为应对新冠疫情对实体经济冲击的关键解决办法，精准施策，打赢疫情防控阻击战。也正是在这一年，银联国际和菲律宾 Cebuana Lhuillier 银行签订协议，将在菲律宾发行600万银联卡，并在提升数字化服务方面达成一系列长期合作协议，通过对数字化服务质量的提升赋能新发展格局。

二、案例背景

（一）全球金融数字化大趋势

数字化已经融入经济生活的方方面面，当今世界正在经历第四次工业革命，人类社会开始进入数字经济时代，各种金融机构都在寻求数字化转型方式，以求高效率进行金融数字化转型。未来10年，数字化转型将成为全球金融机构的重点工作方向，为提升金融机构业务能力，节约金融机构经营成本，传统的经营模式已经无法满足现代化发展需求，运用互联网、人工智能、大数据等数字化金融工具赋能新发展格局，是金融机构面对全球竞争环境所必须做出的努力。在2020年，新型基础设施建设进入高层布局，表明我国已经将数字化发展放在关键位置，全球金融数字化已势在必行。

（二）"一带一路"背景下的中国—东盟金融新发展格局

"十四五"规划纲要提出，要加快构建以国内大循环为主体，国内国际双循环相互促进的新发展格局。东盟已经成为中国最大的贸易伙伴，构建中国—东盟命运共同体，促进中国—东盟自贸区建设，是"一带一路"倡议背景下符合双方利益，符合时代潮流的重大决议。2004年，第一届东博会在南宁举办，至今已经连续成功举办19届，南宁已经成为中国—东盟经贸合作的重要桥梁，在中国和东盟国家共建"一带一路"中发挥着重要作用。

全球经济受疫情冲击，世界贸易萎缩、人员往来受阻，在这种情形下中国—东盟贸易额于 2021 年达 8782 亿美元，同比增长 28.1%。其中，中国对东盟出口 4836.9 亿美元，同比增长 26.1%；自东盟进口 3945.1 亿美元，同比增长 30.8%。东盟连续第二年成为中国第一大贸易伙伴。在东博会框架下共举办了 200 多个会议论坛，涵盖海关、检验检疫、金融、港口、物流、文化、科技、卫生、教育等 40 多个领域[①]，形成全方位合作机制，促成面向东盟的金融开放门户、中国—东盟信息港等一批重大机制和重大项目落地，为中国—东盟多领域交流合作不断注入新动力新活力。

2020 年 11 月 25 日，中国和东盟十国以及日本、韩国、澳大利亚、新西兰共同签署《区域全面经济伙伴关系协定》，意味着中国—东盟经贸关系迈入新阶段，同时，数字经济也引起广泛关注，如何做好数字经济模式转型，利用新技术发展经济，加强中国和东盟各国的合作是需要重点关注的问题。

（三）菲律宾 Cebuana Lhuillier 银行概述

菲律宾 Cebuana Lhuillier 银行，全名 Cebuana Lhuillier Rural Bank（以下简称 CLRB），始建于 1998 年 6 月，是 PJ Lhuillier, Inc. 的银行部门，该银行成立之初就是为了给经济条件不太好的菲律宾人提供"负担得起"的银行服务。该行提供的产品，从满足微型、小型和中型客户需求的储蓄，到为客户提供易于申请的一系列便利贷款。提供的各种其他服务包括账单支付、负载充值和资金转移。为了实现普惠金融，CLRB 已经在菲律宾建立 5 个分支机构，并计划在菲律宾全国扩大其业务。目前，正在通过其现金代理 Cebuana Lhuillier 扩大其影响范围，设立 2500 个分支机构和 2 万个合作网点，以实现更为广泛的普惠金融互联互通[②]。该行正准备建立一个金融生态系统，使菲律宾人能够过上"负担得起"的银行生活方式。CLRB 计划通过教育、鼓励和向更多缺乏银行服务的人群提供银行服务来克服储蓄障碍。

CLRB 计划于 2025 年成为为菲律宾缺乏银行服务人群实现金融数字化服务的最大推动者，并建立一个金融普惠生态系统，使客户能够过上"负担得起"的数字银行生活方式。该行主营中低端市场，解决缺乏银行服务的菲律宾人金融服务问题。在 2019 年菲律宾农村银行资产排名中，CLRB 排行第八，能够在建立银行短短的 21 年时间就达到这样的成绩，与该行致力于中低端市场，将金融普惠作为工作中心的宗旨是分不开的。从 2019 年开始，CLRB 开始发展数字金融服务，推出银行手机客户端 APP，逐步完善数字金融服务，于 2020 年与银联国际合作推出 600 万张 24K 银行卡，并推出自动柜员机、无现金支付等现代化数字金融服务功能，至 2021 年 3 月，CLRB 已经有 500 万微储蓄账户持有人[③]。

---

① 中华人民共和国商务部官网（http://www.mofcom.gov.cn/）。
② 菲律宾 Cebuana Lhuillier 银行官网（https://www.cebuanalhuillierbank.com）。
③ 菲律宾 Cebuana Lhuillier 银行官网（https://www.cebuanalhuillierbank.com）。

三、案例分析

(一)银联国际顺应数字化发展趋势,积极联动境内外银行,着重服务"一带一路"沿线国家和地区

1. 银联国际与"一带一路"沿线国家和地区合作历程

"一带一路"倡议提出以来,银联推动区域内形成互联互通的支付网络。目前,沿线已有106个国家和地区开通银联业务,累计发行超过4300万张银联卡,受理覆盖逾1200万家商户和80万台ATM,比倡议提出前分别增长超过25倍、8倍、3倍[①]。在持续扩大银联卡受理面的基础上,银联国际正通过本地发卡、留学生服务、创新业务等多个方面,双向支持中国与"一带一路"沿线国家的人员往来。目前,在"一带一路"涉及的60多个国家和地区,有近50个国家和地区已经可以使用银联卡。近年来,银联国际发卡地区主要集中于"一带一路"沿线地区,银联国际于海外发行的银行卡中,有近70%的发行地区为"一带一路"沿线地区[②]。银联国际与"一带一路"沿线国家和地区部分合作内容如表1所示。

表1 银联国际与"一带一路"沿线国家和地区部分合作内容

时间	事件内容
2012年11月	银联国际成立:银联国际是中国银联负责运营国际业务的子公司
2013年9月	"一带一路"倡议提出,自此以后银联国际为践行"一带一路"倡议,与"一带一路"沿线国家和地区紧密合作,发行银联卡,开通银联服务
2015-2016年	银联国际于哈萨克斯坦累计发行银联卡110万张,当地ATM和POS终端银联卡受理覆盖率达70%以上
2015年11月	银联国际助力老挝建设国家银行卡支付系统上线
2016年	银联国际于巴基斯坦累计发行银联卡200万张
2016年2月	银联技术标准建成泰国本地转接网络TPN正式上线("泰国支付网络"上线)
2017年1月	阿联酋开通银联云闪付服务,阿联酋马仕里格银行将在之后的半年内,实现旗下1.5万台POS机终端可用云闪付
2017年6月	银联国际二维码支付服务落地中国香港、新加坡
2017年12月	"云闪付"APP上线,用于"一带一路"沿线国家和地区的金融服务
2019年4月	银联国际与老挝、印度尼西亚、泰国、阿联酋、乌兹别克斯坦等5国主流机构在北京签署合作协议,内容涵盖银联卡传统发卡、数字化发卡及银行卡支付转接系统建设等,同时宣布马来西亚首家本地主流银行发行银联信用卡
2020年11月	与菲律宾Cebuana Lhuillier银行签署协议,约定未来两年内发行600万张银联卡

---

① 中国新闻网(https://www.chinanews.com/)。
② 银联国际官网(https://www.unionpayintl.com/)。

续表

时间	事件内容
2021年8月	与塔吉克斯坦国际银行合作，推出第一个非接电子钱包，银联也成为当地首个提供手机非接支付服务的支付品牌。至此，境外支持银联卡的电子钱包数量达到100个，受理银联移动支付服务的商家突破1000万家
2022年1月	在塞尔维亚中央银行（塞尔维亚国家银行）支持下，与当地国家支付卡系统DinaCard开展合作，推出银联-DinaCard双品牌卡。这是当地首次发行银联卡，境外发行银联卡的国家和地区达到75个

资料来源：银联国际官网（https://www.unionpayintl.com/），央广网（https://www.cnr.cn/），新浪网（https://www.sina.com.cn/），人民网（http://www.people.com.cn/）。

2. 银联国际为在菲律宾推行数字化服务所做的努力

菲律宾作为一个典型的农业国，工业不发达，金融体系构建不完善，迫切需要外来力量助力其发展数字化金融。2005年开始银联就已经在菲律宾开展具体业务，2012年银联国际成立后，银联与菲律宾的相关合作全部转交给银联国际负责。"一带一路"倡议提出之后，作为"一带一路"沿线国家，东盟十国之一的菲律宾，银联国际加强了与其合作的步伐。一方面，增发银联卡，增加银联卡在菲律宾人经济生活中的影响力，截至目前，菲律宾已经有90%以上商户、POS机等银行卡终端支持银联卡[1]；另一方面，在菲律宾大力推进无卡支付等数字金融服务，利用"云闪付"APP让数字支付走入菲律宾寻常百姓家。

（二）菲律宾Cebuana Lhuillier银行在菲律宾推行数字化服务的必要性

菲律宾Cebuana Lhuillier银行创立于1998年，创立时间短、银行根基浅、客户数量相对较少，该行与银联国际的合作可以说对其发展大有裨益。在全球数字化经济的大环境下，所有金融机构都在追求数字化转型，CLRB要想在这种大环境中发展得更好，就必然要在数字化发展方面下功夫。2019年3月，CLRB推出手机客户端eCebuana，正式走上数字化改革之路，2020年4月，eCebuana移动应用2.0版本发布，增强了其功能。CLRB数字化转型的直接结果就是2021年3月，其储蓄用户就已经突破了500万人。在推行数字化服务的道路上，CLRB才刚刚起步，要让更多的菲律宾人享受CLRB所推行的"负担得起"的数字化银行服务，这家服务于中低端市场的银行还有很远的路要走。

（三）银联国际与Cebuana Lhuillier银行合作发行600万张银联卡

2020年11月25日对CLRB来说是一个重要的日子，银联国际宣布与其达成合作，将从当年12月开始，两年内发行600万张银联卡，这是菲律宾首次大规模发行银联卡，也是当年"一带一路"沿线规模最大的银联卡发卡项目。中国银联总裁兼银联国际董事长蔡剑波、Cebuana Lhuillier集团总裁Jean Henri Lhuillier出席线上发卡仪式。

此次银联国际与CLRB联合发行600万张银联卡，不仅仅只是单纯发卡，还是对菲律宾群众金融服务的深化落实，可以预见，当这600万张银联卡落实发行，都掌握在菲律宾

---

[1] 央广网（https://www.cnr.cn/）。

人手中的时候，银联国际与CLRB的金融服务将逐步融入菲律宾人生活的每一个角落。对于CLRB而言，2021年3月其微储蓄用户才突破500万，要是能落实600万张银联卡，其用户数量、资产规模都将会上升一个大台阶。疫情发生后，消费者对安全、便利的支付服务需求增强。此次发卡项目通过标准合作带动产品合作，是银联国际丰富本地化业务拓展方式，在特殊时期加速服务"一带一路"沿线国家和地区居民的创新举措。

（四）银联国际与Cebuana Lhuillier银行预期未来将合作推出更多数字化服务内容

为更好地服务"一带一路"沿线居民，特别是受到疫情冲击下，更好地实现现代化发展，银联国际除了与"一带一路"沿线国家和地区进行业务合作以外，应重视开展基本技术层面的合作，助力更多沿线国家的数字化发展。未来，银联将发挥在区块链、智能风控、大数据分析等领域的技术优势与经验，持续丰富合作内容，助力Cebuana Lhuillier集团数字化转型，更好地服务用户，支持当地普惠金融发展。当前，Cebuana Lhuillier银行已实现在智能无人柜台、数字支付两个方面进行数字化服务转型，未来借助银联国际带来的新技术新经验，可以全方位转型数字化银行，服务好银行用户。凭借银联覆盖广泛的受理网络和技术能力，双方合作将有助于提升CLRB的服务能力，在疫情期间为数百万菲律宾居民提供服务，进一步推行普惠金融。

四、案例后续影响和合作优势

（一）积极响应国家政策，助力中菲友好合作

中国和菲律宾是传统友好邻邦，两国一衣带水，隔海相望，血缘相亲、文缘相通、民缘相融，传统友谊源远流长。建交45年来，两国务实合作不断深化，经济文化各领域取得了较大成绩。"一带一路"倡议提出以来，中菲双方高层交流更为频繁，经贸合作达到了新的高度，同时为两国人民提供了一个全新的文化交流平台，促进了两国民心相通。银联国际通过发行银联卡、推进数字化服务等方式，增加了菲律宾人民可获得的现代化金融服务，提升了菲律宾人民对中国金融企业的认同感，对中菲两国友好合作起到了极大的积极作用。

（二）服务"一带一路"沿线人民，实现普惠金融目标

支付是实现"一带一路"倡议"五通"的重要一环。银联持续在"一带一路"沿线加大支付服务力度，发卡、创新产品落地均取得积极进展，并与区域内国家在支付体系建设方面开展合作。近年来，银联持续加大对"一带一路"沿线市场和业务领域的资源倾斜和投放，将合作意愿转化为具体项目逐一落地。银联国际以多种方式支持"一带一路"倡议实施，在持续扩大银联卡受理面的基础上，银联国际正通过本地发卡、留学生服务、创新业务等多个方面，双向支持中国与"一带一路"沿线国家和地区的人员往来。此次银联国际与CLRB的合作能够实现普惠金融目标，服务基层广大菲律宾群众，最为关键的一点

在于 CLRB 的业务重点聚焦于基层，主要服务于小、微型储户，金融普惠工作就是要服务于那些缺乏金融服务的基层群众，银联国际通过与 CLRB 的合作可以让金融服务走入菲律宾千家万户。

（三）提升 Cebuana Lhuillier 银行的金融服务能力

菲律宾 Cebuana Lhuillier 银行的使命是要建设一家菲律宾人民"负担得起"的农村银行，将金融服务带给每一位菲律宾人。银联国际与 CLRB 的合作协议可以使得 CLRB 从传统的储蓄服务到新型数字化金融服务全方位提升其服务能力。银联国际助力 Cebuana Lhuillier 银行微型储蓄产品发展，使大多数缺乏金融服务和没有银行账户的菲律宾人具有进行储蓄的可能。自 2019 年与小额金融服务巨头 Cebuana Lhuillier 合作推出以来，微储蓄推动了许多菲律宾人的金融赋权，无论他们的社会经济地位如何。Cebuana Lhuillier 通过担任客户的现金代理，菲律宾人可以获得更为简化、安全、负担得起和可靠的银行服务，特别是在面对新冠疫情的冲击下，这更是菲律宾人所迫切需要的服务，至 2021 年，Cebuana Lhuillier 微型储蓄已经有超过 500 万储蓄账户持有人。普惠金融一直是 Cebuana Lhuillier 的业务核心，这反映在其为全国许多社区提供的产品和服务上。Cebuana Lhuillier 微储蓄的推出强调了可访问性的重要性，以节省资金，其通过 Cebuana Lhuillier 在全国的许多分支机构使其对菲律宾全国推行微型储蓄服务成为可能。

Cebuana Lhuillier 银行通过与 BancNet 和银联国际的合作，增加了二维码技术，在保证安全、可靠的同时提升其银行手机客户端 eCebuana 的服务能力。客户现在可以使用最新的功能，将他们的微型储蓄账户从一个基本的现金存款账户转变为一个更强大、更可靠、全方位服务的储蓄账户。通过与 BancNet 的合作，除了 CLRB 的现金代理公司 Cebuana Lhuillier 在全国拥有 2500 多家网点，还可以利用 BancNet 的 21000 多台 ATM 机和 114 家会员银行，轻松地利用自己的资金。与银联的合作进一步允许账户持有人通过超过 35 万个 POS 终端以及全国各地的合作商户进行借记卡支付①。客户们现在可以通过银联芯片卡获得更高的支付安全性，使用银联非接触式技术，只需轻按即可快速支付，而且无须携带大量现金，提升了支付的便利性。完整的在线访问同样提供了更高效和更强大的 eCebuana 应用程序，允许通过 Instapay 转账、账单和公用事业支付、eLoad 功能、保险购买等服务，并即将增加典当票续签和珠宝购买服务。由于采用在线注册方式，所有这些服务都在确保安全的同时变得更为便利。最后，Cebuana Lhuillier 微储蓄携手 BancNet 和银联国际迈出了未来的步伐，在 eCebuana 应用程序中启用二维码技术。该功能将能够实现无缝和安全的转账和零售支付。

（四）以数字支付带动其他数字化服务，为现代金融数字化奠定基础

数字化支付，主要是指通过计算机、移动智能设备等硬件设施和人工智能、通信技术等数字科技手段实现的数字化支付方式。在中国，微信支付和支付宝支付属于典型的数字支付，而在东盟国家中，暂未出现垄断级的数字支付方式，其数字支付市场也存在相当大

---

① 菲律宾 Cebuana Lhuillier 银行官网（https://www.cebuanalhuillierbank.com）。

的空白，对于广大投资者而言，东盟市场存在巨大的潜在机遇。更为重要的是，在疫情的冲击下，东盟数字化支付迎来快速发展，东盟各国的金融机构都加速推进数字化转型，银联国际紧紧抓住市场机遇，在菲律宾大力推行数字化支付，同时"以点带面"方式，通过数字化支付推行其在区块链、云计算、人工智能等数字化领域的技术，与 Cebuana Lhuillier 银行实现双赢，双方共同促进、共同发展。

五、案例启示

（一）以中国经验带动他国金融发展，推动国际金融一体化

随着全球经济一体化进程的不断加快，国与国之间金融合作广度、深度、力度趋于强化。2016 年 10 月 1 日，人民币加入国际货币基金组织特别提款权，自此以后中国与世界经贸联系愈发紧密。《区域全面经济伙伴关系协定》（RCEP）落地之后人民币在东盟区域的使用率急速上升，2021 年中国—东盟跨境人民币结算量 4.8 万亿元，同比增长 16%，10 年来增长近 20 倍。

改革开放以来，我国充分借鉴国际经验，根据自身国情和发展速度加以吸收利用，形成"中国经验"，走出一条又好又快的发展之路从。改革开放前期的"国际经验中国化"到进入改革成功经验受益于他国的"中国经验国际化"，以"中国经验"带动他国金融发展。银联积极布局全球市场，推动银联的成功经验、高新技术走出国门，提升了银联的国际声誉，同时让世界了解了中国金融企业的实力。对于菲律宾这类欠发达的东盟农业国，对中国经验、中国技术、中国资金的需求度非常高，银联国际和 CLRB 的合作案例起到很好的示范作用。

（二）实现普惠金融的国际化、全面化，确保落到实处细处

根据人民民众的金融需要，银行业通过数字化转型，不断开拓普惠金融新局面，将金融服务工作落到细处，惠及千家万户。根据有关国际组织报告，中国普惠金融服务已达到世界先进水平，电子支付、数字信贷等都居于全球领先地位。在我国金融普惠工作取得巨大成果的同时，如何让金融普惠实现国际化，让全世界更多地区的民众享受普惠金融的成果，是"一带一路"倡议实施的初衷，是我们必须努力做到的。

发展普惠金融的关键之处，就是要加强小微企业和弱势群体的金融服务。而这正好与 CLRB 的宗旨不谋而合，特别是在面对新冠疫情冲击的艰难条件下，更要将金融服务落到实处细处，普惠金融不是一个人或一个国家的普惠金融，是全世界人民的普惠金融。

（三）深入调研合作国潜力领域，提升合作"双效"，形成示范效应

菲律宾金融生态圈里 4 个市场规模增速最快的垂直业务领域分别为借贷、支付、数字钱包和汇款业务。随着经济的快速发展，菲律宾金融业务正在逐步扩大，参与者层次众多，银联国际通过深入的市场调研，充分了解菲律宾的市场结构及其潜力领域，在支付、数字钱包等业务领域与 CLRB 达成长期合作。这次合作不仅仅能够为双方都带来不菲的经

济收益，产生巨大的社会效益，而且无论在短期还是长期都将为双方带来巨大收益，大大提升合作"双效"，给更多的国内机构、投资者作出投资菲律宾的投资示范，实现多重示范效应，逐步形成中菲友好合作的良性循环。

（四）大力发展数字金融，实现金融现代化

此次银联国际与菲律宾 Cebuana Lhuillier 银行合作过程中，时任中国银联总裁兼银联国际董事长蔡剑波多次提及"数字金融""金融现代化"等字眼，强调本次合作是以银联国际数字化金融技术为基础，向 CLRB 提供数字化转型服务。数字金融发展离不开金融科技水平的支撑，银联国际利用其在金融技术上的领先地位，在国际上大力推广发展数字金融，其典型事例就是在"一带一路"沿线国家和地区推出银联卡、提供云闪付，在数字支付领域抢先占领国际高地。2022 年 6 月，中国银保监会办公厅印发关于进一步做好受疫情影响困难行业企业等金融服务的通知，提出"要大力发展数字金融，在人工智能、大数据、区块链、云计算等数字金融领域开展流程和业务创新，以应对疫情环境下的经济发展困难局面"。为积极响应国家政策，大力发展数字金融，通过数字金融工具，引导市场资金与现代化科技相联系，着力推动实现金融现代化建设。

【参考文献】

［1］陈永胜，龚征旗，王艳苹. 数字金融对外商直接投资的影响［J］. 金融发展研究，2023 - 1 - 20. DOI：10.19647/j. cnki. 37 - 1462/f. 2023.01.002.

［2］尹少华，罗汉祥. 数字金融、技术创新与区域经济增长［J］. 贵州财经大学学报，2023（01）：41 - 49.

［3］蔡辉明. 银联国际加快拓展跨境数字化支付业务［J］. 中国信用卡，2019（04）：18 - 21.

［4］郝国胜，耿哲臣，蒲红霞. 数字普惠金融与可持续减贫——来自"一带一路"沿线国家的证据［J］. 东北大学学报（社会科学版），2022，24（03）：22 - 31.

附　录

一、中菲的经济贸易条约

1. 中华人民共和国政府和菲律宾共和国政府关于鼓励和相互保护投资协定（1995/09/08 生效）https：//law. wkinfo. com. cn/international - treaties/detail/NTAxMDAwMDEzODA%3D?module = &fromType = qrcode.

2. 中华人民共和国政府和菲律宾共和国政府关于二十一世纪双边合作框架的联合声明（2000/05/16 生效）https：//code. fabao365. com/law_14756. html.

3. 中华人民共和国政府和菲律宾共和国政府关于对所得避免双重征税和防止偷漏税的协议（2002/01/01 生效）https：//law. wkinfo. com. cn/international - treaties/detail/NT-

AxMDAwMDAxMDg%3D? module = &fromType = qrcode.

4. 中华人民共和国政府和菲律宾共和国政府关于加强农业及有关领域合作协议（现行有效）https：//law. wkinfo. com. cn/international‒treaties/detail/NTAxMDAwMDQ2NDY%3D? module = &fromType = qrcode.

5. 中华人民共和国政府和菲律宾共和国政府关于促进贸易和投资合作的谅解备忘录（现行有效）https：//law. wkinfo. com. cn/international‒treaties/detail/NTAxMDAwMDEzODE%3D?module = &fromType = qrcode.

6. 中华人民共和国政府和菲律宾共和国政府关于扩大和深化双边经济贸易合作的框架协定（现行有效）https：//law. wkinfo. com. cn/international‒treaties/detail/NTAxMDAwMDQ2NDg%3D?module = &fromType = qrcode.

7. 中华人民共和国政府和东南亚国家联盟成员国政府海运协定（2007/11/02 生效）https：//law. wkinfo. com. cn/international‒treaties/detail/NTAxMDAwMDM5MjU%3D?module = &fromType = qrcode.

8. 中华人民共和国政府与东南亚国家联盟成员国政府全面经济合作框架协议服务贸易协议（2007/01/14 生效）https：//law. wkinfo. com. cn/international‒treaties/detail/NTAxMDAwMDU3MTQ%3D?module = &fromType = qrcode.

9. 中华人民共和国政府和菲律宾共和国政府关于海关事务的互助协定（2010/04/23 生效）https：//law. wkinfo. com. cn/international‒treaties/detail/NTAxMDAwMDQ2NTA%3D?module = &fromType = qrcode.

10. 中国—东盟产能合作联合声明（2016/09/07 生效）https：//law. wkinfo. com. cn/international‒treaties/detail/NTAxMDAwMDY3OTY%3D?module = &fromType = qrcode.

11. 《区域全面经济伙伴关系协定》（RCEP）谈判领导人联合声明（2017/11/14 生效）https：//law. wkinfo. com. cn/international‒treaties/detail/NTAxMDAwMDY4MDg%3D?module = &fromType = qrcode.

12. 《区域全面经济伙伴关系协定》（RCEP）领导人联合声明（2020/11/15 生效）https：//law. wkinfo. com. cn/international‒treaties/detail/NTAxMDAwMDcwMDc%3D?module = &fromType = qrcode.

13. 区域全面经济伙伴关系协定（RCEP）（2022/01/01 生效）https：//law. wkinfo. com. cn/international‒treaties/detail/NTAxMDAwMDY5OTE%3D?module = &fromType = qrcode.

二、菲律宾与经济贸易相关的重要法规

1. 《海关法》http：//ph. mofcom. gov. cn/article/ddfg/waimao/200405/20040500226025. shtml.

2. 《反倾销法》http：//ph. mofcom. gov. cn/article/ddfg/waimao/200405/20040500226004. shtml.

3. 《反补贴法》http：//ph. mofcom. gov. cn/article/ddfg/200405/20040500225964. shtml.

4. 《保障措施法》https：//elibrary. judiciary. gov. ph/thebookshelf/showdocs/2/5366.

5.《菲律宾海关现代化和关税法》https：//elibrary.judiciary.gov.ph/thebookshelf/showdocs/2/68014.

6.《菲律宾知识产权保护法》http：//ph.mofcom.gov.cn/article/ddfg/waimao/200507/20050700187733.shtml.

案例 10：贯穿动脉，"心路"相通
——印度尼西亚雅万高铁 PPP 项目

一、引言

2015 年 9 月 2 日，中国成功赢得印度尼西亚雅加达—万隆高铁建设项目。雅万高铁是印度尼西亚历史上第一条高铁，是中国"一带一路"倡议的标志性工程，是首次完全采用中国标准的海外高铁，是中国在印度尼西亚迄今为止最大的单笔合作项目，是连接两国人民的新纽带，是中国梦与"印尼梦""21 世纪海上丝绸之路"倡议与"世界海洋轴心"战略对接早期重大收获之一。

那么，这个万众瞩目的项目如今进展如何？它的融资模式是什么？而在雅万高铁旗舰项目光鲜的外表下，有着哪些隐忧？且看下文细细道来。

二、案例背景

（一）PPP 融资模式

PPP（Public Private Partnership）融资模式由英国政府于 1992 年首先提出，是指公共政府部门采取竞争性方式选择具有投资、运营管理能力的社会资本，与中标企业合作签订特许合同。双方共同组成具有特殊目的的公司，由该合资公司负责某个项目的筹资、建设和运营活动。其中，政府部门需要与某一金融机构达成协议，由该金融机构与合作公司签订贷款合同并发放相关项目贷款，并给予中标企业相应政策扶持。在项目完成后，合资公司利用项目经营的相关收益偿还金融机构贷款。

PPP 模式主要包含三个要素特点：一是公私部门共担风险。在中国政府引入 PPP 模式前，国内外的基础设施建设项目多由政府部门全权负责。PPP 融资模式不仅能够降低国企双方各自承受的风险，而且能加强对整个项目的风险控制。二是实现融资目标。PPP 模式使得政府部门能充分利用私人资源进行基础设施投融资，政府在融资过程中，占据主导地位，政府既是投资主体又是监督主体，社会资本则是投资主体和运营主体，大大减轻了政府财政压力。三是项目权益明晰。合资公司拥有项目所有权或项目经营权和收益权，激励参与企业积极参与管理和钻研技术创新，有助于进一步提高项目建设运营效率。

（二）印度尼西亚雅万高铁项目

印度尼西亚雅加达—万隆高铁设计全长 142 公里，计划使用中国新一代 CR400AF 型动车，最高设计时速 350 公里，连接印度尼西亚首都雅加达和第四大城市万隆，是中国

"一带一路"倡议和印度尼西亚"全球海洋支点"战略对接的合作性项目,也是中国高铁成套技术整体"走出去"的首条高铁。雅万高铁的修建不仅意味着印度尼西亚总统佐菲兑现强化印度尼西亚基础建设,提高人民生活质量的诺言,实践"全球海洋支点"战略愿景,也是中国在海外首个全系统、全要素、全产业链均选取中国技术、中国标准和中国装备的高铁建设项目,对合作双方皆具有非凡意义。

三、案例分析

(一) 项目合作历程及现阶段进展

2014年11月,国家主席习近平会见印度尼西亚总统佐科,陪同佐科总统体验京津城际铁路。2015年3月26日,中国印度尼西亚双方签订《中印尼雅加达—万隆高速铁路合作谅解备忘录》。2015年4月22日,中国印度尼西亚双方签订《关于开展雅加达—万隆高速铁路项目的框架安排》。2015年9月2日,中国成功中标雅万高铁项目。2015年10月16日,印度尼西亚中国高铁有限公司(KCIC)在印度尼西亚注册成立。2016年1月,印度尼西亚雅万高铁项目开工仪式举行。2016年3月16日KCIC项目公司与印度尼西亚交通部签署高铁特许经营协议。2017年5月14日,国家开发银行与印度尼西亚中国高铁有限公司签署雅万高铁项目贷款协议。自2018年6月9日雅万高铁正式开工至今,该项目的施工建设已取得突破性进展,具体项目进展情况详见表1。

表1　印度尼西亚雅万高铁项目施工主要历程

时间	进程
2018年6月9日	正式开工
2018年12月12日	首榀箱梁成功浇筑
2019年5月4日	瓦利尼隧道贯通
2020年3月12日	5号隧道贯通
2021年3月8日	DK20+156连续梁合龙
2021年4月30日	德卡鲁尔站主体土建工程成功封顶
2022年2月18日	高铁6号隧道贯通
2022年5月25日	万隆方向343榀箱梁架设完成
2022年8月25日	2号隧道工程完工,重难点工程全部完成
2022年11月5日	印度尼西亚万隆德卡鲁尔车站至四号梁场之间的高铁实验路段送电成功

资料来源:中国国家铁路集团公告(http://www.china-railway.com.cn/)。

(二) 雅万高铁融资结构

雅万高铁项目融资来源包含两个:一是由中国国家开发银行以美元和人民币混合贷款的方式,向中印度尼西亚合资公司发放约107.52亿元人民币和25.2亿美元无担保贷款,利率为2%,贷款期限40年,并有10年的还款宽限期,占总资金的75%。二是由中国高铁总公司和印度尼西亚国有企业按 4∶6 的比例共同出资设立印度尼西亚中国高速铁路有限公司（KCIC），中方投资平台公司持有中印度尼西亚合资公司 40% 股权，印度尼西亚投资平台公司持有 60% 股权，共筹资 15 亿美元，占总资金的 25%。

KCIC 由中国铁路国际有限公司、中国铁路工程总公司、中国水电建设集团国际工程有限公司、中车青岛四方机车车辆股份有限公司、通号国际控股有限公司出资设立中方投资平台公司（出资比例分别为 5%、30%、30%、12%、23%），作为中方唯一股东，持股 KCIC 项目公司 40% 股权；由印度尼西亚的维卡国有工程建设股份有限公司（简称 WIKA 公司）、第八种园、国铁公司、高速公路公司出资设立印度尼西亚投资平台 PSBI 公司（出资比例分别为 38%、25%、25%、12%），作为印度尼西亚方唯一股东，持股 KCIC 项目公司 60% 股权，具体股权分配见图 1。KCIC 项目公司在印度尼西亚本土跟进雅万高铁项目的筹资、建设和运营，并在营运到期后将高铁经营权和所有权移交给印度尼西亚政府。

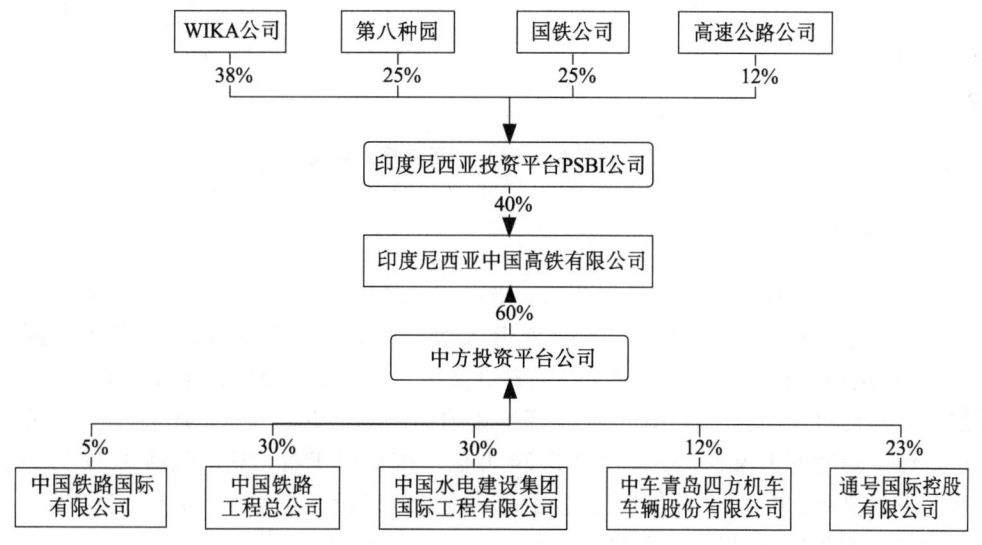

图 1　印度尼西亚中国高铁有限公司股权分配情况

资料来源：中国中铁公告（http：//www.crecg.com/web/10089513/10090854/index.html）。

在工程具体承包模式方面，雅万高铁项采用 EPC（Engineering Procurement Construction）总承包模式。EPC 是指公司受业主委托，按照合同约定对工程建设项目的设计、采购、施工、试运行等实行全过程或若干阶段的承包。公司在总价合同下，对其所承包的工程质量、安全、费用和进度进行负责。与传统承包模式相比，EPC 具有强化设计在整个建设过程中的主导作用、合理衔接设计—采购—施工各阶段工作以及明确工程质量责任主体的基本优势。在雅万高铁项目中，业主为 KCIC 项目公司，EPC 牵头单位为中国铁路工程总公司，设计单位为铁道第三勘察设计院集团公司，施工单位为中国中铁、中国水电、WIKA 公司、中国通号，机车设备单位为中车四方，业主委托的咨询监理单位为中国铁道科学研究院和中铁第二勘察设计院联合体。如图 2 所示。

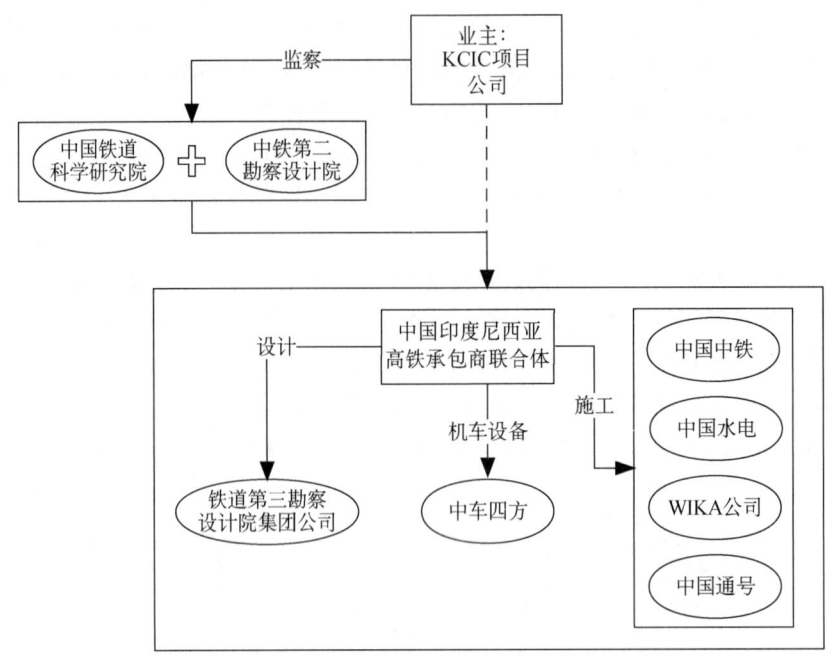

图 2　雅万高铁 EPC 总承包模式结构

（三）效益分析

雅万高铁一旦建成，将为印度尼西亚带来可观的经济效益。根据印度尼西亚万隆工学院（ITB）预测，项目初期客流日均约 4.4 万人次。如果以平均票价 20 万印度尼西亚盾（约 100 元人民币）计算，全年车票收入可达 3.2 万亿印度尼西亚盾（约 2.5 亿美元）。对印度尼西亚国内财政而言，据 KCIC 总经理维亚纳称，截至 2021 年 12 月 31 日，雅万高铁项目已对印度尼西亚国家收入贡献达到 5.34 万亿印度尼西亚盾，其中包括 3.37 万印度尼西亚盾的税收义务、0.0169 万亿印度尼西亚盾的土地建设补偿税、0.4368 万亿印度尼西亚盾的自有空间租赁费用等。

除车票和税收等直接收入外，雅万高铁可以利用高铁经济走廊创造经济效益。高铁经济走廊，主要指依托高速铁路的综合优势，使各生产要素和消费要素在高铁沿线和城市群间得到充分利用的一种新型产业经济形式。修建雅加达—万隆高速铁路可以促进沿线城市形成高铁经济走廊，依据印度尼西亚自身的民俗、地理、宗教特点，发展具有印度尼西亚特色的旅游主导产业，对印度尼西亚经济具有重要带动作用。参考其他国家高铁经济走廊效果：日本新干线开通后，沿线地区企业数量增长 45%，人口增长 30%，带动房地产、物流、旅游及娱乐休闲业快速发展①。法国巴黎至里昂高铁开通 10 年后，周边区域办公物业价格增长 43%②。中国国内京沪高铁的建设 10 年间，旅游业蓬勃发展，曲阜 A 级旅游

---

① 资料来源：御茶之水. 新干线的建设对日本发展有何影响？[EB/OL]. (2018-5-23) [2022-11-8]. https://www.zhihu.com/question/266626745.
② 资料来源：徐碧颖. 交通枢纽丨里昂帕第枢纽区：法国高铁的城市门户模式 [EB/OL]. (2019-4-12) [2022-11-8]. https://www.thepaper.cn/newsDetail_forward_3287502.

景区从 5 家发展至 12 家，旅行社增至 47 家①。充分的历史证据表明，雅万高铁可以全方面改变印度尼西亚经济社会发展格局，促进第三产业发展，为印度尼西亚创造可观的经济收入。

（四）风险分析

1. 投资模式风险

在雅万高铁项目中，主要投资风险来源于两个方面。一方面，雅万高铁项目竞争过程中，印度尼西亚政府秉持"大国平衡"的外交策略，意图"坐山观虎斗"，使中日两国双方主动向印度尼西亚提供优惠，获取最大利益，迫使中方放弃印度尼西亚政府对贷款的担保，这使中国企业面临极大的经济风险。另一方面，由于 PPP 融资模式本身具有投资额较大、回收期长的特点，在雅万高铁通车后，KCIC 项目公司享有 50 年的运营权及所有权。而如果高铁建成后难以按照预期情况盈利，KCIC 项目公司将面临破产危机，而雅万高铁的运营和所有权均转交给印度尼西亚政府，这将使中国公司的财务状况和世界对中国建设的信心同时遭遇巨大打击。

2. 政治风险

（1）恐怖主义盛行。在过去十几年中，印度尼西亚遭受严重恐怖袭击，面临重大反恐挑战。袭击的类型包括自杀式炸弹袭击和轻武器袭击。2017—2021 年，相对恶劣的恐怖袭击见表 2。

表 2　　2017—2021 年印度尼西亚部分恐怖袭击事件

时间	地点	恐怖袭击及后果
2017 年 5 月 24 日	雅加达东部 Kampung Melayu 公交车站	发生爆炸 三名警察遇害
2018 年 5 月 13 日	泗水三所教堂	发生爆炸 造成多人伤亡
2018 年 5 月 14 日	爪哇省泗水市警察总部安全哨所	发生爆炸 造成多人伤亡
2019 年 11 月 13 日	苏门答腊岛棉兰的警察总部	一名自杀式炸弹袭击者袭击 造成 4 名警察和 2 名平民受伤
2020 年 6 月 1 日	加里曼丹某警察局	遭遇袭击 造成 1 死 1 伤
2021 年 3 月 28 日	望加锡市 JaIan Kajaolalido 大教堂	自杀式袭击 造成 2 人死亡、14 人受伤

资料来源：根据网上资料手工收集整理。

在印度尼西亚本土遭受频繁的恐怖袭击背景下，中国企业需要承受沉重的心理压力，

---

① 资料来源：光明日报. 京沪高铁搭起高铁经济走廊［EB/OL］.（2019-6-01）［2022-11-8］http://news.cctv.com/2019/06/01/ARTIrCuAf3TyCVwTT8nPpv1R190601.shtml.

雅万高铁的相关建设和管理人员的人身财产安全也遭遇严重威胁。同时，由于雅万高铁本身具有载客量大、安检相对宽松、全程在地面行驶的特点，极有可能是恐怖分子发动恐怖袭击的目标场所，一旦恐怖袭击在高铁行驶途中爆发，其造成的财产损失和伤亡情况将难以估量。

（2）经济民族主义思潮泛滥。首先，对绝大多数印度尼西亚群众而言，个人利益的重要性远大于社会利益。2016年6月，部分西爪哇省农民以价格低于其预期的十几倍为由拒绝KCIC项目公司提出的土地买入提议。同时，也存在部分消息灵通的"土地掮客"，在相关路段上提前低价买入农民土地，而后向征地方高价售出土地，以此赚取差价。直到2016年8月，雅万高铁项目主建方才取得全部线路的经营许可证。雅万高铁项目原定于2019年完工，但直到2019年4月征地工作才完成近94%，中国国家铁路集团预计雅万高铁项目将于2023年6月完成通车。印度尼西亚本土拖泥带水的征地协议严重拖长了项目投资周期，大幅增加了中国企业的成本。

其次，对印度尼西亚学者及官员而言，雅万高铁项目的性质是商业项目。印度尼西亚政府不仅未因为雅万高铁项目的重要性给予中方任何便利，而且以自身利益最大化为目的，将主要风险责任归咎于中方。印度尼西亚雅万高铁项目中不仅规定外国劳工与印度尼西亚劳工的法定比例不低于1:10，而且对中国工人入印度尼西亚所必须的劳工签证审批非常严格，同时要求外籍人员负担高额税费、签证费用等。2016年4月，雅万高铁项目的4名中国技术工人因尚未申请到工作签证被印度尼西亚移民局扣押，在与印度尼西亚移民局多次交涉并缴纳高额罚金后，印度尼西亚将4名中国工人释放并遣返。这一情况不仅极大地增加了中国企业的人工成本，而且直接对中国企业的资金周转产生负面影响。

（3）政治效率欠缺。雅万高铁项目的成功实施离不开印度尼西亚政府的支持，但印度尼西亚政治效率相对欠缺。首先，自2015年9月中国竞标成功至2017年4月，印度尼西亚政府一直未将雅万高铁项目沿线征用土地合法化，这让合资公司征地计划的实施在法律层面受到巨大阻碍。其次，印度尼西亚法律中可以直接对雅万高铁项目执行造成影响的规章约有42000个，同时还有约3000个的规定细则，拖沓繁杂的制度对项目实施存在直接的负面影响。最后，存在部分印度尼西亚官员对雅万高铁项目持否定态度。印度尼西亚国会副议长哈扎姆曾建议佐科总统停止建设雅万高铁项目，理由是该项目存在较多缺陷。2019年5月，在佐科总统宣布连任后，其政治对手普拉波沃的支持者在游行示威中喊出"赶走中国人""小心中国人"的口号（李汉清，2021）。

四、案例启示

（一）秉持"双赢"理念，满足企业双边诉求

1. 对中国企业

雅万高铁项目是中国"一带一路"倡议和印度尼西亚"全球海洋支点"战略对接的合作性项目，也是中国高铁成套技术整体"走出去"的首条高铁。中国企业通过建设雅万高铁，不仅可以获取与外国企业合作的宝贵经验、对企业自身制度查漏补缺、优化国内外

联动的管理模式,而且便于巩固自身在高铁动车领域上的地位,并为中国企业进一步拓展其他东南亚国家的高铁市场创造良好开端。

2. 对印度尼西亚企业

雅万高铁项目由中国企业与印度尼西亚企业合资共同负责,并承诺向印度尼西亚转移高铁技术,进行设备本地化生产,开展人员培训,共同拓展第三方市场。印度尼西亚企业不仅能获得更大的利润,承担相对轻松的责任,而且可以积极参与中国企业在高铁项目中勘察设计、装备制造、物资供应、工程施工、运营管理等建设管理环节,向中国学习高铁建造技术并获取项目运营经验,提高企业技术和人员管理水平,促进企业自身发展。

(二)与时俱进,关注政府即时和长远需求

1. 对中国政府

(1) 彰显国际竞争优势,品牌效益和国际影响力"双升"。提高国家基础设施水平,对促进本国实体经济发展、提高人民生活质量发挥着至关重要的作用。铁路是基础设施中不可或缺的一环,雅万高铁的成功修建将会在世界范围内打响中国品牌的知名度,进一步推动由"中国制造"到"中国创造"的转变,为将来中国高铁,乃至其他高科技产业建设走出国门,走向世界奠定坚实的基础。同时,中国在印度尼西亚修建高铁,可以有效塑造中国在印度尼西亚人民心中的良好形象,扩大中国的影响力,为中国建设在国际竞争中创造更为显著的巨大优势。

(2) 维持中国、印度尼西亚两国良好外交关系。当今,世界正处于百年未有之大变局中,而中国是世界上最大的发展中国家,我国仍处于并将长期处于社会主义初级阶段。在世界舞台上,中国需要构建稳定均衡的大国关系框架。印度尼西亚是东盟最大的经济体,是中国"21世纪海上丝绸之路"的全面战略伙伴。中国企业在中国政府的支持下积极走出去,建设印度尼西亚国内乃至东南亚的第一条高速铁路,不仅是"一带一路"倡议中"道路联通"的具体实践,更为双方进一步"政策沟通""贸易畅通"和"民心相通"奠定了坚实的基础,有利于进一步巩固两国的友好外交关系,继续加强双边合作。

2. 对印度尼西亚政府

(1) 解决资金和运营问题。由于印度尼西亚受本国经济水平等因素制约,国内基础设施不完备且不平衡,同时目前尚无正在运营的高速铁路,缺乏铁路运营经验和项目建设资金。PPP融资模式在责任与权力合理分配的基础上,由印度尼西亚政府与中国企业共同分担风险。同时印度尼西亚政府可以借助中国政府部门的资金、汲取中国企业的高铁运营经验,实现本国高速铁路设施从无到有,运营经验聚沙成塔的平稳过渡,最终实现独立运营、独立维护、独立建设的良好循环。

(2) 解决中心城市拥堵。印度尼西亚是世界第四人口大国,首都雅加达人口1056万人,每平方公里约有16704人,在世界城市人口中排第15位,是印度尼西亚人口最多的城市,也是世界上最拥堵的城市之一。雅万高铁的修建将原先雅加达与万隆之间3个小时的车程减少至40分钟,拉近了雅加达与万隆之间的时空距离,不仅大幅地提升了出行效率,而且有利于扩大雅加达产业发展和城市功能分工的区域范围,缓解印度尼西亚在雅加达人口的过度集聚,一定程度上解决了雅加达的拥堵问题。

(三)"因国制宜"制定风险对策

1. 充分了解本地法律,构建完善风险管理体系

法律是印度尼西亚制度体系的重要组成部分,是印度尼西亚政治、经济和社会活动的秩序规范与行为标尺。相对于发达国家,印度尼西亚法律具有变化快、瑕疵多的典型特点,同时在土地法、劳动法、基础设施等法律领域均对外资公司提出特殊要求。中资公司在进入印度尼西亚市场前,应对当地法律要求有所学习,适当借鉴日、韩等国家驻印度尼西亚投资公司的管理经验,依据印度尼西亚国情制定并不断完善公司的风险管理策略。

2. 适当涉足舆论战场,对政治风险应对"心中有数"

鉴于印度尼西亚具有一定经济民族主义特色及存在部分政治宣传因素影响,当地群众对于中国具有一定"反华"或"中国威胁论"等负面观念,主要表现为"中国劳工入侵印度尼西亚"论及"'一带一路'居心叵测"论。已有学者(李汉清,2021)对此现象进行研究,发现多数"排华"事件来源于印度尼西亚媒体与部分具有政治盘算的精英"协力"煽风点火,而最终中国投资企业沦为"群体的暴政"的牺牲品。"走出去"的中国企业应提前深入了解印度尼西亚社会环境情况、制定并完善相关风险预案、积极接触并融入当地社会,加强企业本土化建设,主动应对并耐心疏导网络舆情,以减轻印度尼西亚民众对中国企业的偏见与误解。

【参考文献】

[1] 张静. "一带一路"背景下中国铁路"走出去"建设模式创新研究 [D]. 北京:北京交通大学,2018.

[2] 罗茵茹. 印尼雅万高铁 PPP 项目风险评估案例研究 [D]. 广州:广东财经大学,2017.

[3] 温铎. 中铁投资印尼雅万高铁的效益及风险分析 [J]. 对外经贸,2020(04):21-24.

[4] 王思高. "一带一路"背景下中国中车在雅万高铁项目的投资效益及风险分析 [D]. 北京:北京交通大学,2019.

[5] 李汉清. 中国对印尼直接投资的系统性风险成因研究 [D]. 北京:北京大学,2021.

[6] 施张兵,蔡梅华. 中印尼雅万高铁面临的困境及其解决路径 [J]. 学术探索,2016(06):28-35.

附件

一、中国和印度尼西亚签署的经济贸易条约

1. 中华人民共和国政府和印度尼西亚共和国政府贸易协定(1990/08/08 生效)ht-

tp：//policy. mofcom. gov. cn/pact/pactContent. shtml? id = 2438.

2. 中华人民共和国政府和印度尼西亚共和国政府关于成立经济、贸易和技术合作联委会谅解备忘录（1990/11/17 生效）http：//policy. mofcom. gov. cn/pact/pactContent. shtml?id = 2438.

3. 中华人民共和国政府和印度尼西亚共和国政府关于扩大和深化双边经济贸易合作的协定（2011/04/29 生效）http：//www. chinatax. gov. cn/chinatax/n810341/n810770/c1153377/5027024/files/7d286a25fa40436a8d2eecc884781c59. pdf.

4. 中华人民共和国政府和印度尼西亚共和国政府关于对所得避免双重征税和防止偷漏税的协定（2015/03/26 生效）http：//www. chinatax. gov. cn/chinatax/n810341/n810770/c1153377/5027024/files/7d286a25fa40436a8d2eecc884781c59. pdf.

5. 中华人民共和国政府和印度尼西亚共和国政府关于建立战略伙伴关系的联合宣言（2005/04/25 生效）http：//policy. mofcom. gov. cn/pact/pactContent. shtml?id = 2438.

二、印度尼西亚与外国投资相关的重要法规

1. 《投资法》https：//sghexport. shobserver. com/html/baijiahao/2022/09/26/863778. html.

第二章　证券业

案例1：新加坡淡马锡"重仓"中国市场

一、引言

新加坡国有投资公司淡马锡控股（私人）有限公司（以下简称"淡马锡"）是最负有盛名的国际投资公司之一。自 2004 年进入中国后，淡马锡在中国的投资已覆盖金融、医药、IT 和互联网等多个行业。中国市场是淡马锡投资组合中占比最大的市场。短短十来年的时间，淡马锡是如何挖掘中国行业的"沧海遗珠"，使其成为明日之星呢？

二、案例背景

（一）淡马锡的"前世今生"

淡马锡从成立之初便承担着与其他投资公司不一样的使命。1965 年新加坡实现独立后，英国政府便逐步退出新加坡，随之带走的不只是资本还有先进的技术和人才。新加坡政府面临着恢复国民经济、稳定民生的局面，一大批隶属财政部的国有企业（即"国联企业"）承担着引导国民经济发展的职责，高风险、高投资行业的项目由国联企业涉险进入。最终，经过艰苦努力，国联企业强势拉动新加坡经济发展，改变新加坡积贫积弱的局面，使新加坡经济转危为安。

直到 20 世纪 70 年代初，国联企业已在整个新加坡市场达到一定规模，新加坡财政部开始思考国联企业在整个市场中的管理问题以及运行方式等难题。最终，1974 年，新加坡政府决定成立一家国有资产经营与管理公司，根本目的是解决国有资产的保值增值问题。因此，淡马锡根据新加坡公司法的相关法律规定，以私人名义设立了一家控股公司。当时 36 个国联企业都在政府委托下被授予了淡马锡公司的权力。政府赋予它的宗旨是："通过有效的监督和商业性战略投资来培育世界级公司，从而为新加坡的经济发展作出贡献"①。目前，淡马锡在新加坡的经济中扮演着举足轻重的角色，淡马锡与投资组合企业（以下简称"淡联企业"）的关系可解释为淡马锡主要进行直接投资，通过淡联企业、跨国公司以及本地企业与新加坡经济挂钩。此外，在新加坡以外还存在约一半的资产，包括对马来西亚电信、中国民生银行等国外企业的投资，均属于淡马锡资产。经过40多年的发展，其股东的整体回报率达到了17%②。淡马锡投资组合中的前十大投资企业如表1所示。

表1　　　　　　　　　　淡马锡投资组合中的前十大投资企业

序号	企业名称	持股比例	公司是否上市
1	A. S. Watson Holdings Limited	25%	否
2	星展集团控股有限公司	29%	是
3	新加坡电信有限公司	51%	是
4	Singapore Technologies Engineering Ltd	51%	是
5	新加坡航空公司	55%	是
6	丰树产业私人有限公司	100%	否
7	PSA 国际港务集团	100%	否
8	新加坡能源有限公司	100%	否
9	TJ Holdings（III）Pte. Ltd	100%	否
10	星伟诺控股私人有限公司	100%	否

资料来源：根据淡马锡官网（www.temasek.com）整理，时间截至2022年3月31日。

（二）淡马锡在华投资进程

2002年，淡马锡开始探索海外市场。2003年，刚成立不久的国资委主动邀请淡马锡参与国有银行的改革。2005年，淡马锡全资子公司亚洲金融控股公司收购民生银行5%的股份，同年8月收购中国建设银行5.1%的股份，同年年底又认购中国银行5%的股份。2009年，淡马锡清空持有民生银行的全部股份，共获得超过14亿元收益。截至2013年3月末，淡马锡持有工商银行、建设银行和中国银行三大国有银行股份的市值约占总投资组合的比例超10%，并在以上三大银行的投资中获得巨额回报。除了银行业金融机构，中国平安、新华保险等非银行金融机构也出现了淡马锡的投资身影。另外，2010年之前，淡马锡还投资了房地产等中国的重资产行业，同样也获得了不菲的回报。淡马锡的投资还涉及互联网领域，2011年以来淡马锡在这些领域的主要投资有：2011年参与小米科技有限公司B轮、C轮的投资；2014年阿里巴巴赴美上市之前淡马锡已不断增持其股票；2015年参与滴滴出行D轮融资，参与2016年美团和大众点评完成合并后的首轮融资，此外还投资了包括携程、摩拜和蚂蚁金服等众多的互联网"巨头+独角兽"公司。

---

① 淡马锡官网（www.temasek.com）。
② 淡马锡官网（www.temasek.com）。

随着人工智能、云计算和大数据等信息技术的兴起,淡马锡的投资领域也发生转变。主要的投资包括:人工智能领域的极目机器人C轮、商汤科技C轮、黑湖智造C轮,此外,还有药明康德和药明智诺B轮、创胜集团等生物医药科技公司的多轮融资。专攻大数据研究的有明略科技E轮、特赞信息科技公司、Whale帷幄数字化营销运营公司B轮,以及专注全真互联网的科技公司元象XVERSE。2005年至2022年期间,从淡马锡在中国的投资领域看,淡马锡在中国的投资与中国的经济发展趋势大体上是契合的。总体而言,淡马锡在中国的投资随着中国经济发展阶段而改变。大体上可分为三个阶段,分别是2000年的时代、2010年的时代与2020年之后的时代,三个阶段的主要投资领域如表2所示。

表2　　　　　　　　　　淡马锡三个阶段的主要投资领域

2000年的时代	金融机构	2005年,收购民生银行5%的股份,8月收购中国建设银行5.1%的股份,同年年底又认购中国银行5%股份
		截至2013年3月末,淡马锡持有工商银行、建设银行和中国银行三大国有银行股份的市值约占总投资组合的比例超10%
	非银行金融机构	中国平安、新华保险等非银行金融机构也出现淡马锡的投资身影
	房地产等其他行业	投资房地产等中国的重资产行业,同样也获得不菲的回报
2010年的时代	互联网科技	2011年参与小米科技有限公司B轮、C轮的投资
		2015年参与滴滴出行D轮融资
		2016年参与美团和大众点评完成合并后的首轮融资
	电子商务	2014年阿里巴巴赴美上市之前淡马锡已不断增持其股票
	互联网金融	投资蚂蚁金服等众多的互联网公司
2020年之后的时代	人工智能	极目机器人、商汤科技、黑湖智造等
	生物医药	药明康德、药明智诺、创胜集团等
	大数据研究	明略科技、特赞信息科技公司、Whale帷幄以及元象XVERSE等

资料来源:根据网上资料手工收集整理。

由表2可知,2000年的时代淡马锡投资的银行业、房地产业正好是该阶段中国经济发展的支柱行业,当时国内政策鼓励投资,无论地产行业还是新兴产业都处于时代发展的关键档口,在时代的推动下,房地产行业和银行业获得快速的发展和提升,淡马锡也获得了不菲的回报。进入2010年后,信息技术的蓬勃发展使淡马锡的投资目光开始转向其他板块,互联网科技、电子商务和互联网金融等领域开始进入淡马锡的投资视野。淡马锡依靠敏锐的投资眼光,以资金支持一大批互联网公司发展壮大,助力培养了一大批互联网"巨头"或者"独角兽"公司,实现了自身财富的增值。

对比2010年之后10年的投资与2020年之后的投资可看出,淡马锡的投资方向出现了明显转变。淡马锡的投资专注于技术创新领域,而人工智能、生命医药科技和大数据等领域是中国科技创新发展的重要方向,因此,体现新经济、新科技和新模式的企业是淡马锡重点考虑的对象。药明康德、黑湖智造等企业都是生命科技和数字科技领域的领跑者,淡马锡在当下最大的风口将资产配置于这些企业,既契合中国发展的大趋势,同时也再一次验证了中国发展过程中所蕴藏的巨大机遇与潜力。

总之,从投资组合上看,淡马锡长期"重仓"中国,其投资领域一直随着中国经济发展趋势而不断调整。淡马锡以"鹰一般锐利的眼光"审视中国的宏观经济,把握资金投资方向,资金有进有退,在投资进程中汲取经验,始终保持稳定的投资回报率,同时创造长期、可持续性价值。

三、案例分析

(一)淡马锡模式分析

1. 经营特点:政府与市场分离

淡马锡虽然是国有企业,但是淡马锡的经营和私营企业没有太大区别。新加坡财政部100%控股淡马锡,而财政部投资司则负责监管淡马锡的运作,在一些重要决策上,淡马锡需听从新加坡财政部的建议,除此之外,淡马锡的经营管理几乎完全自主。淡马锡每年都要向财政部支付50%的利润,而这些利润主要来源于淡马锡子公司的利润。

作为一家国有企业,淡马锡在过去几十年来表现优异,主要的经验总结起来就是一点:市场化的运作机制。虽然淡马锡是一家国有企业,但是运营模式独具一格,按照市场竞争的规则,以商业化的模式进行运作,坚持以获得经济效益为先,与普通的私营企业区别不大。淡马锡的经营自主权主要表现在:第一,只有淡马锡总储备金低于过去所积累的储备金的情况发生时,新加坡总统或者政府才会参与淡马锡的投资、脱售或者其他的商业决策。作为政府机构的财政部,新加坡政府承担的作用也只是政策制定与市场监督而无财务担保。另外,在《新加坡宪法》明确规定下,保护淡马锡过去积累的储备金是董事会和CEO的职责。双方职责与地位清晰明了,关系稳定长存。第二,财政部对淡马锡的管理方式同样应用到淡联企业当中,各投资组合公司的董事会和管理层对其经营活动负责,正如新加坡政府不会为淡马锡的责任和义务提供担保一样,淡马锡也不会对淡联企业的责任与义务提供财务担保,不干预投资组合公司的日常经营活动,只是通过设定相关的财务考核指标等方式进行监管。同时,淡马锡并不谋求对淡联企业的控股股东的地位,而是仅仅持有它们的一部分股份。因此,当淡马锡及其子公司不能得到来自政府的更多支持的时候,就会自发调整状态,成为激烈的市场竞争中积极活跃的投资者。在法律和监管的框架下,确定投资组合的风险偏好和风险承受能力,主动在不同经济和市场周期中监测和管理风险,在最小投资风险和最大收益之间做好调整和平衡。第三,淡马锡的薪酬框架与一般的政府部门公务员的收入有所区别。淡马锡的管理层选取遵循"良才善用,能者居之"的原则,并在全世界范围内招聘优秀人才,按市场化的价格水平支付薪酬。同时,董事会成员中只有少部分为政府官员,其余成员则是来自民间优秀的企业家。此外,政府官员的董事兼职不兼薪,报酬仍由政府拨付,从而实现政府与市场的分离,所有权与经营权分离。

2. 内部治理

(1)明确股东、董事、经营者的权利与职责。新加坡财政部作为股东,拥有淡马锡的财产所有权、剩余索取权、控制权、信息获取权和对特定人事任免的否定权。淡马锡董事会为管理层提供全面指导和政策指引。淡马锡成立之初就完全实现了政企分开，财政部作为控股股东，仅履行出资人职责，并不干预淡马锡公司的具体运营。淡马锡的投资决策完全按照市场化机制，遵循商业逻辑，以股东财富增值为主要目的，政府与国有企业具有明确的授权边界。淡马锡宪章规定，"作为积极活跃的投资者和资产所有者，平台根据对内涵价值的评估，通过增持、减持或维持现有投资来管理投资组合，以提高经风险调整后的长期回报"[1]。该表述明确了淡马锡控股的角色定位，即淡马锡控股仅对所投资公司的董事会构成、战略方向确定行使一般经济意义上的股东权利，不会对公司日常经营决策进行干预，更不会使用行政权力进行干预。唯一特殊的地方在于该公司选择由政府部门指定代理人负责经营，股份100%控制在政府部门手中。

淡马锡的董事会结构造就高效的监督制约机制。淡马锡董事会主要负责企业的重大战略的决策，决策事项主要为CEO的委任及继任计划以及董事会变动、重大投资与脱售建议、重大融资建议、企业制定整体长远战略目标、制定年度预算、年度经审计的法定财务报表。淡马锡公司董事会设4个下属委员会——执行委员会、审计委员会、领袖培育与薪酬委员会和风险与可持续发展委员会，委员会召集人均由独立董事担任，以分担董事会任务。执行委员会的责任在于批准公司一定金额内的投资协议，金额特别重大的投资计划则需董事会审议。审计委员会的成员均由独立董事组成，他们需要承担审计流程以及法律条例合规性的监控流程、财务报告流程、审查内控体系等职责，同时也要负责内外部审计工作的协调与进行，确保审计人员的独立性和结果的公正性。领袖培育与薪酬委员会承担着人员选聘与绩效考核的任务，职能类似中国上市公司的提名委员会与薪酬委员会。风险与可持续发展委员会协助董事会履行监督职责，审议投资组合的风险偏好和风险承受能力，重大的环境、社会和治理（ESG）事项，风险管理和可持续发展框架及政策，与风险、可持续发展和ESG相关的重要公开声明等。

淡马锡管理层的职责为按照董事会计划的发展方向开展工作，在董事会授权范围内进行经营事务。淡马锡不仅在董事会层面，更在高管团队层面实现了市场化运作，最大限度地保持独立性和灵活性。高级管理层则奠定形成了团队的风格和企业文化基调，贯彻落实淡马锡的愿景和目标。管理层配备了3个专业委员会，以更好地辅助管理层决策，分别是脱售和投资高级委员会（SDIC）、高级管理委员会（SMC）与战略、投资组合及风险管理委员会（SPRC）。脱售和投资高级委员会负责管理公司的投资组合，在董事会授权范围内，就投资和脱售活动进行决策。超出授权限额的投资提案须提交至执行委员会或董事会审批。高级管理委员会负责审查与制定内控、衍生品框架的执行以及审计委员会批准的整体规划政策，制定淡马锡的道德与行为守则，设立道德委员会协助行为守则的执行。战略、投资组合及风险管理委员会负责评估宏观经济、政治、行业、科技和社会发展趋势，分析现有市场和新市场的商机和风险因素。委员会负责审查各项投资的整体风险，确保其能够为公司带来一定的投资回报，同时进一步挖掘创造更多利润的可能性。淡马锡的内部治理架构如图1所示。

---

[1] 淡马锡官网（www.temasek.com）。

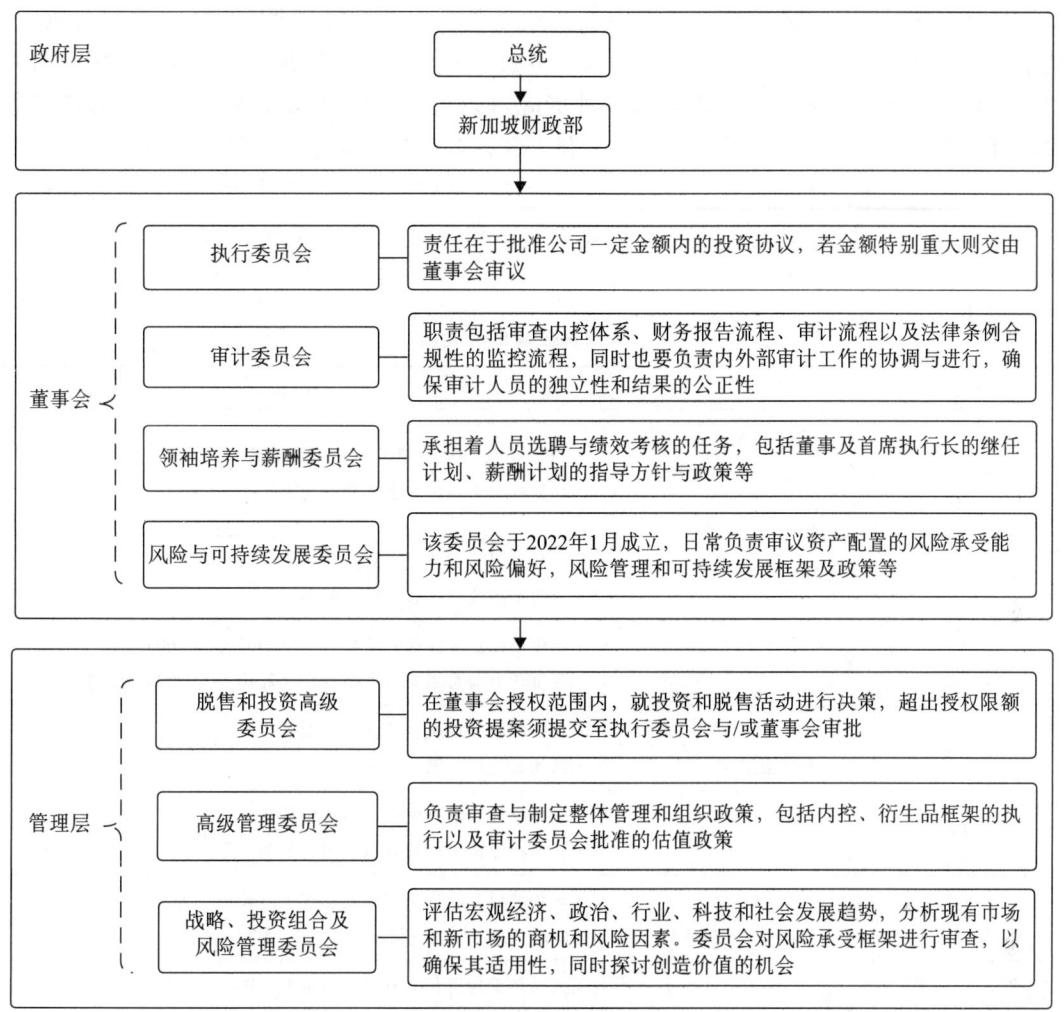

图1 淡马锡的内部治理架构

（2）灵活决策和用人的运行机制。淡马锡最突出的特点就是投资主体和决策主体的分离。淡马锡与政府之间的权力界限非常明确，且淡马锡拥有一个健全和完善的公司治理体系，使公司能够自主经营，保证了公司的独立决策。淡马锡与淡联企业的关系可被称为"一臂之距"的交往，上下级之间的管理与被管理、监督与被监督都严格遵守程序和制度。淡马锡对淡联企业的业务，秉承着"有指导但不做，有政策支持但不代替，有帮助但不包办"的管理理念。

淡马锡的投资组合能获得优异报酬依赖于具有全球化、多样化、精专业的董事会，公司董事会与管理层之间的密切配合，一步步制定规划、审核规划，进而提高决策精确性，最终不断增强公司的市场竞争力。董事会既是一位经验丰富的舵手，也是一位专业水平高超的老师，以专业知识和建议协助管理层达到公司预定的目标。董事会作为公司的重要决策机构，肩负着公司发展的重任。因此，淡马锡也在积极寻找具备不同专业能力、背景及国籍的董事人选，以提高董事会成员的整体能力与素质。此外，淡马锡也在积极寻找和介绍新的总经理。淡联企业董事会多数成员为独立董事，以保持其客观、独立的判断能力。董事中有三分之二以上为独立董事，外部董事独立于管理层，董事长、总经理分别由两人担任，新董事通过提名委员会提名等多种措施可以极大地降低总经理对董事会的潜在危害，有助于董事会对管理层保持独立的监督关系，客观公正地考评其绩效。董事会下设薪酬委员会，薪酬委员会具有独立性，可在总经理缺席的情况下，召集董事会，对总经理及其他管理高层的业绩进行评价，并决定其工资和奖金。淡马锡现任董事会成员如表3所示。

表3　　　　　　　　　　　　　淡马锡现任董事会成员

姓名	职务	背景
林文兴	董事长兼董事；执行委员会、领袖培养与薪酬委员会主席	・1993年至2011年担任多个新加坡政府内阁职务 ・新加坡全国职工总会前秘书长等
郑维强	副董事长	・新加坡保健服务私人有限公司主席 ・卫生部控股私人有限公司董事等
彭安杰	董事	・花旗集团亚太区前首席执行官（2007年至2009年） ・万事达卡前总裁兼首席执行官（2010年至2020年）等
陈育宠	董事 审计委员会主席	・新加坡职总创优企业合作社副主席 ・新加坡建屋发展局主席等
傅成玉	董事	・中国海洋石油有限公司前董事长兼首席执行官 ・中国石油化工股份有限公司前董事长等
李宏玮	董事	・新加坡研究、创新与创业理事会（RIEC）成员 ・GGV纪源资本管理合伙人（自2005年起）等
李庆言	董事	・大马纺织投资私人有限公司董事经理 ・上海商业储蓄银行股份有限公司董事长兼董事经理
李腾杰	董事	・新加坡电信有限公司主席 ・淡马锡国际私人有限公司董事长等
狄澜	执行董事 首席执行长	・新加坡王律师事务所（WongPartnership LLP）前执行合伙人 ・新加坡企业发展局董事会成员等
陈志明	董事	・新加坡王律师事务所（WongPartnership LLP）副主席 ・专家法官（2006年至2008年）等
傅赛	董事；风险与可持续发展委员会主席	・国际商用机器股份有限公司（IBM）董事 ・荷兰皇家蚬壳集团前执行总裁等
海梅・索韦尔・德・阿亚拉	董事	・摩根大通国际理事会及摩根大通亚太理事会成员 ・菲律宾群岛银行董事长等
罗伯特・佐利克	董事	・渣打银行国际咨询委员会主席；美国前常务副国务卿

资料来源：淡马锡官网（www.temasek.com）。

(3) 独树一帜的"花红与回拨"激励机制。花红和回拨制度是淡马锡最具有特色的激励机制，也是其他公司最值得关注和借鉴的经验。同大部分其他公司一样，淡马锡对管理层也设置有基本薪酬，不同的地方在于，淡马锡管理层的薪酬体系中还包含有花红，即管理层的薪酬由基本薪酬和花红两部分构成。

花红是淡马锡为管理人员设置的一种特殊激励机制，管理层是否能够获得花红由其所管理的公司的投资收益决定。花红的分配共分为两种情况：一是如果管理层所领导的公司的投资收益为负的话，管理层无权享受花红的激励；二是如果管理层所领导的公司的投资收益为正，则可以按照相关规则获得花红分配。花红还可以分为年度现金花红和风险回报花红两种（见表4），年度现金花红是对管理层完成年度目标的一种现金奖励，属于短期激励，而风险回报花红则是对管理层中长期投资的一种激励，属于中期激励。

表4　　　　　　　　　　　　　　　　淡马锡花红的类型

花红类型	性质	适用范围	发放规则
年度现金花红	短期激励	公司收益 >0	管理人员按照事先约定好的规则获得花红分配
风险回报花红	中期激励	公司资本的总回报 > 经过风险调整后的资本回报	投资活动收益 - 经过风险调整后确定的资本成本

资料来源：根据网络资料整理归纳。

花红相当于公司投资收益分红的奖金。年度现金花红发放的基本条件是管理层完成集团制定的年度目标，同时将各子公司及其管理团队的个人业绩表现纳入发放标准的考量。风险回报花红则是由投资回报率决定，只有当公司资本的总回报高于经过风险调整后的资本回报才会予以发放，因此，风险回报花红也被称为"财富增值回报"。如果公司资本的总回报减去经过风险调整后的资本回报的差值大于零，大于零的部分则被认为是管理层为股东创造价值，管理层也会获得相应的"财富增值回报"。淡马锡制定出一套管理层获得风险回报花红奖励的计算方法确保管理层所创造的价值能够获得充分的激励。

相比于花红激励机制，淡马锡的"回拨"制度更具特色，也更值得关注。"回拨"制度是与花红制度相对应的一项制度，当公司资本的总回报高于经过风险调整的回报，管理层会获得相应的花红激励。相反，如果公司资本的总回报低于经过风险调整的回报，管理层则需要向公司"赔钱"。这是因为，公司资本的总回报率低于经过风险调整后的回报时，意味着管理层并没有为公司股东创造价值，在一定程度上甚至损害了公司价值，那么管理层获得的奖励就应该是"负"的，应该向公司"赔钱"，如此制度设计很大程度上能够促使管理层更加努力工作，为公司股东创造价值。那么，管理层向公司赔的钱从哪里来呢？也就是"回拨"的钱来自哪里呢？这就需要进一步了解淡马锡的"递延激励"制度。淡马锡的每一位管理层和员工都有一个财富增值花红储备账户，当管理层和员工获得花红奖励时，公司会将这笔钱储存到管理层和员工的财富增值红花储备账户中，花红奖励并不能在当年一次性取出，而是采取递延发放形式。公司将安排财富增值花红储备账户中的钱每一年转一部分到管理层和员工的个人银行账户中，至于每一年的发放数量，则需要根据个人的级别来决定，具体而言，高层管理人员每年可以发放财富增值花红储备账户余额的

1/3，中级管理层可以发放账户余额的 1/2，其余员工可以发放账户余额的 2/3。也就是说，管理层级别越高，意味着承担的责任越大，每年发放花红的比例也越小。以上这种制度安排确保了公司管理层的财富增值花红账户中有一定的余额，当公司资本的总回报低于经过风险调整的回报时，就可以从管理层的财富增值花红账户中"回拨"给公司。具体的回拨流程如图 2 所示。

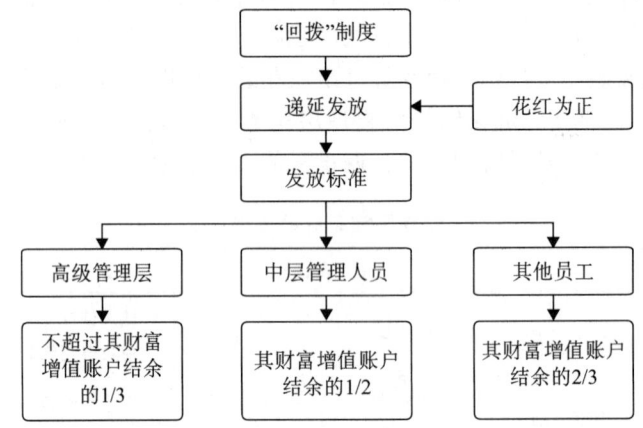

图 2　淡马锡"回拨"制度运作流程

（二）在华投资现状分析

2022 年，全球资本市场总体走低，淡马锡在中国依然是净投资。中国是除新加坡本土以外淡马锡最大的投资目的地。截至 2022 年 3 月 31 日，淡马锡在新加坡本土的投资占全世界总投资额的 27%，而淡马锡在中国的投资组合却占到全世界总投资额的 22%，约 4160 亿人民币。2018—2022 年，淡马锡在世界各地的投资组合占比如图 3 所示。

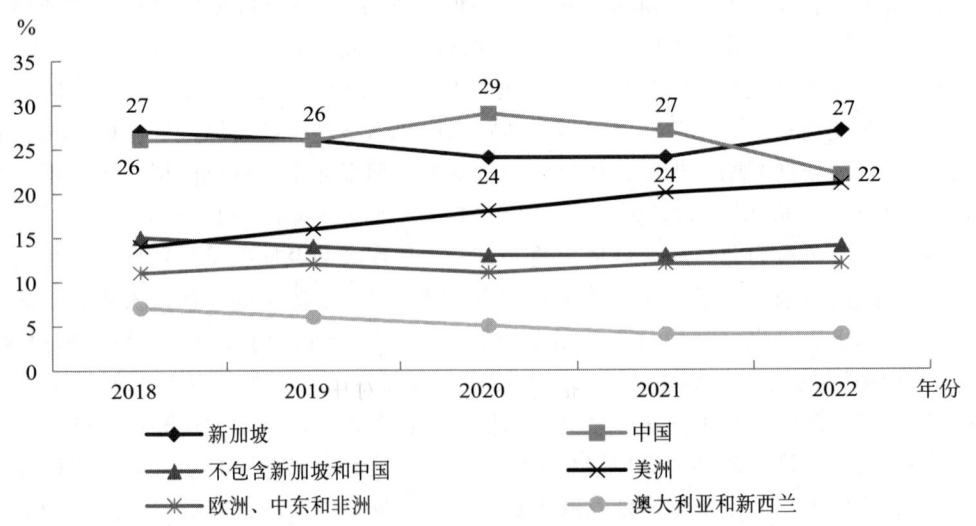

图 3　2018—2022 年淡马锡投资组合情况

资料来源：淡马锡官网（www.temasek.com）。

1. 投资特点

(1) 企业风格。淡马锡偏好投资于不同经济周期的公司，不仅投资于小型创业类公司或成熟阶段的公司，还投资于未公开发行和已公开发行的公司。团队从底层开始，对每个项目进行内部价值分析，并采用经过风险调整的资本成本对项目进行评估，并预计项目的投资收益。淡马锡善于挖掘具有潜力的初创公司，对未孵化的企业在早期就进行投资，这也从侧面验证了淡马锡是长期投资者而不是短期套利者。

从投资阶段上看，淡马锡正在加大对处于早期阶段的企业的投资，其更早的投资是为了提前介入未来的头部企业，并能够一直持续加仓。淡马锡相信，如果提前进入某个新领域，可以加深对这个领域的了解，也可以让他们探悉技术和业务模式的革新，从而更准确地预测未来的盈利机会和抢占市场份额，更详细地分析投资项目可能会造成的积极或消极影响，这将帮助他们在后期或者进入市场时采取更为迅速的行动。此外，中国很多数字化转型"TO B"领域的企业刚起步不久，这对于淡马锡来说也是一个绝佳的进场机会。例如，之前在"TO C"领域的阿里巴巴、携程、京东、滴滴、蚂蚁金服等许多互联网企业的投资历程便是这样的。

2021年，外在的冲击使得淡马锡众多投资板块受到影响，投资组合的净值发生较大变动。但是，由于投资组合中非上市企业的存在，该部分企业的盈利帮助平衡了整体收益。原因在于平台进入得比较早，在有些利好还尚未出现之时就已经开始投资，之后跟着市场一起成长，所以目前来看创新领域的头部企业，已经成为淡马锡投资组合的重要组成部分。

(2) 投资方式。淡马锡的投资组合以股权为主，投资对象包括上市公司、非上市公司、私募股权基金，从而能够实现更高的长期回报。一般而言，股权直投是淡马锡投资的第一选择，第三方管理基金占比较少，因此，淡马锡的资产组合以股票资产为主，具有较高的流动性。另外，与传统风险投资机构不同的是，淡马锡不追求一次性投资后获得几十倍回报，而是在公司的B轮到Pre-IPO之后逐渐加仓，成为其主要股东。由此可知，淡马锡的目的并不是在上市之后就结束，而是希望在二级市场上继续与公司长期合作。这也契合了淡马锡投资的宗旨：成为核心上市公司的优秀合作者，持续创造回报。

(3) 行业领域。2000年之后，淡马锡主要投资于银行和房地产等传统行业，从中国经济的蓬勃发展中获益。2010年之后，淡马锡专注于消费驱动的创新领域，如互联网、电子商务和非银行金融业。目前，其关注的是新兴经济中的新技术领域，如生命科学、新能源、先进制造业等领域。

在新的消费领域，淡马锡认为，随着中国城市化进程的不断推进，下沉市场将不断被激活，多体验性的消费将带动中国本土品牌的崛起，这些消费趋势也将推动供给侧的研发和供应链转型，因此，在该经营理念指导下，淡马锡对中国本土品牌青睐有加。例如，2021年投资的元气森林、兴盛优选等。在医疗服务领域，淡马锡推断，虽然中国的民营医院只是中国医疗体系中较小的一个组成部分，但由于人民生活水平的提高，人们对医疗服务的需求也越来越高，民营医院将会弥补供给缺口。因此，侧重于投资创新型的药物、医疗器械技术和更高端的医疗服务。例如，信使核糖核酸（mRNA）药物研发的艾博生物、基因治疗药物研发的嘉因生物、结构性心脏病介入治疗领域的创新产品研发及推广的纽脉医疗、齿科连锁服务机构的瑞尔齿科等公司。在数字经济领域,淡马锡捕捉到互联网、云计算、人工智能等技术持续革新带来的发展机遇,投资于包括仓储与冷链开发和运营商——万纬物流、数字营销科技公司——帷幄以及提供信息技术服务——极狐 GitLab 等公司。在新能源领域,投资于氢燃料电池开发商——捷氢科技等公司。

2. 淡马锡在中国物流领域的布局

近年来,淡马锡在物流领域主要聚焦于快递物流、数字化货运、数字化物流、物流科技等四大板块,物流领域综合大数据、科技、先进制造业等范畴,投资具有非常鲜明的特点。

淡马锡在快递物流赛道共投资包括京东物流、万纬物流、利丰等多家企业(见图4)。其中,京东物流已于 2021 年 5 月 28 日在香港港交所成功上市,在上市不久后市值一度超过 2500 亿港元。在淡马锡参与的 Pre-IPO 融资中,京东物流融资金额达 119 亿元港币。同样成立于 2017 年的万纬物流是万科旗下的物流平台,其主要为电商、第三方物流公司、冷链物流等客户提供仓储设施的基础服务,万纬物流在 2021 年 10 月 28 日进行了成立以来的首轮融资,淡马锡成为投资者之一。利丰则是香港历史最悠久的出口贸易商号之一,目前是一家供应链物流服务提供商,淡马锡独家参与了利丰的首轮战略融资,融资金额 3 亿元。

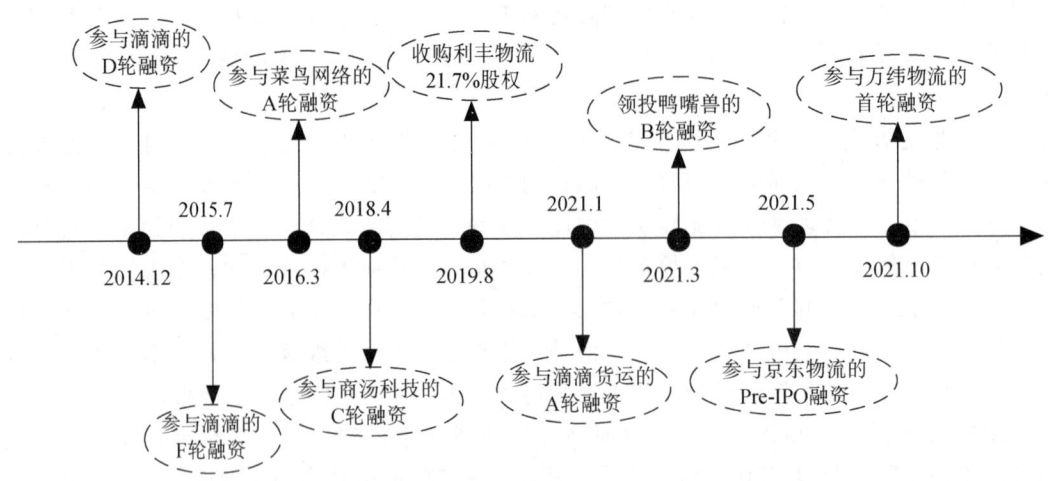

图 4　淡马锡在中国物流行业投资时间轴(不完全统计)

淡马锡对物流领域具有科技基因的企业同样偏爱有加,在数字化货运领域,淡马锡在华投资了两家数字化货运企业——鸭嘴兽和滴滴货运。2021 年领投了以智能调度和运输管理为特色的、世界领先集装箱货运与接驳运输服务平台的鸭嘴兽,2014 年和 2015 年又分别参与滴滴出行 D 轮和 E 轮以上融资,而滴滴出行也已于 2021 年在纽约证券交易所上市。近年来,淡马锡投资了唯一一家数字化物流平台——菜鸟网络。自 2013 年成立以来,菜鸟网络共进行 4 轮融资。其中,淡马锡参与了菜鸟网络在 2016 年的 A 轮融资。2020 年 8 月,菜鸟网络在胡润研究院发布《苏州高新区·2020 胡润全球独角兽榜》位列第 9 位。对于菜鸟网络的投资,淡马锡获得了较高的投资回报。

由以上被投资的企业可知,数字化物流和数字化货运已成为淡马锡在华物流投资的重点布局之一。淡马锡在物流领域不仅仅是关注运输货物的规模和运输的效益，还关注人工智能、大数据等在物流领域的应用、物流的效率水平和质量效益。从物流行业的分类看，淡马锡均投资了供应商物流、生产物流、销售物流和逆向物流；从企业经营模式看，2P企业自建物流、3P第三方物流、4P第四方物流、定制物流等也是在淡马锡的投资考虑范围内。淡马锡的投资经历充分反映了其投资格局宏大和眼光长远。而淡马锡在其他领域也是以同样的手段复制粘贴经验，投资于顺应未来发展模式、布局合理和潜力巨大的世界各国产业。

四、案例启示

（一）完善国企法人治理结构，推动国企治理水平现代化

1. 优化董事会结构、明晰职责

淡马锡的成功经验获得的重要启示是明确国有企业政府出资人代表身份。我国国有企业市场化改革的进程中，应确保国家对于影响国民经济与社会安定的重要企业的绝对控股优势，从而可以充分发挥国有企业在国民经济发展中的重要作用。国有企业市场化改革是一个漫长的过程，应该主动总结国有企业改革中的经验，既要做到从失败的经历中总结失败经验，又要做到将成功的经验推广到未来的工作中。同时，还应注意考虑到行业的差异性，根据行业的差异性做出具体的调整。另外，淡马锡对于人才的选拔以及管理者的培养也值得我们借鉴。一方面，应慎重地聘用董事会成员和管理层人员，按照不同国有企业所属的行业，聘用具有相关专业知识背景或者在某一行业内有丰富工作经验的高管。另一方面，应给予国有企业更多的自主性，鼓励国有企业按市场化和商业化运作。更为重要的是，应以市场化的标准来评判国企的业绩以及考核国有企业的高管，建立一套市场化的奖惩机制，不断提高国有企业高管的积极性，从而提高国有企业的业绩。

结构优化后便是赋予董事会实权，将权力责任化。董事会拥有的实权包括决定重大事项和制衡董事角色之间的权力。在决定重大事项方面，董事会必须对股东负责，制定合理的长远战略，依据相关规章制度，对淡联企业行使权力。在制衡董事角色权力方面，不同的董事会成员拥有的权力是不一样的，但是运用制度设计的巧妙方法可发挥董事会成员之间相互监督的作用，从而达到权力制衡的效果。由此可见，淡马锡董事会通过合理分配权力，形成一个高效运作、有效制衡的局面。淡马锡公司的基本目标是获得最大的投资回报，在全球范围内进行经营活动的过程中，淡马锡严格遵守着市场经营的原则，但通过授权和问责的平衡，能够做到以少数的几人率领和指引千军万马，达到甚至超越既定目的。从这一点上看，淡马锡实际上在产权、公司治理理论进行了突破。我国国有企业改革法人治理结构，需从根源上出发，详细研究董事会架构的多样化和问责制度的精细化，选取适合国企的具体形态。

2. 创新董事选聘机制

为了在投资组合获得卓越回报，淡马锡在对董事的选聘中坚持高素质、多元化、国际化的原则，由杰出的领导团队领导着众多下属员工。具体来讲，淡马锡在全球范围内搜寻

各行各业的顶尖管理人才，向他们抛出橄榄枝，邀请他们成为淡马锡或者淡联企业的董事会成员。为了避免权力过于集中，所有在新加坡上市的淡联公司董事长和总经理均选聘不同的人才，两者具有明确分工，董事长负责董事会的相关事项，总经理则负责严格执行公司制定的发展战略，落实具体的工作安排。此外，为了进一步消除总经理对董事会潜在的不利影响，新董事由提名委员会提名，董事会将定时考量可能的候补人选，更进一步地，董事会对管理层执行公司战略的情况进行严格考评。董事会下的薪酬委员会保持独立性，能在总经理缺席的情况下，举行会议详细评估总经理和管理高层的业绩表现，调整其工资和奖金的分配。董事会则具有聘用和解聘总经理的权力。对外，董事能把握公司发展的大方向，解决公司的外部压力，保证公司运行的市场化运作。对内，严格监督经理层的同时不僭越其日常活动。以上一系列措施都将使选聘的董事发挥自身最大的效能，对淡马锡和淡联企业而言，正是这样有实力和够强势的董事保证了整个集团的欣欣向荣。

3. 设计科学、合理的独立董事激励机制

2002年以来，优秀的私营企业家逐步成为淡马锡的外部董事，外部董事继续推选和引荐新董事，淡马锡的市场化和专业化程度不断提升。许多淡联企业主动建立由专业人士构成的董事会，但由于企业股权并非高度分散，它既希望致力于增强董事会的独立性，又希望能保证对董事会拥有一定的控制力。而我国的实际情况是董事会负责制定薪金方案，由股东大会进行表决。《关于上市公司建立独立董事制度的指导意见》中说明上市公司可自愿设立薪酬委员会，即薪酬委员会的设立是自发性质的。该项规定有进一步完善的空间，亟须有效防止独立董事在董事会中处于弱势地位，实际力量和作用受到制约。此外，独立董事的过往履历就是独立董事的"入门凭证"，体现着独立董事的专业等级和能力水平，但独立董事的声誉和信用评价是动态变化的，独立董事管理部门应定时对其进行考量，并公之于众，同时可考虑将优异的候补董事替换掉不合格的董事。独立董事在参与企业董事会或股东会议时，发表的意见、发言次数和审批企业的年度报告等情况应作为其工作绩效的重要考核内容，实现与薪酬和奖金相挂钩，推动独立董事以积极、认真的态度服务企业。

（二）保护和鼓励本土企业走出去，增强国际化运营水平

1. 专门机构出台优惠政策，减少"出海"企业成本

我国国有企业承担了部分政府的职责，需要配合政府提高就业率、改善民生和稳定经济社会等。当国有企业决心开展跨境风险投资业务时，可结合我国的实际国情，设立专门服务"出海"企业的平台，制定优惠政策，重点支持社会中介机构通过各种政策服务，尽可能降低企业交易成本，提升企业的整体竞争力，促进跨境业务水平增长，不断增强对国内外资本的吸纳力和区域竞争力。同时，国企作为独立法人，正当经济利益应得到充分保证，资产保值增值目标逐步实现，促进国企的可持续发展。淡马锡的成功经验给予包括我国国有企业以及开展国际风险投资的企业一个重要而有益的启示，值得高度重视和认真对待。

2. 中介机构搭建沟通平台，降低信息不对称风险

由政府牵头搭建一个由投资银行、会计师事务所、律师事务所等中介机构组成的沟通

平台，为"出海"企业或者有意向"出海"的企业提供相关的咨询服务。该平台汇集了中介机构中知名银行家、律师、财务分析师、会计等行业专家，致力于帮助企业解决投资目的地选择、投融资方案、风险识别以及价值评估等方面的难题。

此外，政府在这一平台上也提供其他完善的服务，如投资组合管理、投资监督、投资决策咨询等，以帮助"出海"企业或者有意向"出海"的企业更好的组建一套高效的投资组合管理体系并为之提供有效的服务。其中，投资组合管理是构建完整的投资组合管理体系的重要方面。针对这一方面，政府开展的服务，将从投资组合规划及确定管理规则入手，充分利用市场信息、金融衍生品等工具，控制投资风险。同时，采用综合风险模型对投资组合的风险状况定期进行评估，并对其进行及时调整以达到最佳组合效果，有效地实施风控措施，以提高投资收益水平，降低投资风险，使投资组合管理体系更为完备、有效。此外，政府还应设立一系列投资优惠政策，加强对"出海"企业和投资人的支持和服务，还要对投资行为实施完善的监督，以确保投资组合管理体系能够更好地运行。

3. 政府间签订双边协议，以法律保护"出海"企业安全

政府强有力的保护是淡马锡能够将业务遍及全世界的重要因素。以新加坡对华投资为例，早在20世纪80年代（此时两国还尚未建立外交关系），新加坡政府就已经和中国政府签订了多项政府间协定，比如，《贸易协定》和《投资保护协定》可以有效地促进贸易和投资活动，《海洋运输协定》可以有效保护新加坡企业物流运输安全，《避免双重征税协定》可以通过避免双重征税鼓励对华投资。这些政府间的协定不仅从法律上保护了新加坡在华投资的安全，还进一步鼓励了更多的企业"出海"投资。另外，中国—新加坡自贸区协议已于2010年正式生效，该协议的内容不仅包含货物贸易方面的内容，还囊括了投资和服务贸易，进一步激励了新加坡企业在华投资。从新加坡政府的做法可以看出，新加坡政府充分利用政府间的合作协议为本国企业"出海"保驾护航，让本国企业可以安心"出海"投资，这正是我国应重点借鉴的经验。具体来看，我们应进一步加强与主要贸易和投资国的沟通和交流，签订有利于向"出海"企业和公民提供安全保障的双边和多边协议，减少"出海"公民和企业面对安全和法律层面的威胁。

(三) 激活政府投融资平台潜力，多点多面实现资产保值增值

1. 提高投资组合能力，加强风险管控水平

淡马锡优秀的投资组合能力是其资产不断保值增值的重要因素。淡马锡投资组合能力主要体现在五个方面：风险控制能力、优化配置能力、标的选择能力、收益预判能力以及动态管控能力。得益于优秀的投资组合能力，淡马锡投资遍布全球，呈现出覆盖地域广、投资标的多以及涉及行业广三大特点。从淡马锡的投资经历可以看出，淡马锡严格落实"不把鸡蛋放在同一个篮子里"的投资原则。首先，鼓励企业进行多元化投资来分散投资风险，具体来看，不能仅仅局限于债权投资，应将资本分散投资在更加多元化的投资标的品种。其次，要多元化开展行业投资和多元化布局投资区域。多元化行业投资应将资本投资分散于各个行业中，而不仅仅局限于熟悉的行业中。多元化布局要求不仅仅是在欧美发达国家布局业务，也可以加大对新兴国家或者发展中国家的投资力度。最后，合理选择投资标的，充分利用市场信息、金融衍生品等工具控制投资风险；加强投资组合管理，采用

综合风险模型对投资组合的风险状况进行定期评估，及时调整投资组合以达到最佳组合效果。

近年来，政府融资平台爆雷事件频繁发生。政府融资平台应该采取多种措施加强风险管控水平：首先，应当建立有效的风险识别机制，完善现有的项目分类评审、审核机制，进一步提升对项目承担风险的认知能力；其次，应加大投资者信息完善和客户服务力度，增强融资主体的信用意识，提升政府融资平台的效率；再次，政府融资平台应建立风险防范机制，设置适当的预警机制，增强风险识别及预警的效能；最后，应重视资金管理，建立和完善完整的财务报表，做好经营成本控制，有效提高投资回报率，合理降低风险。通过上述措施有效提升政府融资平台的风险管控水平。

2. 完善信息披露制度，提升公司运营透明度

2004年之前，由于淡马锡享有豁免权，淡马锡对外投资过程中并未主动向外披露财务数据，因此，淡马锡的公司透明度较低。再加上淡马锡在新加坡的特殊身份背景，其在海外的投资可能具有一定的政治目的和战略目的，导致许多国家对淡马锡对本国的投资产生抵触的心理，这在一定程度上阻碍了淡马锡在海外的发展。为了减少海外投资的阻碍，加快全球布局，2004年之后，淡马锡开始主动披露公司的财务数据，同时不断完善公司的信息披露制度，提高公司的透明度。经过多年的发展，淡马锡已经发展成为一个公司透明度较高的公司，根据评级机构的数据来看，标准普尔给予淡马锡的企业信用评级是AAA，而穆迪给予淡马锡的企业信用评级是Aaa，这极大地增强了投资者对淡马锡的信心，同时也进一步加快了淡马锡海外投资的步伐。

从淡马锡对信息披露工作态度的转变可以看出，只有不断完善信息披露制度，加强外界对公司的监督，提高公司的透明度，才能不断增进投资者信心，从而推动公司的发展。我国政府融资平台的信息透明度还比较低，同时信息披露制度也有待不断完善。政府融资平台应针对各类信息进行定期、及时的披露，加强遵守信息披露义务，增强市场的透明度。首先，应健全信息披露标准，划定单位、对象、内容和期限等，具体包括股权结构、财务状况、运营情况、重大事项等，同时要注意信息的真实性和准确性；其次，要有效降低复杂情况下的披露成本，通过完善披露流程与技术实现披露目标；最后，要推动法律法规与市场对企业信息披露文件的及时更新，从而使市场对企业信息披露有可靠的依据，提升企业运营透明度。

【参考文献】

[1] 胡艳明. 淡马锡持续投资中国 关注四个结构性趋势 [N]. 经济观察报，2022 - 07 - 25（012）.

[2] 杜卿卿. 对话淡马锡：当下的中国机会 [N]. 第一财经日报，2022 - 07 - 21（A03）.

[3] 杨永胜. 新加坡淡马锡公司治理的启示 [J]. 北京石油管理干部学院学报，2022，29（03）：75.

[4] 李珊. 淡马锡对中投公司海外投资的启示 [J]. 河北企业，2019（08）：133 -

134.

[5] 国务院发展研究中心企业研究所"国有资本管理体制改革研究"课题组. 国有资本运营机构的国际经验 [J]. 中国投资, 2015 (10): 85.

[6] 高颖鹍, 郭纲. 新加坡淡马锡经验及对我国发展国有经济的启示 [J]. 生产力研究, 2008 (10): 100 - 101.

[7] 秦月星, 刘光本. 马来西亚激励中小企业发展 [J]. 中国中小企业, 2005 (05): 60 - 62.

[8] 马来西亚经济发展面临新难题 [J]. 东南亚南亚信息, 1995 (06): 33.

[9] 邓经纬. 解码淡马锡模式 [J]. 决策, 2014 (04): 76 - 77.

[10] 张文闻. 新加坡私募股权基金投资策略研究与启示 [J]. 清华金融评论, 2021 (02): 89 - 90.

[11] 赵陈婷. 淡马锡投资中国科技企业的逻辑 [N]. 第一财经日报, 2018 - 07 - 12 (A07).

[12] 杜牧. 我国房地产企业品牌营销战略研究 [D]. 湖北工业大学, 2018.

[13] 刘凤. 向新加坡淡马锡经营管理模式学习什么 [J]. 国有资产管理, 2010 (04): 70 - 72.

[14] 胡潇文. 新加坡政府鼓励和保护企业"走出去"的经验及对中国的启示——以淡马锡在华投资为例 [J]. 东南亚研究, 2012 (04): 67 - 74.

[15] 张杰. 中国在中亚地区的利益与公民的安全保护 [J]. 俄罗斯研究, 2016 (05): 179 - 205.

附件

一、中新签署的经济贸易条约

1. 中华人民共和国政府和新加坡共和国自由政府贸易协定 (2008/10/23 生效) http://fta.mofcom.gov.cn/singapore/doc/cs_xieyi_cn.pdf.

2. 中华人民共和国邮电部与新加坡共和国交通部邮政、电信合作的协定 (1994/04/08 生效) https://law.wkinfo.com.cn/international - treaties/detail/NT AxMDAwMDY20TM.

3. 中华人民共和国政府和新加坡共和国政府航班协定 (1993/04/21 生效) https://law.wkinfo.com.cn/international - treaties/detail/NT AxMDAwMDYwODE.

4. 中华人民共和国政府和新加坡共和国政府海运协定 (1989/01/24 生效) https://law.wkinfo.com.cn/international - treaties/detail/NT AxMDAwMDYwODA.

5. 新加坡共和国政府和中华人民共和国政府关于对所得避免双重征税和防止偷漏税的协定 (2007/09/28 生效) https://law.wkinfo.com.cn/international - treaties/detail/NT AxMDAwMDAxMjA.

6. 中华人民共和国政府和新加坡共和国政府关于促进和保护投资协定 (1986/02/07 生效) https://law.wkinfo.com.cn/international - treaties/detail/NT AxMDAwMDYwNzQ.

7. 中华人民共和国和新加坡共和国关于民事和商事司法协助的条约（1999/06/27 生效）https：//law. wkinfo. com. cn/international－treaties/detail/NT AxMDAwMDY1MDc.

8. 中华人民共和国政府和新加坡共和国政府文化合作协定（2007/07/11 生效）https：//law. wkinfo. com. cn/international－treaties/detail/NT AxMDAwMDYwNzk.

9. 中华人民共和国政府和新加坡共和国政府科学技术合作协定（1992/03/02 生效）https：//law. wkinfo. com. cn/international－treaties/detail/NT AxMDAwMDE4Mjg.

10. 关于中国和新加坡两国政府卫生合作执行计划呈请备案的函（1996/10/20 生效）https：//law. wkinfo. com. cn/international－treaties/detail/NTAxMDAwMDI1Njc.

11. 区域全面经济伙伴关系协定（RCEP）（2022/01/01 生效）缔约方：中华人民共和国；澳大利亚；日本；韩国；新西兰；刘莱；柬埔寨；印度尼西亚；老挝；马来西亚；缅甸；菲律宾；新加坡；泰国；越南。https：//law. wkinfo. com. cn/international－treaties/detail/NT AxMDAwMDY5OTE.

二、新加坡与经济贸易相关的重要法规

1. 《外国工人就业法》第 910 章 http：//www. asianlii. org/sg/legis/consol act/eofwac91354.

2. 《交易所（股份化和合并）法》第 99B 章 http：//www. asianlii. org/sg/legis/consol act/eamac99361.

3. 《金融程序法》第 109 章 http：//www. asianlii. org/sg/legis/consol_act/fpac109194/.

4. 《自由贸易区法》第 114 章 http：//www. asianlii. org/sg/legis/consol act/ftzac114185.

5. 《危险废物（出口、进口和过境管制）法》第 122A 章 http：//www. asianlii. org/sg/legis/consol act/hwoeiatac122601/.

6. 《新加坡知识产权局法》第 140 章 http：//www. asianlii. org/sg/legis/consol act/ipooac140437/.

7. 《国际仲裁法》第 143A 章 http：//www. asianlii. org/sg/legis/consol act/iaac143293/.

8. 《国际发展协会法》第 144A 章 http：//www. asianlii. org/sg/legis/consol act/idaac144411.

9. 《新加坡国际企业发展局法》第 143B 章 http：//www. asianlii. org/sg/legis/consol act/iesbac14342710.

10. 《国际金融公司法》第 144 章 http：//www. asianlii. org/sg/legis/consol act/ifeac144355.

案例2：搭平台，拓渠道，促融资
——基于深交所科融通平台的中马创新资本跨境生态体系构建

一、引言

中国已连续多年成为马来西亚的第一大贸易伙伴，双方经贸关系在新冠疫情考验下继续展现出强大的韧性和活力。在双向投资领域，中国对马来西亚的青睐只增不减，中方在马投资合作正从以往的日用品、纺织等领域向数字经济、绿色发展、物联网、生物科技、高端制造等领域拓展，深交所的科融通 V-Next 平台为合作伙伴提供全天候的投融资对接服务。

二、案例背景

（一）科融通 V-Next 背景

1. 平台定位和宗旨

科融通 V-Next 是由深交所打造的面向未上市企业股权市场的投融资综合服务平台，由燧石星火升级而来，自 2014 年推出以来一直由深交所全资子公司深圳证券信息有限公司负责运营。截至 2022 年 9 月 30 日，科融通 V-Next 全球合作网络已覆盖 46 个国家和地区，吸引 2 万多家高科技企业及来自中国和全球市场超过 9000 家投资机构的 27800 多名投资人。据不完全统计，平台上有 2300 余家企业成功募集资金，累计募资超过 830 亿元人民币。作为深交所特色服务链条的重要组成部分，经过 8 年建设，科融通 V-Next 发展成为用户规模较大、信息技术先进、服务成效显著的数字化平台，构建了包括网站、APP、小程序、公众号的完整互联网产品矩阵，拥有 46000 多企业、投资人与政府用户，成为资本市场支持高新企业股权融资发展的窗口，也是资本市场基础生态循环发展的重要节点[①]。设立科融通 V-Next 平台的初衷是为境内外高科技中小企业融资提供便利，支持投资机构高效搜索与对接境内外优质项目，打造一个促进跨境资本形成和知识分享的数字型服务平台，为 PE/VC 和并购市场提供定制化的信息服务，使用前沿的技术来有效提高投融资对接效率，最终实现高科技中小企业的可持续发展。

2. 服务的对象、内容和路径

平台以初创期、成长期高新企业与 VC、PE 等股权投资机构为核心用户，提供集信息展示、路演对接、规范培训、智能测评、专家咨询于一体的公益性、针对性、专业性

---

① 相关数据资料由科融通 V-Next 提供。

服务。

对于项目方，平台为企业的项目提供线上标准化信息展示页面，通过该页面向投资人展示公司介绍、核心竞争力、核心团队、融资需求等信息；通过"线上+线下"路演活动提供展示才智及融资计划的舞台，拥有与投资人面对面交流的机会。线上功能包括平台私信、电话邀约、名片互换等，可以帮助企业直接与上市公司和基金业协会备案的投资机构建立联系，高效拓宽资源网络。此外，还可以根据企业的个性化需求，运用大数据、人工智能等新技术为企业在众多投资者中智能匹配意向投资者。对于投资人，平台根据投资机构的投资偏好，按照国家、行业、融资金额、阶段等分类支持投资机构精准搜索项目标的；"线上+线下"主题路演活动为投资机构提供一个了解企业项目及融资计划的机会和与企业家面对面交流的便捷渠道；支持投资机构组织投后项目专场路演，为被投企业对接其他投资机构和产业资源。此外，也可以为投资人提供定制化对接项目的服务。对于合作方，平台将通过与合作机构共同举办路演、培训活动和参加展会，支持合作伙伴推荐的企业获得更多股权融资的机会；通过在线发布项目融资需求、举办项目路演和平台系统定向推送等服务，助力合作方推荐的项目多渠道触达潜在合作机会，提升对接效率；专门为合作伙伴建立其管理页面，帮助实时更新项目信息、持续跟踪项目进度和统一管理推荐项目。在常态化合作机制下，为合作伙伴拓宽提升品牌曝光度与国际影响力的渠道。此外，平台还有特色服务——资本市场专题培训。定期邀请创投、律所、会所等资深专家组织海外投资并购、经济环境分析、政策法规解读等课程培训，助力企业家和投资者的跨境对接。

（二）合作项目

1. 合作的基本概况

截至2022年10月，科融通V-Next累计服务3家马来西亚初创企业，其中2家为软件与互联网企业、1家为生物科技企业。按照企业发展阶段划分，2家为初创期企业、1家为成长期企业。此外，科融通V-Next开设境外上市公司展示专区，并组织配套路演和研讨会，联通境内的上市公司、非上市的产业龙头企业、产业投资机构等，与东盟国家探索合作新模式。截至2022年12月底，专区累计展示22家马来西亚上市公司的主营业务、竞争优势、产业合作意向等信息。其中，如图1所示，包括6家信息技术企业、3家工业企业、3家能源企业、3家消费企业和3家原材料企业①。

2. 路演对接会概况

截至2022年10月，科融通V-Next共与马来西亚开展4项路演对接会，包括2020年中马电子产业合作线上对接会、2020年东盟资本市场合作对接研讨会（制造业专场）、2021年中马科技合作对接研讨会（电动车零部件专场）和2022年中马碳中和合作对接会·ESG专场②。

---

① 相关数据资料由科融通V-Next提供。
② 科融通英文网站（https：//www.v-next.cn/index.do）。

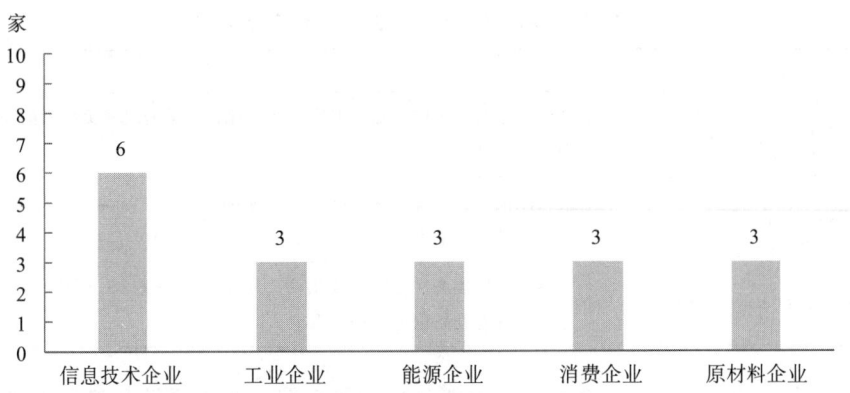

图 1　科融通 V–Next 提供的 22 家马来西亚上市公司行业分类情况

2021 年适逢中国—东盟建立对话关系 30 周年，为进一步加强与东盟资本市场的合作交流，增强与东盟国家经济发展的互补性，科融通 V–Next 与马来西亚股票交易所推出"2021 中马科技合作对接会（电动车零部件专场）"，承办单位包括深交所广西服务基地、深圳证券信息有限公司和燧石星火 V–Next，3 家上市公司参与路演，分别是格瑞泰克科技有限公司、槟杰科达有限公司和马来西亚太平洋工业有限公司（见表1）。格瑞泰克科技公司成立于 1997 年，总部位于马来西亚槟城，在北美、东南亚和中国都设有生产设施和厂房，是一家工厂自动化解决方案提供商，为全球多家跨国企业提供服务。公司以客户为导向，提供太阳能、能量储存、生命科学、智能设备、玻璃基板、半导体、汽车和消费品等领域的解决方案。槟杰科达有限公司是一家自动化制造和技术解决方案提供商，为半导体、汽车、医疗设备、消费电子产品和通用制造等行业的客户提供服务。马来西亚太平洋工业有限公司（简称"MPI"）是一家投资控股公司，主要业务覆盖制造、组装、测试等领域，并向全球各地客户销售集成电路、半导体设备、电子元件和导线架等产品。

表 1　参与"2021 中马科技合作对接会（电动车零部件专场）"路演公司

公司名称	公司简介
格瑞泰克科技公司	工厂自动化解决方案提供商，提供太阳能、能量储存、生命科学、智能设备、玻璃基板、半导体、汽车和消费品等领域的解决方案
槟杰科达有限公司	自动化制造和技术解决方案提供商，为半导体、汽车、医疗设备、消费电子产品和通用制造等行业的客户提供服务
马来西亚太平洋工业有限公司	业务覆盖制造、组装、测试等领域，并向全球各地客户销售集成电路、半导体设备、电子元件和导线架等产品

在 2022 年中马碳中和合作对接会上，马来西亚证券交易所相关负责人介绍了加强马来西亚上市公司信息披露的规定，包括在能源管理、健康和安全、供应链管理、水和排放管理等方面的指标；交易所的目标是建立一个资源碳市场，为公司的环保项目和倡议提供资金，以金融的力量帮助马来西亚争取在 2050 年成为温室气体近零排放的国家。从其分享的可持续发展报告框架可看出，马来西亚证券交易所近些年来在低碳经济方面做出了许多努力。对接会中，三家路演公司具体情况如下（见表2）。

表 2　　　　　　　　　2022 年中马碳中和合作对接会路演公司

路演公司	公司简介
Pekat Group Berhad	专业从事防雷系统、接地系统和浪涌保护系统及其相关技术的设计、供应、分销和安装
Samaiden Group Berhad	可再生能源和环境领域的解决方案提供商，专注于为可再生能源和环境行业提供端到端的需求
Solarvest Holdings Berhad	一站式太阳能解决方案的提供商，期望在太阳能 EPCC 领域保持市场领先地位，具有开拓国外市场的需求

路演公司一：Pekat Group Berhad。专业从事防雷系统、接地系统和浪涌保护系统及其相关技术的设计、供应、分销和安装，目前公司的战略定位是通过发展太阳能光伏技术以应对气候变化。

路演公司二：Samaiden Group Berhad。可再生能源和环境领域的解决方案提供商，为可再生能源和环境行业提供端到端的解决方案。

路演公司三：Solarvest Holdings Berhad。一家一站式太阳能解决方案的提供商，已累计安装了超过 400MWp 的太阳能光伏系统，期望在太阳能 EPCC 领域保持市场领先地位，未来能够研发垂直扩展清洁能源生态系统，构建清洁能源生态系统，同时计划在印度尼西亚和越南等国家拓展业务。

本次 3 家马来西亚可再生能源产业上市公司的线上路演为国内外广大投资者提供了一个了解马来西亚"双碳"领域的发展现状和马来西亚政府决心支持"低碳经济"发展的平台，助力实现境外优质项目与境内优势产业、资本对接，不断拓宽企业跨境投融资的渠道。

三、案例分析

（一）现在：高技术产业发展势头迅猛

1. 政府寻求产业转型，激励措施给力

1970 年，马来西亚政府制定和实施新经济政策，目标是从依赖初级产品转向发展制造业，为经济增长提供动力。1977 年，马来西亚从低收入国家跨进中等收入国家行列。中经数据网资料显示，马来西亚 2010—2021 年的人均 GDP 由 0.9 万美元增至 1.14 万美元，属于中高收入经济体①。然而，早在 2011 年马来西亚的人均 GDP 已超过 1 万美元，2010 年政府意识到需要进行经济改革，于是推行"新经济模式"，目的是再次进行经济转型，由劳动密集型向技术和资本密集型转变，提高产业层次，促进技术含量较高的产品出口。2021 年 9 月，马来西亚颁布《第十二个马来西亚计划》，再次调整产业布局，目标是推动国家于 2025 年发展成为高收入经济体。该计划包括三个方面——促进经济增长、推动环

---

① 中经数据网（https://ceidata.cei.cn/）。

境可持续发展和改善民生。计划中提及多个经济增长点，包括工业4.0、数字经济、航天工业和区域综合发展，以及可持续能源和基建联通等。环境可持续发展领域聚焦绿色发展，涵盖蓝色经济、绿色科技、再生能源以及适应和减轻气候变化影响。

在投资领域，从2003年6月开始，外国投资者投资新项目可以持有100%的股权。如表3所示，马来西亚投资政策以《1967年所得税法》《1967年关税法》《1976年国内税法》和《1986年促进投资法》等法律规范了投资不同行业的手续流程和激励措施。税务减免是常用的优惠方式和鼓励措施。由于外商投资已经成为推动马来西亚经济发展的重要因素，近年来，马来西亚政府一直致力于改善投资环境、吸引外来投资。2022年马来西亚国际贸易和工业部推出一项新的投资政策，该政策的战略重点之一是制定关于国家投资愿望（NIA）和环境、社会和治理（ESG）议程的统一投资战略，以及强调直接满足投资者的多样化需求。投资新政将优先考虑扶持创新、高影响力和高科技产业投资，并将加速整体商业生态系统的精简，提高营商便利性，增强竞争力，希望马来西亚通过上述举措可以成为东南亚地区的首选投资目的地。同年，马来西亚雇员公积金局共推出公积金可持续投资政策、优先问题政策和优先领域政策等三项政策，以指引该局通过将环境、社会及治理（ESG）纳入考量的方式在投资管理过程中作出更为合理、全面的投资决定。

表3　　　　　　1955年以来马来西亚关于外商投资的相关法律

马来西亚关于外商投资的法律（不完全统计）	
《1955年马来西亚就业法案》	《1998年马来西亚通信与多媒体委员会法》
《1960年土地征用法》	《2006年电子商务法》
《1967年所得税法》	《2007年资本市场和服务法案》
《1967年关税法》	《2010年战略贸易法》
《1967年劳资关系法》	《2010年马来西亚竞争法》
《1972年销售税法》	《2012年有限责任合伙法》
《1974年石油条例》	《2013年金融服务法》
《1975年马来西亚工业协调法》	《2015年马来西亚航空委员会法》
《1976年国内税法》	《2016年收购、合并和强制收购规则》
《1986年投资促进法》	《2016年马来西亚收购和合并守则》
《1997年数字签名法》	《2016马来西亚公司法》
《1998年通讯和多媒体法》	《2022年就业（修正案）法案》

可以预见，未来马来西亚将继续坚持激励措施牵引与市场导向相结合的策略。有效的政府引导和激励措施将引导着社会资本的选择，降低产业发展的前期生产成本和安全风险，增加市场主体的参与性，显著地激发企业投身相关经济领域的研发，鼓励创新试错，提升行业整体的创新包容度，最大限度地调动产业链利益相关者的积极性，培养更多的专业人才，在一定程度上与上下游企业互补自身缺乏的研发资源，提高整个行业的研发水平，为科技创新营造良好的生态环境，使整个行业发展充满活力，形成良性、完整的供应链、循环链闭环。

2. 整体市场潜力巨大，行业发展迅速

根据前面所述，2021 年马来西亚颁布的《第十二个马来西亚计划》中将工业 4.0、数字经济、航天工业和区域综合发展，以及可持续能源和基建联通等列为经济增长新引擎。

尽管受到技术、环境、资源以及经济基础等多方面因素的影响，但是马来西亚市场仍表现出较强的发展潜力。从技术层面看，当前数字经济和可持续能源等领域正是需要集中投入人才等资源推进核心技术攻关的关键阶段。马来西亚人口增长平稳，成人识字率超过 90%，受教育程度良好，劳动力参与率高，保证了技术密集型行业发展的人才数量和质量上的需求，能够提升企业创新能力，筑牢发展根基。从社会层面看，马来西亚通用语言为英语，但是由于当地华人众多，英语和普通话等多种语言沟通无障碍，对中资企业开拓当地市场语言环境友好。从经济层面看，马来西亚已经从农业导向型经济转为以制造业和服务业为主的经济体，完善的工业体系使得马来西亚尤其在工业制成品方面具有自身的产业优势，能够减少工业配套成本，增强工业产品在国际贸易竞争中的优势。从自然环境上看，马来西亚处于东南亚的中心位置，濒临海运繁忙的马六甲海峡。具有丰富的石油、天然气储量和一定数量的矿产资源，可满足国内消费及出口需求，优越的自身条件不仅有利于开展对外贸易，还有助于吸引更多外商投资。2022 年 3 月，区域全面经济伙伴关系协定（RCEP）对马来西亚正式生效，跨太平洋伙伴关系全面进步协定（CPTPP）也将于同年 11 月下旬对马来西亚正式生效。这些协定可进一步帮助马来西亚开辟新市场或吸引更多的外资进入，迅速壮大目前仍处于成长期的市场，促进市场规模持续提升。

3. 供需双方信息不对称，融资成功率不高

然而，即便政府、金融机构方面做出极大努力，企业在披露信息时会存在诸多问题。一是不同的利益相关者需要具有更高可比性的数据，而政府和有关金融监管机构制定的政策不一定能满足所有利益相关者的需要。二是某些企业披露的数据可用性不高和数据质量参差不齐。三是对于不同行业的关键数据的披露方法有待完善，披露的精确性亟待提高。以上存在的问题都将加大资金供需双方的信息不对称，这导致资金供给方难以有效为真正具有发展潜力的企业提供融资贷款。市场失灵时所产生的"劣币驱逐良币"的效应不容小觑，结果有可能是无潜力、无能力的企业获得资金支持，投资人的资金面临较大风险，直接影响其经营效益。例如，马来西亚实行强制性的社会责任信息披露，2007 年马来西亚证券交易所提出上市发行人需在年报中披露企业社会责任活动或实践的强制性要求，但是，并未对披露内容提出具体要求。2015 年可持续发展框架提出后，针对上市发行人的可持续发展声明才有具体要求和指引，并在之后进行补充和修订。同时，马来西亚的社会责任信息披露采取了分阶段和差异化的方法。在实施《上市规则》中与可持续披露相关的规定时，大型上市发行人必须首先在 2016 年底至 2018 年底进行报告。2018 年 12 月 31 日及之后，所有上市发行人必须在年度报告中披露可持续发展声明。

投资人进行投资前的信息调查时，若因缺乏足够的信息，投资人则要投入更多的资源对企业信息辨别真伪。其次，高新技术企业的相关投资往往需要更长的评估周期，这是由于高新技术企业的研发投入较大，导致经营管理的不确定性增大，因此，增加了投资人的评估周期，从而提高了投资人的项目的管理成本。虽然高风险项目可能收获高收益，但出于审慎经营原则和考虑到信息不对称的因素，投资人可能减少资金在该行业的投放，进一

步增加资金需求方的融资成本。或者是投资人由于对某些企业做出错误的判断,将导致资金投入渠道和投入规模设计不合理,影响资金的有效配置,甚至有可能经过综合考虑后,会另寻其他的优质项目。

(二)未来:深入合作领域潜力巨大

1. 加强政府间合作,保证优质项目对接

中国与马来西亚合作历史悠久,双方在经贸往来、物资流通领域的合作经验丰富。RCEP与中国—东盟自贸区叠加,将更进一步拓展双方的经贸合作新领域。新时代提出新的交流沟通内容与形式,政府间的合作可在数字化、信息化的科技加持下,帮助企业深入双方市场。

马来西亚最早于2015年发布披露可持续发展声明修正案,该修正案要求所有上市发行人须在其年报中披露重大经济、环境及社会风险及机遇管理的叙述性声明,目前全部上市公司已按强制性的要求披露ESG报告。2010年9月我国环保部出台《上市公司环境信息披露指南》,在原有《环境信息公开办法》的基础上更广泛地规定环境信息的披露范围和更细致地划分环境信息披露的内容,但其仅仅为指导性文件,不具有强制约束力,而且仅适用于上海证券交易所和深圳证券交易所发行的A股上市公司。目前,双方都在持续发力,致力于实践可持续发展、加快碳中和进程,提升科技创新能力,双方合作需求与日俱增。两国政府可牢牢抓住新一轮科技革命和产业改革的机遇,不断扩大多领域对外开放,完善两国之间的合作机制。

未来,政府可挑选具有一定实力的金融机构和专业学者与科融通V-Next进行合作,一方面,借助金融机构和专业学者的指导,有利于加强平台信息共享,从而促进项目资源整合、信息共享和优质项目对接。另一方面,平台与专业学者还可以开展联合研究,共同设计项目融资结构和担保措施,利用线上和线下渠道、双边和多边交易等多种形式,实现优势互补、资源互通。

2. 加大媒体宣传力度,扩大V-Next知名度

在新的技术支持体系下,新媒体是当前人们获取信息、反映利益诉求的重要渠道之一。随着市场不断细分与行业不断垂直,投融资主体需要进一步创新寻求项目接洽的机制和方法,充分利用新媒体这个中介平台,开展项目推广和了解行业趋势,充分发挥新媒体及时、互动、广泛的传播优势,挖掘更多投资机会。目前,作为深交所特色服务链条的重要组成部分,科融通V-Next已发展成为用户规模较大、信息技术先进、服务成效显著的数字化平台,构建包括网站、小程序和公众号等的完整互联网产品矩阵,但现在其在马来西亚资本市场的知名度并不算高,合作项目并不多。在当下高技术企业不断涌现、迅速成长的阶段,科融通V-Next进一步扩大知名度,配合其相关服务,既能为项目方筹集急需资金,又能为投资方匹配优质项目,有助于实现资源优化配置,实现互惠互利。

3. 提高平台服务水平,完善信息匹配机制

科融通V-Next在一定程度上算是依靠数据化技术的信息服务平台,信息服务的出发点和落脚点是围绕怎么样提供高质量的信息给客户而展开。投资人、项目方和合作机构的真实性和可靠性是信息服务机构的立身之本,因此科融通V-Next的着力点应放在接收真

实合法的、正常盈利的优质公司，尤其是近些年来新兴行业的中小型高科技企业，充分揭露该行业发展趋势和实际情况，利用大数据分析多方真实深层次的需求，跟踪对接后进行评估调研，介绍跨境业务所在国的基本情况等。在互联网时代，客户更多的是希望能利用便捷的网络快速获取信息。科融通 V-Next 依靠深交所这一大平台，建立便捷的数据库以及定向收集资料等拓宽信息收集的渠道，可以帮助客户提高信息搜索的速度，提升甄别有效信息的效率。同时，科融通 V-Next 充分利用大数据、云计算等新技术的优势，提高对海量信息的自动分析和处理能力，并在此基础上针对热门行业、潜力产业的信息进行深度加工，能够进一步满足客户的实际需求，帮助双方信息快速达成匹配，提高双方的办事效率。

四、案例启示

（一）平台背后可利用资源丰富，有效降低信息不对称壁垒

目前，市场上如科融通 V-Next 一样背靠资源丰富的证券交易所发展起来的投融资服务机构较少。深圳证券交易所汇集了多年来在资本市场中生成、采集、保存与行业发展趋势息息相关的海量数据。科融通 V-Next 应进一步拓展功能，成为服务高技术企业和商业机构的纽带和中枢，从引导资金流动的角度出发，通过加强企业筛查、优化信息服务、完善对接服务等，更好地引导资金流动和助力有潜力的产业蓬勃发展。随着信息中介在资本市场发挥越来越重要的作用，科融通 V-Next 还可以与专业分析师、审计师等缓解信息不对称的第三方中介开展广泛合作。分析师、审计师等具有专业的知识和能力，根据项目方提交的信息资料，可初步帮助甄别和选择合格企业进入资金需求名单，提升候选企业披露信息的质量。凭借着平台与深交所相关资源的有效嫁接，以及对国内外大中型投资机构的熟悉度，科融通 V-Next 为进一步服务客户多元化发展、拓展增值业务、创新服务方式，推出更多的行业发展前景、特色项目库等特色服务功能，将把科融通 V-Next 打造成为聚合基金管理人、服务供应商、创新产业链的高效平台。

（二）牵头重大项目和新兴项目融资，引领经济社会长远发展

现阶段，市面上多数的科创中心是以产业为导向，产业集聚和生态发展为目标，科融通 V-Next 通过与其交流合作，能清楚了解当地企业的发展水平、企业与政府、市场的关系以及企业间竞争与合作的有关信息。同时，科创中心通常承担着依托高校、科研院所、政府形成创新动能、引导该地区发展整体产业链的作用，科创中心需要的投融资对接、商业模式辅导等要求也能通过科融通 V-Next 实现，有效帮助科创中心链接市场资源，提高成果转化效果，帮助有发展潜力的企业增强生存和发展的能力。因此，与国内外的科创服务中心业务对接、达成深度战略合作关系和发展资源共享、信息交流、合作共赢的模式，便等于与成批的、有发展潜力的高新企业建立联系，直接为重大项目和新兴项目提供多元化资源、全方位的创业服务支持。

(三) 拓宽项目融资渠道，确保资金用到实处、发挥效益

不同资金需求者的股权结构之间存在差异，融资经历各不相同，不同的融资阶段对资金需求量和融资方式也有所差异。而本地人比外地人更熟悉本地的项目和需求。科融通 V – Next 与境外的民间渠道多接触，与华人团体交流合作，与行业协会沟通交流，能进一步了解当地的真实诉求。同时，跟境外资本市场的机构加强合作、互通有无，科融通 V – Next 才能更便利地为跨境项目方开拓专属的渠道。同时，科融通 V – Next 认可及备案更多的投资人，了解其主要的投资方式和投资偏好，促进跨境机构风险投资和合作共投，可为项目方提供多种融资需求和精准的资金支持，确保资金来源合法、发挥实效。多年成功对接项目的经历积累了不同项目的融资结构制定的经验，跨境项目合作中全面推广应用，便可形成一整套投融资项目规范化、流程化、易执行的成熟管理经验，加上对项目方的了解，为其量身打造融资方案，切实解决项目方的融资问题，也对推动平台对接项目的整体水平提升具有重大的参考价值和借鉴意义。

(四) 补足中介生态的关键一环，推动资本跨境生态体系建设

依靠创新优势和地缘优势，深交所具有探索"一带一路"沿线企业和金融机构跨境投融资的经验。随着中马经贸合作的深化，货币资本跨境大规模流动成为常态。科融通 V – Next 背后依靠深交所，在不断完善自身中介服务水平后，将成为与金融生态环境密切相关的专业化中介机构，是信息资源丰富、受人信赖的、有代表性的中介机构，也是金融生态环境的积极建设者，成为继会计事务所、资产评估事务所等有着"看门人"功能的中介机构后的又一具有代表性和创新性的中介机构。科技中介服务对接链的构建，将推动科技服务机构不断地提高办事能力，使其有效发挥资金供需双方的"黏合剂"和导向作用，提高金融资源配置效率，为企业创新提供支持，为资本市场创造更高的价值。通过跨境、跨业、跨市场服务与各类资本市场主体携手，构建共生共荣、循环发展的生态体系，形成具有投资价值的互惠共赢生态关系。

【参考文献】

[1] 徐薇婷. 马来西亚男星代言女性产品广告效果的实验研究——以吉隆坡地区为例 [J]. 企业改革与管理, 2022 (01)：70 – 72

[2] 朱中华. 赴马来西亚投资与承包工程风险分析 [J]. 中国投资 (中英文), 2020 (Z0)：58 – 59.

[3] 李连胜, 郭迎春. 绿色金融的信息不对称及其化解 [J]. 经济研究导刊, 2019 (06)：62 – 64.

[4] 孟扬. 建立"一带一路"银行间合作机制 [N]. 金融时报, 2017 – 03 – 04 (003).

附件

一、中国与马来西亚签署的经济贸易条约

1. 中华人民共和国政府和马来西亚政府民用航空运输协定（1987/09/09 生效）https：//law. wkinfo. com. cn/international – treaties/detail/NTAxMDAwMDU1NDk% 3D？module = &fromType = qrcode.

2. 中华人民共和国政府和马来西亚政府海运协定（1987/09/09 生效）https：//code. fabao365. com/law_20333. html.

3. 中华人民共和国政府和马来西亚政府关于相互鼓励和保护投资协定（1990/03/31 生效）https：//code. fabao365. com/law_11034. html.

4. 中华人民共和国政府和马来西亚政府关于未来双边合作框架的联合声明（1999/05/31 生效）https：//law. wkinfo. com. cn/international – treaties/detail/Nhttps：？fromType = qrcode.

5. 中华人民共和国政府和马来西亚政府关于对所得避免双重征税和防止偷漏税的协定（现行有效）http：//policy. mofcom. gov. cn/claw/clawContent. shtml？id = 51205.

6. 中华人民共和国政府与马来西亚政府关于在世界贸易组织技术性贸易壁垒协定领域合作谅解备忘录（2004/05/28 生效）https：//law. wkinfo. com. cn/international – treaties/detail/NTAxMDAwMDU2MjA% 3D？module = &fromType = qrcode.

7. 中华人民共和国政府与马来西亚政府关于外交与国际关系教育合作的谅解备忘录（2004/05/28 生效）https：//law. wkinfo. com. cn/international – treaties/detail/NTAxMDAwMDU2OTA% 3D？module = &fromType = qrcode.

8. 中华人民共和国政府与东南亚国家联盟成员国政府全面经济合作框架协议服务贸易协议（2007/01/14 生效）https：//law. wkinfo. com. cn/international – treaties/detail/NTAxMDAwMDU3MTQ% 3D？module = &fromType = qrcode.

9. 中华人民共和国政府和马来西亚政府关于扩大和深化经济贸易合作的协定（2011/04/28 生效）http：//www. pkulaw. cn/fulltext_form. aspx？Db = eagn&Gid = f341155cea3bcd35dfd6866144f007c1bdfb&keyword = % e5% 85% b3% e4% ba% 8e% e6% 89% a9% e5% a4% a7% e5% 92% 8c% e6% b7% b1% e5% 8c% 96% e7% bb% 8f% e6% b5% 8e% e8% b4% b8% e6% 98% 93% e5% 90% 88% e4% bd% 9c% e7% 9a% 84% e5% 8d% 8f% e5% ae% 9a&EncodingName = &Search_Mode = accurate&Search_IsTitle = 0.

10. 中国—东盟产能合作联合声明（2016/09/07 生效）https：//law. wkinfo. com. cn/international – treaties/detail/NTAxMDAwMDY3OTY% 3D？module = &fromType = qrcode.

11. 《区域全面经济伙伴关系协定》（RCEP）谈判领导人联合声明（2017/11/14 生效）https：//law. wkinfo. com. cn/international – treaties/detail/NTAxMDAwMDY4MDg% 3D？module = &fromType = qrcode.

12. 《区域全面经济伙伴关系协定》（RCEP）领导人联合声明（2020/11/15 生效）

https：//law. wkinfo. com. cn/international－treaties/detail/NTAxMDAwMDcwMDc%3D?module =&fromType = qrcode.

13. 区域全面经济伙伴关系协定（RCEP）（2022/01/01生效）https：//law. wkinfo. com. cn/international－treaties/detail/NTAxMDAwMDY5OTE%3D?module =&fromType = qrcode.

二、马来西亚与经济贸易相关的重要法规

1. 《海关法》http：//my. mofcom. gov. cn/article/ddfg/haiguan/200211/20021100049841. shtml.
2. 《反倾销法》https：//www. miti. gov. my/index. php/pages/view/contentb6e1. html.
3. 《反补贴法》http：//www. commonlii. org/my/legis/consol_act/caada1993382/.
4. 《对外贸易公司法》http：//www. commonlii. org/my/legis/consol_act/metdca1992481/.
5. 《版权法》http：//www. commonlii. org/my/legis/consol_reg/copoir1987549/.
6. 《专利法》http：//www. commonlii. org/my/legis/consol_reg/pr1986218/.
7. 《贸易法》http：//www. commonlii. org/my/legis/consol_reg/tdmopmr1994591/.
8. 《亚洲开发银行法》http：//www. commonlii. org/my/legis/consol_act/adba19661991279/.
9. 《审计法》http：//www. commonlii. org/my/legis/consol_act/aoedoa19641989502/.
10. 《航空运输法》http：//www. commonlii. org/my/legis/consol_act/cbaa1974125/.
11. 《海上货物运输法》http：//www. commonlii. org/my/legis/consol_act/cogbsa19501994271/.
12. 《引渡法》http：//www. commonlii. org/my/legis/consol_act/ea1992149/.
13. 《进口关税法》http：//www. commonlii. org/my/legis/consol_act/ida1992275/.
14. 《知识产权法》http：//www. commonlii. org/my/legis/consol_act/ipcoma2002493/.

案例3：银河落南洋
——中国银河证券收购联昌证券

前言

2017年6月6日，中国银河证券股份有限公司（以下简称"银河证券"）通过银河国际与马来西亚联昌集团签署联昌证券国际私人有限公司（CIMB Securities International Pte. Ltd.）股份买卖协议。2018年1月18日，银河证券通过银河国际与马来西亚联昌集团完成50%股权买卖交割，合资公司更名为"银河—联昌"，公司全方位进入东南亚市场。2019年6月28日，公司就收购联昌集团马来西亚证券业务50%的股权（"银河—联昌控股"）进行正式交割。银河证券国际业务网络实现从中国香港延伸覆盖至新加坡、马来西亚、印度尼西亚、泰国、韩国、印度、美国和英国等国家或地区。报告期内，银河—联昌证券业务网络进一步覆盖至毛里求斯。本案例全面回顾了此次收购事件，并展开了相应的充分分析：为什么银河证券要收购联昌证券？收购联昌证券后为银河证券带来了什么样的影响？

一、引言

2016年，作为倚重经纪业务的老牌券商——银河证券正面临着业绩增长放缓、投行与研究等市场排名连续下滑等窘境。同年陈共炎出任了银河证券董事长，对银河证券组织架构、薪酬体系等进行了彻底改革。此外，在他的带领下，银河证券完成了对联昌证券收购，这是银河证券国际化布局迈出的重要一步。在坚持服务国家战略、服务实体经济、服务科技创新和服务财富管理的战略定位下，中国银河证券开启了与东南亚证券行业合作的成功先例，为推动中国—东盟金融合作注入了新鲜血液，增添了新生力量。

二、案例背景

（一）证券行业

证券行业是证券市场的基本要素之一，是证券投资活动的专门行业服务。主要经营活动是交流证券联系直接来自需求方和供应商，并为双方的证券交易提供服务，以促进证券的发行和流通高效执行，维护证券市场秩序。

2011—2015年中国证券行业呈现了良好的发展趋势，但由于2015年7月银行改革、8月石油改革、9月水利改革、11月金融券商改革等一系列变故造成了市场非理性行为激增，并产生了巨大的金融泡沫。牛市末期，大户现金减持后，出现恐慌性踩踏，所有投资者开始赎回资产，恶性循环，最终导致股市崩盘。从图1可以看出，2011—2015年中国证券行业营业收入逐年递增，2015年的营收甚至达到了2014年的221%。中国证券行业2015年的营业收入相较于2011年翻了接近两番。图2数据显示，2015年的净利润是2014年的254%，是2011年的6倍有余。结合图1和图2中增长率曲线走势可以推论，2016年到2018年3年间证券行业发展受挫、收入增长为负，直到2019年才有所缓和。综上所述，银河证券收购联昌证券的时候正处于证券行业发展的寒冬期。

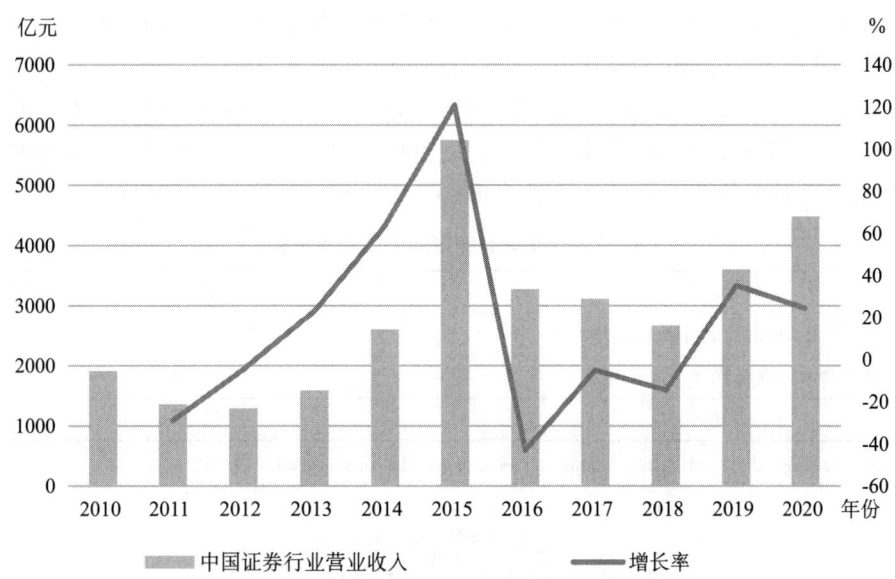

图1　2010—2020年中国证券行业营业收入统计及增长情况

资料来源：中国证券业协会［2022-01-29］（https://www.sac.net.cn/hysj/zqgsjysj/）。

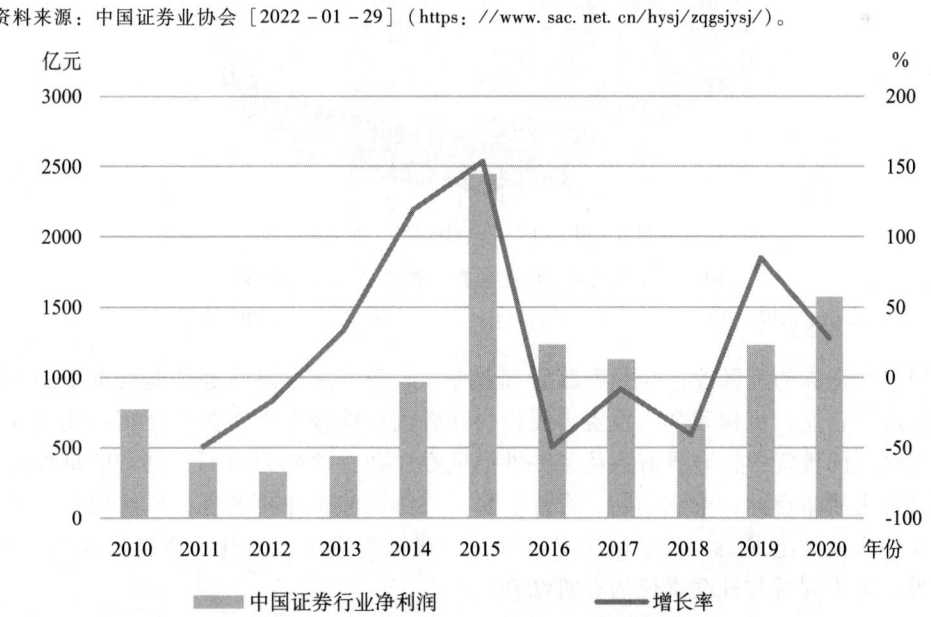

图2　2010—2020年中国证券行业净利润统计及增长情况

资料来源：中国证券业协会［2022-01-29］（https://www.sac.net.cn/hysj/zqgsjysj/）。

（二）银河证券

中国银河证券有限公司是中国证券行业领先的综合金融服务提供商。经中国证监会批准，以中国银河金融控股有限责任公司作为主发起人，联合4家国内机构投资者，共同发起设立中国银河证券股份有限公司（股权结构见表1）。主发起人公司（股权结构见图3）收购了原中国银河证券有限责任公司的证券经纪业务、投行业务及相关资产，旗下拥有银河期货、银河金汇资产管理、银河源汇投资、银河创新资本和中国银河金控等5家子公司（对外投资情况见图4）。2013年5月22日中国银河证券于2013年5月22日在港交所H股上市，2017年1月23日在上海证券交易所A股市上市，截至2022年10月1日，中国银河证券共设有37家分公司、5家子公司、近500家营业部，分布全国178个地级以上城市，海外业务拓展至香港、英国、美国、马来西亚、韩国等9个国家和地区。

表1　　　　　　　中国银河证券股份有限公司股权结构

股东名称	持股比例
中国银河金融控股有限责任公司	51.16%
香港中央结算（代理人）有限公司	36.38%
其他	12.46%

资料来源：天眼查［2022-01-29］（https：//www.tianyancha.com/company/19304756）。

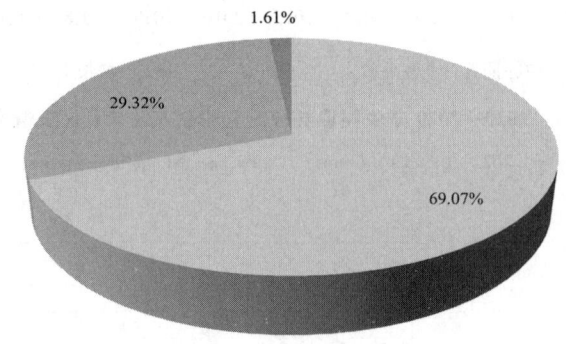

图3　中国银河金融控股有限责任公司股权结构

资料来源：天眼查［2023-01-29］（https：//www.tianyancha.com/company/19304756）。

中国银河证券的经营业务包括财富管理业务、投融资业务以及经证监会批准的国际业务和为政府、企业、机构和个人投资者提供智库咨询等综合金融服务。公司以成为亚洲资本市场上领先的投资银行和具有系统重要性的证券业金融机构为目标，打造航母券商、建设现代投行为战略目标，秉承创新、合规、服务、协同的企业价值观，始终聚焦国家战略实施，支持实体经济发展，服务居民财富管理，践行企业社会责任，坚持实现公司价值、股东回报、员工利益与社会责任的有机结合①。

---

① 资料来源：中国银河证券官方网站［2023-01-29］（http：//www.chinastock.com.cn/）。

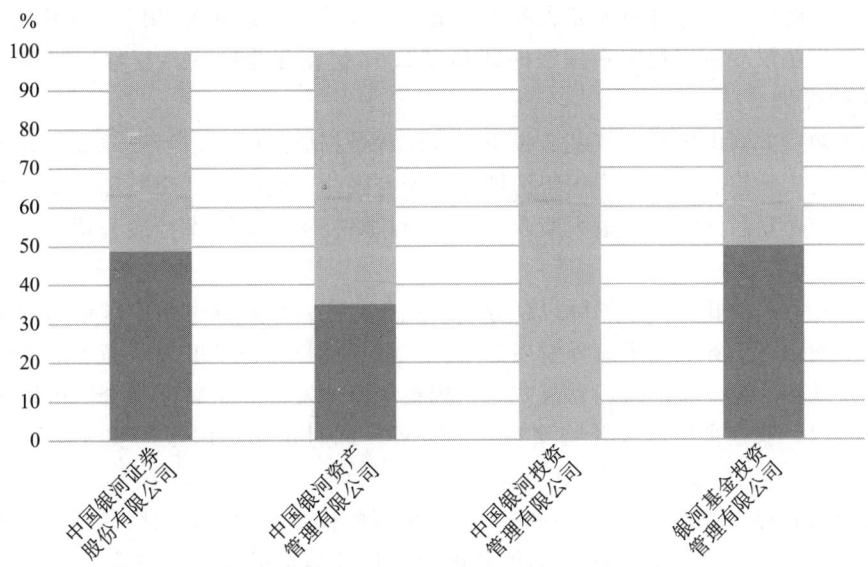

图 4　中国银河金融有限责任公司对外投资情况

资料来源：天眼查［2023-01-29］（https：//www.tianyancha.com/company/19304756）。

（三）联昌证券

联昌证券原是马来西亚土著联昌银行的子公司，经过多年不断的发展，一度成为东南亚最大的投资银行，在2012年4月成功收购苏格兰皇家银行的亚洲投行业务后，一跃成为亚洲最大的投资银行。联昌证券前期设立的目的是专门处理企业融资以及证券投资的事务，在上市3年后除牌，与母公司土著联昌银行合一，土著联昌银行也改名为联昌银行。此后不久，联昌银行也成功收购南方银行，并在新加坡并购吴证券，扩充成为区域性投资银行；吴证券是一家以新加坡为基地的证券和金融服务机构，在东南亚多个国家都设有分行。此外，土著联昌在印度尼西亚拥有商业银行，2012年4月，联昌证券正式收购苏格兰皇家银行亚洲投行业务，包括苏皇证券在中国香港、中国台湾、韩国、印度、新加坡、泰国、澳大利亚等分支机构。

CSI是联昌集团于新加坡证券交易所上市的证券公司，注册地及运营管理总部位于新加坡，业务经营范围覆盖印度尼西亚、新加坡、泰国、中国香港等东南亚国家和地区以及印度、英国和美国等国家。联昌证券的业务涵盖机构业务和零售经纪、期货、研究和其他股权类相关业务。

三、案例分析

（一）收购背景

早在2017年6月双方并购协议已经基本敲定，但因为协议需多个国家及地区监管机构审批，所以经历7个月时间才完成股权买卖交割。买卖双方曾在2017年6月6日于北京签署股份买卖协议。协议约定中国银河证券以1.67亿新元收购联昌证券国际私人有限公司50%的股权①。

此次收购双方均由国家主权基金投资，股东背景相似。中国银河证券股份有限公司为中央汇金公司实际控股，目前中国银河证券股份有限公司同时在港交所和上交所挂牌。而联昌集团母公司联昌国际银行最大股东马来西亚战略投资基金国库控股公司，于吉隆坡交易所上市。

银河国际收购的联昌证券国际以证券经纪业务为主，该业务也是中国银河的主业及优势业务。中国银河证券立足于海外发展战略，积极寻找与自身发展战略高度适应的并购目标，而联昌证券的海外布局及运营模式与中国银河海外发展战略高度契合。中国银河相关负责人曾表示，双方有望通过并购实现协同发展，同时也是中国银河实现国际化的一个机遇。

随着国内监管压力的放松和"一带一路"倡议的稳步推进，并购联昌证券推进联昌证券收购项目，是落实"一带一路"倡议和响应中国证监会鼓励中国券商走出去的具体体现，更是实施中国银河证券公司战略规划、加快国际化步伐的重要举措。此举有望加深中国银河证券与马来西亚联昌集团的全方位合作，为双方在亚洲市场的发展奠定下良好的基础。

（二）收购原因

1. 宏观环境良好

2017年，中国政府对券商出台了一系列的政策：券商分类监管办法新增了券商国际业务指标、券商被纳入系统重要性金融机构、券商跨境业务资格试点持续推进等。中国大型券商建立了越来越多的跨境业务、场外期权、信用衍生品等中高端业务资格试点，并获得了越来越多的优势业务资源，大型券商的国际化进程进一步加快。

2017年以来，中国提出的"一带一路"倡议稳步推进。为了推动沿线的金融开放，中国于2017年5月14日起已经相继与沿线的17个国家核准《"一带一路"融资指导原则》，企业融资、项目融资、并购融资及投资项目退出、收购兼并等资本市场服务需求的不断增多也为中国券商布局"一带一路"区域，拓展资本市场服务商机带来了战略性机遇。

2018年，中国持续推出资本市场及行业政策，开放力度不断加大，这使得中国的券商跨境业务发展的空间不断拓展。在相继纳入明晟指数和富时罗素指数后，中国A股将有望纳入标普、道琼斯指数，这将使中国在国际机构的市场参与度不断提升，也将会深刻地改变国际市场的投资者结构和市场运行规律。随着国家加速推进扩大证券业开放度，合资券商的外资持股比例上限放宽至51%②。随着2017年1月中国政府颁布"不再对合资券商

---

① 资料来源：中国银河证券官方网站 [2023-01-29]（http://www.chinastock.com.cn/）。
② 资料来源：中国证券业协会公告（2017-11-15）[2023-01-29]（https://www.sac.net.cn/hyfw/hydt/201711/t20171115_133554.html）。

业务范围单独设限"① 等新政策，众多国际大银行相继成为合资券商控股方，新的行业竞争格局在倒逼券商拓展国际业务。随着人民币国际化不断推进，资本市场双向开放的层次加深，跨境金融交易向深度和广度多维拓展，跨境投资交易、资产管理及外汇业务等也有了新的发展空间。

2. 获取协同效应

首先，中国具有特殊的基本国情，国内证券行业有着极其复杂的业务情况，此次并购实现了双方在各自市场上的优势互补。其次，通过并购，联昌证券可以利用中国银河证券在中国境内的优势业务进一步开拓中国市场，从而有效降低中国境内对外资券商的监管力度。再次，中国银河证券可利用联昌证券为跳板，拓展海外业务。与中国银河证券相比，联昌证券的海外业务更加成熟，海外市场挖掘程度也更深，中国银河证券通过此次并购可以获得联昌证券在东南亚，甚至是在欧美国家的经营场所。最后，中国银河证券也能够学习和借鉴联昌证券已有的经营管理行政体系、成熟的管理经验和现有的资源渠道。而联昌证券在东南亚及西方国家的品牌口碑和客户资源等也可以与银河证券实现深度共享，有利于银河证券节省了大量营销时间和成本。对于中国银河证券而言，这比在东南亚建立子公司更加划算。

3. 降低海外市场布局的交易成本

2000 多年前，中国与东南亚已有贸易往来，六朝时中国与东南亚的海上丝绸之路便得以开辟，唐代时这条海上丝绸之路正式形成，明朝开放海港与东南亚互市，而郑和远航成功之后，海上丝路发展到了极盛时期，一直以来东南亚各国在文化经济等领域都受到了中国大量的影响，几百年过去了，现如今的东南亚与中国的差异性相较欧美国家与中国之间的差异性要小上许多，这也就大大降低了双方机会主义行为导致的交易费用。中国银河证券可以充分利用联昌证券在东南亚市场的布局，合理配置资源，避免了由于国家之间的差异性过大所导致的资源浪费现象。其次，中国和东南亚在地理上的区位优势也提高了遍布各国的子公司之间信息的交流，从而进一步降低交易费用。

4. 获取东南亚市场先行者优势

金融日益国际化、中国金融门户日益开放的当下，越来越多的外资券商涌入了中国国内市场，不断地挤压着本土券商的生存空间，这使得中国国内的大型券商们加紧部署海外布局。但和设立海外子公司相比，国内券商可以通过并购海外券商能够缩短券商在新国家、新市场立足和发展的时间。但开始的时候国内券商迈向国外的第一步都无一例外地选择了金融业发展程度更高的西方国家市场，步子迈得过大反而忽略了就在身边的东南亚市场的优势，这在表 2 中得以充分体现。而自 2013 年习近平总书记提出建立"21 世纪海上丝绸之路"这一战略构想，2015 年中国国家发展改革委、外交部、商务部发布了《推动共建丝绸之路经济带和 21 世纪海上丝绸之路的愿景与行动》以来，国内券商都在观望东南亚金融局势，而直到 2018 年中国银河证券率先出手东南亚市场，占据了先行者优势，通过与东南亚最大投资银行联昌证券合作获得东南亚大部分的市场资源。与此同时，"21

---

① 资料来源：中华人民共和国中央人民政府官网（2017 - 01 - 12）[2023 - 01 - 29] http：//www.pds.gov.cn/contents/22448/133156.html.

世纪海上丝绸之路"这一战略构想的不断推进也给中国银河证券带来政策上的优势。中国银河证券并购联昌证券大大提高了自己在东南亚的市场地位和控制能力,同时也给后进入的券商们造成一定的竞争压力,削弱后进入券商们的市场份额,从而获取更多的经营利润。

表 2　　　　　　　　2016—2018 年稳居总资产前列证券公司相关行为

序号	公司名称	主要事件	战略市场	战略方向
1	中信证券	协助完成多项国内外并购重组交易 扩大金融大宗商品交易 开展碳排放交易业务	亚洲市场 欧美市场 国内市场	绿色金融
2	国泰君安	登陆 H 股市场,涉足碳配额交易	国内市场	绿色金融
3	海通证券	收购葡萄牙圣灵投资银行 出售海通银行印度子公司 子公司与贵安金投合资设立贵安恒信融资租赁有限公司	欧洲市场 国内市场	资本市场
4	广发证券	与巴莱克银行签署战略合作协议 设立海南分公司 成立广东广发互联小额贷款股份有限公司和广东君策海外投资基金管理公司	欧美市场 国内市场	互联网金融
5	华泰证券	登陆 H 股 收购美国统包资产管理平台 AssetMark	国内市场 欧美市场	金融科技
6	申万宏源	登陆深圳证券交易所 A 股 合并宏源证券 设立申万宏源证券有限公司	国内市场	西部大开发
7	招商证券	登陆 H 股 获得豆粕、白糖和铜期权,镍、原油期货做市资格	国内市场	金融衍生品市场
8	银河证券	设立银河—联昌子公司 设立银河汇源投资有限公司 收购联昌证券	东南亚市场	"一带一路"

资料来源：各大证券公司官网公告。

(三) 收购详情

2016 年 10 月 17 日,公司旗下全资子公司中国银河国际金融控股有相似（以下简称"银河国际"）与 CIMB Group Sdn Bhd（以下简称"联昌集团"）针对银河国际与联昌集团之间就联昌集团的现金股票业务（包括机构和零售经纪、股票研究和相关证券业务）的潜在合营安排签订了约束性投资条款。

2017 年 3 月 23 日,银河证券通过《关于提议审议"联昌并购项目"有关事项的提案》,同意银河证券注资银河国际,以银河国际为主体实施本次收购,收购资金通过优先注资及其他适当方式予以安排。

2021 年 8 月 10 日,银河证券准备对公司全资子公司银河国际增资 1738791750 元港币,该增资款项应用于联昌并购项目第二阶段中,银河国际行使认购权收购银河—联昌证券国际私人有限公司以及银河—联昌控股私人有限公司的 25% 已发行股份。

2021 年 12 月 8 日,银河证券完成注资收购。

四、事件尾声

(一)并购联昌不被看好

国内对境外投资实行严格监管,企业要想在境外投资需经过前置报告、实体监管和事后监督三个流程。我国法律规定了两大境外投资前置报告制度,即商务部和国家外汇管理局管理下的境外并购前置报告制度、发改委管理下的信息报告制度。然后面临着发改委的立项核准、商务部门的核准、外汇管理局的核准、国有资产管理部门的核准、登记。最后外汇管理局通过外汇指定银行审核相关文件,监督境外投资利润的管理,部委联合管理境外投资事后。烦琐严格的监管使得国内企业的境外投资一直难以获得发展。如图 5 所示。

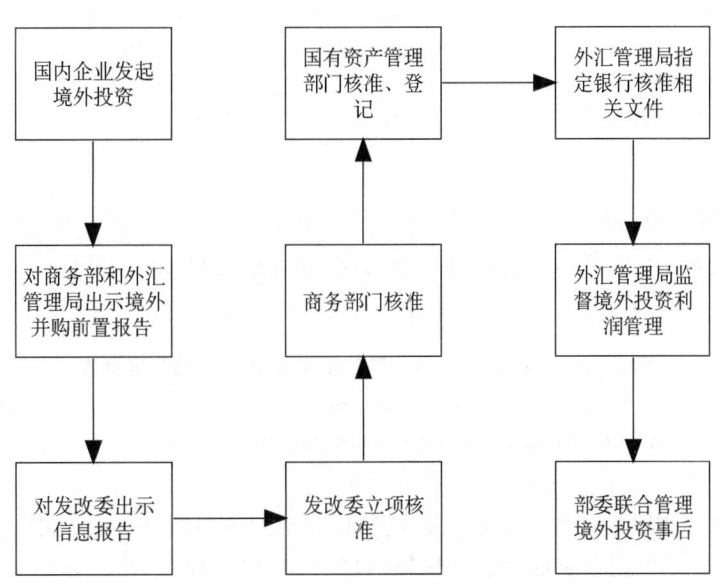

图 5　国内企业境外投资流程图

资料来源:国家外汇管理局(http://www.safe.gov.cn/)。

自 2015 年中国资本市场大动荡以来,中国国内证券行业发展并不景气,但中国银河证券并购的马来西亚联昌证券曾是东南亚本土最大的投资银行,其在 2012 年并购新加坡吴证券后一跃成为亚洲最大投资银行,其业务范围遍布中国香港、新加坡、泰国、印度尼西亚等东南亚国家和地区以及英国、美国等金融体系发达国家,境外投资业务势头良好。中国银河证券作为国内本土老牌券商,在不断发展的同时,也受制于国内的经济环境和金融政策的监管和束缚。因此,中国银河证券主动并购联昌证券的行为在市场投资者眼中无异于"蛇吞象"的举动。

(二)意外并购成功,但市场反应平淡

但并购真的成功后,投资者却并未对此事作出过多反应,这可以从中国银河的股价上窥见一斑,由图6和图7可知,并购公告公布后中国银河的股价相对平稳,与当日沪深300指数和恒生指数进行对比,仍未出现明显的反常。究其原因,可能鉴于中国银河一直居于中国总资产、净资产、营业收入和净利润综合排名前十的券商之一(见表3),企业经营绩效在同行业中也处于领先地位,所以市场并未对中国银河此次并购事件反应过激。

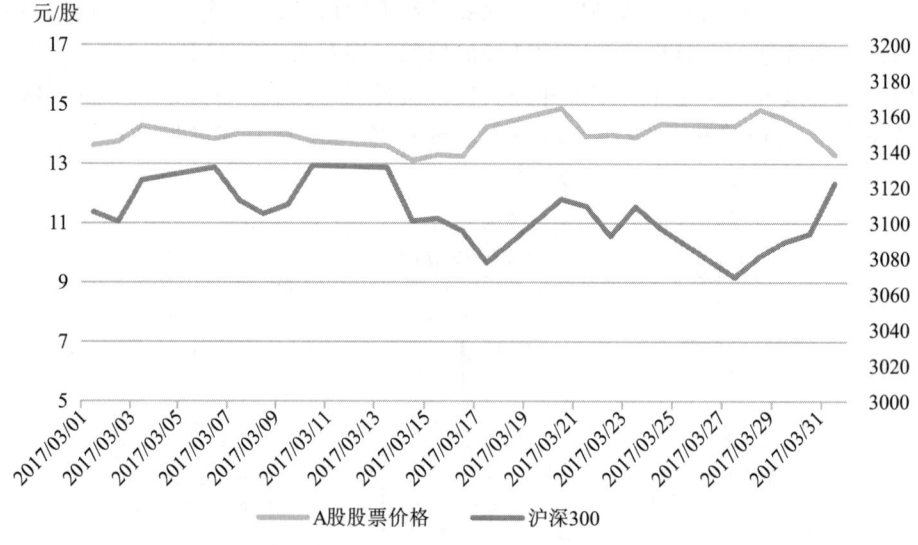

图6　2017年3月17日并购前后中国银河A股股票价格

资料来源:同花顺(2017 - 03 - 17)[2023 - 01 - 29](http：//www.iwencai.com/unifiedwap/result?tid = stockpick&qs = box_main_ths&w = % E4% B8% AD% E5% 9B% BD% E9% 93% B6% E6% B2% B3)。

自中国银河并购联昌证券成功后,在竞争日益激烈的中国证券市场中,银河证券站稳了脚跟,见表3。对中国企业而言,中国银河成功并购为中国企业"走出去"提供了成功案例,促进了中国的金融全球化,推动了中国—东盟金融合作的步伐。

图 7　2017 年 3 月 17 日并购前后中国银河 H 股股票价格

资料来源：同花顺（2017 - 03 - 17）［2023 - 01 - 29］（http：//www.iwencai.com/unifiedwap/result?tid = stockpick&qs = box_main_ths&w = % E4% B8% AD% E5% 9B% BD% E9% 93% B6% E6% B2% B3）。

表 3　　　　　　　　　　2014—2021 年中国银河在国内券商的排名情况

年份	2014	2015	2016	2017	2018	2019	2020	2021
总资产排名	7	6	8	8	8	8	8	6
净资产排名	9	6	7	7	8	8	8	8
营业收入排名	6	6	8	9	12	10	11	11
净利润排名	8	6	10	10	10	9	9	8

资料来源：中国证券业协会行业数据（2021 - 12 - 31）［2023 - 01 - 29］（https：//www.sac.net.cn/）。

五、案例启示

证券行业的海外并购在很早就在中国进行着，但不同于其他券商的海外并购，中国银河证券并购马来西亚联昌证券具有自己的独特之处。以前的海外并购，通常都是在并购方发生业务下滑严重、经济效应亏损、处于极大的风险中的情况下发生，如著名的中信证券并购法国里昂证券、海通证券并购葡萄牙圣灵投资银行等。在本次并购发生时，马来西亚联昌证券经营状况良好，尤其是海外业务更是蓬勃发展，此次并购成功既为国内券商的海外并购提供了新的方向，也为中国—东盟金融合作提供了新的方式和思路，中国银河证券作为国内首家布局东南亚国家市场的券商，中国银河证券为今后为中国国内券商企业乃至整个金融业如何选择跨境并购的标的具有深刻的借鉴意义。

（一）跨境并购标的应与国家政策导向相辅相成

首先，如前文所述，国内券商要进行跨境并购，参与双方并不需要在一方处于劣势的情况下发生。遵循国家政策导向可以帮助券商在跨境并购中实现强强联合。在目前国内已经完成的海外并购案例中,并购方更愿意选择处于经营不善、濒临破产的被并购方。而中国银河证券准确抓住"一带一路"倡议机遇期,因地制宜地选择合适的并购目标,以达到其海外布局的雄心,最后实现了与联昌证券的强强联合。因此,本土券商把握好国内政策形势,既能顺应国家时代潮流提升自身的经营水平,又能提高国家的综合实力,而只有国家综合实力强大,本土券商才能更好地开展跨境并购投资,加速企业实现全球化布局。

其次,国内券商进行跨境并购活动,可以更好贯彻落实国家战略。中国推动"一带一路"倡议以来,中国银河证券是首批在东南亚市场以并购投资方式开设子公司的本土券商,不仅积极响应国家政策导向,布局东南亚市场,而且有力推动了中国与东盟国家在证券领域的深入交流和密切合作,积极履行企业社会责任,彰显本土券商的担当。

(二) 注重强化并购后的企业整合工作

强强联合的跨境并购更需要协同效应,要想"1+1>2",券商完成并购后的首要任务便是企业全方位整合,但是进行海外并购的双方具有不同的市场环境、不同的文化背景,若并购后企业整合不当,会严重影响企业的经营绩效,甚至会导致并购后的企业破产。并购成功后,中国银河整合联昌证券的经营管理行政体系、成熟的管理经验和现有的资源渠道,结合自身具有的中国市场优势,使得并购双方都可以在对方擅长的领域获利,从而实现最大化的协同效应。如银河证券收购联昌证券后,银河证券借用联昌证券的资源渠道一举成为在广度和深度上领先布局东南亚地区的中国券商,2022 年银河证券助力南方东英银河—联昌富时亚太低碳指数 ETF 在新加坡交易所成功上市。这是全球首只覆盖亚太地区的低碳 ETF,也是新加坡交易所有史以来上市募资规模最大的股权 ETF,凭借着银河—联昌公司,银河证券有足够的渠道网络优势和专业度拓展国际合作新空间。

(三) 优先考虑与国内相近市场环境的被并购主体

中国与东南亚国家相邻,市场环境和文化背景都有较多的相似之处。我国金融业加大对外开放背景下,中国银河证券跨境并购从全局考虑,首选背景熟悉的东南亚市场作为其开拓海外市场的先锋,不仅可以有效降低因文化差异导致的企业整合失败的发生概率,而且最大程度降低了并购后的整合难度和海外布局的交易成本。中国银河证券作为首家布局东南亚的券商,在整个东南亚市场占据了先行者优势,大大增强了自身对东南亚证券市场的影响力和知名度,也为后续与其他国内券商竞争提供了便利。

附件

1.《中国银河第三届董事会第二十四次会议决议公告》(中国银河证券,2017 年 3 月 24 日)

证券代码：601881　　　证券简称：中国银河　　　公告编号：2017-008

中国银河证券股份有限公司
第三届董事会第二十四次会议决议公告

> 本公司董事会及全体董事保证本公告内容不存在任何虚假记载、误导性陈述或者重大遗漏，并对其内容的真实性、准确性和完整性承担个别及连带责任。

2017年3月23日，中国银河证券股份有限公司（以下简称"公司"或"银河证券"）在公司1518会议室以现场和电话相结合的方式召开第三届董事会第二十四次会议。本次会议通知已于2017年3月17日以电子邮件方式发出。根据陈共炎董事长委托，会议由顾伟国副董事长主持。本次会议应到董事11名，实到董事9名。陈共炎董事长因工作原因未能出席会议，书面委托顾伟国副董事长代为出席并表决，吴毓武独立董事因工作原因未能出席会议。董事会10名董事参加了本次会议的表决。本次会议的召集、召开及表决程序符合《中华人民共和国公司法》和《公司章程》的规定。

会议形成如下决议：
通过《关于提请审议"联昌并购项目"有关事项的议案》。
议案表决情况：同意10票，反对0票，弃权0票。

2016年10月17日，公司旗下全资子公司中国银河国际金融控股有限公司（以下简称"银河国际"）与CIMB Group Sdn Bhd（以下简称"联昌集团"）（与本公司没有关联的独立第三方）针对银河国际与联昌集团之间就联昌集团的现金股票业务（包括机构和零售经纪、股票研究和相关证券业务）的潜在合营安排签订了非约束性投资条款。

本次董事会会议同意银河证券注资银河国际，以银河国际为主体实施本次收购，收购资金通过优先注资及其他适当方式予以安排；授权银河证券董事长确定本次收购（包括收购资金等）事项的相关事宜；授权银河证券经营管理层配合及协助银河国际根据有关规定履行交易相关的全部审批程序，并配合及协助银河国际办理相关手续以及签署与交易相关的文件及进行其他相关事宜。

本次收购应按照相关法律法规和监管规定进行，并获得境内外相关部门批准。公司将及时披露上述项目的进展情况。

特此公告。

中国银河证券股份有限公司董事会
2017年3月24日

2.《中国银河：关于向中国银河国际金融控股有限公司增资事项的公告》（中国银河证券，2021年8月10日）http://cdn.chinastock.com.cn/omc/investRelation/sh/601881_20210810_2_DfEVNAus.pdf（chinastock.com.cn）.

3.《中国银河：关于完成向中国银河国际金融控股有限公司增资的公告》（中国银河证券，2021年12月8日）.

4. 相关新闻报道
《银河证券陈亮：已完成对马来西亚联昌证券业务的收购》李显杰 新浪网：http://

news. hexun. com/2019 - 07 - 18/197899609. html.

《加速境外布局 银河证券收购联昌证券国际 50% 股权》罗辑 中国经营网：https：//news. sina. com. cn/o/2017 - 06 - 07/doc - ifyfzaaq5473700. shtml.

《银河证券总裁王晟：为国际投资者持续提供优质服务》张利静 中国证券报：https：//www. 163. com/dy/article/HDPPJS1K0514R9KC. html.

案例4：对内强化，对外开放
——上交所广西基地助力广西筑梦面向东盟金融开放门户

一、引言

证券交易所是集中交易的场所、设施和服务，主要职责包括：制定、修改业务规则；审核证券发行上市申请；审核、安排、决定证券上市和终止上市等①。中国大陆共有上海证券交易所、北京证券交易所和深圳证券交易所三家证券交易所。其中，上海证券市场是中国证券市场的个中翘楚，其上市公司数、市价总值、证券成交总额、融资总额等各项指标在中国大陆上无出其右。2020年6月15日，上海证券交易所、南宁五象新区管委会、广西金融监管局、北部湾股权交易所等共同在南宁市举行上海证券交易所资本市场服务广西基地揭牌仪式。总部位于上海的上海证券交易所为何突然"青睐"广西？上交所广西基地又是如何支持广西建设面向东盟的金融开放门户呢？

二、案例背景

（一）上海证券交易所广西基地

上海证券交易所（Shanghai Stock Exchange），简称上交所（SSE），创立于1990年11月26日，是中国大陆两所证券交易所之一。截至2021年底，上交所已经成为全球第三大证券交易所，IPO数量及融资金融均位列全球第三，总融资额位列全球第二②。2021年上交所全年股票累计成交金额114万亿元，日均成交4691亿元，股票市场筹资总额8336亿元；债券市场挂牌24058只，托管量15.2万亿元，现货成交16.9万亿元；基金市场上市只数达538只，累计成交15.3万亿元；衍生品市场全年累计成交8233亿元③。

"走出去"是中国全面扩大开放的必由之路，"加强自我修养"是成功"走出去"的重要前提。为了积极探索中国特色发展之路，进一步贯彻落实面向东盟的金融开放门户建设、中国—东盟自由贸易区建设、中国—东盟信息港等多个国家战略，强化广西资本市场发展，提升广西上市公司质量，培育广西优质企业顺利上市，2019年广西壮族自治区政府

---

① 资料来源：百度百科. 证券交易所. [2022-11-10]. https://baike.baidu.com/item/%E8%AF%81%E5%88%B8%E4%BA%A4%E6%98%93%E6%89%80/254828.
② 资料来源：上海证券交易所官网. 交易所介绍. [2022-11-10]. http://www.sse.com.cn/aboutus/sseintroduction/introduction/.
③ 资料来源：上海证券交易所官网. 交易所介绍. [2022-11-10]. http://www.sse.com.cn/aboutus/sseintroduction/introduction/.

与上交所签署《共同推进广西建设面向东盟金融开放门户战略合作协议》，2020年6月15日，上海证券交易所资本市场服务广西基地在南宁举行揭牌仪式，上交所正式"落户"广西。

（二）中国—东盟

1967年8月8日，印度尼西亚、泰国、新加坡、菲律宾等4国外长和马来西亚副总理在曼谷发表《东南亚国家联盟成立宣言》，即《曼谷宣言》，正式宣告东盟成立。截至2022年，东盟成员国包括马来西亚、菲律宾、泰国、新加坡、印度尼西亚、文莱、越南、老挝、缅甸和柬埔寨。中国于1991年与东盟建立对话关系，1996年成为东盟全面对话伙伴国。2021年是中国—东盟建立对话关系30周年，30年来中国与东盟关系实现跨越式发展，在政治、安全、经贸合作、科技、环境保护等多个领域密切合作，并取得了令人瞩目的成就。在贸易投资方面，中国—东盟贸易额节节攀升（见图1），从1991年的79.6亿美元增长到2021年的8782亿美元。2009—2022年，中国连续13年保持东盟第一大贸易伙伴；2020年，东盟首次成为中国最大的贸易伙伴，双方贸易额超过中国对外贸易总额的1/7。2022年1—7月，中国—东盟贸易额已达5448.8亿美元，同比增长13.1%，东盟与中国仍互为最大的贸易伙伴。东盟是中国周边外交的优先方向，未来中国与东盟之间的经贸合作更为值得期待。

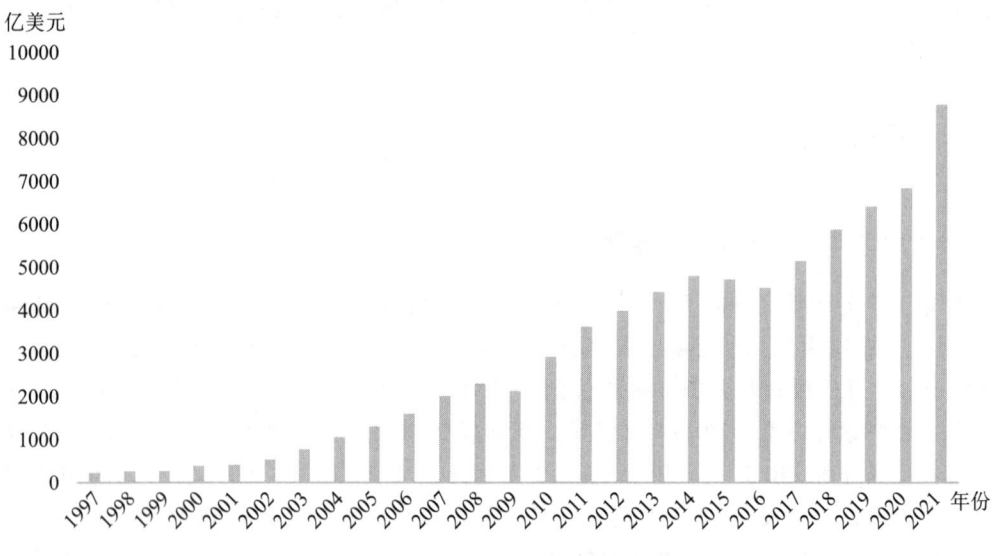

图1　1997—2021年中国—东盟贸易额

资料来源：中国国家统计局（http://www.stats.gov.cn/）。

三、案例分析

（一）广西—东盟

1. 广西资本市场概况

资本市场是交易和配置资本性资源的市场，广西资本市场是广西经济资源市场化配置的重要平台。发展壮大广西资本市场，是助力广西实体经济高质量发展，服务广西实体经济，促进广西社会发展征程上的一道"必答题"。从经济水平看，根据国家统计局数据，截至2021年，广西壮族自治区GDP为24740.9亿元，在中国31个省份中排第19名（见图2），属于经济欠发达地区。

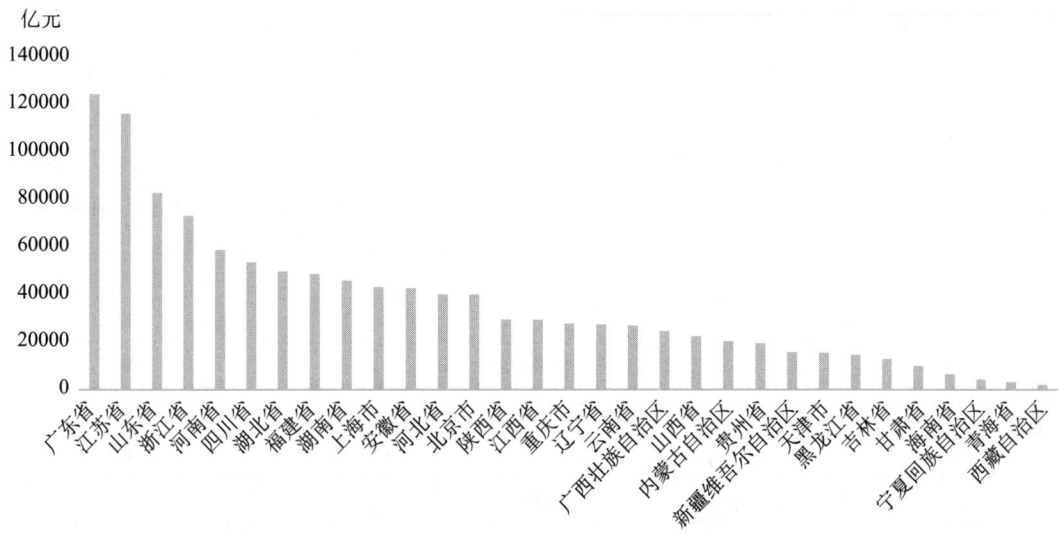

图2　2021年中国各省份GDP水平

资料来源：中国国家统计局（http://www.stats.gov.cn/）。

从上市公司数量看，根据广西壮族自治区地方金融监督管理局数据显示，到2022年11月，广西共有40家企业在中国A股上市，暂无任何企业在科创板上市，且上市企业多来源于农业、食品、制造业等传统产业。而根据《中国A股上市公司2021年年报白皮书》数据，截至2022年4月30日，中国国内共有4803家公司在沪、深、京交易所A股上市。由表1可知，广西上市企业数量相对较少，上市公司数量仅占全国上市公司数量的1%，在全国省市上市公司数目排行中居第24名，与国内发达地区的资本市场发展水平存在较大差距。

表1　截至2022年12月18日中国31个省份A股上市公司数量

数量排名	省（市、自治区）	上市公司数量（家）
1	广东省	832
2	浙江省	651
3	江苏省	633
4	北京市	454
5	上海市	416
6	山东省	289
7	福建省	169
8	四川省	169

续表

数量排名	省（市、自治区）	上市公司数量（家）
9	安徽省	160
10	湖南省	138
11	湖北省	138
12	河南省	107
13	辽宁省	85
14	江西省	77
15	陕西省	74
16	河北省	73
17	天津市	70
18	重庆	68
19	新疆维吾尔自治区	58
20	吉林省	50
21	云南省	42
22	山西省	40
23	黑龙江省	40
24	广西壮族自治区	40
25	甘肃省	36
26	贵州省	35
27	海南省	28
28	内蒙古自治区	25
29	西藏自治区	22
30	宁夏回族自治区	15
31	青海省	11
合计		5045

资料来源：同花顺财经（https://www.10jqka.com.cn/）。

从上市企业市值看。根据同花顺财经相关数据，截至2022年11月9日，广西壮族自治区40家A股上市企业总市值共计2415.35亿元，其中仅桂冠电力（600236）一家企业市值在400亿元以上（见图3），A股流通市值为486.34亿元①；纵观广西39家上市公司，仅有四家企业A股流通市值在100亿元以上，且有两家企业面临退市风险。综上所述，广西上市企业数量较少，竞争力相对较弱，处于亟须发展的重要阶段。

---

① 资料来源：同花顺. 广西上市公司市值［EB/OL］.（2022-11-09）［2022-11-09］. http://www.iwencai.com/unifiedwap/result?tid=stockpick&qs=box_main_ths&w=%E5%B9%BF%E8%A5%BF%E4%B8%8A%E5%B8%82%E5%85%AC%E5%8F%B8%E5%B8%82%E5%80%BC.

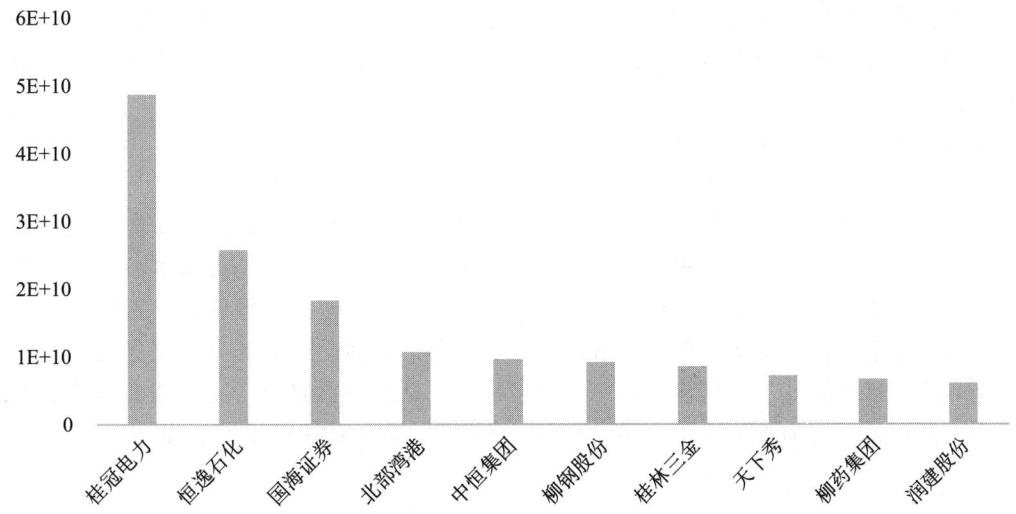

图 3　2022 年 11 月 9 日广西壮族自治区总市值前 10 企业及其流通市值

资料来源：同花顺财经（https://www.10jqka.com.cn/）。

2. 广西是开展中国与东盟金融合作的重要平台

广西壮族自治区是中华人民共和国省级行政区，位于东经 104°28′—112°04′，北纬 20°54′—26°23′之间①，在西南部与越南社会主义共和国接壤，是中国唯一与东盟国家陆海双通的省份，也是中国—东盟自由贸易区的核心城市之一②。自 1991 年中国与东盟开启对话进程至今，广西已同东盟开展了多领域、多层次的合作交流。例如，在 2003 年第七次中国与东盟（10＋1）领导人会议上，中国国务院总理温家宝发起：自 2004 年起每年在中国南宁举办中国—东盟博览会，并在同期举办中国—东盟商务与投资峰会的倡议，获得各东盟国家领导人一致同意；2010 年 1 月 1 日，中国—东盟自由贸易区（CAFTA）在广西南宁正式启动；2015 年 9 月，中国—东盟信息港建设正式启动；2018 年，中国—东盟基础设施互联互通金融合作论坛在南宁举办；2022 年 9 月 19 日，中国—东盟博览会旅游展在桂林国际会展中心举行。如今，广西土地上已写遍了"东盟印记"，广西已为服务中国—东盟关系友好发展、促进中国—东盟友好合作、贯彻落实国家"一带一路"倡议中发挥重要作用。

3. 推进广西面向东盟金融开放门户建设

2019 年 1 月 11 日，《广西壮族自治区建设面向东盟的金融开放门户总体方案》正式发布，将广西建设成为面向东盟的金融开放门户正式上升为国家战略。广西壮族自治区勇于承担时代赋予的历史使命，从顶层设计到整体推进谋发展，取得了一系列优秀成果。2018—2021 年，广西逐步建设健全金融中后台服务基地、资本市场服务基地、跨境金融服务平台、地方金融服务平台，有效提高了广西社会资源调动效率。上交所广西基地是 13

---

① 资料来源：百度百科. 广西（中华人民共和国自治区）[EB/OL]. [2022-11-10]. https://baike.baidu.com/item/%E8%AF%81%E5%88%B8%E4%BA%A4%E6%98%93%E6%89%80/254828.

② 资料来源：广西壮族自治区大数据发展局. 广西发展区位优势日益凸显 对接东盟多领域合作发展[EB/OL]. (2019-06-28)[2022-12-29]. http://dsjfzj.gxzf.gov.cn/zgdmxxg/zsyz/t668022.shtml.

个第一批面向东盟的金融开放门户建设重点示范项目之一，将在现有建设成效的基础上，继续贯彻国家建设地方资本市场、扩大边疆地区开放的使命和任务，建设广西面向东盟金融开放门户。

4. 吸引东盟需要广西资本市场发展

栽下梧桐树，引得凤凰来[1]。广西是唯一与东盟陆海双通的省份，具有与东盟共同协商合作的良好历史基础，身负建设面向东盟金融开放门户的战略使命。如盼能引进东盟外资入驻，亟须广西精心培育呵护区内资本的"梧桐树"，壮大自身经济基本面，提高资本市场水平，完善区内金融服务，优化营商环境，成为吸引东盟乃至世界外资的新"磁极"。在国家战略指引下，上交所广西基地落户南宁，强化广西面向东盟的金融服务能力，积极参与指导广西区内企业上市进程、耐心引导帮助融资队伍开展路演活动，精准对接广西基地与上交所资源，努力打造资本市场"广西样本"，坚定外资在桂投资信心。

（二）项目内容

1. 培育广西区内上市企业资源

上交所广西基地积极发挥作为多层次资本市场连接纽带和资源整合平台的作用，为广西培育区内上市企业资源，服务广西地方中小企业。截至2021年10月末，北部湾股交所作为上交所广西基地的运营方已举办企业投融资对接会5场、创新产品培训活动5场、资本市场服务培训10场，累计受训企业500家次，参训代表1400人次，组织专家团队深入超过150家企业进行走访调研，为拓宽上交所资本市场服务辐射范围、优化区内上市后备企业质量、加快企业对接资本市场夯实根基[2]。2022年9月，上交所资本市场广西基地在北部湾股交所举办拟上市企业座谈会，为企业板块选择、关联交易、研发投入、业务模式及后续发展等方面提供专业性指导意见和建议，解决诸多困扰企业上市疑虑，进一步增强了企业上市信心。

2. 开展投融资路演，拓宽企业融资渠道

资金是企业赖以生存的血液。提高直接融资水平，拓宽融资渠道可以显著缓解企业生存压力，有效壮大区域资本市场力量。上交所广西基地充分利用基地规模优势，通过股票、债券、资产证券化等多元化金融产品和渠道，帮助广西区内优质企业拓展融资、再融资、并购重组规模。2021年1—11月，全区企业通过多层次资本市场融资651亿元。2020年7月15日，由自治区政府牵头组织的融资队伍在上海证券交易所举办"广西债券市场投资者恳谈会"[3]。同年12月17日，投融资对接路演培训活动在上交所广西基地运营方——北部湾股交所成功举办。根据北部湾股交所官网数据，截至2022年12月19日，

---

① 资料来源：网易新闻. 2021中国企业营商环境"梧桐"案例报告［EB/OL］.（2021 - 9 - 23）［2022 - 11 - 9］. https：//www.163.com/dy/article/GKJANAKJ0518KCLG.html.

② 资料来源：广西壮族自治区人民政府国有资产监督管理委员会. 上交所广西基地获批成为首批"面向东盟的金融开放门户建设重点示范项目"［EB/OL］.（2021 - 11 - 25）［2022 - 11 - 25］. http：//gzw.gxzf.gov.cn/xwzx/gzdt/t10863548.shtml.

③ 资料来源：广西壮族自治区地方金融监督管理局. 广西首次走出去组织大规模债券投资者路演融资招商活动［EB/OL］.（2020 - 07 - 23）［2022 - 11 - 25］. http：//dfjrjgj.gxzf.gov.cn/gzdt/yw/t5767983.shtml.

北部湾股交所挂牌的公司数已达207家①。上交所广西基地助力自治区地方金融监管局推动资本市场发展，强化企业利用资本市场的能力，积极促进中小微企业股权交易和融资，为建设面向东盟的金融开放门户奠定坚实的基础（见图4）。

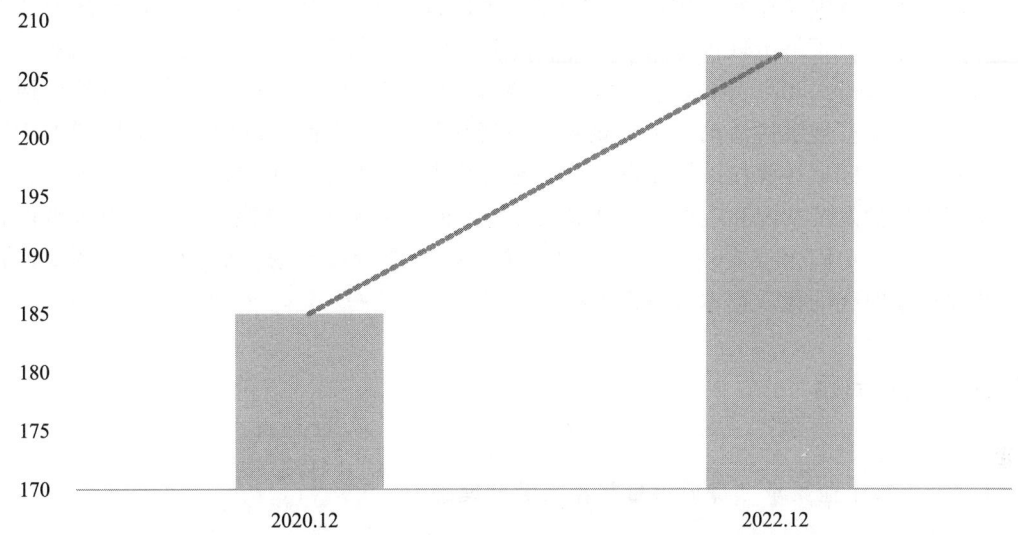

图4　2020年、2022年广西区域股权市场挂牌公司数目及趋势

资料来源：广西北部湾股权交易所官网（https://www.bbwotc.com/）。

3. 加快企业上市挂牌进程

上交所是全球第三大证券交易所，借助上交所在资本市场的专业性与权威性，上交所广西基地聚焦区内重点企业，精准对接，悉心指导，全力配合广西人民政府在自治区内逐步形成"培育一批、股改一批、辅导一批、申报一批、上市一批、做强一批"的梯次推进新格局②，力争企业上市尽快实现突破。截至2021年6月30日，广西壮族自治区共有辅导企业12家。根据广西证监会公布的《2022年度自治区重点拟上市企业》名单，截至2022年第三季度，广西区内重点拟上市企业增加到20家③，其中12家企业为重点拟上市后备企业，有17家企业在上交所挂牌上市④。

位于崇左市宁明县的广西祥盛家居材料科技股份有限公司是自治区20家重点拟上市企业之一，也是12家受辅导企业之一，自2020年3月在广西证监会进行辅导备案后，其辅导机构已报送第9期辅导工作报告。据该公司副总经理黄正规透露，2021年该公司已在政府部门和林业部门的帮助下保持持续盈利的良好局面，将力争在2022年完成全国股转系统新三板申报创新层并挂牌。自落地广西以来，上交所广西基地充分配合广西自治区政

---

① 资料来源：广西北部湾股权交易所官网 [EB/OL].［2022－12－19］. https://www.bbwotc.com/.
② 资料来源：广西南宁市人民政府门户网站. 2021年度广西重点拟上市企业公示名单公布 [EB/OL].（2021－05－06）［2022－12－09］. https://www.nanning.gov.cn/zwgk/fdzdgknr/zxgzlsxc/zllwlbgzrw/gzcg_43447/t4730517.html.
③ 资料来源：广西壮族自治区地方金融监督管理局. 2022年度广西重点拟上市企业、广西重点拟上市后备企业名单公示 [EB/OL].（2022－06－23）［2022－12－09］. http://dfjrjgj.gxzf.gov.cn/gzdt/tzgg/t12647175.shtml.
④ 资料来源：广西壮族自治区人民政府. 上交所资本市场服务广西基地揭牌 [EB/OL].（2020－06－16）［2022－12－09］http://www.gxzf.gov.cn/gxyw/t5560338.shtml.

府全阶段积极参与广西自治区内企业上市进程，助力上市后备企业上市再提速，不断优化广西资本市场区域协调发展格局，已取得显著成效。

4. 开展股权市场知识宣讲

梁启超先生曾说"少年智则国智，少年富则国富，少年强则国强"。帮助金融专业学生强化专业意识、了解金融行业发展情况、推动学生对口就业，是提高地区乃至国家金融业水平的重要举措。2021年7月，上交所广西基地联合广西北部湾股权交易所前往广西金融职业技术学院开展宣讲活动，为金融系、投资系与保险系师生60余人宣讲区域性股权市场，并介绍了区域性股权市场知识、行业现状及特点。其中，上交所广西基地重点介绍广西资本市场的发展状况和广西北部湾股权交易所的主要业务以及服务对象，有效帮助青年学子正确认识中国多层次资本市场，深入了解区域性股权市场，增强资本市场知识技能，为建设新时代的优质资本市场提供有力保障。

四、案例启示

（一）上市企业秉承"保质保量并重"经营理念

拓展市场规模，增强广西资本市场力量是建设面向东盟金融开放门户的重要任务之一。当前，广西区内企业上市数量相对较少，企业规模也相对有限。上交所广西基地推进企业上市，并非简单地增加拟上市企业数量，而是以实现高质量的企业持续供给为目的，积极培育广西区内重点企业，对存在困难的企业开展创新产品培训活动，提高企业资本市场服务水平；同时，优化区内上市后备企业质量，确保上市企业"量"与"质"并驾齐驱，提振投资者信心，实现广西资本市场繁荣。

（二）政府积极引进和培育证券期货服务机构

积极引进外地证券期货服务机构、培育本地机构，有利于广西借鉴中国其他成熟市场的经验，将先进现代金融管理理念引入广西，实现证券机构集聚、人才集聚、资本金集聚和信息集聚，进一步建设完善广西资本市场，促进广西资本市场区域协调发展。自成立以来，上交所广西基地积极推动陆海新通道金融一体化发展，服务广西地方中小企业，全力支持广西资本市场建设，通过多元化的金融产品和渠道，帮助广西区内中小微企业拓展融资、再融资、并购重组规模，引导和支持各地符合条件的企业用好各类股债融资工具，对广西资本市场的发展壮大发挥着重要作用。

（三）产教融合，校企共建孵化青年力量

建设面向东盟的金融开放门户是一个长期的变革过程[①]。广大青年学子将是在建设金融开放门户中勇挑重担，把握趋势，破解难题的重要动力，是未来服务资本市场的有生力

---

① 资料来源：广西南宁市金融工作办公室网站. 智库支招面向东盟金融开放门户建设［EB/OL］.（2019-05-05）［2022-12-09］. http://jrb.nanning.gov.cn/xxgk/zwdt/jryx/t1737392.html.

量。上交所广西基地利用上交所的资源优势，持续为广西各大高校、青年学生提供接触了解区域股权市场以及各层级资本市场的机会，帮助青年学生了解、吸收行业前沿信息，进一步打通由学校走入社会的"最后一公里"，助力学生了解金融市场运行规律，推动校企共建、引校近企，延伸职业学校办学空间，协同培养专业人才。其他金融机构也应充分发挥自律组织、金融机构在推进投资者和资本市场服务教育纳入国民教育体系中的积极作用，主动开展投资者教育和市场宣导，助力广西资本市场健康、稳定发展。

【参考文献】

[1] 胡海龙. 发展壮大资本市场"广西板块"策略研究 [J]. 广西职业技术学院学报, 2021, 14 (04): 52-59.

[2]《2021 中国企业营商环境"梧桐"案例报告》课题组. 2021 中国企业营商环境"梧桐"案例报告 [N]. 中国企业报, 2021-09-11 (004).

[3] 黄志勇, 蒙飘飘, 申韬. 面向东盟金融开放门户: 广西自贸区实现后发赶超跨越发展的关键点研究 [J]. 南宁师范大学学报（哲学社会科学版）, 2019, 40 (06): 9-18. DOI: 10.16601/j.cnki.issn2096-7349.2019.06.002.

[4] 贤成毅, 章宇平, 俸思帆. 广西资本市场发展现状、问题和政策建议 [J]. 柳州职业技术学院学报, 2019, 19 (05): 34-39. DOI: 10.16221/j.cnki.issn1671-1084.2019.05.009.

[5] 姜新安. 2020 年广西资本市场回顾及 2021 年展望 [J]. 区域金融研究, 2021 (04): 13-15.

附件

一、中国东盟签署的经济贸易条约

1. 中国—东盟全面经济合作框架协议（2003/07 生效）http://www.mofcom.gov.cn/dl/gbdqzn/upload/dongmeng.pdf.

2. 中国—东盟全面经济合作框架协议货物贸易协议（2005/07 生效）http://www.mofcom.gov.cn/article/Nocategory/200507/20050700180168.shtml.

3. 中国—东盟全面经济合作框架协议争端解决机制协议（2005/07 生效）http://www.mofcom.gov.cn/article/Nocategory/200507/20050700180197.shtml.

4. 中国—东盟全面经济合作框架协议服务贸易协议（2007/07 生效）https://wenku.baidu.com/view/194c9558bdd5b9f3f90f76c66137ee06eff94eff.html?_wkts_=1676796301144.

5. 中国—东盟自贸区投资协议（2010/02 生效）http://www.mofcom.gov.cn/aarticle/ae/ai/200908/20090806460195.html.

6. 中华人民共和国与东南亚国家联盟关于修订《中国—东盟全面经济合作框架协议》及项下部分协议的议定书（2019/10/22 生效）http://fta.mofcom.gov.cn/article/china-

dongmeng/dongmengnews/201910/41660_1. html.

二、中国与东盟相关的重要法规

1. 《中国—东盟全面经济合作框架协议》http：//fta. mofcom. gov. cn/dongmeng_phase2/dongmeng_phase2_special. shtml.

2. 《区域全面经济伙伴关系协定》http：//fta. mofcom. gov. cn/rcep/rcep_new. shtml.

3. 《中国—东盟全面经济合作框架协议货物贸易协议》http：//fta. mofcom. gov. cn/dongmeng/dongmeng_special. shtml.

4. 《中国—东盟全面经济合作框架协议服务贸易协议》http：//fta. mofcom. gov. cn/dongmeng/dongmeng_special. shtml.

5. 《中国—东盟全面经济合作框架协议投资协议》http：//fta. mofcom. gov. cn/dongmeng/dongmeng_special. shtml.

案例5：中国—东盟投资基金助力印度尼西亚不锈钢产业"镍"槃

一、引言

中国印度尼西亚综合产业园区青山园区（IMIP）位于印度尼西亚中苏拉威西省Morowali县，是由中国青山集团与印度尼西亚八星集团合办的合作工业园，也是中国—东盟投资合作基金在印度尼西亚投资的第一个项目[①]。中国青山集团是中国第一大镍铁生产商和第二大不锈钢生产商，拥有成熟的镍铁加工技术；印度尼西亚八星集团则是印度尼西亚最大的镍矿生产和出口企业，拥有丰富而优质的镍矿资源。IMIP充分利用中国印度尼西亚两国资本优势，有效整合了镍资源的上下游领域，镍矿采集与加工双方优势互补，将印度尼西亚镍资源优势转化成为经济优势，获得"1+1>2"的效果，使得IMIP在印度尼西亚国内乃至世界都具有强大的竞争力，是世界上首个集采矿—镍铬铁冶炼—不锈钢冶炼—热轧—退洗—冷轧一体的不锈钢产业园区。截至2021年底，IMIP园区内已达到镍铁年产能200万吨、不锈钢冶炼、热轧年产能300万吨、340万吨镍铁、350万吨普碳钢坯的生产能力，印度尼西亚不锈钢产量飞速增长，达到全球第二的水平。

二、案例背景

（一）中国—东盟投资基金

中国—东盟投资合作基金（CAF）是经中国国务院批准、国家发改委核准的离岸美元股权投资基金，由中国进出口银行连同国内外多家投资机构共同出资成立的私募股权投资基金[②]，其一期规模为10亿美元，总规模100亿美元。基金主要投资于东盟十国的基础设施、能源和自然资源等领域，促进中国和东盟十国的经贸关系和战略合作，主要目的是通过股权、准股权等方式，为中国与东盟国家企业间的经济技术合作提供融资支持，故既不谋求被投资企业控股权，基金持股比例小于50%，也不局限于投资上市公司，其单笔投资金额通常介于5千万美元至1.5亿美元之间。

[①] 资料来源：中国境外经贸合作区网．中国印度尼西亚综合产业园区青山园区［EB/OL］．（2022-9-30）［2022-11-11］．https：//www.yidaiyilu.gov.cn/xwzx/swxx/hwwg/181085.htm.

[②] 资料来源：中国进出口银行．中国—东盟投资合作基金［EB/OL］．［2022-11-11］．http：//www.eximbank.gov.cn/aboutExim/organization/ckfjj/whkgjj/ckfjjxq/.

(二)镍企之王,青山钢铁

2003年6月,一家主要制造不锈钢钢锭、钢棒、线材、板材等产品的民营企业悄无声息地诞生了,这正是青山控股集团有限公司。青山控股集团的历史最早起步于20世纪80年代,截至2022年,其主营业务包括不锈钢制造和新能源电池,是中国第一大镍铁生产商和第二大不锈钢生产商。自1988年至今,青山钢铁产业飞速发展(见表1、表2),2021年青山钢铁不锈钢产量约为2006年不锈钢产量的15倍,且已经形成贯穿不锈钢上中下游的产业链。青山控股集团也于2022年列世界500强企业第238位,中国企业500强第80位,中国民营企业500强第14位。

上海鼎信投资集团成立于2008年,是青山控股集团旗下的投资集团,专注于海外投资,同时特别负责印度尼西亚项目的管理与运作,其综合资产为75亿美元。2009年10月,上海鼎信投资集团与印度尼西亚八星投资公司合资设立苏拉威西矿业投资有限公司,用于开发印度尼西亚苏拉威西岛上近4.7万公顷的红土镍矿。

表1　青山集团发展历程

时间	事件内容
1988—1998年	创办浙江瓯海汽车门窗制造公司 主要在温州地区经营汽车门窗等
1998年	创办浙江青山特钢有限公司 系当时中国最大的民营不锈钢生产企业之一
2002年12月	创办浙江青山钢铁有限公司
2003年	青山控股有限公司正式成立
2009年	青山与印度尼西亚八星集团合资成立印度尼西亚苏拉威西矿业投资有限公司
2010年6月	印度尼西亚苏拉威西镍业有限公司成立

资料来源:青山控股集团官网(https://www.tssgroup.com.cn/)。

表2　2016—2021年青山控股集团产量营收情况表

时间	产量	营业收入
2016年	不锈钢粗钢产量551.5万吨	1028亿元人民币
2017年	不锈钢粗钢产量748万吨	1615亿元人民币
2018年	不锈钢粗钢产量929万吨	2265亿元人民币
2019年	不锈钢粗钢产量1140万吨	2626亿元人民币
2020年	不锈钢粗钢产量1080万吨	2908亿元人民币
2021年	不锈钢粗钢产量1237万吨	2928.92亿元人民币

资料来源:世界钢铁协会(https://worldsteel.org/zh-hans/)。

三、案例分析

(一) 中国—东盟投资基金鼎力支持

印度尼西亚青山工业园是中国—东盟投资基金与两国企业合作开发印度尼西亚大型镍铁冶炼项目的成果之一。2013 年，中国—东盟投资基金、上海鼎信投资集团有限公司和印度尼西亚八星投资公司合作在印度尼西亚开发大型镍铁冶炼项目。同年 10 月 3 日，由中国进出口银行控股的中国—东盟投资合作基金（CAF）为支持印度尼西亚镍铁冶炼正式签署项目投融资协议，会中，中国国家主席习近平与印度尼西亚总统佐科在雅加达共同见证了 IMIP 设立及首个入园项目签约①。印度尼西亚镍铁冶炼项目是东盟基金在印度尼西亚的第一个投资项目，也是其在东盟地区的第 9 个投资项目。

中国进出口银行行长、中国东盟基金董事长李若谷指出："本次镍铁项目是中印经贸合作、共同发展道路上的重要一步。它将支持印度尼西亚发展重工业及可持续发展的资源密集型和劳动密集型产业。"②

(二) 印度尼西亚具有丰富的镍矿资源

镍是地球上最常见的五大元素之一，多被用于不锈钢、电池等行业。按照矿石性质划分，镍矿主要分为硫化镍矿和红土镍矿。其中，硫化镍矿主要分布于俄罗斯、南非、加拿大等国家，红土镍矿主要分布于澳大利亚、印度尼西亚及菲律宾等国家（见图 1）。根据美国地质勘探局数据显示，在储量方面，截至 2020 年，世界镍资源储量约有 9400 万吨，其中，印度尼西亚镍资源储量约有 2100 万吨，占比约 22%；在产量增量方面，2021 年全球镍矿产量 270 万吨，印度尼西亚产量 100 万吨，占比约 37%③。无论是存储量还是增产量，印度尼西亚均位于世界第一。

镍矿资源是不锈钢产业的重要上游资源，IMIP 所在的苏拉威西岛拥有印度尼西亚约 50% 的镍储量。IMIP 周边分布众多储量丰富的矿区，可以为园区项目提供稳定的原料保障，帮助 IMIP 掌握成本控制的自主权。

(三) 青山自有妙计

1. 青山钢铁技术革新抢占市场

印度尼西亚具有丰富的红土镍矿资源，传统红土镍矿多采用回转窑 – 矿热炉工艺技术（Rotary Klin Electric Furnace，简称 RKEF）。该方法需要使用回转窑对红土镍矿进行干燥和

---

① 资料来源：中国贸易报. 中国东盟基金投资印度尼西亚最大镍铁项目 [EB/OL]. (2013-10-15) [2023-02-06]. http://finance.sina.com.cn/hy/20131015/105016995428.shtml.

② 资料来源：中国贸易报. 中国东盟基金投资印度尼西亚最大镍铁项目 [EB/OL]. (2013-10-15) [2023-02-06]. http://finance.sina.com.cn/hy/20131015/105016995428.shtml.

③ 资料来源：华尔街见闻. 青山的"金山"：印度尼西亚镍产业全梳理 [EB/OL]. (2013-10-15) [2023-02-06] https://baijiahao.baidu.com/s?id=1727443952207333970&wfr=spider&for=pc.

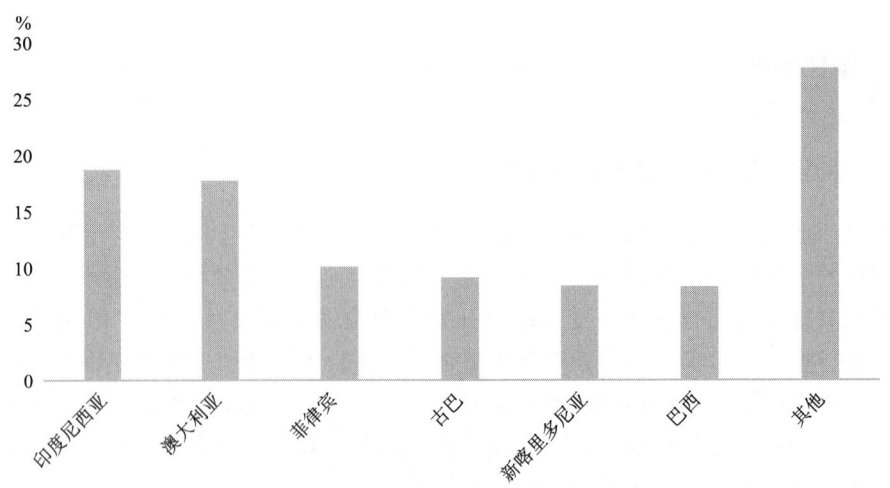

图 1　全球红土镍矿分布占比情况

资料来源：美国地址勘探局（https：//www.usgs.gov/）。

焙烧，再使用电炉进行熔炼还原金属镍和部分铁，进而生产不锈钢。2008 年 3 月，青山控股集团首创 RKEF + AOD 双联法不锈钢产线，将 RKEF 工艺产生的粗镍合金铁水直接送入 AOD 炉双联精炼生产不锈钢，再通过连铸系统制作成板坯，有效减少大量生产环节和生产成本，大幅提高生产效率，具体冶炼流程如图 2 所示。RKEF - AOD 冶炼方法可将炼钢成本节约 20% 以上，吨钢能耗节约 50% 以上，该项技术于 2014 年获得中国国家发明专利。依靠绝对的成本优势，结合印度尼西亚丰富的红土镍矿资源，青山钢铁奠定了自己镍企之王的霸主地位，并迅速抢占全球不锈钢市场。

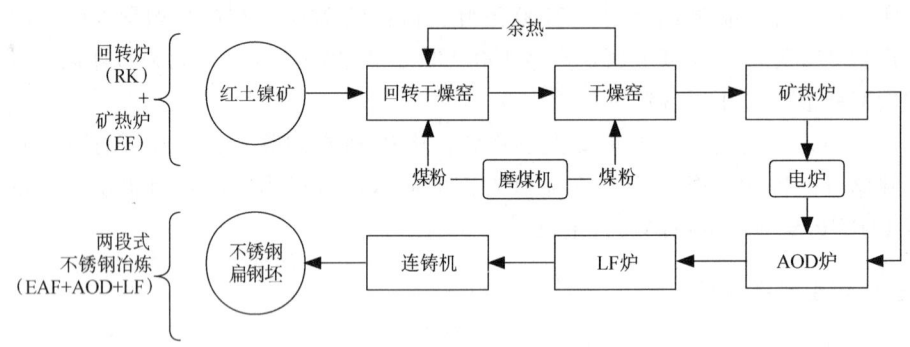

图 2　RKEF – AOD 不锈钢工艺流程图

2. 积极承担当地社会责任

积极践行社会责任是在任何一个国家投资的基本原则。多年以来，IMIP 工业园积极参与印度尼西亚的经济发展、人才培养、产业升级等领域，为印度尼西亚经济发展做出突出贡献。在生态保护方面，自 2009 年青山集团开始在印度尼西亚采集加工红土镍矿，需要砍伐开采区的生产用森林，IMIP 工业园当即注意到了环境保护问题，在矿区积极复垦还林。对于被开采后的矿区，工业园将数百公顷的采掘区全部填平，并重新种上树苗。在抗击新冠疫情方面，根据上海鼎信集团官网消息，2020 年 3 月，青山集团旗下的青山慈善基金会先后向印度尼西亚捐赠了总价值合计 5770300 元人民币的防疫物资,包括 320000 个一次性口罩、30000 个 KN95 口罩、20000 只护目镜、20000 双检查手套、40000 套防护服、100 只测温枪①。在教育投资方面,2022 年 8 月 4 日,由印度尼西亚青山园区投资建设的 Morowali 小学与幼儿园大楼正式落成。为确保学校教学水平,校方与日惹州立大学和塔杜拉科大学合作,对 12 名老师进行了任职仪式②。

(四)项目成果

1. 园区项目及生产效益

由于篇幅原因,在此详细介绍青山工业园项目前三期,其他项目详见表 3。青山工业园首个入园项目由拉威西矿业投资有限公司(SMI)于 2013 年 7 月出资承建,项目总投资超过 6 亿美元,计划建成年产 30 万吨镍铁及配套电厂。具体建设内容:4 条 Φ4.6×100m 回转窑及 4 台 33000KVA 矿热电炉;采用世界最为先进的 RKEF 生产工艺,利用镍品位为 1.8%—2.0% 的镍矿,生产 10%—12% 镍含量的镍铁,产能为每年 30 万吨,该项目于 2015 年 1 月竣工试产③。

青山工业园的第二个项目于 2014 年 5 月开工建设。该项目由青山集团下属公司广东吉瑞科技集团与广新集团等公司共同设立的印度尼西亚广青镍业有限公司(GCNS)作为运营主体,总投资 10.35 亿美元。项目主要建设内容包括:8 条 Φ4.6×100m 回转窑、8×3300KVA 矿电热炉,利用 RKEF 技术将镍含量在 1.8%—2.0% 的镍矿,生产成镍含量为 10%—12% 的镍铁。该项目于 2016 年 3 月 22 日正式投产,建成后年产镍当量 6 万吨的镍铁合金 60 万吨,年销售额可达 12 亿美元。

第三个入园项目为印度尼西亚青山不锈钢有限公司(ITSS)年产 100 万吨不锈钢连铸坯及其配套电厂项目,总投资逾 8 亿美元,于 2015 年 7 月 28 日开工建设。建成投产后年产不锈钢连铸坯 100 万吨,销售收入约 22 亿美元。

表 3　　　　　　　　　　　　印度尼西亚 IMIP 园区项目表

项目类型	项目名称	投资
冶炼厂	Hengjaya 镍项目	3 亿美元
冶炼厂	Ranger 镍项目	3 亿美元
冶炼厂	PT 苏拉威西矿业投资	第一个冶炼厂 6.32 亿美元 第二个冶炼厂 11 亿美元
高压酸浸装置	PT QMB 新能源材料	9.98 亿美元
高压酸浸装置	PT 华悦镍钴公司	12.8 亿美元

资料来源:Indonesia Morowali Industrial Park (IMIP) (http://thepeoplesmap.net)。

---

① 资料来源:上海鼎信(集团)投资有限公司.青山实业助力印度尼西亚抗击新冠肺炎[EB/OL].(2020-03-24)[2022-11-12].http://www.decent-china.com/index.php/index/news_detail/index?cid=18&id=945.
② 资料来源:中国国际贸易促进委员会.印度尼西亚青山园区 | IMIP 小学和幼儿园大楼举行揭幕仪式[EB/OL].(2022-08-04)[2022-11-12] https://oip.ccpit.org/ent/parkNew/3543.
③ 资料来源:全球工商联一带一路信息服务平台.中国印度尼西亚综合产业园区青山园区[EB/OL].(2020-03-18)[2022-11-12].http://ydyl.acfic.org.cn/ydyl/jwjmhzqgbzn/yz/ydnxy/2020031810405951291/index.html.

2. 改善当地经济，增加居民就业

印度尼西亚中苏拉威西省工业基础比较薄弱，在青山工业园建设前，园区周围森林环绕，基础设施十分有限，没有通水、没有可以供车辆进出的平整道路、甚至没有国家公共电网，需要外资企业自行建立独立电网。Morowali 县的许多人世代从事着传统的农业和渔业活动，中苏拉威西省的生产总值也处于印度尼西亚 34 个省中的中后位。现如今，IMIP 已经成为集镍矿开采、镍铁冶炼、铬铁冶炼、不锈钢冶炼连铸、不锈钢热轧洗退全产业链的现代化工业园区，Morowali 县也从一个小渔村变成了有充足基础设施的城市。中苏拉威西省地方经济增长迅速（见图 3），印度尼西亚各省份 GDP 排名位次逐年上升，本地居民就业得到明显改善。根据上海鼎信集团数据显示，截至 2021 年 2 月，IMIP 园区企业包括苏拉威西矿业投资有限公司（SMI）、印度尼西亚广青镍业有限公司（GCNS）和印度尼西亚青山不锈钢有限公司（ITSS）、印度尼西亚瑞浦镍铬合金有限公司（IRNC）、印度尼西亚青山港口有限公司（BDT）、印度尼西亚青山钢铁有限公司（TSI）、德信钢铁有限公司（DXSI）等 24 家，总投资逾 95 亿美元。2019 年实现销售收入近 98 亿美元，为 Morowali 贡献税收 2.3 亿美元，创造直接就业岗位逾 3.6 万个、间接就业逾 6 万人①。

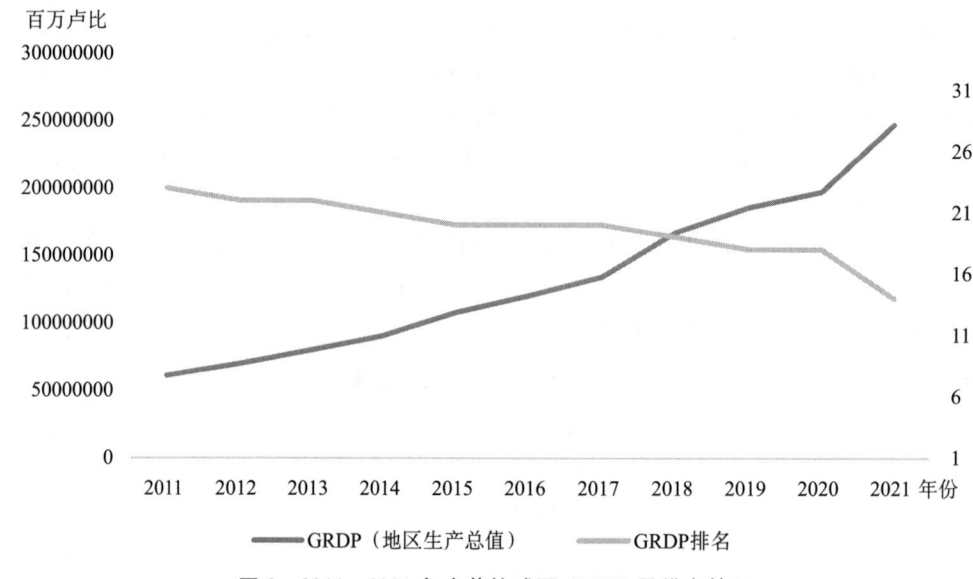

图 3　2011—2021 年中苏拉威西 GRDP 及排名情况

资料来源：印度尼西亚中央统计局（https://www.bps.go.id/）。

3. 扩大印度尼西亚不锈钢产能

中国—东盟投资基金助力青山控股集团"出海"印度尼西亚，在 IMIP 工业园上总投资近 6.4 亿美元。该园首个项目于 2015 年 1 月正式竣工，共建成 4 条高镍铁产线，具有 30 万吨高镍铁产能。相对于 2014 年印度尼西亚本地镍矿冶炼厂不到 10 万吨的产量，印度尼西亚苏拉威西毫无疑问地成为印度尼西亚当时最大的镍矿冶炼厂，年处理红土镍矿达到

---

① 资料来源：中国一带一路网. 中国印度尼西亚综合产业园区青山园区 [EB/OL]. (2021-07-22) [2022-11-12]. https://www.yidaiyilu.gov.cn/xwzx/swxx/hwwg/181085.htm.

约 300 万吨、年产镍铁 30 万吨的生产规模。目前，IMIP 现拥有 300 万吨的综合钢产量，最先进的技术和设备，产能全开将产生 70 亿美元的营收，2019 年年产 200 万吨镍铁，300 万吨不锈钢，是整个亚洲最大的不锈钢工厂，也是世界范围内最大的之一。截至 2021 年底，印度尼西亚不锈钢已投产的产能已经突破 550 万吨，其中，印度尼西亚青山总年产能达到 350 万吨。2014—2021 年，印度尼西亚的不锈钢产能从 33 万吨到 550 万吨，翻了 16 倍有余。根据世界钢铁协会数据，2021 年全球不锈钢粗钢产量中，印度尼西亚以 1.18 亿吨的产量位居第二。印度尼西亚不锈钢产能的突飞猛进，离不开 IMIP 工业园的鼎力支持。

4. 促使中国印度尼西亚关系日益密切

截至 2022 年，中国与印度尼西亚已建交 72 年，双边关系经历过辉煌也有过风雨，在总体上已有历史性的巨大发展。双边领导人先后相互访问，政治互信程度不断加深，为深化两国关系注入精神动力。1990 年以来双边恢复建交以来，两国以发展战略对接为主线，全面推进各领域务实合作。中国—东盟投资基金是由国开行控股的基金公司，助力中国与印度尼西亚达成良好的国际产能合作，为青山钢铁建设 IMIP 园区，落实镍铁冶炼项目提供丰厚的资金支持，有助于吸引中国国内其他优质企业参与中国—印度尼西亚产能合作，促使两国关系步入发展快车道，自下而上的传递中国友谊、传播中国文化、传达中国声音。

四、案例启示

（一）中资企业应积极寻求基金机构信息支持

中国—东盟投资合作基金是由中国进出口银行联通国内外多家投资机构共同出资成立的投资基金，不仅可以向中资企业提供有力的融资支持，还具有入股柬埔寨光纤通信网络公司帮助其发展全国性光纤网络及数字电视业务；收购位于泰国最大的深水港林查班港一码头资产组合的少数股东权益等海外投资发展的丰富经验。中国—东盟投资合作基金相对于中资企业而言，对东盟国家具有一定认识基础，对相关政策和法规更为熟悉。中资企业在海外投资时，可以积极借鉴基金、银行等金融机构的海外发展经验，依据相关工作组的观点进行反向验证，倘若基金相关工作组对公司的某一发展方向持保留态度，则中资机构有必要在该方向谨慎地进行发展。

（二）中资企业应重视合作国本土文化，深刻践行本土化发展

中资企业需要努力深化本土化经营，淡化在印度尼西亚工人心中中国投资的身份标签，求同存异、兼收并蓄，才能得到国外广泛社会群体的理解和支持。根据印度尼西亚经贸合作区青山园区董事长黄卫峰先生的授课内容[①]，IMIP 工业园充分尊重当地宗教信仰和文化习俗，深刻践行本土化发展。在语言方面，IMIP 园区内准则、制度、建造标准等工

---

① 资料来源：上海鼎信投资（集团）有限公司. 印度尼西亚青山园区开发的实践与思考（一）[EB/OL]. (2018-05-05) [2022-11-13]. http://www.decent-china.com/index.php/index/news_detail/index?cid=18&id=73.

艺文件皆采用双语刊登；在宗教文化方面，IMIP园区在每一个典礼中均会邀请伊斯兰教阿訇祈祷，并将尊重印度尼西亚当地宗教的语言和行为作为规章制度，在中国工人出国上岗教育和日常管理中反复强调；在人文交流方面，园区深刻认识到"攘外必先安内"的重要性，积极创造中国与印度尼西亚员工交流合作、娱乐工作的机会，加强双方对园区的归属感，如举办业余趣味运动会等一系列活动。

（三）中资企业应坚持开拓全新技术领域

科技发展是历史发展的必然选择，是国家兴旺发达的不竭动力，是一个企业不断进步的灵魂。IMIP工业园得益于全球首个RKEF-AOD双联法不锈钢产线，依靠成本优势在不锈钢行业迅速发展壮大，不仅成就了一代钢铁帝国，而且使印度尼西亚从不锈钢进口国跃居为全球第二大不锈钢生产国。习近平总书记在党的二十大中强调，科技是第一生产力，人才是第一资源，创新是第一动力。中资企业在异国他乡投资，应强化对科技人才理论与实践的指导，组建相关行业的专业技术小组，重视专利战略。企业通过自主创新技术，不仅能确保自身经济的稳步发展，提高生产效率，而且能创造激活企业经济的新产业，获得重要的自主知识产权，引领行业持续进步。

【参考文献】

[1] 李汉清. 中国对印尼直接投资的系统性风险成因研究 [D]. 北京：北京大学，2021.

[2] 王亚琴. 中国—印尼产能合作研究 [D]. 广州：暨南大学，2018.

[3] 黄卫峰. 青山钢铁建成全球产业链最长的不锈钢生产基地 [J]. 中国产经，2018 (07)：64-71.

[4] 张鹏. T公司印尼镍铁项目经济效益分析 [D]. 吉林：吉林大学，2021.

[5] 邢瑞利. 对外开放抑或保护主义：印尼经济民族主义适度性思考 [J]. 东南亚研究，2020 (06)：31-52，154-155. DOI：10.19561/j.cnki.sas.2020.06.031.

[6] 韦红. 印度尼西亚实用主义外交与中国—印度尼西亚关系70年 [J]. 东南亚纵横，2020 (05)：34-45.

[7] 李皖南，王亚琴. 从雅万高铁看中国印尼战略对接 [J]. 亚太经济，2016 (04)：17-22. DOI：10.16407/j.cnki.1000-6052.2016.04.003.

[8] 辛蕊田. "一带一路"背景下中国企业对印尼直接投资面临的风险及其应对 [J]. 全国流通经济，2022 (14)：32-34. DOI：10.16834/j.cnki.issn1009-5292.2022.14.023.

附件

一、中国与印度尼西亚签署的经济贸易条约

1. 中华人民共和国政府和印度尼西亚共和国政府贸易协定（1990/08/08生效）http：

//policy. mofcom. gov. cn/pact/pactContent. shtml?id = 2438.

2. 中华人民共和国政府和印度尼西亚共和国政府关于成立经济、贸易和技术合作联委会谅解备忘录（1990/11/17 生效）http：//policy. mofcom. gov. cn/pact/pactContent. shtml?id = 2438.

3. 中华人民共和国政府和印度尼西亚共和国政府关于扩大和深化双边经济贸易合作的协定（2011/04/29 生效）http：//www. chinatax. gov. cn/chinatax/n810341/n810770/c1153377/5027024/files/7d286a25fa40436a8d2eecc884781c59. pdf.

4. 中华人民共和国政府和印度尼西亚共和国政府关于对所得避免双重征税和防止偷漏税的协定（2015/03/26 生效）http：//www. chinatax. gov. cn/chinatax/n810341/n810770/c1153377/5027024/files/7d286a25fa40436a8d2eecc884781c59. pdf.

5. 中华人民共和国政府和印度尼西亚共和国政府关于建立战略伙伴关系的联合宣言（2005/04/25 生效）http：//policy. mofcom. gov. cn/pact/pactContent. shtml?id = 2438.

二、印度尼西亚与外国投资相关的重要法规

1. 《投资法》https：//sghexport. shobserver. com/html/baijiahao/2022/09/26/863778. html.

2. 《劳工法》第八章 https：//wenku. baidu. com/view/d17ee0f47c1922791688848 68762caaedd33bac2. html?_wkts_ = 1676791991457.

3. 《民心工程的土地征用》https：//www. toutiao. com/article/4372384258/.

4. 《环境保护法》https：//www. docin. com/p – 1004875655. html.

5. 《所得税法》http：//www. chinatax. gov. cn/n810341/n810770/c1153722/5027056/files/11537221. pdf.

第三章 保险业

案例1：落子新加坡，探路东南亚
——中国人寿成立新加坡公司

一、引言

改革开放以来，我国保险业的市场规模和企业实力增长迅猛，2012年底保险业总资产仅为7.4万亿元，2021年底则增长为24.9万亿元，在全球保险市场中位列第二。然而，与发达国家相比，我国保险业发展相对滞后，难以满足我国现阶段经济高质量发展的需要。随着我国不断提升对外开放的广度和深度，越来越多的企业通过"走出去"获取先进技术和管理经验。无论是从提高竞争力的需求出发，还是为了更好地服务我国实体企业的海外发展，加强海外布局成为保险企业可持续发展的必由之路。

2014年，国务院出台《关于加快发展现代保险服务业的若干意见》（以下简称"新国十条"），明确指出要"提升保险业对外开放水平，实现'引进来'和'走出去'更好结合"。"新国十条"支持中资保险公司多形式、多渠道走向海外市场，为我国企业国际化发展分担风险和提供保障。鼓励中资保险公司进入国际资本市场寻求发展，积极投身海外市场筹集资金。在国家政策支持下，中国人寿保险在新加坡成立中国人寿保险（新加坡）有限公司，成为"新国十条"出台以来第一家在中国境外设立分支机构的中资保险企业。

2015年6月8日，中国人寿保险（新加坡）有限公司正式成立，这一事件具有双重意义，既象征着中国人寿在中国境外第一个海外分支机构的成功设立，也代表着中国人寿布局东南亚市场的战略规划由此拉开帷幕。作为东南亚金融市场的重要战略支点，新加坡历来是国际资本和各大金融机构的宠儿，中国人寿此次进驻新加坡自然也备受社会各界关注。当天出席仪式的不仅有新加坡金融业、保险业的众多知名人士，新加坡贸工部部长林勋强、时任中国驻新加坡大使馆经济商务公使衔参赞郑超等政界人士也到场观礼，这意味着中国人寿选择新加坡作为海外布局第一站不仅仅是单纯的金融业务扩张和服务输出，背后还承载着中新两国践行深化金融合作、互促经济发展的美好愿景。本案例通过梳理中国人寿保险（新加坡）的成立背景及发展历程，深入探讨中国人寿开拓新加坡保险市场的有益经验和潜在风险，并结合中国人寿在东南亚其他国家的发展战略，系统阐明中国人寿加强东盟国家保险市场布局的意义和价值。

二、基本背景介绍

(一) 助力中资企业海外发展

自中国加入世界贸易组织(WTO)以来,中国企业在国际经贸交往中逐渐发展壮大,开始登上国际舞台与世界一流企业同台竞技。东南亚地区因其与中国地理位置相近、历史渊源深厚等地缘文化优势,成为众多中国企业"出海"的首选。随着"一带一路"合作倡议、《区域全面经济伙伴关系协定》(RCEP)、中国与新加坡自由贸易协定升级议定书等国际合作协议的持续推进,越来越多的中国企业通过整合并购、投资合作等多种方式深度参与东盟国家的建设。2021年,中国对东盟国家全行业直接投资额达143.5亿美元,其中非金融类直接投资额达136.7亿美元,同比增长0.6%。同时,中国企业在东盟新签工程承包合同额606.4亿美元,完成营业额326.9亿美元[1]。中国在东盟国家承建的重大经济合作项目如表1所示。

表1 中国在东盟国家承建的重大经济合作项目

东盟国家	重大经济合作项目
新加坡	中国能建承建的新加坡储能项目
马来西亚	马来西亚东海岸铁路项目
印度尼西亚	雅万高铁建设项目、中方承建能源全产业链合作项目、印度尼西亚森巴孔水电站项目、中方承建印度尼西亚红土镍矿EPC项目
泰国	中泰铁路合作项目、中泰水上光伏项目、500千伏童颂—宋卡输电线路工程、泰国东北部成品油管道工程
菲律宾	中国电信承建的电信三牌项目、重庆攀华综合钢厂项目、中方支持比诺多—因特拉穆罗斯大桥项目
文莱	恒逸石化大摩拉岛综合炼化项目、奥马尔·赛福鼎苏丹大桥项目
柬埔寨	金港高速公路项目、中国华电柬埔寨额勒赛水电站项目、达岱河上游水电站项目、桑河二级水电站项目
老挝	万象—万荣高速公路建设项目、中老铁路建设项目、中国老挝电网合作
缅甸	中缅皎漂经济特区深水港建设项目、仰光新城工业园建设项目、中缅边境经济合作区建设项目、耶涯水电站建设项目
越南	越南河内轻轨二号线项目、越南永新燃煤电厂一期BOT项目1号机组、越南海阳燃煤电厂项目

资料来源:根据公开资料整理。

---

[1] 中华人民共和国商务部.2021年中国—东盟经贸合作简况[EB/OL].[2022-01-29][2023-01-28]. http://bn.mofcom.gov.cn/article/sqfb/202201/20220103265625.shtml.

与此同时，中国企业面临的风险也在与日俱增。一方面，随着中国企业涉足的领域由传统的国际贸易、制造业向跨境电商、智能制造、金融科技等新兴产业延伸，海外业务的复杂度、综合化和专业化不断提升，中国企业原有的管理模式和投资理念容易受到国际市场的冲击。而大量的事实经验表明，与国际顶尖企业相比，大多数中国企业并不具备成熟的经营管理经验和分散风险能力，因此常常会在国际化浪潮中铩羽而归。中国知名互联网企业快手在东南亚市场折戟便是一个鲜明的例子，2017年初快手凭借雄厚的资金在越南等东南亚国家大力推广国际版Kwai的应用软件，在经历短暂的市场追捧后，因缺乏本土化运营而业绩惨淡，最终退出东南亚市场。另一方面，东盟地区经济发展水平不均衡，各个国家法律制度、历史文化和宗教风俗各异，个别国家时常伴有武装冲突，中国企业的经营活动面临着地缘政治风险。除此之外，中国企业在东盟国家工作的员工也面临着人身安全的风险。就新加坡而言，作为中国外派劳务第二大目的国，目前中国在新加坡的劳务人员数量达到约4.5万人①，企业员工亟须有效的人身保障措施。保险作为现代经济中分散风险的重要手段，担负起助力中资企业海外顺利发展的重要职能。

（二）新加坡：金融翘楚兼容并包，领衔东南亚开疆拓土

中国企业往往选择新加坡作为开拓东南亚市场的第一目的地，一方面，新加坡拥有优越的营商环境和独特的区位优势，在东南亚地区具有深刻的影响力；另一方面，新加坡和中国经济贸易往来频繁，双方在各领域资金、技术和人才的交流与合作日益紧密。根据商务部的最新数据，在双边贸易方面，2020年中新贸易额达890.9亿美元②，中国长期保持新加坡第一大货物贸易伙伴、第一大出口市场和第一大进口来源以及第三大服务贸易伙伴的重要地位；在双向投资领域，截至2021年，中国对新加坡的直接投资存量超过600亿美元（见图1），不仅在东盟国家中居首位，还在中国对外投资目的国和地区中位列第五；2021年1—6月，中国企业对新加坡非金融类直接投资达26亿美元，同比增长9%③。同时，新加坡目前对中国投资累计达1208亿美元，连续9年成为中国第一大外资来源国④；在承包工程方面，中国企业踊跃参加新加坡基础设施建设，承揽地铁、公路、电站等多领域项目，2022年1—10月，中国企业在新加坡新签工程的承包合同额超过30亿美元，同比增长超过50%。

新加坡的金融实力同样不可小觑。作为国际金融中心、全球重要的财富管理中心，新加坡金融业发展成熟，不仅有强大的银行体系，还有一个高度发达的保险市场。新加坡吸引了多家银行和保险等金融龙头企业齐聚于此，保诚、友邦保险等国际知名保险公司都在这里设有分部，并且具有独特的保险产品架构。完善的法律制度、稳定的政治环境和友好

---

① 新华财经客户端.「财经分析」2023年中国与新加坡经贸合作有望进一步加强［EB/OL］.［2022－12－23］［2023－01－28］. https：//baijiahao. baidu. com/s?id =1752986523266690800&wfr = spider&for = pc.

② 中华人民共和国商务部. 2020年1—12月中国—新加坡经贸合作简况［EB/OL］.［2021－10－15］［2023－01－28］. http：//www. mofcom. gov. cn/article/tongjiziliao/sjtj/yzzggb/202103/20210303042839. shtml.

③ 中华人民共和国商务部. 2021年1—6月中国—新加坡经贸合作简况［EB/OL］.［2021－11－10］［2023－01－28］. http：//fta. mofcom. gov. cn/article/rcep/jmsj/202111/46126_1. html.

④ 中国商务新闻网. 中新经贸互惠合作前景广［EB/OL］.［2022－09－24］［2023－01－28］. https：//baijiahao. baidu. com/s?id =1744726867886436403&wfr = spider&for = pc.

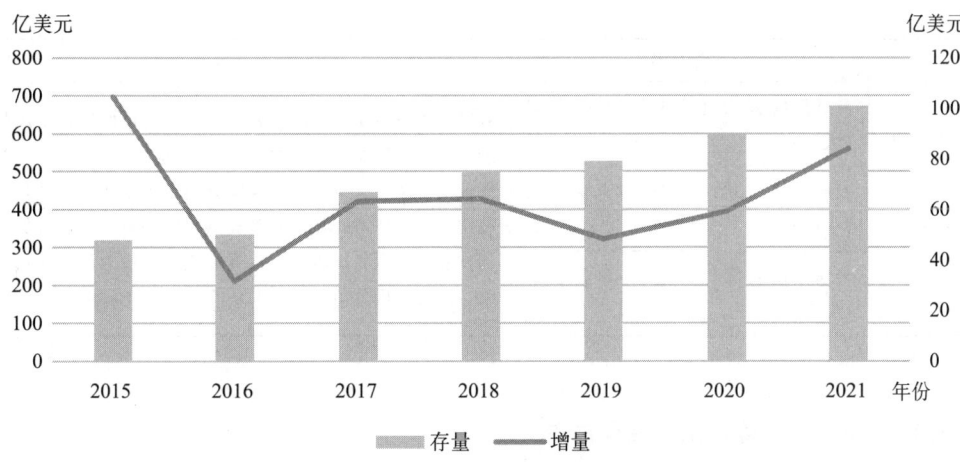

图 1　2015—2021 年中国对新加坡直接投资存量和增量

资料来源：2015—2021 年中国对外直接投资统计公报。

的营商政策为新加坡金融发展提供了肥沃的土壤，同时为了加强金融监管和防范金融风险，新加坡成立金融管理局（MAS）负责管理保险业。新加坡金融管理局（MAS）在1971 年成立，作为新加坡的中央银行，成立的目标是保证经济稳定发展，同时促进金融业健康稳定发展，以制定金融和货币政策为职能。新加坡金融管理局肩负着金融监管的任务，负责管理包括银行、保险公司、证券交易所、资本市场中介机构和财务顾问在内的境内所有金融机构。

新加坡保险市场主体众多，为了实行高效管理，新加坡金融管理局规定保险公司必须获得其颁发的 MAS 金融牌照才能在境内开展保险业务。如表 2 所示，截至目前为止，新加坡共有保险公司 387 家，包括 76 家直接保险公司（包括人寿、一般及综合保险公司）、104 家注册保险经纪，还有 51 家再保险公司（包括人寿、一般及综合保险公司）、83 家专属保险公司/自保公司（包括人寿、一般及综合保险公司）。除此之外，财产险行业协会、保险经纪行业协会、寿险行业协会、再保险行业协会等行业协会组织为新加坡保险业提供了强有力的外部监管。

表 2　　　　　　　　　　　新加坡主要保险公司类型

主要类型	细分类型	业务范围
直接保险公司	直接保险公司（人寿）	向投保人签发保单、直接承担保险责任的保险公司
	直接保险公司（一般）	
	直接保险公司（综合）	
再保险公司	再保险公司（人寿）	专门从事再保险业务、不直接向投保人签发保单的保险公司，即保险公司的保险公司。保险公司为了分散风险，把一些大的承保单位再分保给另一保险公司。接受这一保单的公司就是再保险公司，多出现在财险中
	再保险公司（一般）	
	再保险公司（综合）	

续表

主要类型	细分类型	业务范围
专属保险公司/自保险公司	专属保险公司（人寿）/自保公司（人寿）	专属保险公司获准承保主要由其相关公司的风险组成的保险业务。专属保险公司/自保公司，即自营保险公司，是由非保险企业拥有或控制的保险公司，其主要的目的是为母公司及其子公司的某些风险提供保险保障。随着自保公司的发展，其含义也逐渐加入开放性，不仅为母公司提供保险，还为与母公司无隶属关系的企业提供保险
	专属保险公司（一般）/自保公司（一般）	
	专属保险公司（综合）/自保公司（综合）	

资料来源：根据公开资料整理。

（三）中国人寿：寿险龙头底蕴深厚

作为国内寿险行业的佼佼者，中国人寿保险股份有限公司（以下简称"中国人寿"）历史悠久，是由财政部100%控股的四大国有控股保险公司之一。截至2021年底，中国人寿保险（集团）公司为中国人寿第一大控股股东，持股68.37%。其他股东中，香港中央结算代理人有限公司为第二大股东，控股25.9%，中国证券金融股份有限公司紧随其后，控股2.51%，剩余股份由中央汇金资产管理有限责任公司持有。中国人寿主营的业务范围涵盖寿险、财险、资产管理、财富管理、海外业务等多个领域，向客户提供人寿、年金、健康和意外伤害等多种形式的保险产品，以满足客户的保险保障和财务管理需求为服务宗旨。

中国人寿经过多年的发展和积淀，业务规模和价值长期位于行业前列，一路引领着行业的发展。如图2所示，2007—2021年中国人寿总保费收入实现大幅增长，从2007年的1966亿元增至2021年6183亿元，复合增速8.5%。其间，受到公司结构调整、银保新规、宏观经济下行等多重因素影响，中国人寿总保费分别在2011年、2018年出现断崖式下滑，同比增速降幅接近15%。中国人寿为响应供给侧结构性改革要求，积极调整中短期存续产品和长期保障型产品的比例，而长期保障产品的销售短期难以有大幅度增长，这成为总保费收入增速下滑的主要原因。凭借自身积累的深厚底蕴和丰富经验，中国人寿最终都能化险为夷，实现总保费收入新一轮的增长。2018—2021年，尽管在监管环境趋严、疫情暴发的低迷形势下，中国人寿保费增速明显放缓，但是依然实现8.0%、1.0%的增速，均高于中国平安、中国太保同期增速。从市场占有率来看，中国人寿的优势地位不断巩固。自2016年开始，中国人寿的市场占有率逐步稳定于20%左右，领先于同行。2020—2021年，随着公司保费规模保持稳健增长，中国人寿市场占有率优势持续扩大。

深厚的国企背景给予了中国人寿发展壮大的有力支持，同时也赋予其寿险改革先行者的历史使命。秉承着服务国家重大战略、带领行业高质量发展的重要思想，中国人寿积极践行支持实体企业发展的理念，发扬自身综合金融优势，为企业海外发展提供坚实的金融保险服务。同时，积极推动"一带一路"建设，为"一带一路"沿线国家的合作交流提供投融资支持，为大型投资项目建设提供长期资金。其中，中国人寿面向援非医疗团队，量身定做国寿"一带一路"专属产品，通过提供保险保障为境外救援服务保驾护航。为支持国家重大工程建设，再港珠澳大桥、中俄东线天然气管道工程等"一带一路"海外项目

图 2 2007—2021 年中国人寿总保费收入及同比增速

资料来源：2007—2021 年中国人寿年报。

建设过程中，中国人寿提供风险保障总额超 200 亿元。为解决企业对外工程工作人员的后顾之忧，中国人寿针对性地推出对外工程人身险业务，从而提升海外工程的风险分担能力。

三、发展历程

（一）乘起政策东风，勇立潮头敢为先

为支持我国保险企业探索和实践国际化发展战略，推动保险业现代化转型，2015 年 6 月 8 日，中国人寿（新加坡）有限公司正式成立。成立前夕，中国人寿分别与中国银行新加坡分行及中国工商银行新加坡分行进行商议，并顺利签署合作协定，拟在存款合作、保险代理、人民币创新、RQFII、托管、债券投资、保险代理创新、员工金融服务等方面开展全面深入合作，积极探索国际化发展路径。中国人寿（新加坡）公司确定成立后的经营战略，未来将以重点挖掘跨境保险业务需求、拓宽保险销售渠道为工作主线，围绕中资企业切实践行国家"一带一路"倡议。同时担负起国企的责任担当，立足人民币保险产品的主营业务优势，结合新加坡金融市场特点，以加深中新两国的合作伙伴关系为目标，促进新加坡人民币离岸中心的建设和发展。时任新加坡贸工部部长兼金融管理局副主席林勋强先生表示，中国人寿新加坡公司是中国人寿实现业务国际化的一个重要里程碑①。

（二）谋划海外布局，步步为营现野心

中国人寿的国际化之路由来已久，在进军新加坡市场之前，中国人寿的海外投资项目

---

① 中国人寿落子新加坡 加快国际化拓展步伐 [EB/OL]. (2022-9-24) [2023-2-9]. https://www.chinalife.com.hk/zh-cn/about-us/news-center/china-life-sets-singapore-branch-hastening-pace-of-internationalisation.

已经捷报频传，其中以港澳地区的发展经验最为丰富。据悉，此次新加坡公司的设立，不仅对中国人寿具有里程碑式的意义，也是中国保险企业"出海"的积极实践。作为我国寿险行业首屈一指的企业，中国人寿早已开启国际化之路。2019年1月，中国人寿提出的"重振国寿"战略中已显露出"一体两翼"的思想，所谓一体两翼，具体是指以港澳为主体，保险业务向东南亚等新兴市场延伸，资管业务向欧美等发达市场拓展。为积极服务国家"一带一路"倡议，中国人寿基于现阶段的资源优势和发展进程，在面对时代发展新形势中提出国际化布局的解决方案。加强海外机构统筹管理既是实现高质量发展的重要途径，也是着力构建起"一体两翼"的国际化新布局的题中之义。

（三）勇立潮头敢为先，奋楫扬帆谱新篇

中国人寿保险（新加坡）公司自成立以来，立足于新加坡本土文化，积极寻求与本土企业的合作，将数字技术与传统寿险业务相结合，增强企业自身的竞争力。2020年9月7日，中国人寿（新加坡）正式启动其个人代理人团队项目；2021年1月29日，中国人寿（新加坡）和MWH医疗集团签署了合作协议；2021年，中国人寿（新加坡）推出One Life核心系统建设，该系统的上线，标志中国人寿（新加坡）数字化建设和核心系统支撑力都迈上一个全新台阶。

回顾中国人寿（新加坡）的发展历程，个人代理人团队项目是中国人寿经营战略的重点。新加坡保险市场是高度依赖保险中介的市场，这一市场中有不同的中介类型（见表3），他们各司其职，具有不同的特点和功能，服务不同的险种、公司和客户。个人代理人渠道作为中国人寿新加坡最具吸引力和发展潜力的销售平台，是公司满足客户需求，提升业务价值，积累核心竞争力的重要组成，也是中国人寿开启转型新时期，探索新商业模式之路的重要一环。个人代理人团队的组建，将会有利于中国人寿吸引高净值人群。

表3　　　　　　　　　　　　新加坡保险中介类型

保险中介类型	业务范围
一般保险代理人	这些代理人受一般保险协会监管，最多只能代理3家保险公司，他们的核心重点是销售一般保险。在新加坡市场，一般保险包括车险、健康险、旅游保险以及家居保险
寿险代理人	这些是"捆绑"代理，只能代理一家公司的寿险业务。但与此同时，他们也有一般保险代理许可证，可代理一般保险，在代理这类保险时，受到的限制与第一类代理相同。寿险代理人的核心业务通常是销售人寿保险
理财顾问公司	由理财顾问公司或独立理财顾问公司雇用的销售人员。监管方式有所不同，他们可以代理的保险公司数量没有限制，核心重点是销售金融/投资产品/服务。有些保险公司除了自己的专有代理人团队之外，也会设立本身的理财顾问公司，主要代理自己公司的以及其他保险公司的产品。独立理财顾问公司因为其不代表任何保险公司的利益，所以被称为"独立"
保险经纪人	拥有自己销售队伍的公司，专注于批量销售保险，通常直接与特定产品的运营商合作，而且还能够促进跨境交易

续表

保险中介类型	业务范围
银行渠道	银行会有一些理财保险产品，这些产品本身并不是由银行设计和推出的，因为银行业和保险业是完全不相同的行业。所有银行的销售顾问所推荐的产品，都是保险公司的产品

资料来源：根据公开资料整理。

同时，中国人寿（新加坡）公司不仅肩负连接中国与新加坡保险市场的桥梁，更旨在打造体现独特优势和品牌实力的本地化寿险公司。为此，中国人寿（新加坡）和 MWH 医疗集团围绕健康讲座、医疗礼宾、高端健康体检、医疗咨询等客户增值服务展开合作，通过与本地医疗企业的强强联手，迎合新加坡市场对高端医疗保险的需求，为公司高净值人群和高品质客户提供多元化增值服务，以及全方位的保险健康配套体验。

为适应数字时代的发展趋势，数字化转型升级是保险行业的必然选择，也是保险公司资源调配、业务流转、运营服务的坚实基础性保障。中国人寿（新加坡）在新商业模式探索转型过程中，坚持以技术为依托，以科技引领企业发展方向。One Life 是中国人寿（新加坡）的新一代核心系统，对公司整体业务发展起到关键性、核心性技术支撑作用。随着 One Life 核心及周边系统正式启用，将大大提升操作处理事务的时间，从而减少总体周转时间和手工错误，整体提升新单业务与保单服务的效率，有助于优化客户体验。与此同时，One Life 可支持更灵活的产品开发，通过部署产品特点升级从而扩大产品组合，开发更丰富的产品系列，满足客户多元化的需求。

四、优势与风险

（一）围绕本土市场特点，打造个性经营策略

针对不同的市场，选择不同的打法。面临的环境不一样，自身资源禀赋不一样，国际化的重点就应不一样。例如中国人寿对于亚洲、美国和英国的市场制定不同的发展战略，将保险业务、资管业务分不同的市场加大拓展力度，保险市场在亚洲，资管业务在欧美。

中国人寿在国际化发展中，重点布局周边国家市场。中国人寿在港澳市场的排名和地位具有竞争优势，以海外公司为前沿阵地，稳步推进海外机构布局。随着中国人寿印度尼西亚分公司开业，在周边市场的布局中国人寿又迈出了一大步。同时，重点关注文化相似、区位相近的东南亚保险市场，借助"一带一路"机遇期，打开周边国家的政策壁垒和得到当地政府的支持，稳步推进海外机构的布局。运营过程中对于海外的分支机构给予充分的授权，特别是市场和监管环境与国内有差异的区域，提高对当地市场的反应速度，开发适合当地市场的专属产品，以快速提升市场份额和品牌形象。

（二）由点到面稳扎稳打，不断拓展海外布局

从 2019 年起，中国人寿开始布局国际化道路，先在中国香港、伦敦、印度尼西亚设立海外公司，逐步到英国、美国、东南亚等地区开展业务，依靠深厚底蕴和专业实力，稳

扎稳打。国际化的发展是一个长期的、系统的过程。所以，中国保险企业的国际化发展一定要保持坚定的战略定力，要有充足的资金、文化和管理能力的积淀，不能盲目前进，也不能断断续续，在国际化的布局上，要点面结合，系统性推进。

中国人寿将来要充分发挥海外分支机构的优势，以纽约和伦敦为战略支点，开始国际化运作。要发挥中国人寿（新加坡）立足国际金融中心的区位优势，完善中国人寿新加坡的职能与定位：一是做好对当地法律法规、金融机构、金融市场的调查研究工作，为中国人寿推进国际化发展提供有益经验和智力支持；二是有效开展与当地金融同业、广大投资者以及有关政府机构的沟通联络、信息交流工作，为中国人寿国际化发展创造条件；三是积极做好在当地市场的品牌宣传工作，提升中国人寿的国际形象。

（三）提高我国险企海外知名度，拓展对外开放广度和深度

在国家政策的支持下，中国企业越来越认识到企业国际化的作用。通过"走出去"的发展方式，可以拓展国际市场，整合全球资源，学习管理经验，培育人才队伍，提高治理水平，缓解国内竞争，提升品牌影响。随着中国经济实力的不断加强，中国企业海外扩张也是大势所趋。

中国人寿肩负起我国寿险行业的探索者和先驱者的重任，在国际化发展过程中，通过保险业务扩张，提高我国保险企业的海外知名度和影响力。积极服务"一带一路"等国家发展战略，为走出去的企业提供有力的金融支持，有利于拓展对外开放广度和深度。

【参考文献】

［1］邓志清. 中国寿险企业国际化研究［D］. 武汉：华中科技大学，2007.

［2］孙泉. 中国人寿的国际化战略研究［D］. 上海：上海财经大学，2020.

附件

一、中国保险业相关法律法规

1.《国务院关于保险业改革发展的若干意见》http：//www.gov.cn/zwhd/2006-06/26/content_320028.htm.

2.《国务院关于加快发展现代保险服务业的若干意见》http：//www.gov.cn/gongbao/content/2014/content_2739848.htm.

二、新加坡金融业相关法律法规

1.《保险法》http：//sg.mofcom.gov.cn/article/maoyi/laogong/200704/20070404593590.shtml.

2.《银行法》http：//sg.mofcom.gov.cn/article/maoyi/laogong/200704/20070404593558.shtml.

案例 2：谁在为中企出海保驾护航？
——中国人保财险推行关税担保模式

一、引言

当前，受全球新冠疫情蔓延和复杂多变的国际形势影响，"抱团"出海的中国企业面临许多的困难与挑战，尤其是中小企业存在产业链中断和融资难、融资成本高的问题。传统海关税款担保方式不仅不能解决这些问题，甚至还有可能放大此类风险。为助力外贸企业摆脱困境，2018 年 9 月，海关总署、银保监会决定开展"先放行后缴税"的关税保证保险改革试点。自此，我国关税保证保险业务迅猛发展，参与试点的保险公司数量在不断扩张，并且该关税担保模式很快推广至全国。

中国人民财产保险股份有限公司作为第一批三家试点保险机构之一，如今已然成为中国关税担保领域的领军者、倡导者及实践者，那么人保财险在推动关税保证保险落地和推广上究竟作出了哪些努力？创新的关税担保模式又给中国外贸企业和跨境贸易的发展带来哪些影响？

二、案例背景

（一）中国人民财产保险股份有限公司

2013 年 7 月，经国务院、原保监会批准，中国人民财产保险股份有限公司（以下简称"中国人保财险"或"人保财险"）在北京成立。经过近 10 年的发展，如今已成为综合实力较强、保费规模庞大、国内外声誉极佳的大型国有财产保险公司。中国人保财险发展历程中的里程碑事件如图 1 所示。

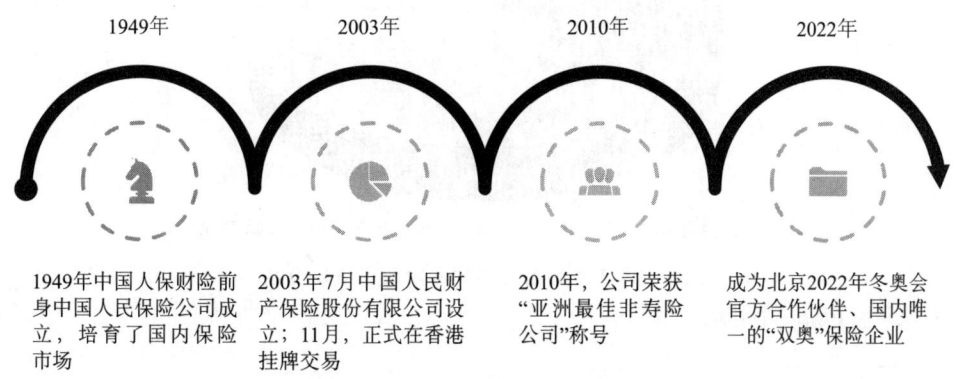

图 1　中国人民财产保险股份有限公司发展历程

资料来源：中国人民财产保险股份有限公司官网（https://property.picc.com/cx_gywm/gsgk/gsjj/）。

2021年，中国人保财险总保费收入4495.33亿元，同比增长3.8%，总资产6826.22亿元①，保险业务已经覆盖到生产、生活的方方面面。中国人民财产保险股份有限公司的主要保险产品及原保费收入情况如图2所示。

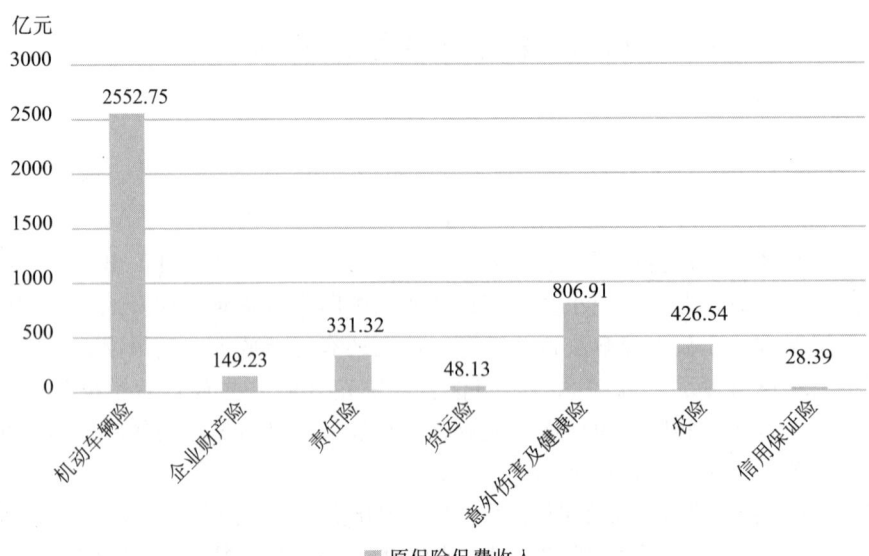

图2　2021年人保财险主要保险产品及原保费收入情况

资料来源：中国人民财产保险有限公司官网（https://property.picc.com/cx_gywm/gsgk/gsjj/）。

作为国内最大的财产保险公司，人保财险保险业务份额占财险市场32.8%，稳居行业首位，主导着财险市场的发展，其国内业务项目基本覆盖全国所有城乡地域，全国投保客户均可在家门口享受到便利的保险服务；国际业务遍布全球183个国家和地区。当前，"一带一路"倡议正深入推进，人保财险从沿线国家的实际需求出发，有针对性地为其提供保险产品，已基本具备对其保险服务的辐射能力，为进一步合作保驾护航（见图3）。

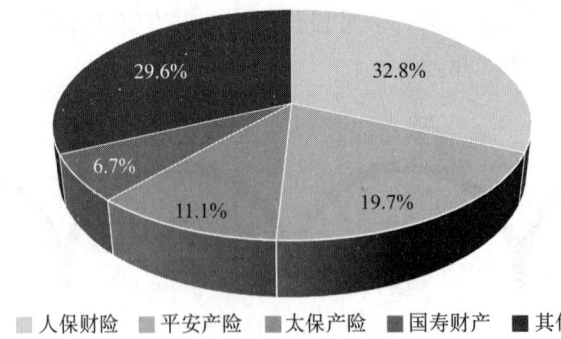

图3　2021年财险公司的保险业务市场份额

资料来源：各大财险公司官网。

---

① 腾讯网. 中国人保财险发布2021年度经营业绩［EB/OL］.（2022-3-22）［2022-11-30］. https://new.qq.com/rain/a/20220326A02A1N00.

(二)关税保证保险

1. 先放行后缴税,实现一单通关

关税保证保险是由海关总署指定的保险公司为外贸企业提供关税担保的一种新型保险产品。投保该保险的企业在货物通关时,不必缴付现金保证金或者提供担保物资,直接凭借"一张保单"即可享受"先放行后缴税"的便利(见图4)。

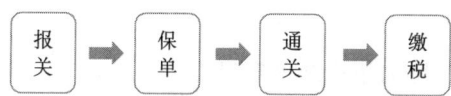

图 4　新通关模式(先放后税)

资料来源:根据公开资料整理。

关税保证保险是以企业为投保人、海关为被保险人的保险产品。外贸企业通过与保险公司签订《关税保证保险投保单》投保后,可凭借保险公司开具的《关税保险保险单》先通关后续缴纳关税。一旦企业未按海关规定缴纳关税,海关就会向保险公司开具《理赔通知书》,保险公司需支付相应税款,确保国家税收安全(见图5)。

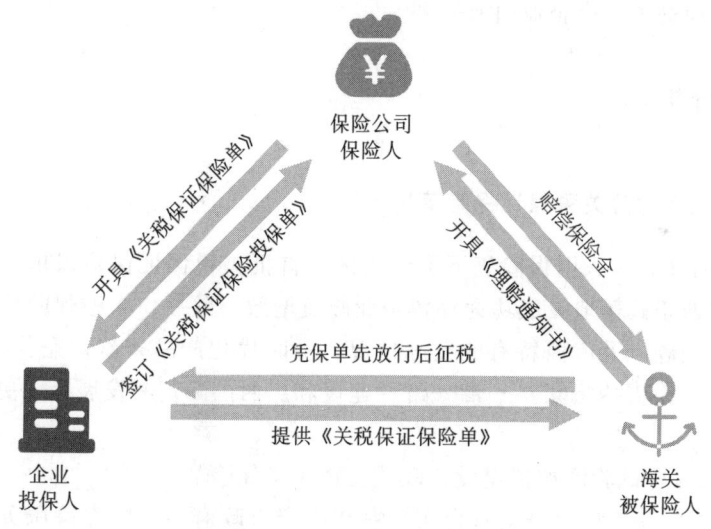

图 5　关税保证保险流程

资料来源:重庆海关(http://chongqing.customs.gov.cn/)。

为创新海关税收征管模式,全面优化税收担保方式,中国海关总署、中国银保监会制定多项政策,有力地推动关税保证保险业务在全国范围内快速地落地开花(见表1)。

表 1　中国海关总署、银保监会推动关税保证保险制度改革的相关政策

时间	政策名称和主要内容
2017 年 9 月 25 日	《关税司关于推进多元化税收担保改革创新工作安排的通知》
2018 年 9 月 1 日	海关总署正式决定在北京、天津等 10 个直属海关开展关税保证保险试点工作

续表

时间	政策名称和主要内容
2018年10月13日	《优化口岸营商环境 促进跨境贸易便利化工作方案》，推进关税保证保险改革
2018年10月30日	《关于开展关税保证保险通关业务试点的公告》，关税保证保险试点推向全国
2018年12月26日	《关于关税保证保险应用于汇总征税和循环担保的公告》，充分释放了保证金，减轻企业融资压力

资料来源：根据公开资料整理。

2. 多地试点成效显著，协助企业纾困解难

2018年9月，关税保证保险首先在北京、上海等10个直属海关开展试点；两个月后，试点范围拓展至全国。关税保证保险成本较低，办理流程相对简单，自实施以来，获得了广大进出口企业特别是中小型企业的一致好评，成效显著。据中国（湖北）自由贸易试验区武汉片区统计，相比于缴纳关税保证金，企业投保关税保证保险的通关时间大约可缩短22小时[1]；浙江某进出口企业负责人表示，他的企业在使用关税保证保险后，一年保守估计可以节约40万元成本，大大缓解了融资压力[2]。根据前期试点的情况看，中小型企业占投保企业的80%[3]，"一单通关"的保证保险为企业取得海关税收担保提供了新的路径选择，很大程度上促进了中小企业向海发展。

三、案例分析

（一）广西人保财险关税保证保险落地

2018年11月2日，人财保险签下了广西区内首批关税保证保险保单，标志着该种关税担保方式在广西正式落地，成功为外贸企业减负增效。随后，人财保险广西分公司根据前期试点出现的问题以及广西特有的实际情况，及时优化产品条款，完善在线管理平台，不断扩大承保面，为支持国家"一带一路"建设和广西国际贸易发展提供更加全面的风险保障。

1. 保险创新综合试验区加快建设，政策支持跨境保险

2020年11月，跨境保险创新联合实验室在南宁市政府与东盟保险服务中心的共同推动下成立[4]，为政策沟通、政保企互通、保险从业人员与专家学者交流提供了平台，全力支持跨境保险的发展。目前，广西保险创新综合试验区充分发挥东盟保险服务中心作为面

---

[1] 中华人民共和国商务部（http://www.mofcom.gov.cn/index）。
[2] 搜狐网. 好消息！海关总署将关税保证保险试点范围扩大至全国［EB/OL］. (2018-11-01) ［2022-11-28］. https://m.sohu.com/coo/sg/272677066_618588.
[3] 人民网. 逆势增长，中国外贸规模创新高［EB/OL］. (2021-01-15) ［2022-11-28］. http://world.people.com.cn/n1/2021/0115/c1002-32000930.html.
[4] 南宁日报. 南宁出台《跨境保险创新联合实验室管理办法》为打造面向东盟专业合作平台建章立制［EB/OL］. (2020-11-24) ［2022-11-28］. https://gx.cri.cn/2021-01-26/59b47324-ce75-e907-a48e-e9dee98e1417.html.

向东盟的专业合作平台的作用,积极创新保险业产品服务并取得重大突破,不断拓宽跨境保险创新领域,推动跨境保险重大改革创新措施先行先试,为外贸企业降本增效提供有力支撑。

2. 面向东盟进出口贸易节节攀升,企业需求倒逼改革

中国与东盟互为第一大贸易伙伴,双边贸易额较30年前翻了100倍,双方直接投资累计超过3100亿美元[①]。面向东南亚开展与东盟国家经贸合作,广西拥有得天独厚的区位和文化优势。从图6可知,广西面向东盟贸易发展势头强劲,贸易总额逐年增长,2014年广西与东盟外贸额突破1000亿元,2018年突破2000亿元,2021年我国与东盟建立全面战略伙伴关系,当年广西对东盟进出口2821.6亿元,10年间年均增长16.4%[②]。随着对外经济贸易合作水平的不断提升,越来越多的企业希望在跨境贸易中分一杯羹,出入境货物、人员等日益增加,对海关通关效率提出了更高的挑战。

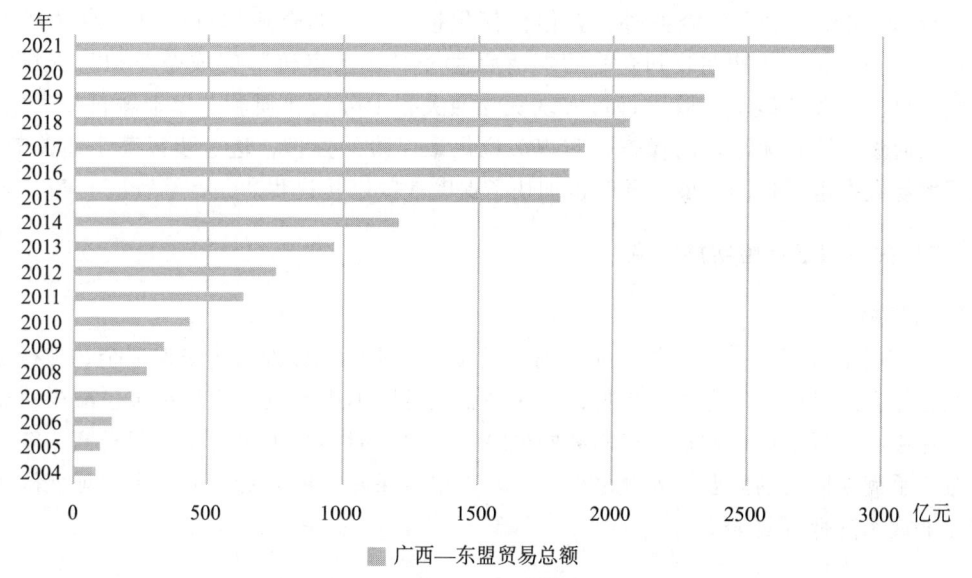

图6 2004—2021年广西对东盟国家进出口贸易情况

资料来源:广西商务厅(http://swt.gxzf.gov.cn/)。

传统的海关税款担保方式虽然为进口企业的顺利通关提供了途径,但是存在着申请要求高、等待时间长、占用企业资金等相关问题,极易使得中小企业生存发展陷入困境。因此,为了提高贸易的便利化,进行海关通关模式改革成为当务之急。面对这一难题,海关联合保险业开发了关税保证保险,先放行后缴税,实现一单通关。广西保险业也顺势而为,在自贸试验区内创新性地提出创建保险综合试验区,建立组织协调机制、沟通汇报机制、责任落实机制和信息报送机制,为推动新型关税担保模式在广西的落地与推广贡献力量,促进中国与东盟经济金融合作持续向纵深发展。

---

① 新华每日电讯. 广西扩大面向东盟开放,抢抓RCEP机遇 [EB/OL]. (2022-09-14) [2022-11-28]. http://mrdx.cn/h5/mrdx/content/20220914/Articel05002GN.htm.

② 广西日报. 广西对东盟贸易额10年间年均增速快于全国7.2个百分点 [EB/OL]. (2022-09-17) [2022-11-28]. http://swt.gxzf.gov.cn/zfxxgk/fdzdgknr/zwdt/gxsw/t13081803.shtml.

3. 多项创新举措叠加，关税担保效果提升显著

广西与东盟国家陆海相连，并且自然资源丰富，在开展对外贸易方面具有天然的优势。但由于广西地处边疆地区，整体的金融资源缺乏，金融要素供给严重不足，国家机关和金融机构需要立足实际，提供专业化、特色化的政策和金融产品满足其需求。当前，广西一方面全面推行无纸化审批、实施"以企业为单元"的账册管理新模式；另一方面构建海关总担保管理模式，丰富关税保证保险等担保载体；此外，还充分利用数字化提升数字治理能力，推动海关、税务、金融等相关部门执法互助、监管互认、数据互换，优化监管服务方式。在多项创新举措的叠加下，不仅简化了海关繁琐的业务程序、提高了海关的核准效率，而且缩短了通关时间、解决港口拥堵问题。

4. 关税全流程线上办理，保险数字化进程加快

为方便企业办理关税担保保险业务，人财保险与海关共同开发了"关税保证保险在线管理平台"。如今，除失信企业外，其他任何规模、类型的企业均可通过平台"线上申请"办理业务，保险机构在收到企业的申请后通过"线上审核"完成企业相应资料的核对，之后再由海关"线上核验"即可实现货物通关，十分快捷便利。以金融科技为依托，企业可以通过全流程无纸化的操作，实现关税保证保险的办理，进一步提高了通关效率，促进了贸易数据电子化的发展，同时也加快了保险业数字化进程。

（二）关税保证保险实施效应

1. 直接效应

（1）降低企业通关成本，提升企业通关效率。关税保证保险与传统保证金、银行保函等税收担保方式相比，优点显而易见，首先是企业可以不用缴纳足额保证金，减少对企业资金的占用，降低中小企业资金链断裂的风险；其次是能够解决银行担保门槛高、资金申请困难、手续期限长的问题；除此之外，相较于银行保函，更低费率的关税保证保险也会使得企业成本降低（见表2）。

表2　　　　　　　　　　现行海关事务担保方式对比分析

担保方式	面向企业	申请手续	申请时效	申请成本	海关追偿主体
现金保证金	所有企业	难	慢	高	保证金
银行保函	高信用企业	难	慢	高	银行
关税保证保险	除失信外所有企业	易	快	低	保险公司

资料来源：根据公开资料整理。

以中国人保财险承保的江苏某贸易公司为例，该企业主要从南美进口牛羊肉，是一家规模较大的外贸企业，此前的通关方式为"先税后货"，如今可凭关税保证险保单实现"先放后税"。根据测算，新型的担保方式可为企业节约时间2天/票，降低入保税库成本约2000元/柜[①]。通关效率和通关成本是进出口企业的生命线，关税保证保险的实施，一

[①] 天眼新闻. 中国人保财险：大力发展关税保证保险 提升企业通关效率 保障国家税款安全 [EB/OL]. (2020-01-20) [2022-11-28]. https://baijiahao.baidu.com/s?id=1656263098858435352.

方面，简化企业通关手续，减少通关时间；另一方面节约企业资金占压的成本，为中国外贸企业特别是中小微企业减负，给企业的发展带来了实实在在的好处。

（2）高效推动进出口贸易，促进中小企业海外发展。"关税保证保险"实施后，外贸企业通关效率大幅提升、资金压力得到缓解；再加上《区域全面经济伙伴关系协定》（RCEP）正式签署，当前中国与东盟的经贸合作关系日趋紧密。广西适时地把握机遇，根据东盟资源和市场特点，聚焦汽车、电子信息、绿色化工新材料、高端金属新材料等关键产业链，主动对接国家发展战略，积极与 RCEP 成员国及"一带一路"沿线国家开展外贸合作。依托较为完整的产业格局，广西壮族自治区政府出台了《关于支持扩大汽车出口的若干政策措施》，支持和鼓励汽车企业出海。如今，东风柳汽在东盟商用车市场备受欢迎，拥有极高的销量及占有率，更是连续五年位居越南重型物流市场占有率第一，东盟各国对广西汽车的需求持续上升，市场潜力巨大。在当今外贸政策与关税担保模式支持下，不仅大型国企向海外蓬勃发展，而且越来越多名不见经传的企业，特别是小微型企业，借助政策上的优势，激发出扩大进出口业务的动力和活力，将发挥价值的舞台拓展到全球市场，高效地推动进出口贸易的发展。

2. 间接效应

（1）推动保险创新改革，释放沿边金融市场活力。随着跨境贸易发展的不断深入，我国各大保险公司积极作为，先后推出多种产品为外贸企业服务，但是就目前而言，国内各大保险公司的现有保险仍然难以直接满足跨境贸易的需求，保险市场还存在完善和优化的空间。而同时使得海关、保险公司和外贸企业三方受益的关税保证保险，必将成为跨境保险的一个标杆，为未来保险业的改革创新提供源源不断的积极动力。在关税保证保险成功的引领下，跨境贸易的各方参与主体以科技为根本驱动力，加强保险与科技的交流合作，扩大承保范围，积极发展出口信用保险、海外投资保险、航运险等多种创新型保险业务，不断拓展保险保障职能，共同推动符合当前跨境贸易特点的保险产品创新，推出满足实际业务需求和各方利益的特色化新型保险产品，充分释放沿边金融市场的活力。

（2）盘活边疆经济发展，辐射西部腹地广阔市场。关税保证保险的产生是海关和保险公司一次创新性的尝试，不仅提高了贸易的自由化、便利化水平，而且促进了边境贸易与边疆建设的发展，推动了与相邻国家互联互通进程。当前，该种创新担保模式已经实现全国推广，越来越多的进出口企业特别是边境地区的中小企业享受到了其中的便利，进一步提高了对保险的认识，从而更积极地进入跨境保险市场，提升了保险市场的活跃度。对于边境贸易和边疆经济的发展而言，金融要素供给不足始终是一个大难题，而边境企业在保险市场活跃度的提升，也将反向带动保险公司更多地关注边境需求，创新跨境保险产品，实现良性循环。这将有利于盘活富集资源，给边疆经济带来了发展机遇与激发作用，从而更好地实现边疆地区、西部地区与东中部地区共同高质量发展。

（三）拓展其他跨境保险险种

1. 跨境车辆综合商业保险

为切实保障往来人员、车辆及货物的保险安全，广西保险业从实际出发，积极开展跨境车辆保险业务，探索与毗邻国家的跨境保险合作机制。例如，人保财险广西分公司为投保跨境机动车辆保险的客户提供便捷的"一站式"服务、高效的应急服务和承包查勘理赔服务;而平安产险广西分公司的车辆理赔服务已经实现了境内外全覆盖,真正做到了让客户省时、舒心①。

2. 跨境劳务人员人身意外保险

如今在我国广西边境地区,越南务工人员的身影随处可见,他们被相对优越的工资报酬和工作环境吸引,跨越国境来到中国务工。为帮助雇用企业规避境外务工人员入境工作可能发生意外的风险,保障雇用双方合法权益,2017年广西崇左出台了《跨境劳务人员人身意外保险实施方案》,明确指出境内用工单位必须为跨境劳务人员投保意外综合保险,涵盖范围包括意外伤害、意外医疗、定期寿险、住院误工津贴、疾病住院等多项保险责任②。

四、案例启示

(一) 积极对接改革需求,政企联合推进业务

中国人保财险作为国有大型保险骨干企业,在充分了解到外贸企业的实际需求和认识到海关提高通关效率与保证国家税收两者之间的矛盾后,代表保险行业向海关系统献计献策,介绍国际关税担保制度、关税政策及关税相关的保险产品,全力配合海关总署及地方海关的相关工作部署。此外,在海关开启保证保险试点前,人保财险还积极参与关税担保模式创新,与银行联合推出"银关保"创新担保业务,间接为外贸企业缴纳关税提供保险保障。

在关税保证保险试点后,为推动业务发展,中国人保财险总、分公司密切联动,通过与海关部门联合召开现场发布会、邀请记者进行新闻报道、推动网络传播等多种方式,及时准确地向进出口企业宣传关税保证保险业务及保险产品优势并传递政策利好,提高进出口企业对关税保证保险的认知度,有利于保险机构为其提供更为精准的金融服务,同时也有效扩大关税保证保险的社会影响力,更好地推动业务在全国范围内快速落地开花。长期以来,人保财险致力于探索市场的矛盾与需求,充分与政府部门、银行、企业等多方主体交流合作,不断创新保险业务,为客户排忧解难。

(二) 探索本土化经营模式,更好服务实体经济

中国地域广大,不同的地区、省份经济发展的情况和特点存在较大差异,行业分布与企业类型的各有侧重,所以不同区域对保险业务的需求也就各有不同。中国人保财险结合其网点下沉到县域的优势,从当地实际情况出发,因地制宜,以不同方式创新个性化业务,不断开拓市场,健全保险产品体系,使保险服务涵盖至生产、生活的方方面面,更多

---

① 人民网. 跨境保险助力中国—东盟经贸合作走向纵深 [EB/OL]. (2020-11-25) [2022-11-28]. http://money.people.com.cn/n1/2020/1125/c42877-31943587.html.

② 中国新闻网. 广西引进越南劳务输出 试点跨境劳务人员保险 [EB/OL]. (2017-10-14) [2022-11-28]. https://www.sohu.com/a/198082281_123753.

更好地为广大客户提供适宜的服务。

推介关税保证保险时，人保财险在充分借鉴欧美发达国家的经验上，立足中国国情，结合各地区自身的产业环境、发展阶段以及实践经验，积极探索创新，打造符合我国口岸管理实际的本土关税担保产品，寻找本土化的经营模式，促进关税保险产业的健康发展，推动外贸企业降本增效，提高其抗风险能力。广西保监局负责人说，"保险的本质在于服务，核心是要服务好实体经济"①。关税保证保险的实施，不仅应该为提高海关通关效率，还应该从服务社会和企业实际需要出发，深化保险机制改革，加强与地方产业深度融合，促进保险业与经济社会共同发展，为实体经济的发展提供长期、稳定的保障。

（三）优化口岸营商环境，提升跨境贸易效率

关税保证保险与其他关税担保方式相比，具有得天独厚的优势。在关税保证保险推广开后，据统计截至2021年底，全国进口整体通关时间为36.7小时，出口整体通关时间为2.6小时，整体通关时间比2017年压缩一半②，大幅提高企业通关效率。同时，保证保险充分利用数字化、信息化手段，企业足不出户可以完成所有手续的办理，提高了贸易便利化水平和口岸作业的效率，从而提升了跨境贸易效率。此外，关税保证保险还规避了外贸企业特别是中小微型企业向海发展的部分风险，进一步优化口岸营商环境，在一定程度上促进我国外贸稳定健康发展，推进产业结构升级，推动我国经济由高速增长转向高质量发展。

新时代的中国，开放的大门越开越大③。人保财险将站在新的起点，紧紧跟随国家对外开放的坚定步伐，继续推广通关关税等业务领域改革，充分与大数据、区块链、人工智能等科技相融合，持续创新跨境保险产品，为中国外贸发展增添新动力，为营造更有活力、更富效率、更加开放、更具便利的口岸营商环境贡献保险力量。

（四）深度融入新发展格局，有力支撑向海经济

如今，国际经济与贸易遭遇重创，我国外贸行业举步维艰，以"中小微"为主的民营外贸企业发展面临多重困难，幸而关税保证保险的实施有效缓解了不良态势，为外贸发展注入了新活力，一定程度上推动了外贸企业向海发展。

未来，为了实现国内循环为主的国内国际双循环，我国保险机构必须认清保险的功能和定位，以市场需求为导向，提升保险业务水平和服务能力。一方面，要针对跨境贸易参与主体的实际需求，创新保险产品，持续提供高品质的风险保障服务；另一方面，要开发一站式、智能化的跨境贸易保险服务平台，对接贸易全过程，提升跨境贸易保险业务效率与服务品质。此外，还要参与构建更具国际竞争力的现代的跨境保险制度，利用好国内国

---

① 中保网. 广西出台加快发展现代保险服务业实施意见——种好沿边金改试验区"保险创新田"[EB/OL]. (2015-02-26) [2022-11-28]. http://xw.cbimc.cn/2015-02/26/content_146593.htm.
② 人民日报海外版. 全国进口、出口整体通关时间进一步压缩 跨境贸易便利化水平不断提升[EB/OL]. (2021-07-31) [2022-11-28]. http://www.gov.cn/zhengce/2021-07/30/content_5628324.htm.
③ 光明网. 贯彻党的二十大精神·推动高质量发展，建设贸易强国，提速升级[EB/OL]. (2022-11-17) [2022-12-04]. https://news.gmw.cn/2022-11/17/content_36165067.htm.

际两个市场、两种资源，发挥资金融通的作用，深度融入新发展格局，为全方位保驾护航跨海出境企业贡献力量。

【参考文献】

[1] 徐剑峰，王东华. 关税保证保险发展存在的问题及对策建议——以浙江为例 [J]. 浙江金融，2022（07）：75-80.

[2] 谢菁，赵泽皓，关伟. 我国保证保险发展现状、困境与优化建议研究 [J]. 金融理论与实践，2022（06）：83-92.

[3] 唐金成，韩晴."新基建"赋能我国关税保证保险高质量发展研究 [J]. 区域金融研究，2022（02）：35-41.

[4] 郑玉萍，林检，林宜，陈华，高艳娟. 海关事务担保若干问题研究及相关建议 [A]. 上海市法学会.《上海法学研究》集刊2021年第24卷 总第72卷 [C]. 上海市法学会，2021：145-159.

[5] 粟榆，丁继锋，张文丽，洪博阳. 经济转型背景下关税保证保险的经营风险及其防控 [J]. 保险理论与实践，2020（09）：110-120.

[6] 南京海关课题组. 海关支持综合保税区高水平开放高质量发展研究——以江苏省综合保税区为例 [J]. 海关与经贸研究，2020，41（01）：15-27.

[7] 吴辉. 关税保证保险：小险种也有大块头 [J]. 理财，2019（10）：52-53.

[8] 关税保证保险为企业"减压"[J]. 中国检验检疫，2019（05）：34-35.

[9] 杨光，郭炜. 关税保证保险与海关税收担保制度创新 [J]. 中国保险，2018（10）：52-55.

[10] 赵亮，周翊. 关税保证保险"试水"[J]. 中国外汇，2018（20）：24-26.

附件

1.《中华人民共和国保险法》https：//baike.sogou.com/m/v67596609.htm.

2.《中华人民共和国进出口关税条例》http：//www.chinatax.gov.cn/chinatax/n377/c961/content.html.

3.《中华人民共和国税收征收管理法》http：//www.chinatax.gov.cn/chinatax/n810341/n810825/c101434/c12223115/content.html.

4.《中华人民共和国海关法》http：//huangpu.customs.gov.cn/huangpu_customs/bgdwbacjsfw/zcf/4660495/index.html.

5.《中华人民共和国海关事务担保条例》http：//www.gov.cn/flfg/2010-09/19/content_1709252.htm.

案例 3：跨境保险合作模式首创
——中国太平—东盟保险共同体组网

一、引言

金秋九月，第二届中国太平国际保险合作与发展论坛在广西南宁举行，论坛在这收获的季节召开，似乎也在庆祝中国太平取得的喜人成果。在多方的支持下，中国太平保险集团携手东盟成功共建保险共同体，成为中国—东盟地区跨境保险合作模式的行业首创。然而，这并不是一蹴而就的，正如农事活动"三四月播种，七八月方有收获"，保险共同体的组网历经了什么努力和机遇呢？

二、案例背景

（一）中国太平财产保险有限公司

太平财产保险有限公司，简称"太平财险"，隶属于《财富》世界 500 强中国太平保险集团。太平保险集团是唯一管理总部设在香港的中管金融保险集团。太平财险的前身是太平水火保险有限公司，1929 年创立于上海，1956 年按照国家统一部署停办国内业务，移师境外经营，2001 年在深圳复业，2009 年更名为太平财险。

1. 市场规模、行业地位

20 年来，太平财险立足深圳，扎根湾区，面向全国，整体实力稳步提升，注册资本金超过 60 亿元，保费规模稳居市场前八，在国内设立 33 家省级分公司，近 800 家三四级机构，拥有近 5 万人的专业管理和销售队伍，服务网络遍及全国主要城市[1]。2012—2021 年太平财险历年保费规模如图 1 所示。

2. 主营业务、海外布局

成立以来，太平财险已在全国构建了广泛的服务网络，公司经营范围涵盖财产保险、责任保险、信用保险、农业保险、短期人身意外保险等全部非寿险领域。其中，2021 年，公司经营的所有商业保险产品中，保费收入居前五位的险种是机动车辆保险、健康险、责任保险、意外伤害保险、企业财产保险[2]。

中国太平早在 20 世纪 30 年代就开始了海外开拓之路。太平财险秉承中国太平集团国

---

[1] 资料来源：太平财产保险有限公司官网（http://caixian.cntaiping.com/about-gsjs/ 2022/12/10 19：38）。
[2] 资料来源：太平财产保险有限公司 2021 年度信息披露报告（http://caixian.cntaiping.com/info-ndxxpl/ 2022/12/10 19：40）。

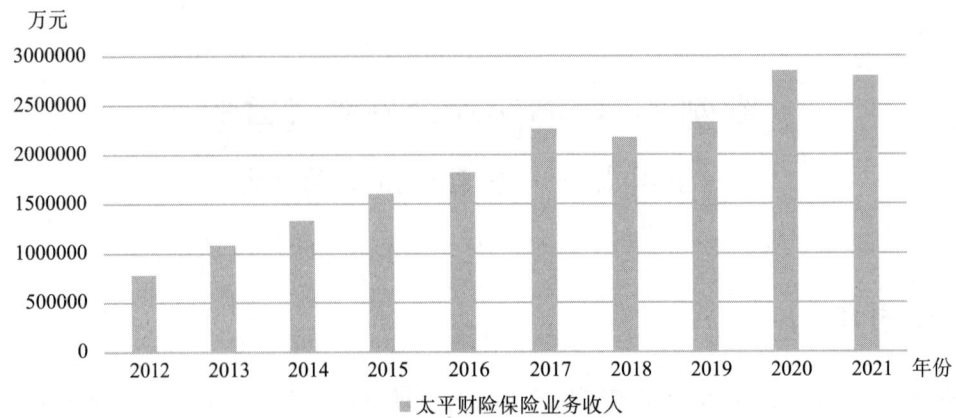

图 1 2012—2021 年太平财险历年保费规模

资料来源：太平财产保险有限公司（http://caixian.cntaiping.com/info-ndxxpl/ 2022/12/6 20：29）。

际化经营特色，近年来，太平财险积极护航"一带一路"，承揽的业务和工作包括：一是为多个国家和地区代理出单和服务网络搭建；二是获得 9 个"一带一路"及其他重点国家再保险业务开展资质[①]；三是"一带一路"共保体建设初具规模；四是疫情期间，太平财险推出"'一带一路'太平无忧"境外团体医疗险，整合国际医疗资源，护航中资企业外派员工生命安全。

（二）东盟

1. 地区基本情况

东盟，即东南亚联盟（Association of Southeast Asian Nations，ASEAN），是东南亚地区一个重要的政治、经济安全一体化组织，在国际和地区事务中发挥着越来越重要的作用。东盟已发展成为日益成熟的区域合作组织，其经济一体化程度逐渐提高，在亚太地区继续发挥着举足轻重的特殊作用，在中国的周边稳定、经济发展和全方位外交中都占有极其重要的地位。目前，东盟由菲律宾、马来西亚、泰国、文莱、新加坡、印度尼西亚、越南、缅甸、老挝和柬埔寨 10 个国家组成。

东盟国家属于高度外向型经济，经济发展处于全球中等水平，具有劳动力成本优势，对外贸易和外国直接投资拉动区域经济保持中高速增长，但东盟区域经济结构单一，高度依赖出口和旅游业。2013—2019 年东盟 GDP 一直稳步上升，特别是在 2013 年 9 月我国提出"一带一路"倡议后，2014 年东盟 GDP 显著提高，增速达到 16.7%。此后几年，中国与东盟往来愈加密切，东盟 GDP 也在 2016—2019 年实现快速增长。2020 年，全球疫情扩散导致世界经济全面衰退，东盟国家经济增速随之急转直下。为了应对全球疫情扩散对经济的影响，东盟国家纷纷推出疫情防控措施，调整宏观经济政策，出台经济援助配套计划，取得了一定的成效。2021 年，东盟 GDP 回升，合计约 3.4 万亿美元，占全球 GDP 总量的 3.5%（见图 2），比 1990 年的占比翻了一番，人均 GDP 为 4943 美元，同期全球人均

---

① 资料来源：中国太平官网（http://www.cntaiping.com/news/78868.html 2022/12/10 19：45）。

GDP 为 11108 美元（见图 3），东盟十国经济集团化效应日益显现①。

图 2　2013—2021 年东盟国内生产总值及其占世界生产总值比

资料来源：瑞士再保险研究所（https：//www.sigma - explorer.com/ 2022/12/6 20：30）。

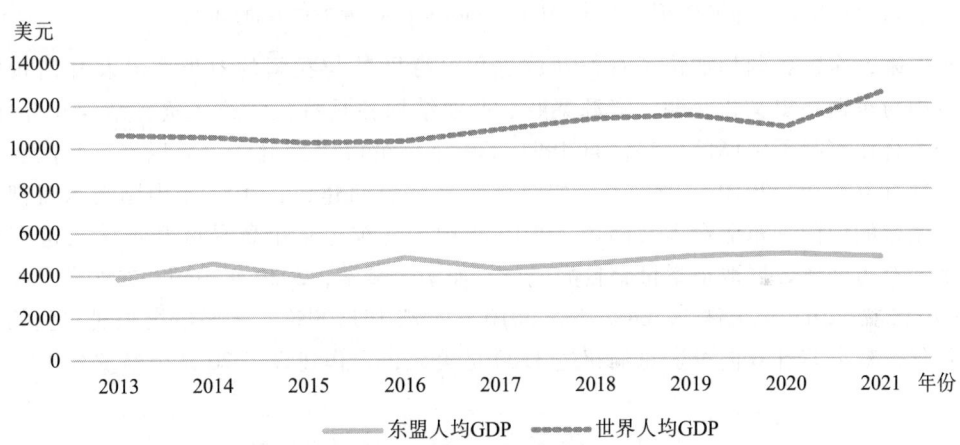

图 3　2013—2021 年东盟人均国内生产总值与世界人均生产总值

资料来源：瑞士再保险研究所（https：//www.sigma - explorer.com/ 2022/12/6 20：30）。

尽管东盟经济整体上取得了较好的发展成绩，但各国之间的发展差异仍然较大。如 2021 年，印度尼西亚的 GDP 是文莱的近 84 倍；而印度尼西亚的国土面积是文莱的 340 倍，人口是文莱的 611 倍②。

从人均 GDP 来看，东盟既有高收入国家（新加坡、文莱）和中等偏上收入国家（马来西亚、泰国），也有中等偏下收入国家（印度尼西亚、菲律宾、越南、老挝、缅甸），还有低收入国家（柬埔寨）。马来西亚、泰国、印度尼西亚和菲律宾已迈入中等收入国家行列多年，越南、老挝、缅甸则刚刚进入中等偏下收入国家行列。而柬埔寨仍然为低收入国

---

① 资料来源：《东南亚纵横》编辑部．东南亚地区形势 2020—2021 年回顾与展望——专家访谈录［J］．东南亚纵横，2021（1）：5 - 21．DOI：10.3969/j.issn.1003 - 2479.2021.01.001.

② 资料来源：东南亚保险市场研究（http：//xw.cbimc.cn/2016 - 01/28/content_183333.htm 2022/12/10 19：53）。

家,尽管其经济增速持续增长,但仍有大量的贫困人口。由此可见,东盟各国经济发展不均衡,区域整体经济实力偏弱,贫富差距较大。2021 年东盟十国各国人均 GDP 如图 4 所示。

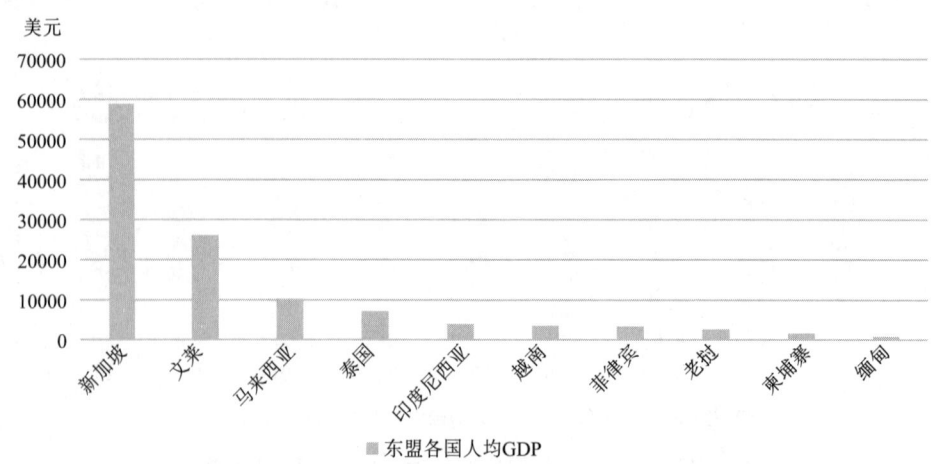

图 4　2021 年东盟十国各国人均 GDP

资料来源:瑞士再保险研究所(https://www.sigma-explorer.com/ 2022/12/6 20:30)。

近年来,东盟各国均加快了对外开放进程。特别是与我国的对外贸易及外商投资方面。我国与东盟历史文化交融,资源禀赋、产业结构各具特色,经济贸易结构互补性强,开展经贸合作有得天独厚的优势。自 1991 年中国—东盟建立对话关系以来,我国与东盟国家交往日益密切,2010 年中国—东盟自由贸易区全面建成;2013 年中国与东盟携手建设更加紧密的中国—东盟命运共同体;2019 年中国—东盟自由贸易区升级《议定书》全面生效,双边经贸发展取得举世瞩目的成就。如图 5 显示,2020 年中国—东盟贸易指数为241.09 点,较 2019 年上涨 19.64%,较 2010 年上涨 141.09%。东盟继续稳居我国第一大贸易伙伴,双方累计双向投资总额超过 3100 亿美元,合作建设了 20 余个经贸合作区①。

图 5　2010—2020 年中国—东盟贸易指数

资料来源:人民智库(https://baijiahao.baidu.com/s?id=1722285894709693972&wfr=spider&for=pc 2022/12/6 20:35)。

---

① 资料来源:广西新闻网(https://baijiahao.baidu.com/s?id=1710742130982383638&wfr=spider&for=pc 2022/12/10 19:57)。

除以上所述经济特征外，东盟十国的总面积有450万平方公里，人口超过6.28亿[①]。具有相对优良的地理位置、丰富的资源（石油、天然气、矿产等）、相对年轻的人口结构以及日益增长的中产阶级群体等优势。东盟除泰国外，其他九国都曾长期遭受欧洲列强的殖民统治，各国之间政治制度、宗教、民族、文化不同，发展水平差异很大，相互间既有历史遗留的边界领土争议，又有现实的利害冲突，情况很复杂。某些国家区域间、城乡间发展同样存在差异大问题。

2. 保险市场情况

由上文可知，随着亚洲区域（主要是中国）消费群体的崛起，东盟经济快速发展。东盟与亚洲国家间的经贸和投资往来日益密切使东盟摆脱了过去高度依赖美国和欧盟经济发展模式，提高了经济发展和金融市场稳健性。随着经济不断发展，金融市场不断完善，东盟国家对保险的需求也越来越大。目前，东盟地区保险市场发展总体向好，地区内部发展差异显著且各具特色。

（1）总体向好。近年来，东盟保险业整体发展迅速，但相较于世界而言，仍存在着保障缺口大、保险深度低的问题。根据瑞士再保险的统计数据，整个东盟的保费收入在过去10年以年均13%的速度增长，2021年的保费规模相比于2011年翻一番（见图6）。在全球疫情冲击下，2020年，新加坡、泰国、印度尼西亚、越南、马来西亚、菲律宾等东盟六国的总保费收入1151亿美元[②]，仍保持了2.47%的增长，高出全球平均水平两个百分点，是新兴市场中为数不多保持增长的地区，东盟保险市场在后疫情时代将具备极大的发展潜力。2021年东盟国家（除老挝）的保险业总保费收入为1289.24亿美元，仅占世界总保费收入的1.88%。保险深度为3.24%，全球平均为6.8%，中国为4.15%，达不到世界平均的一半，也略低于中国。保险密度为851.5美元，全球平均为853美元，中国为482美元，略低于世界平均，但高于中国。

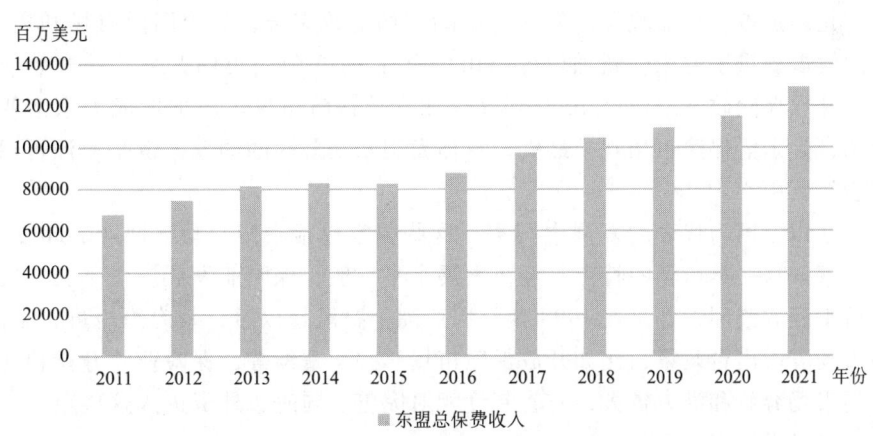

图6　2011—2021年东盟总保费收入（除老挝）

资料来源：瑞士再保险研究所（https://www.sigma-explorer.com/ 2022/12/9 20:38）。

---

① 资料来源：深圳市标准技术研究院（https://tbt.sist.org.cn/mbsc_106/dmsc/jbgk/201802/t20180201_2116442.html 2022/12/10 20:02）。

② 资料来源：中国银行保险报（http://xw.cbimc.cn/2021-09/09/content_408992.htm 2022/12/10 20:06）。

（2）保险市场成熟度差距很大。大致上看，除文莱之外，东盟国家的总保险收入和GDP总量体现出较强的正相关性，表明保险业的发展水平和国家经济发展密切相关。但各个国家保险业的发展水平差距非常大。比如上文提到的2021年东盟国家保险密度851.5美元，仅仅略低于全球平均1.5美元，说明东盟保险业整体表现接近全球平均水平。而从2021年东盟各国保险密度数据来看，除老挝数据缺失外，新加坡保险密度为6742美元，遥遥领先于其他东盟各国，成为拉高区域保险密度的关键原因（见图7）。

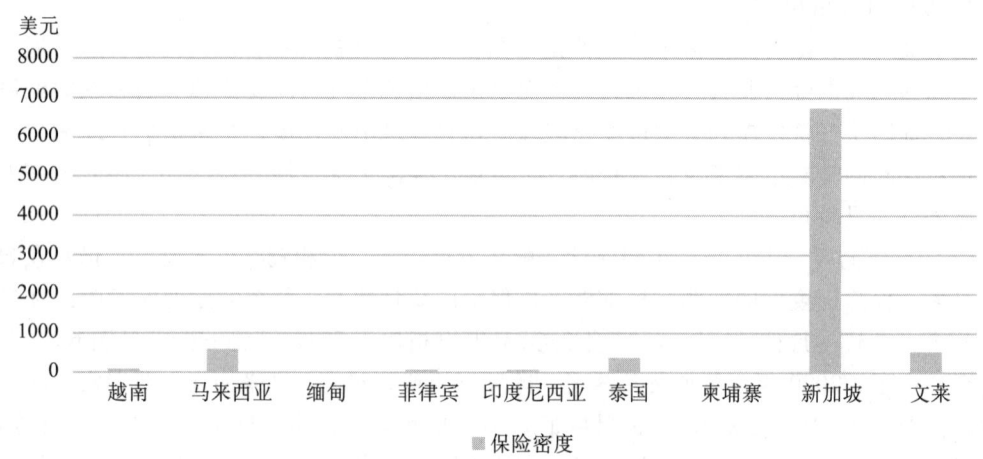

图7　2021年东盟各国的保险密度

资料来源：瑞士再保险研究所瑞士再保险研究所（https://www.sigma-explorer.com/ 2022/12/9 20：38）。

根据经济发展程度、保险市场规模等因素，东盟各国市场的发展阶段，市场成熟度相差很大，大致可以分为三类：

第一类是新加坡。新加坡经济发达，金融市场比较完善，分为国内市场和离岸市场，为保险业的发展提供了温床。新加坡保险市场早在1819年由英国开办。一开始新加坡政府实行对外开放保险政策，而后2000年又全面开放保险市场。新加坡成为东南亚最开放的保险市场，是东盟保险市场规模最大、总体发展水平最高的国家，也是亚洲再保险中心和离岸保险经营中心。

第二类是以泰国为代表的发展中国家。这些国家包括泰国、马来西亚、印度尼西亚、菲律宾、文莱。这一类市场的特点是经济发展水平一般，保险业发展历史不长，民族保险业发展落后于西方诸国，都是在1998年经历亚洲金融风暴以后，政府纷纷进行金融改革，针对保险市场弊端出台政策，比如开放保险市场、并购重组等，保险业才开始快速健康发展。第二类市场容量和潜力较大，监管制度相对完善。同时，外资进入这些市场已经有一定时间，已经具有一定的品牌意识。

第三类是以缅甸为代表的经济落后国家。这些国家包括缅甸、越南、柬埔寨和老挝等。这一类市场的特点是经济水平落后，保险市场处于发展的初级阶段，居民可支配收入偏低，对保险功能不熟悉，保险意识较为欠缺，保险深度和保险密度都处于东南亚国家的底层水平。市场上主要销售的是产险产品，保险公司资金运用渠道狭窄，但发展潜力较大。

综上,保险市场作为金融市场的一部分,金融市场的发达程度又与经济状况息息相关。经济越发达,金融市场越趋于完善和开放,集中度也较低,保险业也越先进;经济发展水平越落后,市场越趋于垄断,保险业发展也越狭隘。

(3) 保险业的发展特色。首先,东盟国家保险业务独具特色。第一,宗教色彩浓重。在东盟国家中,伊斯兰教是马来西亚和文莱的国教,印度尼西亚接近90%的居民信奉伊斯兰教。因此,该区域形成独具伊斯兰特色的回教保险。该保险主要为满足穆斯林对保险保障需求,以互助和风险共担为基础,在东盟国家认知度很高,甚至非穆斯林也会乐于购买。如今,已形成完善的回教保险体系。第二,责任期超长的分红型储蓄保单。马来西亚最流行的寿险产品之一的"三代保单",时间跨度超长,不仅可以保障自己的一生,还能将积累财富免税传给子孙后代继续享用。第三,完善的农业保险体系。农业保险机构免税并且规定对主要农作物和主要饲养动物实行强制保险。该保险体系背后以财政为后盾,具有很强的抗风险性。

其次,东盟保险市场上分布着很多不同所有制的保险机构。如马来西亚的农业保险多采取相互保险公司;新加坡职总英康保险合作社是非营利性的保险公司组织形式,要求社员加入时必须缴纳一定金额的股本,并且合作社与社员的关系比较永久,可有效地扩大保险产品的销售。

最后,东盟保险业具有低税率政策。大多数东盟国家对保险业征税的税率在3%以下[①],与我国征收营业税及附加和所得税相比而言,税率很低,降低了保险业的税负,有利于其长远发展,并且东盟各国保险业发展大多数都有政府支持。

三、案例分析

(一) 中国太平—东盟保险共同体组网背景

1. 中国太平集团"一带一路"承保背景

中国太平集团是唯一一家总部设在香港的中管金融保险集团,集团"立足港澳,以亚太为主体、以欧美为两翼",经营区域涉及中国内地、港澳、北美、欧洲、大洋洲、东亚及东南亚等国家和地区,本身的国际化发展战略与"一带一路"倡议十分契合。在倡议提出后,中国太平也确实积极贯彻倡议精神,在加快建设国内领先、国际一流的综合金融保险集团的同时,勇当"一带一路"保险服务先行者。

在集团国际化的发展战略的引领下,中国太平不断完善国际化经营网络建设,表1列举了其具有重要意义的举措。

除上述举措外,集团旗下太平财险与境外子公司展开业务联动,承包几乎全部重大基础设施建设领域,包括建安工程险、财产险等多个险种,业务范围涉及多个"一带一路"沿线国家,为当地中国企业提供保险服务。

---

① 资料来源:李艳明,于永军. 东盟六国保险业发展概况及经验借鉴 [J]. 区域金融研究,2010 (5):6.

表 1　　　　　　　　　中国太平集团国际化经营网络建设进程

时间	国家	具体内容	作用
2015 年	英国	与劳合社建立了战略合作关系，取得劳合社会籍	获得劳合社再保经纪席位 为集团搭建国际化业务网络奠定了坚实基础
2015 年	美国	与史带集团签署合作协议，在美国成立太平史带控股有限责任公司	有效填补了在北美地区的机构空白
2015 年 2016 年	中国香港	集团旗下太平金控与工银国际联合发起设立并投资了工银丝路盛世太平一期和二期基金，合计规模 60 亿港币	募集资金主要用于支持"一带一路"重大项目建设
2016 年	中国	太平再保险（中国）有限公司正式开业	第二家具有再保险独立法人牌照的中资再保险公司
2017 年	日本	太平再保险日本代表处在东京正式开业	拓宽亚洲市场
2020 年 9 月	印度尼西亚	太平财险参与承保了中国第一个海外百万千瓦级 IPP 火电项目——神华国华印度尼西亚爪哇 7 号	目前印度尼西亚单体装机容量最大的火电项目 总保额超过 100 亿元人民币
2020 年 11 月	印度尼西亚	建设两个"太平医疗站"	树立行业海外医疗站"保险 + 医疗"服务领域新标杆
2022 年	菲律宾	国内首家获批菲律宾再保险经营许可资质的中资直保公司	东盟十国服务网络全覆盖

资料来源：人民网（http://finance.people.com.cn/GB/n1/2017/1018/c1004-29594745.html 2022/12/6 21：47）。

通过以上各方面的保险保障与资金支持，中国太平目前将金融保险服务延伸到"一带一路"多个国家，为"一带一路"建设和沿线人民提供了优质的金融保险产品与服务。

2. 中国—东盟合作发展契机

中国和东盟自 1991 年建立对话关系以来，双方关系愈加密切，特别是建设"一带一路"提出后，全面推进基础设施建设、贸易往来、资金融通和文化交流各个方面领域合作。当今世界正在经历百年未有之大变局，未来中国—东盟合作发展契机可以概括为战略支持、数字经济合作以及合作伙伴三个方面。

（1）战略契机。2013 年，习近平主席相继提出建设"丝绸之路经济带"和"21 世纪海上丝绸之路"。2018 年，中方提出制定"中国—东盟战略伙伴关系 2030 年愿景"、实现"一带一路"倡议同东盟互联互通规划的对接等七大倡议。2020 年，中国和东盟双方不仅实现了互为第一大贸易伙伴的区域经贸关系，还在此基础上双方共同签署了区域全面经济伙伴关系协定（RCEP）。2021 年，"十四五"规划提出"构建以国内大循环为主体、国内国际双循环相互促进的新发展格局"，对中国和东盟保险进一步深化合作尤为关键。2022 年是中国和东盟建立对话关系 30 周年，中国—东盟关系已经成为亚太区域合作中的成功典范。

由此可见，建立对话关系以来，中国—东盟已经在各个领域成果颇丰，才会有一步步的战略提出以深化合作。政治互信、战略互信是中国—东盟合作的基石，也是双方扩大双边关系合作领域、做强做大合作成果的关键一步。如今，在 RCEP 实施的大背景下，要充分利用 RCEP 实施契机，加强同东盟保险业全方位合作。以为"走出去"企业、沿边地区边民、跨境务工人群、边贸人员和出国旅游人员等主体提供风险保障服务为切入点，加强中国—东盟保险业务和机构的深度合作、利益共享，进一步搭建和完善海外服务网络，为中国—东盟经贸活动提供一揽子保险解决方案。

（2）数字经济合作契机。近年来，中国信息产业发展一路突飞猛进，取得了举世瞩目的成就，在通信服务、通信设备制造、电子信息产业以及互联网服务等行业，涌现了华为、联想、阿里巴巴、腾讯等一大批具有行业龙头地位和重要行业影响的 IT 企业。在中国信息化发展水平不断提升而国内市场逐步趋于饱和的发展趋势下，未来的中国信息产业必将走出国门、走向世界，并进行信息产业的全球布局。

2020 年是中国—东盟自由贸易区全面建成 10 周年，也是中国—东盟数字经济合作年，中国与东盟进入全方位合作新阶段，中国与东盟国家间无论经济融合还是人文交流都取得大幅提升。

（3）合作伙伴契机。随着 RCEP 的正式签署，广西作为中国唯一与东盟陆海相连的省区，建设面向东盟的金融开放门户必将承载更大的历史使命，同时也蕴含着更多的机会和机遇。广西壮族自治区政协副主席王乃学指出，广西近年来深入贯彻落实习近平总书记对广西工作的系列重要指示批示精神，积极打造国内国际双循环重要节点枢纽，加速构建"南向、北联、东融、西合"全方位开放发展新格局，广西成为连接"一带一路"沿线国家和地区的重要桥梁纽带。

而中国太平一直把广西视为重要的合作伙伴，始终紧跟广西改革发展步伐，积极服务广西经济社会发展。截至 2021 年，中国太平已在广西设立各级机构 45 家，拥有员工 1.2 万人，在广西累计投资规模约 67 亿元，管理职业年金资产约 59 亿元[①]。目前，中国太平已连续 10 年成为中国—东盟博览会行业合作伙伴和指定财产保险承保商。中国太平成为组网保险共同体的不二之选，未来将继续携手广西，建立健全中国与东盟及"一带一路"沿线国家和地区保险合作发展的长期交流互动机制，拓展政保合作领域，加快跨境保险创新，加速保险要素集聚，围绕国家重大战略中的重点项目深化合作，共同推动广西打造成为中国面向东盟的保险合作与发展平台。

（二）中国太平—东盟保险共同体成立

在中国太平的战略实施和多方支持下，中国太平—东盟保险共同体终于成立。中国太平践行"一带一路"倡议，积极发挥国际化经营特色优势，严格依据并遵守国际法规惯例，高质量打造中国太平—东盟保险共同体。

1. 主营业务

中国太平—东盟保险共同体积极推动中国与东盟国家之间的友好交流和商业发展，能够切实为"一带一路"各项建设提供境内境外一体化商业保险服务，为该地区的中资企业

---

① 资料来源：新华网（http://www.xinhuanet.com/money/2021-09/09/c_1127845863.htm 2022/12/10 20：09）。

和华人侨胞提供包括人寿保险、财产保险、再保险、资产管理在内的一站式综合跨境金融服务。

2. 发展方向

未来，随着共同体朋友圈的扩大，中国太平将进一步提升在"一带一路"各项基础设施建设领域的风险保障服务，加强保险共同体建设和康养生态圈建设，共享中国—东盟全面开放发展机遇，紧密为中国和东盟的高质量合作与发展贡献太平力量，助力加速构建双循环新发展格局。

同时，中国太平将紧扣广西建设面向东盟的金融开放门户总体方案和金融支持政策，坚持广西所需与太平所能相结合，坚持境内和境外相结合，发挥中国太平东盟保险服务中心优势，创新开发更多与广西健康养老、金融服务、跨境贸易相匹配的保险产品和服务，加大对广西基础设施和新兴产业投资力度，全力推动区域呼叫中心、东盟人才培养基地、跨境保险创新实验室等项目落地，努力成为金融保险支持中国—东盟全面经济合作的重要力量。

（三）中国太平—东盟保险共同体发展现状

2021年，太平财险累计为352个"一带一路"所在国家和地区的中资利益项目提供风险保障超3000亿元[①]，中国太平—东盟保险共同体组网成功后，依托保险共同体合作优势，中国太平已先后与东盟国家主流保险公司建立了业务联系并签署合作协议，太平财险与保险共同体成员伙伴通力合作，开出多单东盟地区重点项目。表2所示3个项目是建筑类或能源类项目，特点都是投资金融巨大、工期长、风险较高，跨境保险除了提供风险保障，还有着长远、厚重的社会价值和良好的品牌效应。

表2 中国太平—东盟保险共同体承保东盟地区的重点项目

国家	项目名称	共同体伙伴	保障金额
马来西亚	吉隆坡人民广场综合开发工程项目	马来西亚伦平保险公司	1.6亿元
越南	华电集团越南沿海二期运营期综合保险项目	越南油气保险公司	18亿元
老挝	中国南方电网老挝南塔河1号水电站运营期综合保险项目	老挝富得凯诚保险公司	17亿元

资料来源：中国太平微博（https://weibo.com/ttarticle/p/show?id=2309404698670892450041 2022/12/6 21：21）。

（四）中国太平—东盟保险共同体组网影响

1. 增强区域经济增长动能

中国太平—东盟保险共同体增强了广西及整个亚太区域经济增长动能。

首先，广西承担着建设面向东盟的金融开放门户的使命并且有中国（广西）自由贸易

[①] 资料来源：新浪财经（http://finance.sina.com.cn/roll/2022-09-02/doc-imqmmtha5638043.shtml 2022/12/10 20：10）。

试验区、大健康产业发展新机遇等有效机制。中国太平又一直把广西视为重要的合作伙伴，始终紧跟广西改革发展步伐。中国太平—东盟保险共同体紧扣广西建设面向东盟的金融开放门户总体方案和金融支持政策，坚持广西所需与太平所能相结合，坚持境内和境外相结合，发挥中国太平东盟保险服务中心优势，创新开发更多与广西健康养老、金融服务、跨境贸易相匹配的保险产品和服务，加大对广西基础设施和新兴产业投资力度，积极服务广西经济社会发展。

其次，中国和东盟建立对话关系已经 30 余年，中国—东盟关系已经成为亚太区域合作中的成功典范。对于整个亚太区域来说，中国太平—东盟保险共同体的组网，能够提升中国—东盟保险业双向开放水平，推动保险业进一步参与跨境市场资源配置，整合优化各方资源，提高利用跨境资源推动发展能力，加强保险共同体建设和康养生态圈建设，共享中国—东盟全面开放发展机遇，共促区域经济增长，也为世界经济增长发挥支撑作用。

2. 鼓励保险模式创新发展

中国太平—东盟保险共同体是地区跨境保险合作模式的行业首创，是中国保险业拓展面向东盟区域合作的一次标志性事件。首先，该合作模式为中国保险业拓宽其他区域合作树立了标杆，发挥示范作用；其次，也鼓励保险业积极探索新保险合作模式，为保险业主动服务"一带一路"建设献计献策。

此外，太平财险还依托共同体实现了产品创新和国际网络突破，签署了行业首单跨境人民币保险合同，助力人民币国际化发展。深化保险创新共享是东盟保险共同体发展的核心。东盟地区风险具有区域性特征，既包括经济风险、政治风险、信用风险、公共安全风险和法律合规风险，也包括人员医疗风险、供应链风险、舆情风险，尤其是自然灾害风险。国内现行保险产品未必适用于跨境业务，中国太平—东盟保险共同体正是根据需要细分市场，创新跨境保险，精耕细作，提升核心竞争力和市场影响力。并通过产品创新不断提升保险业服务水平，加大跨境保险试点规模，完善创新保险资金落地支持方式，服务中国—东盟经贸和人员往来。

四、案例启示

（一）紧跟区域战略发展，支持相关政策落地

随着国家区域战略的发展，中国与东盟的合作之路越走越宽广。保险合作与发展论坛合作范围从最初的东盟"10 + 1"到"一带一路"国家和地区，再到 RCEP 国家和地区不断扩大，国家不断出台政策以推进双方经济发展，故中国保险业金融机构最重要的是紧跟国家步伐，正确把握战略发展方向，积极推动相关政策落地，才能在时代潮流中实现自身发展，中国太平—东盟保险共同体正是顺应战略政策的成功试验。

其次，也不能忽视与东盟国家和地区有着密切往来的地方政府合作，地方政府不仅有区位优势，还有相应的政策照顾。近年来，多部委密集部署相关区域金融政策以加快金融支持区域发展。在本案例中，广西享有中国—东盟自贸区、建设面向东盟金融开放门户等中央赋予的政策优势，中国太平积极支持广西政府，始终紧跟中央关于全方位开放发展新

格局的系列决策部署，针对政府项目设计保险服务产品，主动对接政策新规则，实现金融转嫁和保险兜底，全面支持和参与建设壮美广西。

（二）重视提升品牌信誉，坚持以合作促发展

中国太平重视品牌建设，以良好的品牌信誉为承接重大保险项目背书。以信誉谋合作，以合作增信誉，在多年的坚持和努力下，中国太平在国内外享有一定声誉，也正因此能够在多方支持下成功组网保险共同体。现如今，中国与东盟国家面临着新冠疫情、粮食安全等一系列共同挑战，双方各国保险机构更要在合作中促发展，中国太平—东盟保险共同体就为跨境合作提供了良好平台。

保险共同体要发挥自身专业化经营特色优势，用好行业交流平台及国际化资源，不断深化与东盟各国龙头保险公司的合作，共同推进保险服务"一带一路"，稳步扩大保险共同体的成员单位，画好金融合作的同心圆。同时，积极探索建立企业发展联盟，稳定产业链供应链，促进区域贸易投资，推动形成国际竞争合作新优势，更好参与中国与东盟的跨境业务试点和金融创新。

（三）注重金融支持基础设施建设，强化陆海新通道统筹职能

随着东盟经济的快速发展，东盟地区的基础设施建设、货物运输、重点项目等对保险保障的需求也愈加旺盛，例如，产业园区、公路、铁路、能源、港口、信息等项目庞大的市场需求，这些项目投资额巨大、风险高，单个保险机构不敢承保，中国太平—东盟保险共同体可以利用风险分担及保险资源汇聚优势，聚政银企多方合力实现有机连接、实时联动，督促金融机构加快信贷投放，提高基础设施项目金融支持力度，强化通道能力建设，提高我国承包工程企业抵御风险的能力。

保险共同体通过对东盟国家基建项目提供金融支持，在陆海新通道建设中发挥保障作用，推进了陆海新通道从"一条线"到"一张网"的转变，成为连接东南亚国家的路桥纽带，有利于其充分发挥统筹协调功能，促进由国内省区市合作机制向跨境跨区区域合作延伸，加强同东盟各国互联互通，提升区域协调发展和对外开放新格局，深化双边经贸合作，以此引领区域经济协同发展。

（四）打造共享生态圈，共商金融保险创新发展路径

通过中国太平—东盟保险共同体，深化了双方在贸易投资便利化、营商环境优化、产业合作升级等方面的保险合作，实现了具有优良资质和专业特色的外资保险机构的高质量"引进来"，也支持了我国保险机构积极稳妥的高水平"走出去"。保险共同体在这个过程中，充分发挥了桥梁作用，强化了互学互鉴，不断丰富完善面向"一带一路"的跨境保险服务生态，打造共商共建共享的生态圈，为跨境经贸合作提供综合性金融解决方案。

借助保险共同体和共享生态圈，中国与东盟双方加强跨境信息互通，结合太平特色与国际元素，开发创新产品、推出创新服务、培育创新人才、探索创新模式，以中国太平—东盟保险共同体为起点，扩大中国同东盟保险产业链的产学研交流，共商保险创新发展路径。

【参考文献】

[1] 李艳明,于永军. 东盟六国保险业发展概况及经验借鉴 [J]. 区域金融研究, 2010 (5): 6.

[2] 卢国学. 推进中国—东盟更紧密命运共同体建设 [J]. 中国发展观察, 2021 (24): 49-52.

[3] 胡建生. 东盟四国保险业发展研究 [D]. 厦门:厦门大学, 2007.

[4] 丁波涛. 中国—东盟信息化合作现状与发展前景 [J]. 东南亚纵横, 2017 (04): 57-62.

[5] 王勤. 2020—2021年东盟国家经济形势的分析与预测 [J]. 东南亚纵横, 2021 (02): 5-11.

附件

1. 中华人民共和国与东南亚国家联盟全面经济合作框架协议 (2013-07-22发布) http://www.scio.gov.cn/xwfbh/xwbfbh/wqfbh/33978/34499/xgzc34505/Document/1476354/1476354.htm.

2. 《中华人民共和国保险法》(2015-04-24实施) http://policy.mofcom.gov.cn/claw/clawContent.shtml?id=6951.

3. 《新加坡保险法》(2007-4-20发布) http://sg.mofcom.gov.cn/article/maoyi/laogong/200704/20070404593590.shtml.

案例 4：科技独角兽来势汹汹
——众安保险携手 Grab 搭建数字化保险销售平台

一、引言

众安保险自 2013 年于上海横空出世以来，背靠雄厚资本和依托新兴科技，在互联网保险领域和资本市场无往不利，成立不足 4 年便成功赴港上市，一时风头无两。基于"保险+科技"模式在国内市场的成功经验，众安保险瞄准我国周边市场，以科技输出的方式拓展国际版图。继众安保险旗下子公司众安国际与日本财产保险公司（"SOMPO"）签署合作协议之后，2019 年众安国际携手东南亚 O2O 超级平台 Grab 共同成立合资公司 GrabInsure，通过搭建数字化保险销售平台，协助 Grab 构建数字化保险生态体系，意图利用科技优势打入东南亚市场。作为国内首屈一指的互联网保险公司，众安保险与同为科技独角兽的 Grab 的强强联合来势汹汹，是与虎谋皮还是如虎添翼？此次合作是如何促成的？又会在东南亚保险市场掀起怎样的风浪？

在车水马龙的新加坡、马来西亚和泰国的街头，面对熙熙攘攘的人群，人们习惯性地打开手机上的 Grab App 在线打车约车，并通过 Grab Pay 支付车费。除此之外，人们还会在 Grab App 上使用 Grab Express 收发快递，在用餐时间熟练自如地使用 Grab Food 预约订餐。而在不久的将来，人们会经常在 Grab App 上查阅、咨询、购买和使用保险产品和服务，这一切将伴随着众安保险与 Grab 数字化合作的逐步推进而得到实现。

二、案例背景

（一）互联网保险

我国移动网络与信息技术的逐渐成熟和全面普及催生了互联网与金融的融合发展，互联网保险由此兴起。根据中国保险行业协会的研究报告，互联网保险被定义为保险公司或保险中介机构通过互联网和电子商务技术为客户提供产品和服务，并实现网上投保、承保等一系列保险业务，最终完成保险销售的经营管理活动。互联网保险对传统保险的颠覆不仅体现在销售渠道的更替，而且随着互联网的迅速发展演变为保险产品和商业模式的创新。区别于传统保险业务重销售、轻服务的运营模式，互联网保险基于海量数据的互联网生态更易触达用户及挖掘用户需求，具有小额、海量、碎片化、场景化的需求特性，可为保险需求曲线尾部的庞大客户群体提供更多的保险服务项目，从而争取到这类以前为数不多金融机构所覆盖的大量客户，为保险业务发展提供更广阔的客户源。

目前，国内保险公司主要有三种互联网营销模式（见表 1）。一是保险公司自主经营的官方网站,如中国平安的"平安一账通""万里通"、太平洋保险的"线上商城"、泰康保险的"泰康在线";二是保险公司与第三方电子商务平台合作,第三方电商平台涵盖范围广,包括如淘宝、京东等综合电商平台以及慧择保险网、中民保险网等专业保险销售网站;三是专业互联网保险公司,截至2022年,国内持有保监会颁发的互联网保险牌照的公司有4家,分别为众安保险、安心财险、泰康在线、易安财险。众安保险、泰康在线发展规模相对较大,在主营保险业务之余开始探索技术输出。其中,众安保险于2016年成立全资子公司众安科技专注数字化转型业务,泰康在线则在母集团内部实现技术输出变现。

表1　　　　　　　　　　　国内保险公司互联网营销模式

主要方式	具体内容
官方网站	保险公司自主经营、设计的官网,这种经营模式有助于塑造品牌形象、整合线上线下资源,被保险业内广泛采用
第三方电子商务平台合作	由第三方电子商务公司提供技术支持搭建网络销售平台,保险公司负责开展保险业务。第三方电商平台得天独厚的技术和流量优势使之成为险企开拓市场的不二之选,同时也使险企容易陷入过于依赖第三渠道流量、市场定价权不足的困境之中
专业互联网保险公司	此类公司专门面向互联网消费群体,针对其保险需求提供产品与服务,不设线下分支机构,销售到理赔全部交易流程均在线上完成

资料来源:智通财经(https://www.zhitongcaijing.com/content/detail/176771.html)。

经历二十几年的发展,我国互联网保险行业由稚嫩走向成熟,发展历程大致可分为萌芽、探索和快速成长三个阶段。第一,萌芽阶段(1997—2007年):互联网保险处于保险企业的门户网站主要用于品牌宣传和资讯传播;第二,探索发展阶段(2008—2011年):主要保险企业尝试通过线上渠道分销保险;第三,快速成长阶段(2011年至今):第三方支付推动互联网保险迅速崛起,互联网保险逐渐由渠道进化为业态,整体渗透率不断提升,保费规模增速上升且高于行业整体增速。与此同时,互联网保险行业也面临着获客成本高、风控难度大、产品同质化的挑战,加快数字化转型依然是行业未来的主要发展方向。

(二)众安保险

作为我国第一家专业互联网保险公司,众安保险不设立分支机构,通过互联网开展全部保险业务。在阿里巴巴、腾讯、中国平安等行业巨鳄簇拥下诞生的众安保险可谓系出名门(见图1),凭借"保险+科技"双引擎驱动的发展模式,众安保险在互联网保险赛道上一路高歌猛进,被视为行业领头羊。2013年11月6日,众安保险在上海揭牌正式营业,成立伊始就坐拥阿里和腾讯两大头部电商、社交平台的巨大流量以及中国平安成熟的金融业务支持,围绕网购和航旅场景设计推出的退货运费险、航班延误险依托平台优势迅速打开市场。针对互联网生态系统所呈现的多元消费场景和保险需求,众安保险接连推出众乐宝、尊享e生、保骉车险等保险产品,逐步建立以健康、数字生活、消费金融、汽车四大板块为核心的产品矩阵。2017年9月28日,众安保险迎来成立至今首个关键节点,以保险科技第一股登陆香港联交所主板成功上市。截至2021年底,众安保险服务超过5亿用户,累计出具约427亿张保单。2021年众安保险实现总保费收入203.7亿元,同比增长21.9%,远远领先于行业平均水平。其中,2021年众安保险财险保费规模跻身全国财险企业前十,位列第九。与此同时,众安保险在互联网财险市场占据份额达24%,保费规模位列全国互联网财险市场第一。专注科技赋能保险的同时,众安保险将目光聚焦于科技对外输出,将多年深耕保险科技领域的成功经验和成熟技术转化为科技产品和解决方案,以技术链接的方式向海内外市场输出保险科技产业链价值链。为此,众安保险于2016年11月成立全资子公司众安信息技术服务有限公司(以下简称"众安科技"),主营海内外科技输出业务。截至2021年底,众安科技累计服务企业客户数超过600家,先后与日本财产保险公司SOMPO、东南亚O2O平台Grab、新加坡综合保险机构Income等知名企业开展合作。

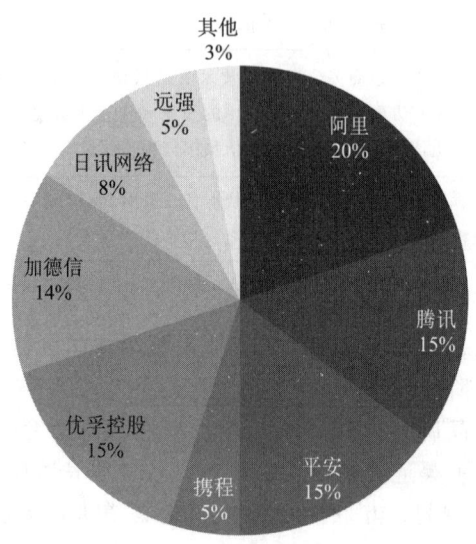

图1 众安保险股份有限公司股东占比

资料来源:众安保险股份有限公司官网(https://t.zhongan.com/group)。

纵观众安保险的发展历程,风光无限的背后却暗流涌动。尽管保费规模和市场占有率连续多年稳坐行业头把交椅,但是众安保险的财务表现近年来略显疲态,主要体现在营收增长放缓。净利润表现与营收端息息相关,众安保险成立至今净利润几度沉浮(见图2)。2014—2016年众安保险净利润规模不大但均为正值,2017年赴港上市后利润端长达3年大额亏损,直到2020—2021年实现扭亏转盈。然而,受营收增速、投资收益波动、宏观经济不确定性增加等综合因素影响,2022年前两个季度众安保险的净利润增长再度偃旗息鼓,归属于母公司股东的净利润为-6.22亿元,同比大幅转亏。

财报显示,目前健康生态和数字生活生态是驱动众安保险保费增长的重要动能,2021年众安保险实现健康生态总保费约77亿元,占总保费的37.8%。随着互联网保险市场逐渐规范和成熟,健康险赛道同质化竞争日益加剧。银保监会相继发布《关于推进财产保险业务线上化发展的指导意见》《关于银行业保险业数字化转型意见》,强化政府对保险数

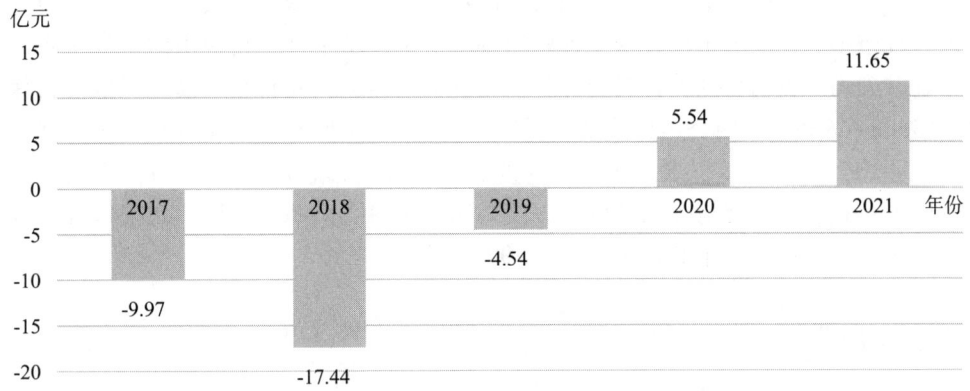

图 2　2017—2021 年众安保险的净利润变化

资料来源：2017—2021 年众安保险年报。

字化转型的政策支持。因此，除了面对人保财险等同行的竞争，众安保险还面临着传统保险企业的数字化转型压力以及平安好医生等互联网医疗平台的压力。大数据、云计算、区块链等新兴技术的不断成熟加速了科技与金融的融合，保险科技的发展前景受到市场认可。一边是入局保险科技赛道竞争者的不断增多，一边面临着营收和净利润下滑的担忧，众安保险在保持现有体量的同时依然危机四伏。

（三）东南亚数字化保险风起云涌

东南亚市场以其富有活力的经济和人口结构年轻化的特质备受国际企业的青睐，而较高的互联网渗透率和较低的保险覆盖率促使其成为数字化保险发展的温床。2021 年，东南亚地区 GDP 总和约为 3.3 亿美元，主要经济体在疫情背景下实现逆势增长，展现出经济发展的活力和韧性。与此同时，东南亚市场拥有占比高达 45.3% 的 20—49 岁年轻人群。庞大的年轻人口为数字化普及提供了有利条件，东南亚互联网渗透率高达 75% 且用户依赖度高，其中，菲律宾、泰国和印度尼西亚互联网用户日均上网时长超过 8 小时。相比之下，由于东南亚各国的经济发展水平差异较大，传统保险的投保门槛高、产品设计复杂，受到收入水平、保险理念等多种因素影响，东南亚地区整体保险覆盖率较低。随着数字经济在东南亚地区的蓬勃发展，数字化保险凭借小额、标准化、个性化的优势受到市场欢迎。

尽管数字化经济的兴起奠定了东南亚数字化保险发展的基石，但是东南亚各国普遍面临数字化技术的约束，尤其是越南、老挝等经济较落后的国家还存在基础设施不完善的阻碍。新加坡、马来西亚、泰国和印度尼西亚数字化经济较为发达，金融科技相对成熟，成立有一批本土的专业保险科技公司，例如新加坡的 Bolttech、印度尼西亚的 CekAja。一些苦于数字化技术应用的东南亚本土企业则将目光转向海外，由于东南亚保险市场巨大的发展潜力和广阔的数字化前景，众多国际科技企业有意向东南亚企业抛出橄榄枝。基于这样的现实，双方一拍即合，金融科技支持较为薄弱的企业通过与海内外互联网企业建立数字合作伙伴关系的方式，以科技革新改变传统的保险分销模式，重塑保险价值链。

伴随着数字化合作浪潮的到来，众安保险抓住东南亚市场的发展契机，正式布局东南亚保险科技市场。在海外市场，众安保险明确自身定位是主打科技输出的研发平台，而不是一家金融公司。目前，众安针对国际市场主要输出两大保险科技产品——数字化保险核心系统 Graphene 和互联网公司保险平台系统 Fusion。Graphene 源于众安搭建云上保险核心系统"无界山"时的技术积累。而 Fusion 取名"融合"，意为聚合生态各方力量，主要是为互联网平台打造整体保险金融的解决方案。2019 年 4 月，Fusion 第一次在海外上线。短短 8 个月时间，Fusion 累计出具保单超过 400 万张。

三、案例分析

（一）众安保险联手 Grab 搭建数字化保险销售平台

2019 年 1 月 6 日，众安保险旗下子公司众安国际与东南亚 O2O 平台 Grab 达成合作，双方联合成立合资公司 Grab Insure，共同探索东南亚互联网保险分销业务。根据协议，众安国际为合资公司 Grab Insure 搭建数字化保险销售平台，并提供后台技术支持。合资公司根据经由众安搭建的分销平台产生的保费，提取一定比例的技术服务费。该平台计划于 2019 年上半年率先在新加坡推出，随后陆续拓展至东南亚其他市场。

截至 2020 年 12 月 31 日，Grab 生态在众安的保险及科技能力的支持下，已累计产生超过 7000 万张保单，为 Grab 于东南亚数以千万计的用户提供 20 余款定制化、按需型的保险产品。2019 年 7 月，众安与 Grab 合作定制的马来西亚首款按日付费互联网商业车险，在 8 小时内积累了 1 万司机用户，出具 2 万张保单，截至目前已经出单超过 300 万张。

1. 模式特点

在保险分销方面，众安国际针对保险产品推广难、保费高和支付选项受限等难题，利用数字化保险分销平台的优势为 Grab 打开东南亚保险市场。数字化保险分销平台是对传统的保险代理或保险经纪中介方式的一种数字颠覆，具体而言，在平台投入运行之后，已注册的用户在 Grab 移动应用端就可以浏览保险产品并实现购买。并且，由于该种方式无须通过中介投保，保险产品的定价模式也会有所改变，进一步地由于人工成本的大幅缩减，保险公司将会花费更多成本在保险产品种类和结构的设计上，因此相对传统的投保方式，数字化保险分销平台呈现出保险产品价格实惠且样式多样化。除此之外，Grab 作为一家深耕东南亚市场多年的数字科技公司，还能整合自身的平台优势，将数字保险的推销流程透明化、简洁化。Grab 将会利用旗下 GrabPay 与其支付联盟合作伙伴的支付优势，促使客户在通过平台购买保险时，自动扣除用户需付的保费，并可提供保费分期。而在防范风险方面，众安国际提供的 Graphene 系统可显著解决 Grab 在数字化转型期所面临的系统改造风险大、成本高等问题，同时众安国际持续提供技术支持，理论上系统能帮助 Grab 一周内完成新渠道对接，1—3 天完成新产品配置，并支持出单峰值 3.2 万张/秒。

依托众安国际的保险科技支持，Grab 依托新加坡和马来西亚两个战略支点，上线按需型重疾险、按需型车险、家庭版意外险等保险产品进行试点，进而辐射其他东盟国家。2020 年，众安与 Grab 的合作进一步拓展至印度尼西亚市场，凭借印度尼西亚的 Grab Express平台优势，为快递公司和客户提供保障货物快递时发生损毁风险的按需型财产保障产品。Grab主营业务是在线提供网约车服务，面向平台合作的司机和骑手，Grab围绕生存、疾病、医疗、身故、残疾等多种保障范围推出系列保险产品。疫情期间，在众安国际保险科技系统助力下，Grab向平台运营司机、乘客、送餐员、物流快递人员等高风险群体提供保险服务，涵盖新冠病毒责任风险保障、送餐延误风险保障、同城快递货运风险保障等多个保险产品。为提升旗下数字化保险的服务能力，Grab Insure主动向全球保险公司寻求合作，为东南亚数以百万计的用户提供各种各样量身定制的保险产品。2022年，Grab与财产及责任保险公司安达开展合作，通过Grab的数字化保险平台，司机将可以选择不同的保险产品来为他们的汽车、工作，甚至最终为他们的家庭投保，投保内容涉及收入损失保险、单程计划、人身意外和汽车保险。基于众安国际提供的保险科技服务和Grab的数据技术，Grab和安达还将持续探索定制化保险产品，为东南亚地区有特定需求的私人租车司机提供个性化的保险方案。

2. 为什么选择Grab：借力O2O平台，共建保险分销模式

Grab是一个以网约车业务起家的东南亚互联网巨头，企业规模相当于东南亚版的"支付宝+美团+滴滴+闪送"。2012年在马来西亚成立的Grab被视为一家科技独角兽企业，企业年轻化且发展潜力充足。Grab近年来在东南亚市场拓展速度很快，商业足迹已遍布柬埔寨、印度尼西亚、马来西亚、缅甸、菲律宾、新加坡、泰国和越南这8个国家，业务范围覆盖出行、配送、金融服务与企业和创新业务等领域。根据数据显示，2020年，Grab在东南亚的出行、配送、金融服务领域市场份额分别达到72%、50%和23%，已成为行业内的领头羊。除此之外，进军金融领域的Grab同时持有6个东南亚国家的数字支付牌照。

（二）科技赋能东南亚

2020年12月9日，众安国际与友邦保险集团建立区域科技合作伙伴关系，协助友邦保险加速数字化转型，合作计划初期将聚焦马来西亚市场；2021年3月18日，众安国际宣布与保德信金融集团在印度尼西亚营运的合资公司PFI Mega Life（PML）成为合作伙伴，形成优势互补的战略伙伴，共同探索数字化转型的途径；2021年4月9日，众安国际在新加坡设立的"亚洲金融科技中心"（Asia Fintech Center）正式揭幕，该中心致力于探索金融服务创新，并向业界合作伙伴提供金融科技研发产品和服务，推动其数字化进程。通过科技输出，众安保险的战略足迹几乎遍布东南亚。

（三）未来发展方向：触达金融薄弱地区，厚植先发优势

无论从经济还是金融的发展阶段而言，东南亚都是一个典型的新兴市场，而新兴市场往往需要经过保险教育的洗礼，才能提升整体的保险理念和专业知识。除了缺乏保险教育以外，目前传统保险公司较难切入东南亚的原因在于传统保险产品综合性复杂性较强且门槛较高，同时，一些保险公司依赖第三方中介和传统银行渠道，导致离用户较远，无法与用户建立更紧密的触点。众安打开东南亚市场的商业路径是以科技输出为当地保险生态合作伙伴创造价值，进而改变保险的生产方式和供应方式，提升保险的可获得性。

越南、老挝、菲律宾等国作为东南亚数字化预备役,数字化经济发展趋势向好,是未来数字化保险的蓝海。众安国际应牢牢把握数字化发展机遇,竭力在东南亚下沉市场铺陈业务,利用 Grab 的平台特性,触达金融薄弱地区,厚植先发优势。

四、案例启示

(一) 明确自我定位,满足差异化需求

东南亚地区坐拥 6.2 亿人的市场,不到 2% 的平均保险渗透率显示着这个市场仍然有巨大的发展潜力,而数字化经济为实现保险行业的发展提供了可行路径。成立 6 年来,众安与国内生态合作伙伴精耕场景、连接服务,已经具备对外输出的实力。这是众安能得以实现科技出海的一大重要原因。

作为国内保险科技公司的佼佼者,众安保险没有局限在金融领域寻找业绩增长点,而是转换思路,通过整合自身的技术资源并向外输出,寻找发展突破口。在面向东南亚的出海浪潮中,众安保险瞄准互联网数字平台的保险业务缺口,精准地捕捉到企业发展需求,以建立数字合作伙伴的关系,完成科技出海。众安国际的差异化发展战略使它成功从国内已经趋向饱和的保险市场突出重围,科技输出不只是做软件服务,而是整个保险科技产业链条的输出,提供整体的解决方案。

(二) 精准借势数字平台,深化行业前沿合作

谋求技术合作的东南亚本土企业众多,众安国际没有选择传统的保险公司,而是和具有互联网场景的数字化平台合作,通过数字化平台自带的流量,实现科技输出,扩大品牌在东南亚市场的影响力。迎合新兴的数字化潮流选择合作对象,对于已有互联网背景和保险业务积淀的众安国际而言,既是精准借势数字平台,也是海外发展的一种稳健打法,技术优势地位得到不断巩固。除此之外,众安国际持续深化行业前沿合作,通过利用 Grab 业务面广的特性,在多元领域、多个地区进行深度合作,进一步推动众安国际在东南亚市场的发展。众安对合作伙伴同样有选择①。宋玄壁表示,"我们不在意短时间是否赚钱,在意的是这个公司愿不愿意和我们一起推动这个生态,能不能把全球保险行业带到一个新的数字化时代"。众安国际用精益求精的态度去与合作伙伴共赢,在"出海"过程中,众安国际与生态合作伙伴从精耕场景到链接服务,再到全球的科技输出助力全球的数字化转型,是一同创新,共同发展,联动增长,利益融合。

(三) 增进新兴领域交流,引导区域合作发展趋势

众安国际以科技输出的方式,与东南亚国家具有东道主特色和优势的企业合作,生动演绎了科技赋能的时代优势,同时也为中国企业的东南亚征程进行了一次有益的示范。众

---

① 保险科技出海新样本:众安助推全球保险生态数字化转型 [EB/OL]. (2022-09-24) [2023-02-09] https://ishare.ifeng.com/c/s/7sccGW2OS6J.

安国际在国内是以互联网保险起家,是典型的互联网公司,而在面向国际市场时,却能舍弃自身的主营业务,在转换赛道的同时挖掘自身的相对优势,取长补短谋求合作。此举不仅增进了众安国际与东南亚互联网公司的技术和管理经验交流,也为众安国际早日扎根东南亚市场,适应当地背景文化、制定经营策略争取了时间。众安国际开启的"双赢"局面进一步启发了国内的众多企业,同时以众安国际作为东南亚市场的切入口,中国企业后续与东南亚各国的交流合作也会日益加深。安国际的海外营收逐年增长,显示出交叉领域的巨大发展潜能,鼓舞越来越多的金融企业,利用自身的优势,在新兴领域中注重互联网+、大数据、人工智能与传统行业的结合。东南亚与我国的发展阶段相近,已有的成功经验可适用于新兴市场,积极尝试跨境合作,向下沉市场谋求发展。

附件

1.《关于实施金融控股公司准入管理的规定》http://www.scio.gov.cn/ztk/38650/42385/43664/index.htm.

2.《金融控股公司监督管理试行办法》http://www.gov.cn/gongbao/content/2020/content_5565830.htm.

3.《互联网保险业务监管办法》http://www.gov.cn/zhengce/zhengceku/2020-12/14/content_5569402.htm.

4.《中华人民共和国数据安全法》http://www.npc.gov.cn/npc/c30834/202106/7c9af12f51334a73b56d7938f99a788a.shtml.

5.《工业和信息化领域数据安全管理办法(试行)》http://www.gov.cn/xinwen/2022-12/14/content_5731915.htm.

案例 5：高质量服务"一带一路"建设
——中再集团为中资境外安全"保驾护航"

一、引言

"一带一路"是如今世界范围最广、规模最大的国际合作平台，促进了中国与世界深度交融，也积极推动了中国与沿线国家的共同发展。中国各行各业都在聚力推进"一带一路"建设深入发展，保险业也不例外。其中，再保险具有独特的业务优势和全球化特点，是助力"一带一路"高质量发展的重要一环。而中再集团作为我国再保险行业的龙头企业，不断活跃在国际市场特别是发展中国家市场，是中国保险业"走出去"的先行军，是中国保险业对外的标杆。

荣誉来之不易，使命需要担当。近年来，中再集团是如何布局公司战略以服务和参与国家"一带一路"建设？又是如何进行积极努力探索，才取得了一系列丰硕成果的呢？

二、案例背景

（一）再保险服务

1. 再保险的定义

再保险是保险公司的保险。具体而言就是保险公司让渡一部分保费在原保合同的基础上签订分保合同，将其所承保保单的一部分特定风险转嫁给一个或多个再保险人，再保险人自身又可以购买签订分保合同转嫁风险给其他人。值得注意的是，再保险人和保险人的保单持有人之间并无直接关系，只对原保险人负责。再保险可以为保险人控制承保风险带来的损失、增加承保能力、提高险资的分配效率和为进入或退出某个市场提供便利。直接保险、再保险的业务流程如图 1 所示。

再保险在防范自然灾害和其他重大事件风险时广受青睐。一般的保险理论基础是大数定理，是通过大数定理来实现风险承担；而再保险的理论基础是风险交易和风险定价，通过风险的进一步分散来提高市场资源配置。通常而言，再保险的核心业务是低概率、大损失的尾部风险，例如洪水再保险、飓风再保险、地震再保险等。

再保险主要有两种分类标准：按责任可分为比例和非比例再保险；按分保安排方式可分为临时、合同和预约再保险。再保险的核心业务和类型如图 2 所示。

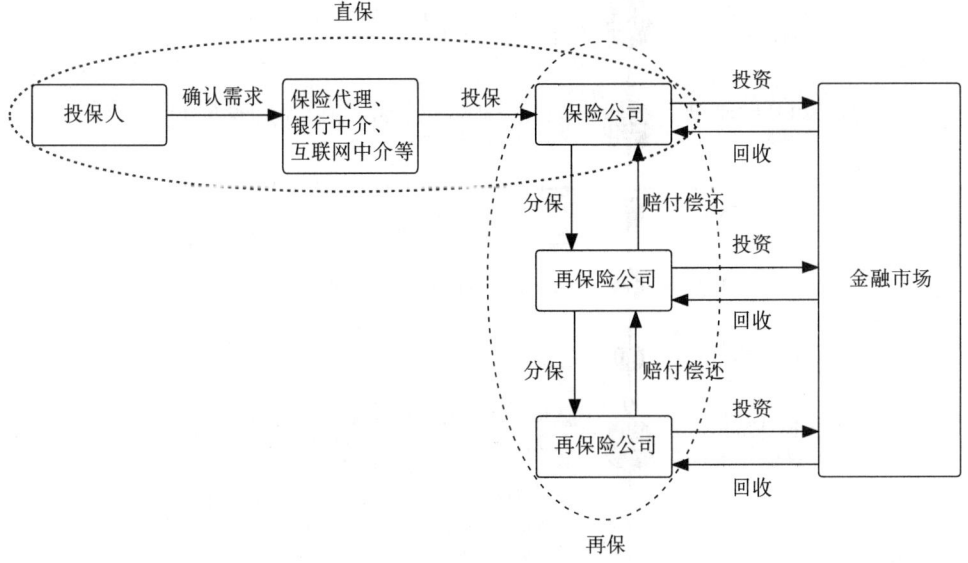

图 1　直接保险、再保险的业务流程

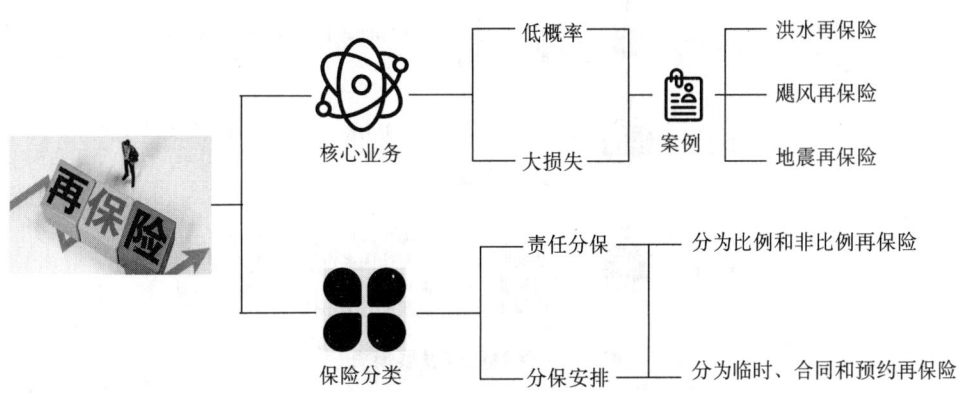

图 2　再保险的核心业务和类型

2. 再保险服务发展简史

再保险服务发端于意大利,从 14 世纪欧洲资本主义萌芽开始,经过数百年的发展,逐渐形成了积聚大量保险基金,集中大批技术力量的较为完善的国际再保险市场。再保险服务发展简史大致概括如图 3 所示。

3. 中国再保险市场

随着金融业对外开放的稳步推进,中国再保险市场规模快速增长,主体不断增加。我国再保险保费收入从 2017 年 1310 亿元增长至 2020 年超过 1800 亿元(见图 4)。2020 年,再保险公司分保保费收入更是同比增长 28.80%,远超直保保费 6.46% 的增速[①]。

---

① 资料来源:金融时报 - 中国金融新闻网(https://www.financialnews.com.cn/bx/bxsd/202106/t20210609_220652.html)。

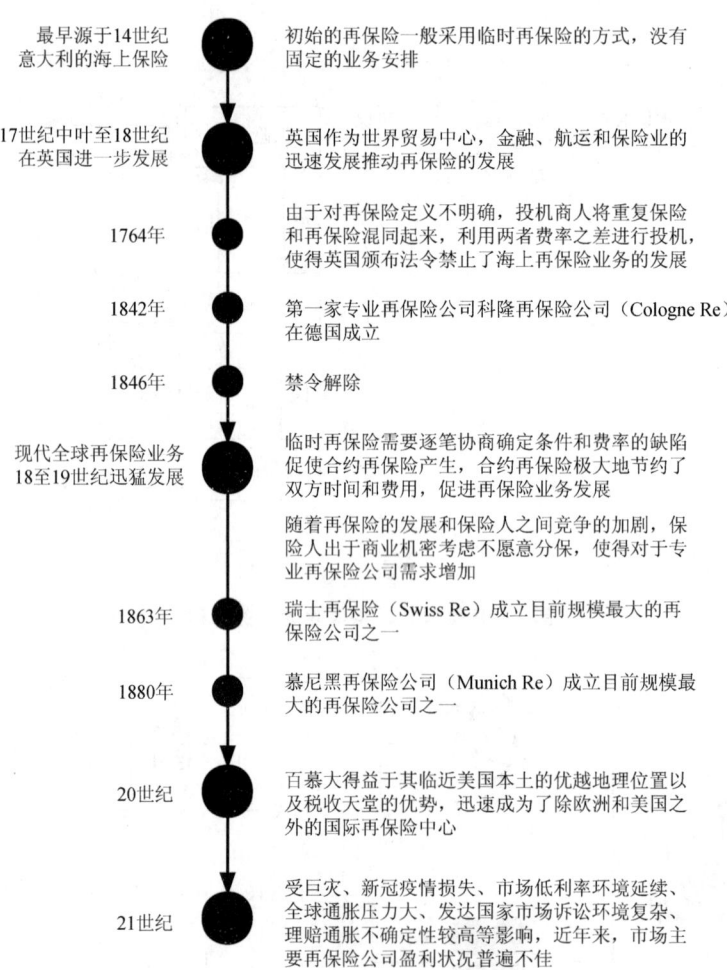

图 3　再保险服务发展简史

资料来源：根据米双红、龙卫洋主编的《再保险理论与实务》绘制（https：//www.zhihu.com/market/pub/119952777/manuscript/1283962182183763968）。

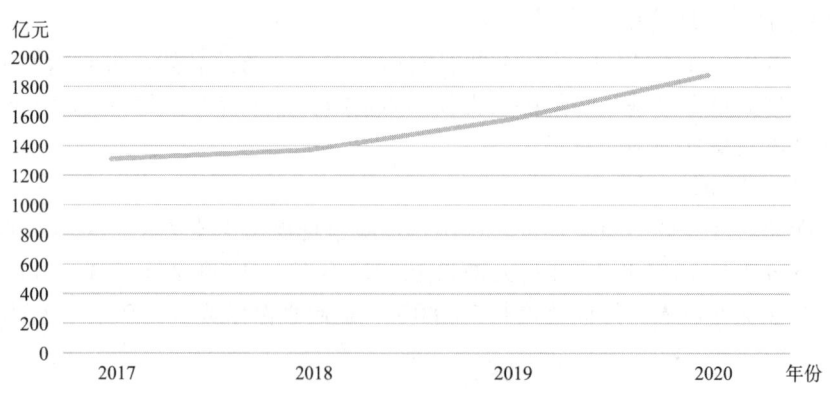

图 4　2017—2020 年中国再保险保费收入

资料来源：华紫研究（https：//www.zhihu.com/question/35979693/answer/2177781488）。

2016年,由于第二代偿付能力监管制度体系建设规划(用于监控保险公司的偿付能力)的实施以及市场竞争的加剧,导致再保险公司分保费收入减少和分保赔付支出的大幅增加,其中寿险业务是主要原因。国内再保险公司总资产经历了一次巨幅下滑,跌幅大约50%。近5年呈现出逐步回升态势,在2020年将近5000亿元资产,资产规模和资产质量同步提升。如图5所示。

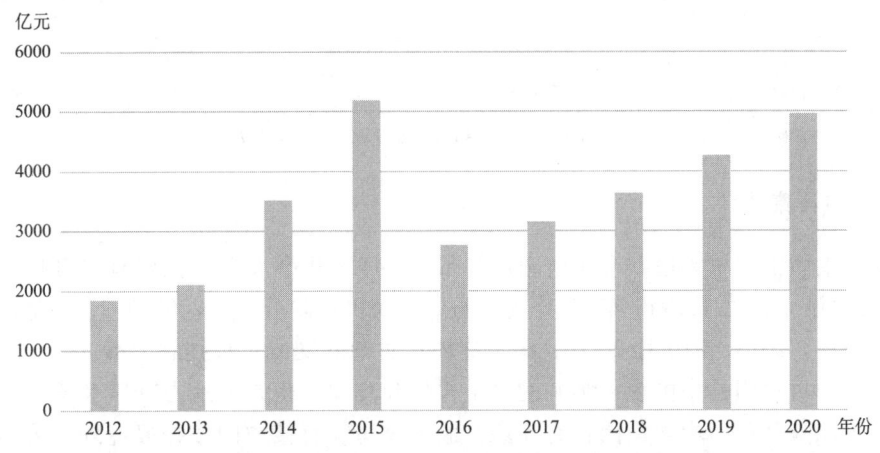

图5　2012—2020年中国再保险公司资产规模

资料来源:国家统计局(https://data.stats.gov.cn/easyquery.htm?cn=C01)。

从国内再保险格局上看,中再集团是我国再保险行业的龙头企业,位列全球前十大再保险企业,目前排名第六。中国人寿再保险、中国财产再保险均是中再的控股子公司,如表1所示,以2020年保费计算,中再这两个子公司保费收入合计占整个再保险市场的55.48%。近年来,我国逐步放开再保险市场的准入门槛,外资再保险公司在我国再保险市场上攻城略地,规模增长迅速。整体来看,总保费收入持续增长,2018—2020年,外资再保险公司分保费收入年均增速达到25.54%,2020年达到629.1亿元,市场份额逐步扩大到33.48%,较2018年上升2.81个百分点。具体来看,以世界再保险三大巨头为例,2020年汉诺威再保险、瑞士再保险和慕尼黑再保险三大公司的保费规模分别较2017年增长了199.34%、81.31%和47.77%。

表1　2017—2020年我国再保险市场公司的保费收入　　　　　　　　(单位:亿元)

序号	公司简称	2017年	2018年	2019年	2020年
1	中再寿险	442.1	523.7	554.4	665.2
2	中再财险	231.6	266.9	314.4	377.2
3	汉诺威再保险	60.3	95.2	138.8	180.5
4	瑞士再保险	97.9	113.2	160.3	177.5
5	慕尼黑再保险	89.8	104.4	105.7	132.7
6	前海再保险	39.9	66.5	65	102.7
7	法国再保险	47.9	59.4	63.9	68.5
8	德国通用再保险	18.9	37.4	53.9	58.5

续表

序号	公司简称	2017 年	2018 年	2019 年	2020 年
9	太平再保险	30.4	43.9	51.7	52.8
10	人保再保险	34.7	48.9	57.6	51.9
11	美国再保险	6	10.7	10.5	10.6
12	大韩再保险	—	—	—	0.8
13	信利再保险	—	—	—	—
	合计	1310	1370.2	1576.2	1878.9
	外资再保险公司	320.8	420.3	533.1	629.1

资料来源：华紫研究（https://www.zhihu.com/question/35979693/answer/2177781488）。

（二）中再集团

中国再集团由中华人民共和国财政部持股 11.45% 和中央汇金投资有限责任公司持股 71.56% 发起设立，源于 1949 年 10 月成立的中国人民保险公司，2007 年 10 月整体改制为股份有限公司。2015 年 10 月 26 日，中再集团在香港联交所主板挂牌上市。

目前，中再集团是中国境内唯一的本土再保险集团，也是内地占有 80% 国内再保险市场份额的再保险公司。中再集团拥有 6 家控股子公司，直接或间接控股境外子公司主要包括中再 UK 公司、桥社英国控股公司等，在新加坡、伦敦、中国香港、纽约设有海外分支机构，拥有 1 家附属机构——保险职业学院。其经营业务涉足直接保险、再保险、资产管理、核保险、巨灾保险、农业保险、传媒、保险中介、教育培训等多个领域，境外机构拓展到英国、中国香港等 11 个国家和地区，形成了多元化、专业化和国际化的集团经营架构与管理格局。如图 6 所示。

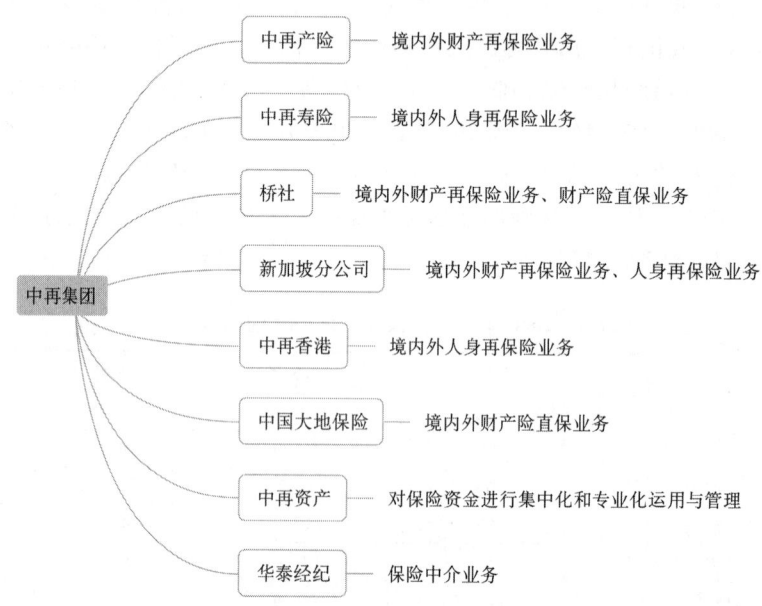

图 6　中再集团旗下经营保险的公司及主营业务

资料来源：中再集团 2021 年度信息披露报告（https://www.chinare.com.cn/zhzjt/xxpllzl/ndxx19/index.html）。

再保险集团再保险主渠道地位稳固，拥有强大的股东背景和雄厚的资本实力。2021年，中再集团首次跻身《财富》世界500强。中再集团的基本情况如表2所示。

表2　中再集团的基本情况

公司中文名称	中国再保险（集团）股份有限公司
简称	中再集团
总部地点	中国北京
注册资本	424.79亿元
股票代码	01508. HK
董事长	和春雷
市场地位	再保险保费规模亚洲第一、世界第六的再保险集团
品牌实力	连续保持贝氏评级公司（A. M. Best）"A"（优秀）评级；连续保持标准普尔"A+""A"评级
经营理念	守正创新、行稳致远
愿景	建设具有可持续发展能力和核心竞争力的国际一流综合性再保险集团

资料来源：中再集团官网（https://www.chinare.com.cn/zhzjt/441143/gsjj/index.html）。

（三）"一带一路"建设对再保险服务的需求

"一带一路"倡议以政策沟通、设施联通、贸易畅通、资金融通、民心相通为核心，打造政治互信、经济融合、文化包容的利益共同体、命运共同体和责任共同体，已成为全球互利共赢的合作新平台。因此，通过"一带一路"倡议，中国在融入世界经济的进程中取得了长足的进步，成为具有全球影响力的贸易大国。

然而，"一带一路"建设并不是一片坦途，其中充满荆棘和风险。从客观环境上看，沿线国家多为发展中国家或新兴市场，经济结构单一，金融体系欠发达，局部冲突不断，天灾人祸多发，存在经济风险、政治风险、法律风险、社会风险、违约风险和自然灾害风险等。例如，"一带一路"沿线国家中，菲律宾、越南、泰国、缅甸、孟加拉国、巴基斯坦在全球受极端天气事件影响的国家排名前十。显而易见，在这种局面下，中国"走出去"企业需要应对的风险千差万别，但对于单一保险机构来说，评估这些特殊风险的成本较高并且也没有能力独自承保，所以"一带一路"建设迫切需要再保险服务对直保风险的分担。从我国保险业主观条件上看，"走出去"企业在"一带一路"高质量发展中面临着中方整体利益的统筹协调水平较低、风险评估能力较弱、海外业务的保险缺乏统一管理、缺乏海外保险认知和控制权、保险需求较大与保险供给不足并存、难以实现自保项目建设、风险意识和保险意识不强等问题。而再保险服务有管理全球保险业风险的经验，在服务"一带一路"建设时可以充分发挥资本融通、风险管理和技术传导的作用，有效缓解上述问题。

（四）中再产险为何要为"一带一路"建设提供再保险服务

中再集团作为再保险行业的国家队、主力军、主渠道，能更好地发挥再保险在服务

"一带一路"的独特优势。

首先,再保险是保险业国际化的"先行军"。再保险无须直接面对投保人,市场准入和监管相对宽松。再保险的全球化优势,能够成为国际国内两个市场的纽带,为"一带一路"跨境合作提供全面风险保障与服务,促进经济提质增效。这与中再集团国际化发展战略十分契合。

其次,再保险是保险业的"聚合器"。从国际经验来看,在相对较短的时间内能够把各家保险公司力量集中起来的商业机构是再保险组织。中再集团高度重视再保险的平台化优势,通过搭建平台形成合力,以此有效整合资源,更好地为"一带一路"提供风险保障和服务。

再次,再保险是保险业的"稳定阀"。再保险是"保险的保险",能够有效分散直保公司的承保风险、扩大直保公司的承保能力,保障保险行业的稳健运行。中再集团坚守保险保障本源,坚持中再姓再,充分发挥经济"减震器"和社会"稳定器"作用,积极服务实体经济,深入践行中央金融企业责任担当,为中国式现代化贡献"中再力量"。

最后,再保险是保险业创新的"推动器"。相比直保公司,再保险公司业务种类和覆盖区域更为广泛,具有显著的大数据优势,使得再保险公司能够更加深刻理解各类保险市场、保险产品的潜在风险,能够为直保产品创新孵化提供便利条件。中再集团作为国内再保险主渠道和国际市场主要参与者,不断主动作为,将产品创新作为突破,为解决保险供给不足问题提供中再方案。

三、案例分析

(一)主要举措

中再集团一直坚持发挥再保险专业功能作用,主要从三个方面——搭建保险平台、创新保险产品和夯实行业基础,为"一带一路"建设提供专业保险保障服务。

1. 搭建保险平台

以平台搭建为重心,为"一带一路"建设在国内外共参与搭建了3个行业性平台:一是新加坡"一带一路"联合体。中再集团积极参与"一带一路"国际平台建设。2018年,中再集团新加坡分公司牵头组建了新加坡"一带一路"联合体并担任管理机构。二是中国"一带一路"再保险共同体。在北京,中再集团积极参与中国银保监会"一带一路"国际保险再保险共同体课题研究,与成员单位于2020年成立中国"一带一路"再保险共同体。三是劳合社"一带一路"政治暴力险联合体。2021年,中再集团在英国财政部及国际贸易部、劳合社等的支持下,通过旗下桥社集团牵头设立劳合社"一带一路"政治暴力险联合体,桥社担任管理机构,吸引了一大批全球知名保险再保险机构共同支持桥社"一带一路"建设。

同时,借助科技力量,中再集团针对特定问题打造了其他多个"一带一路"线上服务平台,如表3所示。

表 3 中再集团搭建的"一带一路"线上服务平台

平台名称	针对问题	平台可提供的服务
"保险保障+医疗健康"服务线上平台（"再·医"平台）	非洲传染病频发及医疗条件有限等多种特殊风险存在的保障盲点	传染病知识专业培训、传染病预警、就医导航、紧急救援、健康管理等线上服务
"国人国医"（基于"再·医"平台）	"一带一路"海外人员的民生之忧之盼	传统意外伤害、紧急救援、包括传染病等原因所致的身故责任以及医疗费用报销责任等
"再·通""一带一路"综合服务平台	"走出去"企业项目风险管理需要以及保险企业和监管机构服务"一带一路"建设所突显的其他问题	包括地震、洪涝等11种海外自然灾害风险地图、境外安全人员动态预警、线上保险业务咨询、定制综合风险解决方案等

资料来源：中国经济网（http://finance.ce.cn/live/zgzbx/zhibo1/）。

2. 研发、创新保险产品

中再集团坚持运用"走出去""引进来"两个市场独特优势，积极服务构建国内国际双循环相互促进的新发展格局，以丰富产品更好保障中国海外利益。

一是引领创新补空白。首先，由于语言沟通障碍、文化差异、保密要求、定价问题等诸多因素，大多数中国企业并未对其海外人员安排相关保障。针对中国"走出去"企业痛点，中再量体裁衣，创新本土化综合解决方案。例如2017年，中再集团推动国内五家领先的安保公司成立"安保共同体"并与之达成独家战略合作，形成的"国人国保"综合风险解决方案是业内首创。该方案重点为中国企业海外员工提供绑架勒索赎金保险保障以及"国产化"的事前安全防范、事后专业赎金谈判和紧急救援服务，有效满足了中国企业的诉求。另外，中再寿险针对当下人民群众买不起药的痛点，创造了"特药险"等普惠型产品，逐步传导到我国台湾、香港等地区。其次，"一带一路"沿线国家和地区的不稳定性因素较多，国际形势复杂多变，风险很大。过去中资保险机构没有合适的产品有效解决这些特殊风险问题。2019年中再收购桥社后，针对该领域的业务空白，引入国内急需的恐怖主义、政治暴力等特殊风险保障创新产品，增强了国内保险业的保障能力和国际话语权。

二是强化协同增安全。中再集团提升融合协同能力，加强与全球大型企业协同互补，广汇多方资源，积极拓展创新平台，专业助力如印度尼西亚雅万高铁、巴基斯坦卡洛特水电站、孟加拉国帕亚拉电站等具有政治影响和社会效益的重大项目，为它们提供风险防控安全保障，同时缓解重大风险、特殊风险对保险业乃至整体经济的冲击。例如，在"一带一路"标志性项目——中老铁路项目建设过程中，中再集团集系统之力，推进直保、再保、经纪全产业链全面参与，提供约100亿元的风险保障[①]。

三是研究创新强能力。中再集团不断强化研究引领和科技创新，充分利用数据技术优

---

① 资料来源：中国金融家（https://www.financialnews.com.cn/zgjrj/201907/t20190715_163897.html）。

势,取得了不少卓越的成果。例如,在评估巨灾风险方面,中再巨灾公司积极开发台风、洪水、地震等巨灾模型,并成功发布我国第一个拥有自主知识产权的地震巨灾模型、台风巨灾模型,打破了国外垄断,实现国产化替代和自主可控。在响应国家绿色环保号召方面,中国再保险研究院积极研究应对气候变化,服务双碳的绿色保险创新,发布行业首个新能源汽车保险定价模型、参与贵州等省的环境强制责任保险统保项目的顶层设计,积极服务国家"双碳"目标。在深化农业农村特色再保险方面,中再产险积极与地方政府、科研院校和直保客户伙伴开展紧密的合作,主动承担林果保险机制设计与保险研发试点的相关工作,打造了诸如四川茂县、宁夏贺兰山、陕西延安等一批特色林果风险管理服务模式,有利于向以农业生产为主的"一带一路"沿线国家分享我国的农业再保险方案。

3. 夯实行业发展基础,为再保险服务构建良好的生态环境

中再集团积极协助保险业基础设施建设,着力夯实行业发展基础,在"一带一路"沿线风险研究、风险定价方面,积极开展一些基础性的工作,有助于提升行业服务"一带一路"建设的专业能力。例如,深度参与并完成《人身保险伤残评定标准及代码》、保险业第一张重疾表和第三套生命表等编制工作,发布了全球首个航运保险指数、国内首条财产险风险曲线、首条水险风险曲线,助力行业精准定价、持续延展保险保障边界。同时,加快推动人才双向流动,实现将国际先进技术、业务经验和专业人才反哺国内市场,有利于助推国内保险业技术产品转型升级。中再集团从行业基础设施建设和人才建设两方面为再保险服务构建良好生态环境,以建设筑生态,以生态谋发展,形成相互促进的良好闭环。如表4所示。

表4　中再集团在国内、国外首创有利于服务"一带一路"和东盟的产品

产品(服务)名称	时间	研发伙伴	作用	影响
"国人国保"综合风险解决方案	2017年	中再集团推动国内5家领先的安保公司成立"安保共同体"	为中国企业海外员工提供绑架勒索赎金保险保障以及"国产化"的事前安全防范、事后专业赎金谈判和紧急救援服务	为重庆市全部备案的41家企业共2346名海外务工人员,提供了约971亿元的安全保障服务,还为中国铁建、中国石油、杭州锦江集团、山东电建等公司约3100名海外员工提供了近4000亿元风险保障
"特药险"	2019年	中再寿险与医药公司、药品福利管理公司、保险公司等合作伙伴共同研发完成	针对人民群众对先进医疗资源的迫切需求(例如癌症治疗中的靶向药、免疫药)但因为昂贵而支付能力有限的痛点	逐步传导到我国台湾、香港等地区
地震巨灾模型、台风巨灾模型	2018年	中再集团成立中国保险业首家专注巨灾风险管理的保险科技公司	一种有效的灾后救助方式,可以提高公众抗御灾害能力,将政府救助与灾区民众自救、救灾与风险防范紧密结合,通过市场机制参与巨灾风险管理,贯穿于事前的防范、事中监督管理和事后补偿	打破国外垄断,发布我国第一个拥有自主知识产权的商用中国巨灾模型

续表

产品(服务)名称	时间	研发伙伴	作用	影响
新能源汽车保险定价模型——"再·途"新能源汽车定价模型	2021年	中再产险与中国汽车工程研究院股份有限公司共同发起设立汽车保险联合实验室,专注于新能源汽车保险的研究和风险管控	从场景定位的角度,分为热失控定价风控模型、车损险定价风控模型和三责险定价风控模型,能够覆盖车辆电池热失控引发相关风险的定价和风控报警、车辆损失引发风险的定价和风控以及危险驾驶行为引发第三方责任的定价和风控	再保险行业首个新能源汽车定价风控模型,有助于促进汽车行业与保险行业的协同发展和融合创新
特色林果风险管理服务模式——以宁夏为例	2021年	在地方财政保费补贴下,中再产险联合集团兄弟公司大地保险	宁夏酿酒葡萄驰名中外,已发展成为"一带一路"上一张亮眼的紫色名片。但主产区贺兰山东麓近年频繁发生的霜冻、风雹和干旱灾害对酿酒葡萄产业发展产生掣肘	累计为1.02万亩酿酒葡萄提供1541.14万元风险保障,有效支持了宁夏农垦集团等地方龙头农业企业的稳健发展
保险业第一张重疾表	2013年	中国人身保险行业第一套重大疾病经验发生率表在北京诞生	保险公司在评估包含重大疾病保险责任的人身保险产品的法定责任准备金时,应以重疾表作为重大疾病发生率评估基础的下限,并在此基础上,按照审慎性原则进行适当调整,合理确定重大疾病发生率评估基础	填补了国内重疾表领域的空白,对于夯实行业发展基础、促进产品创新、推动行业转型升级都将产生深远影响
全球首个航运保险指数	2021年	上海航运保险协会发布由中再参与研发的上海航运保险指数(SMII)	由一数、三线、一表组成的综合反映中国航运保险业经营状况和风险状况的多层次指数体系	中国保险业在航运领域的重要制度创新
国内首条财产险风险曲线	2013年	中再产险发布了国内首条风险曲线——中再风险曲线	风险曲线代表着产险行业平均损失水平。在产险公司自身经验数据不足的情况下,风险曲线可以帮助公司完成免赔额保单定价和再保险定价,以及风险管理和优化公司自身再保险结构	解决了国内财产险风险定价通常借鉴一些国外风险曲线而导致难以完全反映国内财产险的风险情况及变化的问题

资料来源：根据中国经济网等报道整理，第一财经（https://www.yicai.com/news/100185273.html）、新浪财经（http://finance.sina.com.cn/money/insurance/bxdt/2022-03-31/doc-imcwiwss9210954.shtm）、金融界（https://baijiahao.baidu.com/s?id=1750442035104791703&wfr=spider&for=pc）、金台资讯（https://baijiahao.baidu.com/s?id=1737570598627977289&wfr=spider&for=pc）、新华网（http://www.xinhuanet.com/money/20220718/5390cc0c77414ea79d3622a83597d334/c.html）、中国银行保险报网（http://www.cbimc.cn/zt/node_810.htm，http://xw.cbimc.cn/2013-09/27/content_75210.htm）、深蓝保（https://www.shenlanbao.com/zhishi/10-316151）。

（二）影响和优势

通过上述三个方面举措，中再集团在国际市场上产生了广泛影响，建立了巨大优势。具体体现为为海外利益安全提供保障、布局全球网络和搭建平台助力多边金融合作。

1. 服务"一带一路"建设，提供海外利益安全保障

"一带一路"多为投资金额巨大、工期长、风险大的大型工程项目，单个保险企业无力提供充足的风险承包能力。2017年，在海外利益保险业务中，中资险企实际占比不足10%[①]。

"一带一路"倡议发出后，中再集团迅速成立了专项领导小组和工作小组，专门组建了"一带一路"业务团队，建立健全了工作机制，为"一带一路"提供了全面的风险保障。3年来累计向"一带一路"沿线40个国家地区的上千个中国企业的境外项目提供综合性再保险保障3500亿元人民币[②]，极大地改善了再保险行业对于"走出去"企业应保未保的潜在增量部分心有余而力不足的局面。

2. 布局全球网络，实现中国再保险服务的"走出去"

"一带一路"点多面广线长，保险企业单个设立海外机构成本大、效率低，故大多缺乏网络布局。而中再集团借助集团优势，将"全球化"作为整体发展的战略支点之一，并将服务"一带一路"建设作为全球化发展的重中之重，这既为中国企业"走出去"提供有效的全面保障，又成功实现将中国再保险服务领出国门。

如上所述，中再集团依托全球化及再保专业优势，分别在中国、新加坡、英国牵头同业机构组建了3个"一带一路"保险再保险行业性平台，构建以北京为重心、3个国际金融中心"鼎足而立"的保障格局。在此基础上，构建独有的"一带一路"全球服务体系，建立了覆盖11个国家和地区的23家经营网点，搭建了遍及136个国家地区的战略合作朋友圈网[③]。借助"三足两网"的全球化互联互通服务体系，中再集团持续提供"一带一路"风险保障，有效实现中国再保险服务"走出去"。如图7所示。

3. 致力于平台搭建，助力多边金融合作

我国保险业统筹力度有限，行业间缺乏信息沟通，国内保险机构对于海外利益保障所需的、国内不常见的险种，一般无法提供承保。中再集团将搭建平台作为战略重心，通过搭建3个行业性平台和多个"一带一路"线上平台，能够有力地带动越来越多的国内外直保公司共同为"走出去"企业服务，为多边金融合作提供了交流途径，实现了再保险业跨国信息交流及境内外协同。一起共同为中国企业"一带一路"沿线项目提供保险服务，2021年共计为13个国家的19个重大项目提供了保险保障，保障的境外项目总规模超过了160亿元[④]，在有效防范和化解中资企业"走出去"的境外风险的同时，也增强了我国再保险业的国际话语权和影响力。

---

① 资料来源：中国网财经（https://www.sohu.com/a/208533940_436021）。
② 资料来源：央广网（https://baijiahao.baidu.com/s?id=1728825373682290968&wfr=spider&for=pc）。
③ 资料来源：新华网（http://www.xinhuanet.com/money/20220401/e907044e623044d1bce334997a9c2dd6/c.html）。
④ 资料来源：国务院新闻办公室网站（http://www.scio.gov.cn/xwfbh/xwfbfh/wqfbh/47673/48105/xgbd48112/Document/1722878/1722878.htm）。

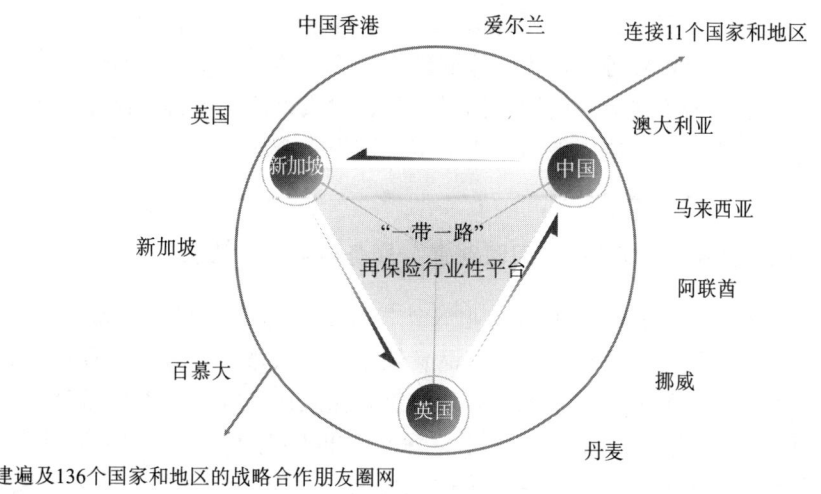

图 7　中再集团的"三足两网"布局

四、案例启示

（一）多方借力做好海外金融发展安全保障

对于企业而言，海外金融发展的安全保障是必不可少的。一方面，要有效鼓励中国企业"走出去"，积极参与"一带一路"建设；另一方面，要积极保障中国企业能够"安心出海"。实际上，要做好海外金融发展的安全保障工作，仅仅依靠单方的努力是远远不够的，需要多方的共同支持和密切合作，正如中再集团副董事长和春雷所说，"海外利益安全保障是一项系统的工程，所有的参与者，包括政府和、'走出去'的企业、个人以及保险和再保险公司，应当结成风险管理命运共同体"。

中再集团言出必行，积极向国内、国外多方借力打造风险管理命运共同体。例如，在与政府合作上，中再集团与卫健委卫生发展研究中心开展了关于健康疾病方面的相关合作。在与保险机构合作上，中再集团针对政治风险和信用风险问题与中国信保签订了战略合作协议。在与再保险公司合作上，中再集团积极收购在政治风险等特殊风险领域拥有较强技术实力的桥社保险集团，形成优势互补，壮大自身实力。

（二）秉承"平台为先"理念，协同全面深化全球联动

再保险是联系国内和国际保险市场的枢纽，利用全球化分散风险，推动国内风险向国际市场合理有效转移，能够更好地保障国家海外利益。中再集团持续推进国际化进程，全资收购英国桥社保险集团，海外经营机构扩展至 11 个国家和地区，境外拥有 500 余人专业团队，成为国际化程度最高的中资金融保险企业。作为中国"一带一路"保险共同体管理机构，经过多年深耕，中再集团逐步形成了覆盖"一带一路"沿线全部区域的专业保险服务体系。

要充分发挥行业独特力量、高效利用行业资源载体，将搭建平台作为不可或缺的首要

任务。为了服务"一带一路"高质量发展，保险业应打造集保险供给、海外服务、信息共享、人才技术、综合医疗等功能为一体的综合平台，为"走出去"企业提供全方位服务，有效解决保险业供需不对应等问题。同时，平台建成以后，中再集团还高度注重全面强化平台协同问题，提升融合协同能力，广汇多方资源，全面激发现有平台、积极拓展创新平台，有力提高风险保障水平。

（三）纵深拓展保险险种，"因国制宜"服务企业"走出去"

当前国际形势复杂多变，中国企业海外发展面临着更大风险挑战，保险需求大大增加。首先，要解决海外人员传统保险产品责任单一、保障不足等保障盲点，需要突破传统商业保险产品限制，开发推出具有针对性的综合保险产品方案，不仅需要拓宽保险覆盖的产业，而且要挖掘细分领域和新兴需求，深化"再保直保化、直保客户化"。其次，"一带一路"沿线国家和地区多为新兴经济体或发展中国家，地域差异性大，风险复杂多样。要深刻意识到中资机构在"走出去"过程中往往要面临比较特殊的政治风险、社会法律风险和自然灾害风险等诸多风险挑战，只有准确地识别当地风险，"因国制宜"制定风险保障，才能更好地服务国内"走出去"企业。

（四）积极构建行业生态圈

在消费升级的大趋势下，客户的价值主张正在发生新的变化，对保险的需求不再局限于单一的保险保障，而是更加关注于综合的解决方案和更为优质的服务体验，保险行业的经营逻辑正在从概率经营向服务运营逐渐转变，保险行业的竞争也逐步从产品链向产业链、生态链升级演变。而中再集团正是通过搭建平台，营造良好行业生态实现企业高质量发展。近几年来，大数据、人工智能等新兴技术快速发展和推广，进一步强化了行业之间的有机连接，大幅度地提升了交互效率，为生态圈的形成和发展提供了源源不断的内生动力。保险公司更应推动加快保险生态圈布局，通过进一步整合服务和技术资源，为客户提供以保险为核心的一揽子解决方案。不仅仅是保险公司，其他顺应"一带一路"倡议"走出去"的各行各业都应高度注重构建特色化的行业生态圈，以为实现自身高质量发展、国家经济高质量发展提供有力保障。

【参考文献】

[1] 马腾跃. 中再集团 为"一带一路"建设"再保险"[J]. 中国金融家，2019 (06)：64-65. DOI：10.19294/j.cnki.cn11-4799/f.2019.06.21.

[2] 袁临江. 谱写中国再保险事业新篇章 [J]. 中国金融，2021 (13)：3.

[3] 王冬妮. 保险服务"一带一路"高质量发展的机理与路径 [J]. 中国保险，2020.

[4] 郭静. 我国企业利用出口信用保险开拓"一带一路"新兴市场研究 [J]. 经济论坛，2015 (9)：4.

[5] 蔡婷. "一带一路"背景下中国再保险市场如何转型 [J]. 环球市场信息导报，2017 (38)：2.

附件

一、保险行业相关法律法规

1. 《中华人民共和国保险法》（2015年修正）（2015/04/24生效） http：//policy.mofcom.gov.cn/claw/clawContent.shtml?id=6951.

2. 再保险业务管理规定（2021/12/01生效） http：//policy.mofcom.gov.cn/claw/clawContent.shtml?id=90372.

3. 中国保险业标准化"十四五"规划（2022/05/11生效） http：//policy.mofcom.gov.cn/claw/clawContent.shtml?id=94533.

4. 保险公司设立境外保险类机构管理办法（2006/09/01生效） http：//policy.mofcom.gov.cn/claw/clawContent.shtml?id=50939.

5. 保险业务外汇管理暂行规定（2002/11/01生效） https：//code.fabao365.com/law_4566.html.

6. 新加坡保险法（2007/4/20发布） http：//sg.mofcom.gov.cn/article/maoyi/laogong/200704/20070404593590.shtml.

二、"一带一路"相关重要文件

1. 《推动共建丝绸之路经济带和21世纪海上丝绸之路的愿景与行动》（2015/03/29发布） https：//www.yidaiyilu.gov.cn/yw/qwfb/604.htm.

2. 《国家发展和改革委员会与香港特别行政区政府关于支持香港全面参与和助力"一带一路"建设的安排》（2018/03/29发布） https：//www.yidaiyilu.gov.cn/zchj/zcfg/51261.htm.

3. 《西部陆海新通道总体规划》（2019/08/15发布） https：//www.yidaiyilu.gov.cn/zchj/qwfb/100127.htm.

4. 中国与151个国家和32个国际组织签署共建"一带一路"合作文件（截至2023/01/06） https：//www.yidaiyilu.gov.cn/info/iList.jsp?tm_id=126&cat_id=10122&info_id=77298.

案例6：跨境保险创新联合实验室成立
——政企合力，跨境保险行业"思路对接"

一、引言

近年来，广西壮族自治区紧抓"一带一路"建设重大机遇，作为中国—东盟地区金融合作门户，着力于扩大高水平对外开放，有效提升金融合作服务水平和保障能力，建设更高水平金融合作机制。截至2021年6月底，中国企业在东盟国家承包工程稳步开展，累计完成营业额接近3500亿美元①。以基础设施互联互通为代表性成果的"一带一路"建设蓬勃发展，中国与沿线国家企业对保险保障的需求也越来越旺盛。在此背景下，跨境保险产品应运而生。

南宁市作为广西经济对外金融开放的主引擎、主窗口、主渠道，在防范化解重大风险和推动保险业在境内外妥善运行上采取了哪些措施？创新的跨境保险模式又为中国和相关企业带来了哪些机遇与挑战呢？

二、案例背景

（一）保险行业

在面临全球疫情挑战之际，世界经济遭遇巨大冲击，与此同时，保险业作为社会支撑保障的作用日益显著，保险业更加被社会各界所关注，保险业在重大灾害事件中的支撑保障作用日益明显，在减轻政府财政压力等方面能够有效发挥其事后处置的及时性和精准性。

2021年以来，在新冠疫情对经济的持续影响下，国内经济增速持续放缓，居民需求持续下降，叠加严监管、疫情对居民生活影响等因素，保险行业发展面临的各类问题不断显现，前三季度保险行业发展面临一定压力，保费收入规模同比呈收缩态势，但保险业保障功能仍有较好发挥，提供保险金额同比快速增长；2021年1—9月，我国保险公司实现总保费收入3.65万亿元，同比下降1.28%，仍以人身险原保费收入为主；提供保险金额8315.86万亿元，同比增长24.41%；原保险赔付支出1.16万亿元，同比增长16.05%。人身险保费收入方面，一方面，受年初新旧重疾产品转换影响，导致上年末重疾险销售短期内透支，本年度销售力度不足，同时重疾类产品销售承压，致使代理人销售难度加大，形成短期内业务

---

① 30年增长85倍！中国与东盟贸易规模持续攀升[EB/OL].（2021-07-29）[2023-01-11] http：//www.gov.cn/xinwen/2021-07/29/content_5628304.htm.

收入下滑；另一方面，疫情及居民收入的不确定性致使中产阶级现金流受到一定程度的冲击，对保险产品的购买力有所下降；人身险保费收入同比增速明显放缓；2021 年 1—9 月，人身险原保费收入 2.77 万亿元，同比增长 5.06%，增速较缓。财产险保费收入方面，自 2020 年 9 月，银保监会推动实施车险改革方案以来，2021 年度为首个车险改革的完整年度，"降价、增保、提质"是车险改革的主要方向，2021 年前三季度，以车险业务收入为主的财产险保费收入规模同比明显下降；2020 年 1—9 月，财产险保费收入 0.88 万亿元，同比下降 17.09%[①]。2012—2021 年中国保险的密度、深度分别如图 1、图 2 所示。

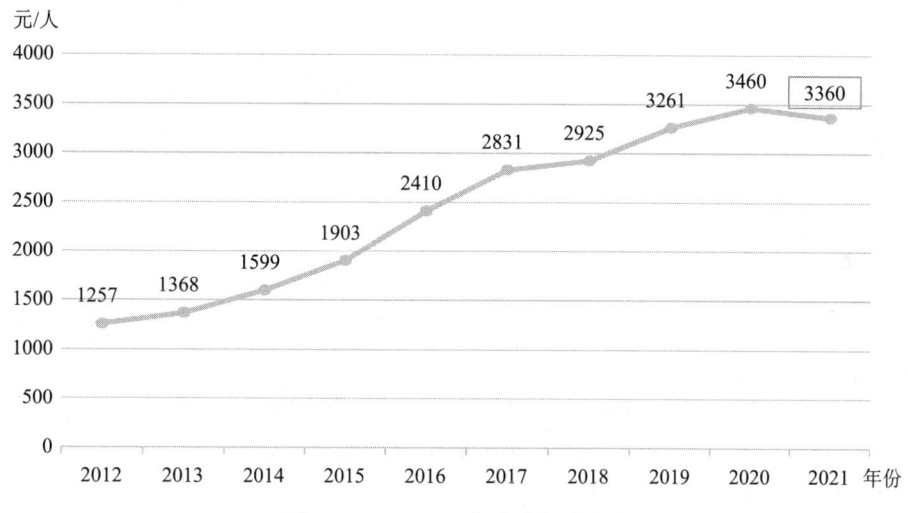

图 1　2012—2021 年中国保险密度

资料来源：中国保险年鉴。

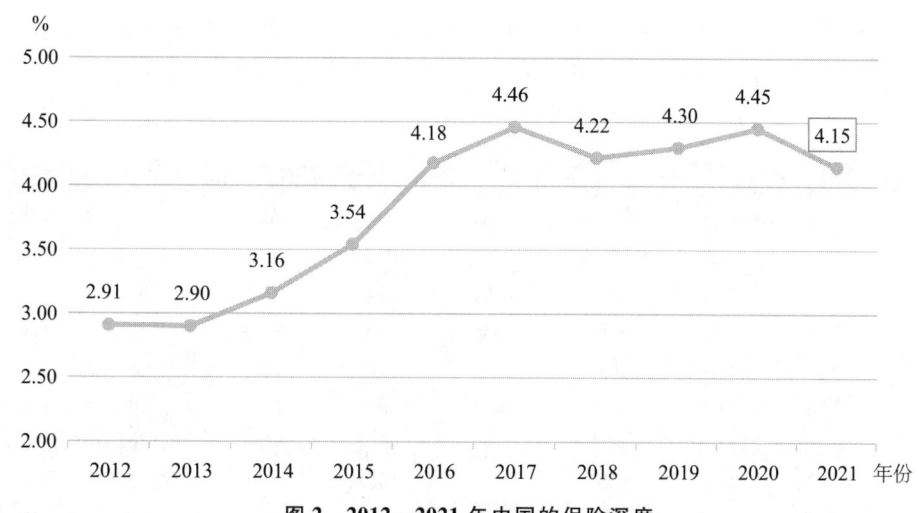

图 2　2012—2021 年中国的保险深度

资料来源：中国保险年鉴。

---

① 行业研究. 2021 年保险行业分析及 2022 年展望 [EB/OL]. (2021-12-30) [2023-01-11] https：//caifuhao. eastmoney. com/news/20211230183157533016590.

国际趋势下，在全球疫情冲击下的 2020 年，中国是世界经济增长的引擎，也是唯一增长的主要经济体。近 15 年来，中国保险业总保费收入总体呈上升趋势，其中 2006 年和 2014 年保险业 "国十条" 和 2014 年 "新国十条" 的出台促进了保险业的两次快速增长。2021 年在疫情和车险综改的背景下，原保费收入逐年递增的态势被打破，全年总保费收入为 44900 亿元，同比下降 357 亿元。2006—2021 年中国的总保费收入如图 3 所示。

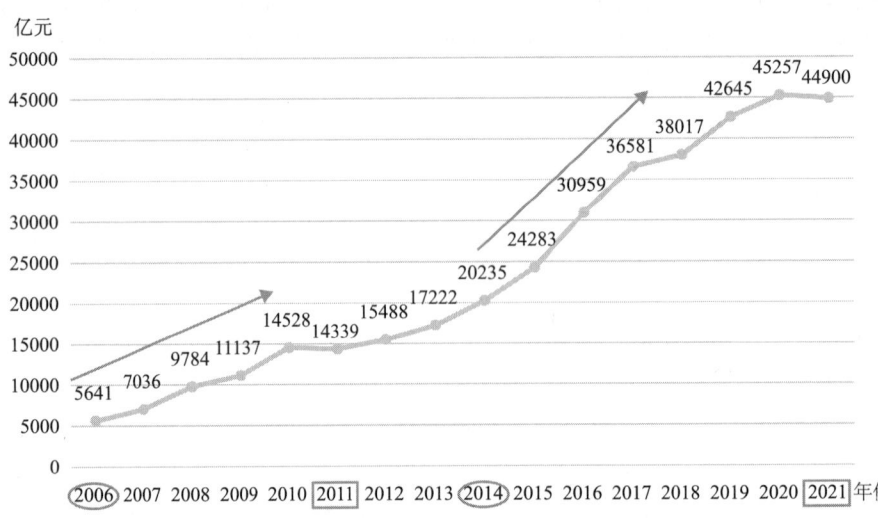

图 3　2006—2021 年中国的总保费收入

资料来源：中国银保监会、中国保险年鉴。

自 2017 年我国保费收入超过日本以来，我国已经连续 5 年占据全球第二保费市场的位置，且正逐渐拉开与日本的距离，尽管与排名第一的美国还有较大的差距，但是我国已经成为世界保险市场的中坚力量（见图 4）。最新数据显示，2021 年中国保险业保费收入达到 4.49 亿元，总资产规模达 24.89 万亿元。保险密度为 3179.88 元/人，保险深度为 3.93%，中国保险业的国际地位大幅提升。

排名	2017年	保费收入	2018年	保费收入	2019年	保费收入	2020年	保费收入
1	美国	13771	美国	14694	美国	14035	美国	16088
2	中国大陆	5414	中国大陆	5749	中国大陆	6283	中国大陆	6447
3	日本	4221	日本	4406	日本	4141	日本	4185
4	英国	2833	英国	3365	英国	3040	英国	3459
5	法国	2416	法国	2580	法国	2478	德国	2558
6	德国	2230	德国	2415	德国	2251	法国	2398
7	韩国	1812	韩国	1790	韩国	1806	韩国	1894
8	意大利	1555	意大利	1703	意大利	1501	意大利	1637
9	加拿大	1195	加拿大	1279	加拿大	1270	加拿大	1409
10	中国台湾	1175	中国台湾	1219	中国台湾	1220	中国台湾	1146

图 4　2017—2020 年全球的保费收入规模排名（单位：亿美元）

资料来源：行业研究.2021 年保险行业分析及 2022 年展望.（https://caifuhao.eastmoney.com/news/20211230183157533016590）。

（二）中国太平保险

中国太平保险集团有限责任公司，简称"中国太平"，于1929年在上海创立，是中国保险行业经营时间最长的民族保险品牌，也是中国唯一一家管理总部在境外的中管金融企业。作为中国第一家跨国金融保险集团公司，其品牌历史源远流长。中国太平源自太平保险、中国保险、民安保险三大民族品牌，1956年根据国家统一部署，中国保险、太平保险停办国内业务，专营港澳和海外保险业务。1999年所有境外国有保险机构划归中国保险股份有限公司管理。2000年在港交所上市，是我国首家在境外上市的保险企业。2001年以太平品牌在境内复业。2009年统一"中保""太平""民安"三大品牌，更名为中国太平保险集团公司。2012年列入中央管理，升格为副部级金融央企。2013年完成重组改制和整体上市，正式更名为中国太平保险集团有限责任公司。

中国太平传承着红色基因和民族血脉，立足香港，跨境经营，服务全球。近年来，在党中央、国务院坚强领导下，中国太平快速发展，连续5年入榜《财富》世界500强，列第334位。2021年，中国太平总保费达2175亿元，总资产突破1万亿元，管理资产规模超过1.87万亿元，已经成为一家拥有50多万名内外勤员工、24家子公司和2000余家各级营业机构的大型跨国金融保险集团，经营范围涉及中国内地、中国香港、中国澳门、欧洲、大洋洲、东亚及东南亚等国家和地区，业务范围涵盖寿险、财险、养老保险、再保险、再保险经纪及保险代理、互联网保险、资产管理、证券经纪、金融租赁、不动产投资、养老医疗健康产业等领域。经过多年发展，中国太平保险业务经营体系较为完备，也是国际化特色最为鲜明的中资保险机构。

"十四五"时期，中国太平立足新发展阶段，贯彻新发展理念，服务构建新发展格局，按照"央企情怀、客户至上、创新引领、价值导向"的战略要求，积极服务国家战略和民生保障，促进"双循环"，维护"一国两制"和港澳长期繁荣稳定，践行"共享太平"发展理念，开启高质量发展新篇章，努力打造中国保险业最具价值成长的国际化现代金融保险集团[①]。

（三）东盟经济发展

2013年以来，习近平总书记提出的"一带一路"倡议得到了越来越多东盟国家的认可和响应，中国与东盟国家间的直接投资也因此发展迅猛，取得了亮眼的成绩。长期以来，东盟一直是东亚地区经济的重要增长极。尽管东盟成员国经济发展水平不一，但其整体在RCEP经济体中占有重要的地位。东盟人口数居世界第三位，是仅次于美国、中国、日本和德国的世界第五大经济体，是世界第四大进出口贸易地区，是世界第六大对外直接投资地区。同时，东盟还是世界和东亚地区重要的制造业生产与出口基地。新加坡是世界第十大工业制成品出口国，新加坡、越南和马来西亚分别是世界办公和通信设备的第七、第八和第九大出口国。新加坡是世界化工产品的第八大出口国。泰国是世界汽车的第九大出口国。越南是世界纺织品的第七大出口国。越南、印度尼西亚和柬埔寨是世界成衣的第

---

① 资料来源：中国太平保险集团官方网站（http://www.cntaiping.com/）。

四、第九和第十大出口国。

在全球新冠疫情背景下,东盟各国普遍陷入严重的经济衰退,一些国家甚至出现了自1997年亚洲金融危机以来最大的经济降幅。东盟作为对外依存度极高的经济体,经济复苏很大程度上取决于其主要贸易合作伙伴的经济走势。而中国与东盟共同推动区域全面经济伙伴关系协定(RCEP)签署的实施,使得开放联动发展迈上新台阶,双方合力建设起了全球最大规模自贸区。自 RCEP 自贸区建成后,东亚区域经济一体化的逐渐形成与发展,加速了区域内生产要素的自由流动,拉动了区内市场扩容升级,扩大和深化了成员国间的产业分工,优化了区内价值链、产业链和供应链,释放巨大的市场动能和潜力,为东盟经济增长注入强心剂,有助于后疫情时期东盟加快经济复苏的步伐。

三、案例分析

(一)政企合力,培育优势跨境项目

1. 借势政策东风,面向东盟建专业平台

2020年,东盟跃升为中国最大对外贸易伙伴。2021年中国—东盟贸易额再创历史新高,达到8782亿美元,占中国对外贸易总额的14.5%。东盟连续两年作为中国第一大贸易伙伴,其与中国的贸易结构持续优化,产业链供应链联系更加紧密。截至2021年底,中国与东盟累计双向投资总额约3000亿美元①。为了进一步深化和东盟的贸易投资合作,加快建设中国—东盟自由贸易区,切实推进国家"一带一路"倡议,广西推动拓展新领域合作,学习成熟合作模式,积极面向东盟推进跨境产业合作,发挥好对互联互通、经贸合作、产业链供应链的支撑作用。2017—2021年中国对东盟进口、出口和贸易差额如图5所示。

随着共建"一带一路"不断推进,中老铁路、印度尼西亚雅万高铁等重大基础设施项目顺利实施,中国与东盟国家间互联互通显著受到强有力的支撑,同时也为双方的跨境合作项目提供了高效、便捷的平台,在双边经贸大力发展的前提下,为助力中国—东盟经贸合作纵深发展,跨境保险项目应运而生,中国与东盟保险业之间的合作与联动日益密切,区域全面经济伙伴关系协定(RCEP)的实施更是为跨境保险项目提供了更广的合作空间,同时也提出了全新的、更高的要求。

2. 中国太平国际化再出发,组网保险共同体

早在2006年,中国太平就开始承保深港两地的车保险,但在当时的环境下仍需在两地分别投保两份保单,才能覆盖两地的保险。2018年10月,港珠澳大桥正式通车,中国太平签发了首单港珠澳大桥跨境车保险,充分发挥跨境经营的优势,进一步优化与大湾区基础设施配套的金融服务。2019年底,中国太平首创了"一地投保三地理赔"的承保理赔服务,极大提高了跨境保险的便利性和时效性,成为粤港澳大湾区跨境车险服务当之无愧的领军企业。

---

① 资料来源:商务部(http://www.gov.cn/fuwu/bm/swb/index.htm)。

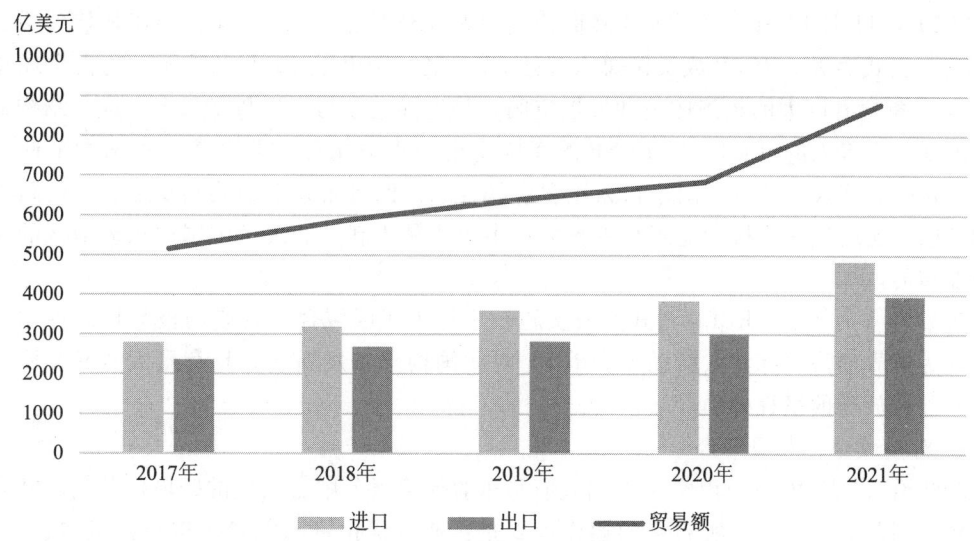

图 5　2017—2021 年中国对东盟进口、出口和贸易额

资料来源：商务部、海关总署（http://www.gov.cn/fuwu/bm/swb/index.htm、http://www.gov.cn/fuwu/bm/hgzs/index.htm）。

带着丰富的跨境保险行业经验和规模投资，2019 年 9 月，太平保险集团东盟服务中心（以下简称"东盟保险服务中心"）作为全国首家面向东盟的区域性金融机构总部落户南宁，成功组网中国太平东盟保险共同体。中国太平东盟保险共同体作为中国—东盟地区跨境保险合作模式的行业首创，积极通过保险助力中国与东盟国家之间的经济合作和商业发展，切实为"一带一路"建设提供优质保险服务。2020 年 1 月，中铁建设传来成功中标马来西亚公司吉隆坡人民广场 T2T3 项目的喜讯，这也是中国太平东盟保险共同体落地首单马来西亚合作项目，为马来西亚吉隆坡人民广场综合开发工程项目提供风险保障 1.6 亿元。随后几个月，中国太平东盟保险共同体迅速扩大业务市场规模，在越南，由共同体成员越南油气保险公司当地出单，为华电集团越南沿海二期运营期综合保险项目提供风险保障 18 亿元，在老挝，由共同体成员老挝富得凯诚保险公司当地出单，为中国南方电网老挝南塔河 1 号水电站运营期综合保险项目提供风险保障 17 亿元[1]。依托共同体成员，中国太平成功打开东盟跨境保险市场，2020 年前 10 个月，东盟保险服务中心已在东盟的 8 个国家承保了 64 个 "一带一路" 重大项目，提供国际化风险保障 917 亿元[2]，中国太平东盟保险共同体发展势头良好，保障规模不断扩大，合作伙伴不断增加，在中国—东盟地区彰显了跨境承保能力，为中国与东盟的经济合作贡献力量。

（二）成立创新联合实验室，建设专业研究平台

1. RCEP 高质量实施后的深度合作

---

[1] 中国太平东盟保险共同体落地首单马来西亚合作项目［EB/OL］.（2021-11-03）［2023-01-11］http://dfjrjgj.gxzf.gov.cn/gzdt/yw/t10686760.shtml.

[2] 中国太平：推动跨境保险发展 助力中国—东盟经贸合作走向纵深［EB/OL］.（2020-11-30）［2023-01-11］http://jrj.wuhan.gov.cn/ztzl_57/xyrd/bxy/202011/t20201130_1523178.shtml.

2020年11月15日，经过8年磋商谈判的艰苦努力之后，区域全面经济伙伴关系协定（RCEP）正式签署。RCEP成员国总人口达22.7亿，GDP达26万亿美元，均占全球总量约30%，蕴含着巨大的经济体量和发展空间，是世界上参与人口数量最多、成员结构最多元、发展潜力最大的自贸区[①]。RCEP的实施将进一步深化各行业合作，中国太平迎风而起，在这一时代大背景下，南宁市人民政府联合东盟保险服务中心共同发起成立的跨境保险创新联合实验室，积极响应了自由贸易和多边贸易体制，加快了中国—东盟地区的保险业产业布局。

2022年1月1日，RCEP正式生效实施，这是东亚区域合作收获的极具标志性意义的成果，为世界经济复苏注入新动力。RCEP对我国构建新发展格局具有重大意义，协定实施是对外开放新的里程碑[②]。

2. 对接政企，互通平台

2020年11月26日，南宁市人民政府与东盟保险服务中心共建的跨境保险创新联合实验室正式揭牌。联合创新实验室的运作模式是：通过优化资源配置，搭建政策沟通平台、政保企联合互通平台、保险创新培育平台、保险从业者和学者专家学术研究交流平台，打造面向东盟的高端智库；通过政策研究、保险产品和服务创新、面向东盟的保险合作机制创新，提升广西自贸试验区及面向东盟金融开放门户的保险综合创新能力、服务实体经济能力和对外开放水平[③]。

中国太平已经不是第一次在业务发展上积极响应地方政府政策，前已述及，在广东省着手建设粤港澳大湾区及现阶段的大力推进大湾区纵深发展的过程中，中国太平就眼光独到，以跨境车保险立足港澳，在自身深耕大湾区的同时也为湾区建设贡献出积极力量。

此次中国太平不仅是响应地方政府政策的金融企业，更是与政府合作搭建专业平台的领跑者，联合创新实验室需要及时准确与政府进行政策对接，针对中国—东盟自贸区的中资和外资项目提供便利、特色的保险产品和服务。同时，联合创新实验室在推动跨境保险服务的同时进行监管倒逼，以问题为导向，从实际承保案例出发，积极进行项目创新、产品创新、服务创新，完善监管制度，明确监管重点，降低风险水平，建设面向东盟的金融开放门户的高端智库平台，为中国—东盟保险业的长期合作提供了支撑。

中国—东盟跨境保险合作正在加快脚步，谋求构建面向东盟的保险创新产业布局，以加快推进"一带一路"保险业合作，此次积极促成的政府项目和领先企业合作对接，给中国太平和广西带来了多重机遇。

（三）创新保险实验室未来发展

未来，创新保险实验室将逐步完善和丰富跨境保险产品和服务种类，根据智库资源，

[①] RCEP实施是对外开放新的里程碑［EB/OL］.（2022-01-02）［2023-01-11］http://www.gov.cn/xinwen/2022-01/02/content_5666067.htm.

[②] RCEP实施是对外开放新的里程碑［EB/OL］.（2022-01-02）［2023-01-11］http://www.gov.cn/xinwen/2022-01/02/content_5666067.htm.

[③] 宜从四方面发力把握中国—东盟跨境保险合作机遇［EB/OL］.（2021-02-24）［2023-01-11］http://www.china-aseanbusiness.org.cn/index.php?m=content&c=index&a=show&catid=6&id=36649.

积极开展业内人士的专业研讨会,并针对不同地域不同企业设计个性化保险产品和服务,并积极帮助解决东盟国家保险企业落后的产品保障服务,达成区域保险市场创新化发展。

南宁市和中国太平将努力将联合创新实验室不断发展、完善成专业、精准的保险服务平台,护航中国—东盟保险市场的创新、发展。

四、案例启示

(一) 前瞻性布局,政企合力发展

政企合作是常见且高效的市场发展形式。政府部门传递科学的指导意见,落实专项工作安排,为企业提供了重点领域市场拓展能力。企业则拥有雄厚的资金,丰富的市场经验,专业的管理人才。因此,当政府的工作要求和企业的发展需要合为一处、共同发力时,不仅为政企双方提供了双赢的选择,市场作为最大的赢家,也被注入了源源不断的新鲜活力。

中国与东盟的经贸合作关系日趋紧密,RCEP 的签订更是对保险行业提出了更高的需求。中国太平响应南宁市的政产学研协同开发保险产品和服务,共建联合创新实验室,不仅对自身企业发展发挥着长期积极的作用,为中国太平深耕海外市场提供了政策基础,提供了各国相关的保险产品、服务特点,而且也充分利用了企业合作和海外市场的优势,为广西高水平"走出去"、高质量"引进来"的双向并行发展理念提供了有力的技术支撑。

(二) 构建和完善共同体机制,助推保险市场区域一体化

未来较长一点时间内,东盟区域保险业缺口大、密度低的情况仍将持续,东盟国家要依托跨境保险合作体系,特别是中国保险市场的承保能力,促进自身保险行业发展。中国太平利用企业优势,组网保险共同体这一行业模式不仅为自身及时开拓市场打通道路,也加强了中国—东盟保险业的对接,推动跨境保险市场成熟发展,同时加快建设保险市场区域一体化,成为推动中国—东盟保险业加快发展的重要支撑。这也为东盟区域金融领域的其他行业一体化发展走出了一条经验之路。推动东盟区域行业融合发展,打通贸易壁垒,是促进中国与东盟地区生产要素顺畅流动的必要路径。目前,中国—东盟自贸区建设处于巩固完善的第三个阶段①,站在承上启下、继往开来的历史新起点上②,双方互联互通不断加速,金融合作持续加深,保险共同体模式的成功运营为其他跨境行业做出行业典范。业界可以借鉴成功经验,组网行业共同体,加快市场建设,助力实现市场一体化。

(三) 推广实验室模式,助力多行业跨境发展

中国太平依托联合实验室深厚的专业知识,以丰富的保险案例和突出问题为中国—东

---

① 中国—东盟自贸区建设的三个阶段 [EB/OL]. (2015 - 04 - 28) [2023 - 01 - 11] https://m.huanqiu.com/article/9CaKrnJKoqR#:~:text.

② 站在承上启下、继往开来的历史新起点上 [EB/OL]. (2021 - 07 - 22) [2023 - 01 - 11] http://www.gov.cn/xinwen/2021 - 07/22/content_5626490.htm.

盟自贸区搭建专业化的研究平台，针对跨境保险进行长期、深入研究，以此推出合时、合地的保险产品和保险服务，同时为区域间保险业合作认真解决现实问题。从金融服务到市场服务，从学术研究到案例问题，联合实验室打通了学术研究和实际应用的专业壁垒，推动二者有机结合，相辅相成，交叉合作机制。为业界学习交流提供了优秀模板，为中国—东盟自贸区的行业跨境发展做出了成功范式。

【参考文献】

[1] 蒋德翠，曾丽蓓. 中国—东盟自贸区投资保险制度探究 [J]. 财会月刊，2019，No. 862（18）：139 – 144.

[2] 朱艳霞. 做优跨境保险产品 [N]. 中国银行保险报，2022 – 09 – 16 (004).

[3] 王勤. 新加坡国际金融中心在疫情中逆势前行 [J]. 世界知识，2020 (21)：42 – 44.

[4] 杨璐. 新加坡汇率制度的经验借鉴 [J]. 中国外汇. 2018 (23)：67 – 68.

[5] 戴梦希. 中国东盟跨境再保险共同体正式成立 [N]. 金融时报，2022 – 09 – 21 (011).

附件

1. 《2012 中国—东盟合作》http：//www. asean – china – center. org/2012 – 11/19/c_131983669. htm.

2. 《中国—东盟外长会联合新闻稿》http：//www. asean – china – center. org/2013 – 07/01/c_132500276. htm.

番外篇

金融科技公司"出海"印度尼西亚金融科技市场
——海阔凭鱼跃,携手扬帆乘风破浪而去

一、引言

随着中国"一带一路"倡议的不断推进和实施,中国对外投资迅速发展,开启了金融科技下南洋的热潮,印度尼西亚成为中国金融科技下南洋投资的首选国家。中国金融科技公司的"出海",特别是向印度尼西亚市场"出海"具有必要性。印度尼西亚金融科技起步晚,但发展势头较快,在东南亚国家中市场规模最大。依托金融科技公司的"出海",中国与印度尼西亚的经济合作以市场化方式不断加强,印度尼西亚的数字基础设施、配套科研等发展提速,中国企业在同类行业竞争中不断强化中国标准,提升中国在金融行业的国际影响力。

本案例从金融科技及其发展现状入手,重点分析阐述印度尼西亚金融科技环境,在回顾中国金融科技公司在印度尼西亚的"出海"情况、存在的主要问题,剖析"出海"风险与主要困难的基础上,凝练出中国金融科技公司"出海"过程中关键性难题具体解决路径,以期推动中国金融科技对外输出,实现跨境金融合作的可持续性发展目标。

二、案例背景

(一)金融科技

金融科技是以技术创新驱动金融创新,具体是指将新兴技术手段应用于金融领域,促进金融领域的服务、产品、模式和业态等的创新,从而对金融市场发展产生重大影响,进而促进社会的信息化发展。金融科技是金融与科学技术的高度融合,随着科技进步,越来越多的科学技术被应用于金融领域,到了科技发达的今天,区块链、云计算、大数据、人工智能等新兴金融科技工具蓬勃发展,掀起了金融科技的新一轮浪潮。有学者认为,金融行业的本质是信息产业。信息技术的进步加快了信息化社会的发展,社会进入高速发展阶段,同时,也为金融科技发展提供了良好的土壤环境,金融科技又助力企业业务流程化,提高了企业乃至社会资源流动效率,因此金融科技的迅速兴起很大程度上推进了金融行业的发展。

金融科技不仅提高了金融行业解决问题的效率,降低成本,还提升了金融市场中金融机构的创新能力,推动金融业健康向上发展。中国农业银行研发中心副总经理赵韵东回答"金融业在金融科技驱动下发生了哪些变化"的问题时曾指出,发展金融科技的目的不是新技术应用,而是提升金融产品和服务的竞争力。技术是支点,业务是内核。在金融科技的发展趋势下,传统金融机构最终要达到的是业务、管理和商业模式在信息技术驱动下的深度变革重构[1]。

(二) 国内外金融科技现状

随着金融科技在网络借贷、支付、证券资管及保险等领域的广泛应用,金融科技应用场景愈发丰富,市场规模不断扩大,给全球金融产业带来了深远影响。当前,全球金融科技行业正处于快速发展的阶段,毕马威发布的"2021 年金融科技投资报告"显示,2021年全球金融科技投资达 2100 亿美元,交易量达到创纪录的 5684 笔,其中,保险科技获得 144 亿美元资金支持,监管科技获得 99 亿美元的支持,其他金融科技行业在 2021 年也获得了强劲资金支持[2]。金融科技行业正向着一个新发展阶段稳步前进。

1. 国外金融科技发展现状

美国的金融市场经过近百年的发展,已经能够提供比较完善的金融产品和服务,相关的监管体系也相对完整。美国也是最早发展金融科技的国家之一,拥有众多行业领先的金融科技公司。美国金融科技发展的地域分布相对比较集中,主要分布在硅谷和纽约,具有技术和科技创新优势和相对完备的人才培养和发展体系,使得金融科技企业得到快速发展。美国银行在移动银行服务领域处于行业领先地位,在金融科技飞速发展的当下,利用领先技术不断对自身的移动应用程序进行优化设计,旨在为客户带来更加便捷的财务管理方式。同时,美国对金融科技的监管能根据现有的监管系统进行适当调整,根据新产品属性重新划分监管机构和政策,及时填补金融科技的监管空白。

英国的监管和税收环境是最有利于发展金融科技的,它鼓励企业进行金融创新,并采取事后监管理念,允许一定的风险在可控范围内产生。虽然降低了入行门槛,但其对金融产品仍有规定的合格标准。在金融科技发展初期,英国发展前景良好,近几年有向下发展趋势,现阶段英国正积极搭建合适的税收系统,完善监管平台,为金融科技行业发展营造良好的投资环境。英国金融科技公司聚焦发展支付结算和贷款这两大领域,主要集中在伦敦,因为伦敦一直以来都是英国的金融中心,金融资源较为丰富,虽然与美国纽约相较不及,但也能为英国金融科技公司发展提供丰富资源。

除美国、英国两国之外,新加坡、澳大利亚等国家在金融科技行业的发展势头同样强劲。新加坡的金融科技行业在政府政策支持、资金来源和监管政策等方面都相对完备,处于领先地位。澳大利亚是金融科技行业的后起之秀,拥有世界领先的互联网银行和移动终

---

[1]《中国科学报》2019 - 12 - 26 第 7 版 [EB/OL]. (2019 - 12 - 26) [2023 - 01 - 11] https://news.sciencenet.cn/sbhtmlnews/2019/12/352362.shtm.

[2] 毕马威:2021 年金融科技投资报告 [EB/OL]. (2022 - 03 - 14) [2023 - 01 - 11] https://accesspath.com/tech/fintech/5725859/.

端产业，成为全球金融市场进入亚洲生态经济区的理想选择地。最近几年，澳大利亚国民银行正积极采用最新金融科学技术，更新经营理念，提供便利、高效率的金融工具、金融服务。其他金融科技行业相对发达的国家虽然还未像上述国家一样形成一定的规模，但却在一些细分领域各有亮点呈现。以印度为例，印度 Paytm 被称为"印度版支付宝"，成立之初只是一个手机预付网站，2014 年推出了电子钱包，强势进入印度刚刚兴起的金融科技领域行业。印度具有广阔的金融市场，但其基础设施并不完备，金融产品普及率较低，导致支付场景少，限制了金融科技进一步发展的空间。同时，印度金融市场发展较为落后，资本流入和技术行业都远不能满足金融科技的发展需求。

2. 国内金融科技发展现状

在金融科技发展的浪潮中，中国凭借独特的体量优势、先进的技术优势和政策优势已在国际市场占据了一席之地，国内的金融科技市场也随之蓬勃发展，深圳的金融市场向上增长的态势瞩目，在 5 年时间内从全球 20 大金融中心跻身全球 10 大金融中心；上海作为国内打造的国际金融中心，金融市场基础建设日益完善，作为金融中心的核心功能不断增强，金融市场布局更加完备；北京作为全国性金融机构集聚中心和金融监管中心，拥有庞大的金融业务规模，是初创企业和风险投资公司的发展摇篮；而杭州作为数字金融的发展沃土，已培育出了一大批新兴金融科技公司，这些公司成为了杭州乃至中国金融科技发展和腾飞的一股新力量。

2019 年 11 月 18 日，毕马威全球金融科技与金融科技投资公司 H2 Ventures 公布了"2019 年 Fintech100"全球金融科技公司百强榜单，前 10 名中中国企业占据 3 个席位，保持了最高的占比，其余入选前 10 名的公司有两家来自印度、两家来自美国、一家来自英国。除了再次晋身"10 大"的 3 家企业以外，入选"前 50 大"及"明日 50 强"名单的则分别共有 7 家、3 家（见表 1、图 1）。

表 1　　"2019 年 Fintech100"全球金融科技公司百强前 10 名[①]

排名	公司名称	所属国家
1	蚂蚁金服	中国
2	Grab	新加坡
3	京东数字科技	中国
4	GoJek	印度尼西亚
5	Paytm	印度
6	度小满金融	中国
7	Compass	美国
8	Ola	印度
9	Opendoor	美国
10	Oaknorth	英国

---

① 2019 FINTECH100 发布，全球金融科技公司 TOP100 排名，蚂蚁金服蝉联第一［EB/OL］.（2019 - 11 - 25）［2023 - 01 - 11］https：//www. chinastor. com/fintech/1125431062019. html.

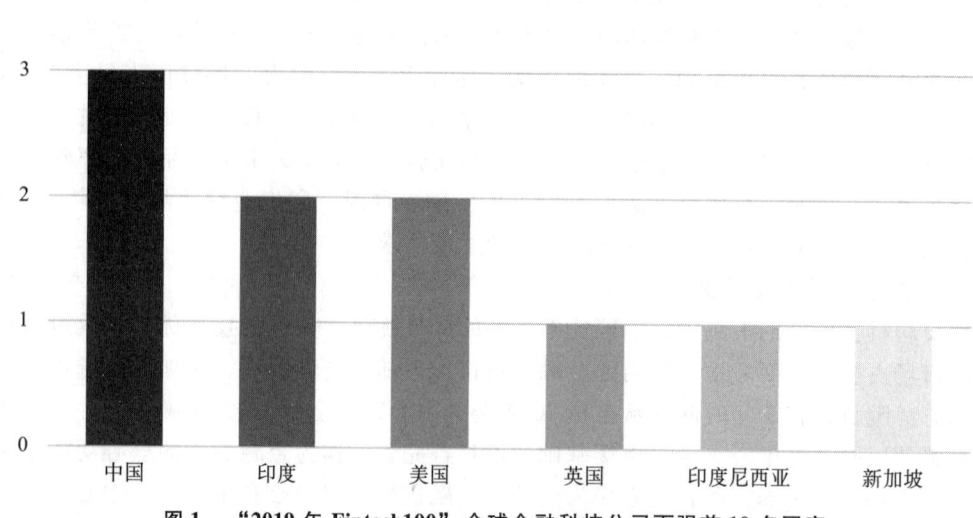

图1 "2019年Fintech100"全球金融科技公司百强前10名国家

中国金融科技不断发展的同时,金融科技市场内的格局也有所变化。上榜的中国金融科技公司在财富管理、保险和跨行业企业有明显增加,也与国际金融科技发展趋势相吻合,说明科技创新在金融服务领域具有良好的应用。此外,中国政府对金融科技的发展较为支持,体现在政府对金融科技相关的科技创新发展较为支持,通过不断营造良好的投资环境,构建严格的监管平台,为金融科技行业发展打下良好基础。其中,地方政府在金融科技的发展中发挥更为突出的作用,采取包括人才引进、资金支持等各类政策推动金融科技企业健康发展,并在地方科技创新发展战略中予以支持,这是中国金融科技发展的政策优势。

(三) 印度尼西亚金融科技环境分析

作为东南亚地区的一大经济体,印度尼西亚曾提出在2020年前成为东南亚地区最大的数字经济体,数字经济也成为该国的主要经济领域,这使得印度尼西亚的金融科技领域发展前景广阔。近年来,申请P2P牌照的印度尼西亚企业数量剧增,向印度尼西亚央行申请电子钱包运营许可证的公司数量也在持续增加。金融科技的迅速发展有效地推动了金融业在印度尼西亚民众间的普及。根据印度尼西亚金融服务管理局公布的数据显示,2020年5月,印度尼西亚民众申请贷款的金额同比增长了166.03%,目前印度尼西亚全国有约2500个借款账户以及654200家发放贷款的机构。根据印度尼西亚央行统计,2019年全年,印度尼西亚通过电子支付达成的交易笔数高达52亿笔,同比增加了79.3%,交易总额达到了约100亿美元,而2018年的交易总额仅为32亿美元。大量投资与企业的涌入使得金融科技行业规模迅猛增长,金融科技发展前景一片大好①。

---

① 金融科技在印尼(上):群雄并起与泥沙俱下 [EB/OL]. (2020-08-12) [2023-01-11] https://36kr.com/p/834317574022279.

2020年全球疫情的到来,对印度尼西亚的金融科技行业起到了"催化剂"的作用。疫情期间,印度尼西亚政府要求民众居家隔离,在这几个月期间,电子钱包产品不仅维持了稳定的客户群体,同时收获了新的流量。印度尼西亚金融科技行业协会数据显示,在居民居家隔离期间,企业借贷的数目和交易额都呈现出明显的增加。

三、案例分析

(一)"出海"之初:时代召唤

在2020年新冠疫情暴发期间,全球的金融科技公司业务有所增长。金融科技公司在第一季度至第二季度的交易数量和交易量分别同比增长13%和11%。2020上半年,全球金融科技交易量同比增长11%,新用户同比增加22%[①]。海外市场给中国金融科技公司带来了前所未有的新机遇。

1. 中国:金融科技高速发展,国内市场逐步平稳

中国"出海"的金融科技公司大致可分为消费金融、移动支付、数字银行及财富管理、数字货币等四大类。例如,线上借贷类通过扮演中介商,向借贷双方或其中一方收取费用和佣金。消费分期类向顾客、电商平台或者入驻商家收取利息费用。移动支付类收取交易佣金或营销、技术等附加服务费用。数字银行及投资类的收入来源于利息差或者投资托管佣金。而数字货币类一般不对转账服务收取费用,而是依托数字交易所收取交易佣金和换汇手续费。

中国金融科技企业前期在国内积累了大量的经验和用户数据,在营销渠道、风险管控、逾期催收等方面都拥有较为成熟的经验。在借贷业务之外,这些企业有能力转型向海外持牌的金融机构开放业务,支持其为海外客户提供多样化服务。

2. 印度尼西亚:互联网用户增速喜人,前景广阔

人口基数大、人口结构年轻、互联网渗透率快速增长、银行普及率比较低的国家和地区始终是热门出海目的地,印度尼西亚金融市场颇具其特点。近年来,印度尼西亚国内经济增速放缓,且国内市场竞争日益激烈。印度尼西亚想通过将金融市场扩展到海外,从而使国内市场发展进入一个新阶段,这也使得印度尼西亚成为中国互联网企业"出海"的一个重要选择。虽然东南亚市场金融科技发展水平尚处于较低水平,但中国国内资本也敏锐地觉察出了东南亚金融科技的商机,频繁布局金融科技市场,而印度尼西亚作为东南亚最大的市场,自然成为投资的主要目的地之一。相比国内市场,印度尼西亚市场进入门槛低,资金稀缺,竞争相对而言没有那么激烈,此外,经过在国内市场的多年发展,国内企业尤其是互联网巨头们不仅积累了雄厚的资本,而且更因为在中国市场上有过成功案例而积累了丰富的宝贵经验。

---

① 世界银行:新冠疫情下全球金融科技行业发展如何?面临什么挑战?[EB/OL].(2021-07-06)[2023-01-11] https://www.sgpjbg.com/info/24064.html.

(二)"出海"情况

1. 互联海阔凭鱼跃,深耕绘蓝图

目前,中国企业对印度尼西亚金融科技的投资主要集中在在线零售和互联网金融领域。2018年印度尼西亚电商领域的前10名头部电商中,Tokopedia、Bukalapak和Lazada得到阿里的投资,Shopee得到腾讯的投资,而JD.ID则由京东成立(见表2)。

表2　　　　　　　　　中国企业对印度尼西亚金融科技行业的投资

国内排名	公司名称	投资公司	投资金额/持股比例
1	Tokopedia	蚂蚁集团	11亿美元
2	Shopee	腾讯	39.7%
3	Bukalapak	蚂蚁集团	17.4%
4	Lazada	蚂蚁集团	48亿美元
9	JD.ID	京东	100%

资料来源:中国金融科技东南亚布局研究报告[EB/OL].(2021-10-02)[2023-01-11]https://new.qq.com/rain/a/20211002A0828I00.

其中,作为印度尼西亚电商平台的第一梯队,Tokopedia被蚂蚁集团注入资金,稳定了在本国金融科技市场的地位,在印度尼西亚市场地位较高;Shopee在东南亚有包括中国台湾在内的7个站点,在接受了腾讯的投资后,正积极开拓欧美市场,2021年其应用程序下载量在印度尼西亚市场排名第一。

2. 国际竞争白热化,日月争辉

2016年,印度尼西亚金融科技协会成立,金融科技行业也经历着迅速发展。大量的外国投资者涌入到金融科技行业,希望凭借智能手机在印度尼西亚的普及,可以抢占普惠金融和金融科技领域用户市场。除P2P领域以外,还有其他相关的金融科技领域,如现金贷、消费分期贷款、合作社公司联营体形式等模式也被外国投资者频繁采用。例如,在印度尼西亚本土成立的消费分期公司Akulaku于2016年6月进入东南亚市场,服务区域包括印度尼西亚、越南和菲律宾,印度尼西亚为其主要市场。公司以线上消费金融业务起家,之后自建电商平台,通过自营和引入第三方供货商的方式,向用户提供消费分期服务。之后进一步发展成为虚拟信用卡服务商,通过接入印度尼西亚本地的主流电商平台提供消费分期服务。

(三)"出海"问题

中国金融科技公司在"出海"后面临的主要问题是印度尼西亚数字基础设施、人才市场等发展滞后,以及没有完备的监管市场的困局。

1. 基础设施发展滞后

虽然目前印度尼西亚是东南亚最大的经济体,但是其属于群岛国家的地理特点导致印度尼西亚的经济发展不平衡,使得印度尼西亚的数字基础设施建设发展滞后,乃至数字化转型程度不均衡。尽管印度尼西亚总统佐科上任后加大基建投资,但仍满足不了金融科技发展的需要。和同地区相比，印度尼西亚的网络渗透率较马来西亚和泰国仍有不小差距。信号覆盖率、网络服务质量和大数据处理能力更是落后于国际水平。例如，印度尼西亚有各类学校近23万所，但仍有9万多所没有互联网。印度尼西亚有1万多所乡村医院，其中4000多所没有互联网①。

2. 科技公司人才缺口

印度尼西亚作为东南亚独角兽企业最多的国家，对电子商务、金融科技和机械设备等方面的技术型人才需求较高，缺乏相关科技人员成为印度尼西亚金融科技发展面临的主要问题。接下来数年中印度尼西亚金融科技市场将快速发展，金融科技人才需求将会大幅提高，届时相关行业可能会出现较大人才缺口。印度尼西亚国内整体科学技术水平偏低，科技投入比例占GDP比重较小。世界银行数据库数据显示，2018年，印度尼西亚每百万人中研发技术人员仅35人，2020年，印度尼西亚政府研究开发支出占GDP比重仅为0.28%。数据表明，印度尼西亚在科学技术方面相对落后，严重缺乏科技人才，这也给印度尼西亚金融科技市场的发展带来了巨大挑战。

3. 监管体系尚未健全

印度尼西亚在金融科技方面的监管政策和中国国内存在较大差别。金融科技公司在印度尼西亚的业务主要受到两个主要实体机构的监管——印度尼西亚央行和金融服务管理局。印度尼西亚央行和金融服务管理局关于运营执照的复杂办理过程，导致印度尼西亚金融科技公司经常出现"先运营后注册"的情况。印度尼西亚央行和金融服务管理局使用不同的管理制度，央行使用的是预审制度，对进入市场的企业进行对应标准的资格审查，而金融服务局则采用与英国监管制度类似的事后审计制，虽然降低了进入门槛，但是企业对审查各阶段的标准解读不够细致全面，给自身带来诸多困扰。尤其在金融牌照方面，随着近年来进入科技监管趋严，很多没有取得牌照的P2P产品被要求下架。部分中国P2P公司在业务开展早期对牌照问题缺乏高度重视，加上对投资国相关监管政策的尚未全面了解和掌握，在监管制度发展完善的时期也面临着下架的局面，最终只能选择黯然离场。

四、案例启示

（一）构建基础设施，实现本土化发展

虽然印度尼西亚在数字化基础建设和转型发展方面表现出程度不均衡的态势，但这也恰恰体现出其金融科技市场所蕴含的巨大潜力。中国金融科技公司可与华为等数字基础科技企业协同作战应对印度尼西亚数字基础设施落后问题，将数字基础建设同金融科技发展合二为一，实现金融科技的跨越式发展。

目前，华为、中兴通讯等中国大型通信企业已经积极参与到印度尼西亚通信基础设施的建设中，中国的移动通信企业如小米、步步高等已占据了印度尼西亚移动通信设备市场

---

① 中国与印尼数字经济合作前景光明——访印尼通讯和信息技术部部长鲁迪安达拉［EB/OL］.（2018－05－04）［2023－01－11］http：//www.gov.cn/xinwen/2018－05/04/content_5288299.htm.

的半壁江山。拟积极"出海"的金融科技企业可以与在印度尼西亚市场经营多年的企业通力合作，充分依靠合作方的丰富市场经验和市场规模，逐步形成聚合之力，共同开辟印度尼西亚的金融科技市场的投资之旅。

（二）通过"21世纪海上丝绸之路"合作机制，加强人文交流

贸易畅通、投资贸易合作是"一带一路"建设的重点内容，其中海上丝路强调发展导向、突出"蓝色引擎"，是一条繁荣之路、共赢之路。企业应积极响应政府政策，通过创新发展模式，加强人文交流，着力解决印度尼西亚科技人才缺口问题，通过海上丝路的合作，与印度尼西亚金融市场开展有效沟通交流，积极引进、联合培养大批创新型、高层次金融科技人才，共建良好的营商环境，搭建稳定的金融合作平台，打造可持续发展的金融市场环境。

（三）厘清监管规则，合法合规扎根市场

国内金融科技市场经历了野蛮生长之后，已经过渡到有序稳健发展阶段，而东盟国家市场也将同样经历中国市场类似的发展局面。"出海"公司应深刻研习拟投资东盟国家金融、金融科技方面的相关法律法规，在公司制度层面从严要求，从入场的快速布局期到迅速适应市场平稳后完善监管条例的整顿期，"出海"公司要循序渐进，实现制度体现的发展和完善。明确和秉承科技不是用于规避监管的工具的经营理念，要严格遵守投资国的相关监督管理要求，同时，参照国际领先的监管发展方向，搭建公司内部运营管理体系，确保公司拥有良好的营商环境。

（四）强化风险控制，平衡收益、风险

"出海"公司在投资国开展金融产品和服务创新的过程中，应对客户业务的变采取审慎性管理措施，在公司日常管理和运营层面需要严格把关，及时把控公司经营的潜在风险，不断加大风险管理力度，持续优化风险管理体系，"护航"公司未来顺利发展和预期经营目标的实现，将创新带来的不可预期的公司整体风险降至最低程度，也为投资国金融科技市场的欣欣向荣扫清障碍。

【参考文献】

[1] 李丽丽，付英俊. 国外银行金融科技发展的最新进展及启示 [J]. 黑龙江金融，2021，No. 508（06）：54 - 57.

[2] 胥爱欢，赵俊豪，杨思睿. 国外金融科技发展与监管的实践经验及若干启示 [J]. 海南金融，2022，No. 401（04）：50 - 57.

[3] 黄昊. 金融科技域外治理经验及对我国的启示 [J]. 企业经济，2021，40（06）：153 - 160.

[4] 秦洪涛. 乘风破浪——我国金融科技企业出海东南亚 [J]. 清华金融评论，2019，No. 73（12）：51 - 52.

附件

1. 《中华人民共和国政府和印度尼西亚共和国政府关于促进和保护投资协定》http://tfs.mofcom.gov.cn/aarticle/h/at/200212/20021200058355.html.

2. 《中华人民共和国政府和印度尼西亚共和国政府关于对所得避免双重征税和防止偷漏税的协定》http://www.chinatax.gov.cn/n810341/n810770/c1153377/5027024/files/7d286a25fa40436a8d2eecc884781c59.pdf.

3. 《中华人民共和国政府和印度尼西亚共和国政府联合声明》http://www.gov.cn/xinwen/2018-05/08/content_5288955.htm.

后　记

行文至此,《中国—东盟金融合作案例精选》的案例分享即将落下帷幕,希望各位读者在阅读之旅中能有所收获并引发思考。在本案例撰写过程中,撰写小组主要面临着两大难题,一是优质案例研究对象的确定,二是文件、资料和数据等的收集整理。

首先,中国与东盟国家金融合作的时间空间跨度大,覆盖面广、涉及部门或机构众多。如何精准地把握中国与东盟国家在各领域金融合作的主要脉络、抓住重点案例成为撰写小组前期工作的主要任务。经过小组全体成员的反复斟酌挑选、多次修改才最终确定案例研究对象,以期能为读者们全景式地描绘、解析三大支柱性金融行业——银行业、证券业和保险业中中国与东盟十国金融合作具有代表性案例的发展历程、现状、典型特征及经验借鉴等相关内容。

其次,本案例撰写的初衷在于将中国—东盟的金融合作过程中的重大实践从宏观到中观、到微观,尽可能以原汁原味的方式呈现于各位读者眼前。尽可能还原案例场景与探寻事件的发展轨迹,全面、详尽的文件、资料和数据是撰写中不可或缺的重要一环,但由于部分案例产生时间较短,内容较为新颖,相关资料数据获取的难度较大,需要国内相关单位提供支持以及前往国外相关的网站进行细致的搜集和梳理。此处特别致谢中国人民银行南宁市中心支行、广西银保监局、广西证监局和深交所科融通 V-Next 给予案例撰写工作的大力支持和帮助,以及案例撰写小组成员卜大晟、李小依、张凯童、牟丽君、颜竹晗、钟旦、张泉、黄艳香、覃萧娜、彭江、李佳洋和李尚儒等长达半年的辛苦付出和艰难努力。

案例撰写小组已尽可能将案例的各方细节贡献于本书中,但由于资料、数据和笔者能力水平有限,难免存在疏漏、缺憾之处,恳请读者们多多批评指正。

未来的中国,将坚定奉行互利共赢的开放战略,不断以中国新发展为世界提供新机遇,推动建设开放型世界经济,更好地惠及世界各国人民。相信中国与东盟各国之间更为紧密的互利合作、深化融合,将为双边、为多边、为区域、也为世界提供更多的发展机遇,激发出更多的巨大潜力!

编者